एक था शैलेन्द्र

(उपन्यास)

एक था शैलेन्द्र

(अविकल और असंपादित)

राजेन्द्र यादव

वाणी प्रकाशन

वाणी प्रकाशन का 'लोगो'
विख्यात चित्रकार मक़बूल फ़िदा हुसेन की
कूची से

ISBN : 81-8143-525-7

वाणी प्रकाशन
21-ए, दरियागंज, नयी दिल्ली-110002
द्वारा प्रकाशित

फोन : 0091#11#23273167, 23275710
फैक्स : 0091#11#23275710
ई-मेल : vaniprakashan@gmail.com
vani_prakasha n@yahoo.com
वेबसाइट : www.vaniprakashan.com

प्रथम संस्करण : 2006
आवृत्ति : 2009

मूल्य : 350.00
आवरण : वाणी चित्रांकन
आर. टेक ऑफसेट प्रिंटर्स, दिलशाद गार्डन,
दिल्ली-95 द्वारा मुद्रित

EK THAA SHAILENDRA *(Novel)*
by : **Rajendra Yadav**

1

आगरे के विषय में बहुत कुछ सुन रखा था, किंतु देखने का अवसर मिला था अब! यहाँ रहते थे उसके मामाजी। अपने निश्छल और भोले नेत्रों में कुतूहल और थोड़ा विस्मय भरे वह ताँगे में बैठा हुआ इस नगर की ऊँची-नीची अट्टालिकाओं को देख रहा था।

"बस रोक दो, यहीं—इस काले किवाड़ों वाले मकान के पास।" उसने ताँगे वाले से कहा।

ताँगा रुका। उसके सारे शरीर में एक प्रकार की पुलकन-सी हिल्लोरित हो रही थी। हृदय जैसे एकदम हल्का-सा हो उठा था। क्या कहेगा, कैसे बातें करेगा, मामा से, और मामी से? मामा और मामी उसके साथ कैसा व्यवहा़र करेंगे, सबकी योजनाएँ उसने बना लीं। उल्लास और कल्पना, उसे उड़ाए लिए जा रही थीं। ताँगे वाले को पैसे दिए। उसने उसका भारी बक्स उठाकर 'किवाड़ों' की पास वाली सीढ़ी पर रख दिया, और धीरे-धीरे चल दिया।

वह धड़कते हृदय से इधर-उधर देखता हुआ, उन काले किवाड़ों के पास पहुँच गया। धीरे से कुंडी खटखटाई जैसे कोई खराब काम कर रहा हो—और फिर रुककर अंदर की बातें सुनने की चेष्टा करने लगा। एक बार और खटखटाई। अबकी बार किसी ने अंदर से पूछा, "कौन है?"

इच्छा हुई बोल दे। पर जैसे गले तक इतने ज़ोर का बवंडर-सा उठा कि वह इच्छा करते हुए भी कुछ बोल न सका, केवल कुंडी को फिर खटखटा दिया।

28-3-46 द्वार खुले, और एक द्वादश वर्षीय बालिका का मुख दिखाई दिया और तत्क्षण लुप्त हो गया। उसे वहाँ तक सुनाई दिया, उस बालिका ने अंदर जाकर कहा, "कुर्ता और धोती पहने हैं कोई!" और थोड़ी देर पश्चात् स्वयं मामी को उसने उन खुले किवाड़ों के मध्य देखा। वह तत्क्षण झुक गया। चरण-स्पर्श किए। "अरे, तुम हो शैलेन्द्र!" मामी ने संतोष की साँस लेकर कहा, "मैंने तो समझा था न जाने कौन आ गया। आ जाओ न अंदर। वहीं खड़े क्यों रह गए।" और जाने के लिए रास्ता करके वह एक ओर को खड़ी हो गईं, "आओ, आओ!"

वह अपने संदूक को उठाने के लिए उसकी ओर बढ़ा, तभी मामी ने कहा, ''रहने दो उसे शैल, नौकर उठा लेगा।'' संकुचित और झेंपा हुआ-सा शैल, हृदय में उत्कंठा और आँखों में लज्जित-कौतूहल लिए हुए अपनी मामी के पीछे-पीछे जाकर, उनके बैठने पर, उसी चारपाई के एक सिरे पर बैठ गया।

''पत्र-वत्र कुछ नहीं, एकदम कैसे टूट पड़े?'' मामी ने पूछा। अपनी इस भूल पर शैलेन्द्र स्वयं ही लज्जित हो उठा, झुकी हुई गर्दन को और भी अधिक झुकाकर उसने केवल इतना ही कहा, ''जी हाँ, याद ही नहीं रही।'' स्वर अत्यधिक धीमा था, इतना कि मामी ही सुन सकी होंगी, बस।

''और सब तो सकुशल हैं न?'' शैलेन्द्र पर कुछ पारखी की-सी दृष्टि डालकर मामी ने पुनः प्रश्न किया।

''जी हाँ, आप लोगों की कृपा है!'' जैसे उस दृष्टि से शैलेन्द्र और भी सिकुड़ गया। वह उँगली से खटिया के बानों को इधर-उधर करने लगा।

''तुम्हारे पिताजी का तो, सुना था, तबादला हो गया है।'' मामी प्रश्नों के उत्तर-संक्षेप से संतुष्ट न थीं। उन्होंने इस बार कुछ जोर से प्रश्न किया था। कुछ अधिक जोर से उन्होंने फिर पूछा, ''कहाँ हुआ है?''

इस बार शैलेन्द्र ने सिर उठाने का प्रयत्न किया, किंतु विस्तृत उत्तर तब भी न दे सका, ''यहीं, आगरे को ही हुआ है।''

''यहीं?'' आश्चर्य से उन्होंने दुहराया। फिर कहा, ''अच्छा! कब आ रहे हैं?

''अगले रविवार को!'' इस बार उसने सिर पूरी तरह उठा लिया था। वह किसी भी प्रश्न का उत्तर देने को तैयार था।

''अच्छा! हमें खबर भी नहीं।'' मुस्कराकर उन्होंने कहा।

बलात् उठाया हुआ सिर पुनः झुक गया। स्वर को संयत रखकर उसने कहा, ''इसीलिए तो उन्होंने मुझे भेजा है। उन्होंने कहा है अपने मामाजी से कह देना, मकान तलाश कर रखें अच्छा-सा।''

''मकान!'' शैलेन्द्र यदि सिर उठाए होता तो देख लेता कि इतनी देर से प्यार के साथ बात करने वाली मामी की आँखों में कितनी तीव्रता थी। तत्क्षण ही मामी ने पुनः कहा, ''मकान की क्या चिंता, यहाँ आएँ तो सही पहले। काफी दिन बीत चुके उन्हें देखे हुए।''

''अब सभी आ रहे हैं। इकट्ठा देख लीजिए!''

''अच्छा, खैर मकान-वकान की कोई फिक्र मत करो, यह भी तुम्हारा ही मकान है!''

शैलेन्द्र ने कोई उत्तर नहीं दिया। थोड़ी देर चुप रह कर, जब यह मौन वातावरण उसे असह्य जान पड़ा तो उसने फिर कहा, ''यहाँ तो मकानों की तंगी न होगी, क्यों?''

''है क्यों नहीं!'' मामी ने कहा, ''यह जो बराबर वाला बन्द मकान देखते

हो न, इसके लिए लगभग रोज कोई न कोई आता ही रहता है, पर मकान वाला देता ही नहीं। तीस रुपया महीना माँगता है।''

''और बड़ा कितना है?'' शैलेन्द्र ने इस बार ऊपर सिर उठाकर बराबर वाले मकान की अट्टालिका को देखा। इस समय वह जिस स्थान पर बैठा हुआ था; सहज था। चारों ओर मकानों की बहुतायत थी। और इस मकान के दुमंजिला होने पर भी चारों ओर की ऊँची-ऊँची अट्टालिकाएँ देखी जा सकती थीं।

''ज्यादा छोटा भी नहीं है!'' मामी के मनोभाव समझने में शैलेन्द्र को उस समय तनिक भी कठिनाई नहीं हुई जब उन्होंने कहा, ''और थोड़ा कम भी कराया जा सकता है। लड़ाई के जमाने में, तीन कमरे और रसोई-गुसलखाना, भण्डार आदि के तीस रुपये अधिक तो नहीं हैं।'' फिर रुककर उन्होंने कहा, ''कम करेगा नहीं, मेरे ही सामने चालीस और पैंतालीस तक इसी मकान के किरायेदारों को बताए थे।''

''सब ठीक है, मामी!'' शैलेन्द्र ने कहा।

''अच्छा, खैर, छोड़ो इन बातों को!'' मामी को जल्दी-से-जल्दी विषय परिवर्तन की आवश्यकता प्रतीत हुई, अतएव वह बोलीं, ''चलो, खाना बिल्कुल तैयार है।''

''अभी भूख नहीं है, खा लूँगा थोड़ी देर पश्चात्!''

मामी ने फिर इस विषय को नहीं छुआ, उसकी ओर देखकर बोलीं, ''यह खद्दर पहनना कबसे सीख गए।''

शैलेन्द्र, जो इतनी देर में इतना खुल पाया था, पुनः लज्जित हो उठा। केवल कुछ अस्फुट भुन-भुनाकर ही रह गया वह।

''कौन-सा इम्तहान दोगे इस बार?''

''फर्स्ट इयर किया है इस वर्ष!'' न जाने कैसे टूटे-फूटे शब्दों में उसने कहा।

''अच्छा, बैठो तुम। मैं खाना ला रही हूँ।''

''अरे रहने दीजिए न, अभी कोई आवश्यकता नहीं है।''

''बड़ा बनने लगा है अब!'' मामी कहती हुई चली गईं, ''लड़कियों से भी ज्यादा शरमाता है तू तो!''

शैलेन्द्र ने कुछ नहीं कहा। केवल हँसकर रह गया। वह सिर उठाकर पतंगों को देखने लगा। हरी-पीली-लाल। कितनी सुंदर लग रही थीं वह। जैसे छोटी-छोटी तितलियाँ उड़ रही हों। पतंग उड़ाना वह स्वयं भी जानता था। इसीलिए रुचि के साथ वह देखने लगा। सहसा उसने देखा बया से बड़ा कोई पक्षी उस लाल पतंग के पास आया, और थोड़ी देर तक उसके साथ इधर-उधर उड़ता रहा। सहसा वह पक्षी ऊँचा उठा, पतंग भी उसी के साथ ऊँची उठी। यद्यपि शैलेन्द्र जानता कि यह पतंगबाज की हाथ की सफाई है, तो भी वह अज्ञान और मुग्ध बालक की तरह उसे देखने लगा। पतंग और पक्षी दोनों ऊपर उठ रहे थे। पक्षी पतंग को पकड़े हुए नहीं था तो भी उसकी चोंच पतंग के कन्नों की डोर के बराबर ही थी, कदाचित्

वह समझ रहा था कि मैं ही इस पतंग को ऊपर लिए जा रहा हूँ। जहाँ तक हवा अनुकूल थी पतंग और पक्षी ऊपर चले गए। शैलेन्द्र ने और सभी पतंगों पर से अपना ध्यान हटाकर उसी पर केंद्रित कर दिया। सहसा झटका लगा, पतंग एक क्षण को अपने स्थान पर ठहर गई, फिर थोड़ी देर इधर-उधर हिलकर तेजी से नीचे की ओर दौड़ी, और न जाने कहाँ, तत्क्षण दूसरी पतंगों के साथ, लुप्त हो गई। शैलेन्द्र ने देखा, वह पक्षी थोड़ी देर रुका, और फिर नीचे गिरने लगा। वह शिथिल था, पंख नहीं चला रहा था। वह गिर रहा था।

"कितना मूर्ख है यह?" शैलेन्द्र गुनगुनाया।

"इन्हें कहाँ तक देखेंगे भाई सा'ब? यह पतंगें तो यहाँ यों ही उड़ती ही रहती हैं!" शैलेन्द्र ने सिर झुकाकर देखा, या यों कहो उसने चौंककर देखा—यह शब्द उसी चारपाई के दूसरे सिरे पर बैठी वही लड़की कह रही थी, जिसने किवाड़ खोले थे।

बालिका चपल थी। शैलेन्द्र जानता था कि वह बालिका उससे बातें करना चाहती है, तो भी न जाने ऐसा कौन-सा भाव था जिसने उसका सिर दूसरी तरफ घुमा दिया, जैसे वह लजा रहा हो। बालिका को कौतूहल था। लड़कियाँ उसने देखी होंगी किंतु लड़के कदाचित् नहीं देखे थे ऐसे।

"निरू! क्या कर रही हो वहाँ? चलो इधर!" तभी कहीं से मामी का कठोर स्वर सुनाई पड़ा। निरू सिहर सी पड़ी। वह उठी। शैलेन्द्र ने देखा—जब वह जा रही थी, न जाने कैसी याञ्चापूर्ण, अनाथ और द्रवित कर देने वाली दृष्टि से देख रही थी वह। वह अपने इस व्यवहार, इस असामयिक लज्जा पर झल्ला-सा पड़ा। "वह आई थी बेचारी बात करने! और हम पत्थर बने रहे।" मामी के पुकारने का ढंग भी उसे अच्छा नहीं लगा।

"वहीं खाएँगे, या चौके में!" इस बार शैलेन्द्र ने गर्दन उठाई और उतनी ही तेजी से झुका ली जैसे किसी खंभे से सिर टकरा गया हो। सामने जो मूर्ति खड़ी है वह 'नवीन' विचारधारा से प्रभावित है और किसी स्कूल या कॉलेज की 'स्टूडेंटा' है, इतना ही वह देख सका। थोड़ी देर जब वह मूर्ति खड़ी रही, और कोई उत्तर न मिला, तो चलने को उद्यत हुई तब उसने अपने सारे शरीर का बल लगाकर बहुत धीमे से कह दिया, "चाहे जहाँ!"

थोड़ी देर में खाने की थाली स्वयं उसके सामने उन्हीं हाथों द्वारा आ गई, तो वह बहुत धीरे-धीरे सँभल-सँभलकर खाने लगा। वह उस समय ऐसी कठिनाई से खाना खा रहा था, जैसे उसकी परीक्षा हो रही हो। दो एक बार जब पूरियाँ रखी जा चुकीं तो उसने धीरे से कहा, "पानी!" स्वर बिल्कुल अस्फुट थे—इतने अस्फुट कि अंतिम शब्द केवल ओठों में ही रह गया।

28-3-46 उसने सुना, और कदाचित् समझने की चेष्टा में थोड़ी देर खड़ी रही, फिर चल दी। शैलेन्द्र देखता रहा—पानी लाने में इतनी देर क्यों हो रही

है, न तो इसे वह समझ ही सका और न जानने का उसने प्रयत्न ही किया। केवल वह बैठा रहा, पानी आए और वह पिए। थोड़ी देर में उसने झुकी हुई गर्दन द्वारा ही देख लिया कि एक तश्तरी में कुछ पान उसकी ओर बढ़ रहे हैं। उसे आश्चर्य हुआ। पानी के स्थान पर यह पान क्यों आए? तो भी उसने तश्तरी लेकर चुपचाप रख ली। थोड़ी देर चुप रहकर उसने पुनः कहा, "पानी!" शब्द पहले से अधिक स्पष्ट और साफ थे। कदाचित् वह लड़की, उसके शब्द का अर्थ जानकर, खिलखिलाकर हँस पड़ना चाहती थी, तभी अपनी धोती का पल्ला जो सिर से होकर नीचे आ रहा था, मुँह से पकड़े हुए थी कि कहीं उमड़ती हुई यह हँसी, अशिष्टता न बन जाए।

यह सब हुआ और सिर झुकाए हुए, सधी हुई मशीन की भाँति, पूरी के टुकड़े निश्चित समय पर मुँह में रखता हुआ शैलेन्द्र कुछ न देख सका। वह लड़की एक क्षण खड़ी रही, फिर पानों की तश्तरी उठाकर चली गई। अब शैलेन्द्र ने खुल कर साँस ली। थोड़ा बहुत सिर उठाया, और खाते-खाते ही माथे पर आया हुआ पसीना, अपने कुर्ते की आस्तीन से पोंछ लिया।

शैलेन्द्र जानता था, यह लड़की, जिसने किवाड़ खोले थे और अभी बात करने की इच्छा से पास आई थी, मामी की ही लड़की है, नाम है निरुपमा। किंतु यह बीसवीं सदी की 'प्रतीक' कौन है? अपनी स्मृति पर बहुत दबाव डालने पर भी वह समझ नहीं सका, किंतु जानने की उत्कंठा भी कम नहीं थी।

जैसे ही खाना समाप्त करके हाथ-मुँह धोने के लिए वह उठा, उसे दिखाई दिए मामा। पाजामा और कमीज हाथ में कोई बड़ा-सा 'रजिस्टर'। शैलेन्द्र ने उनके भी चरण-स्पर्श किए। जब मामा उसके बराबर बैठे तो एक-एक प्रश्न के उत्तर में उसने वही बातें दुहरा दीं जिन्हें मामी के सामने कह चुका था।

"कहलवा भेजा है तुम्हारे जीजाजी ने, घर तैयार करवा रखें।" तभी एक दरवाजे में खड़ी हुई मामी ने कहा।

"मकान!" मामा ने भी ठीक उसी प्रकार दुहराया, जैसे थोड़ी देर पहले मामी कह चुकी थीं, "मकान-वकान कुछ नहीं, यहीं ठीक है सब!" और वह उठकर कमरे में चले गए। पीछे-पीछे मामी।

इसी समस्या का सभ्य रीतियों से विरोध किस प्रकार किया जाएगा इसे माताजी कई बार समझा चुकी थीं, किंतु अब कहे कैसे यह शैलेन्द्र न समझ सका। "यह तो ठीक है...।" सिर झुकाकर उसने इतना ही विरोध किया।

"नहीं, नहीं!" कमरे में जाते-जाते मामा ने कहा, "कहीं ऐसा हो सकता है? तुम और हम क्या दो अलग-अलग वस्तुएँ हैं?" फिर मामा कमरे के अंधकार में विलीन हो गए। और मामी भी। शैलेन्द्र प्रतीक्षा करने लगा। वह निकलें तो उसी विषय में कुछ बात करे।

मामा तो नहीं। थोड़ी देर पश्चात् मामी निकलीं।

"मामी, आप समझाइए न मामाजी को!" इतनी देर बाद मन में कई बार दुहराकर उसने बड़े साहस से दूसरी ओर देखते हुए कहा, "बाबूजी का तबादला हुआ है मामी, एक-आध दिन की तो बात ही नहीं है कुछ!"

"कैसी बात करते हो तुम शैल?" मामी ने कहा।

"कहीं आपका मकान भी हो न इतना बड़ा?" शैलेन्द्र ने कहा।

मामी कुछ देर चुप रहीं, फिर चिंतित से स्वर में उन्होंने कहा, "हाँ यह तो है।" फिर थोड़ी देर उन्होंने शैलेन्द्र की ओर देखा, और कहा, "तुम्हीं कहो उनसे अब!"

शैलेन्द्र को मामा से अधिक हठ नहीं करनी पड़ी, अन्त में जब मामा ने कह दिया, "तो भाई तुम्हारी इच्छा है, बराबर वाला मकान कल खुलवा दूँगा।" तो उसने इसे मामा की स्वीकृति ही समझा।

2

"आप तो देख ही चुके होंगे न यहाँ की सभी चीजें?"

जंगले से झाँक कर, आगरे की उन ऊँची-नीची, किंतु कोलाहल से मुखरित छतों की ओर उल्लास और उत्कंठा से देखते हुए रेखा ने शैलेन्द्र से पूछा, "कौन-कौन-सी चीजें हैं, यहाँ देखने की?"

"देखने की" शैलेन्द्र का मन हाथ की पुस्तक में नहीं लग रहा था। अतः निश्चिंतता से उसे बंद करके उसने कहा, "देखने की सभी चीजें हैं जो तुम देखती हो!"

"ओफ्फोह!" झल्लाकर रेखा बोली, "मैं पूछती हूँ कौन-कौन से स्थान यहाँ देखने योग्य हैं, और आप उल्टा-सीधा जवाब दे रहे हैं।"

"तो भाई, बता तो रहा हूँ मैं। तुम सुनो भी। ताजमहल है, सिकंदरा है, फतहपुर सीकरी है, सभी हैं यह देखने योग्य।"

"तो दिखा लाइए न!"

"मैं क्यों दिखाने जाऊँ, अपनी पड़ोसिन के साथ जाओ न!" शैलेन्द्र बोला, फिर सहसा उत्सुकता से उसने पूछा, "अच्छा रेखा, इस निरुपमा को तो मैं जानता हूँ, पर यह दूसरी कौन है?"

"दूसरी कौन?" रेखा ने पूछा, "निशा तो नहीं?"

"कौन निशा? मैं नहीं जानता किसी को।"

"ओहो, कैसे बनते हैं। मामी की बड़ी लड़की को नहीं जानते आप?"

"तो मामी की बड़ी लड़की है वह?" अब जैसे शैल ने संतोष की साँस ली, "इसे तो मैंने कभी नहीं देखा!"

"देखने को तो आप बड़े रोज मामी के यहाँ चक्कर लगाते हैं न?" रेखा ने सविद्रूप कहा, "और फिर मामी के पास यह अधिक रही ही कहाँ है?" शैल को आश्चर्य हुआ, मामी की बड़ी लड़की को भी वह नहीं जानता। स्वर में यथा-शक्ति अवहेलना लाकर उसने कहा, "तो कहाँ रहती थी जबसे यह आपकी निशा?"

"हावड़ा रहती थी, और कहाँ रहती? अपने चाचाजी के पास। वहीं पढ़ती थी।"

"पढ़ती क्या होगी वहाँ? मूर्ख सी तो है यह!" शैल ने रेखा को चिढ़ाने के लिए कहा।

"बड़ी मूर्ख!" रेखा उबल पड़ी, "नहीं सा'ब आपको ऐसे नहीं कहना चाहिए किसी के लिए। बताइए अब क्या मूर्खपना टपक रहा है उसमें?"

"अब बता तो रहा हूँ—सुनो—बाबूजी ने पहली बार जब मुझे मकान के लिए भेजा था न, तब खाना खाते समय मैंने माँगा पानी, थोड़ी देर में देखता क्या हूँ कि आप पानों की तश्तरी उठाए चली आ रही हैं। अब तुम्हीं बताओ है न मूर्ख?"

"बड़ी मूर्ख!" झटके से सिर हिलाकर फिर रेखा ने कहा, फिर बोली, "बड़े जाँच करने वाले आए हैं सा'ब मूर्ख और विद्वान की। आपकी गर्दन तो उठी नहीं होगी, पानी-वानी माँगना तो दूर!"

"कौन कहता है मेरी गर्दन नहीं उठी?" शैल ने बात काटकर कहा।

"वही कहती है खुद!" अप्रतिहत भाव से रेखा ने कहा।

"झूठ बोलती है!" शैल ने स्वर में जोर लाकर कहा।

"जी नहीं, सच बोलती है, चलिए मैं पुछवा दूँ!"

"जी नहीं, क्षमा कीजिए, मुझे समय नहीं है!" और पुस्तक खोलकर शैल पढ़ने लगा।

रेखा भी चुप हो गई। उस जंगले के पास से हटकर छज्जे की ओर आ गई, उधर की ही ओर मामी का मकान था।

"अच्छा तुम्हारी उससे जान पहचान हो गई?" शैलेन्द्र से जैसे चुप नहीं रहा गया।

"हाँ!" अब रेखा ने सरल स्वभाव से कहा। फिर बोली, "पर भाई साहब, विचार ज्यादा विस्तृत नहीं हैं उसके!"

"कैसे विस्तृत?"

"यही अपने देश के विषय में। पश्चिमी विचारों से अधिक प्रभावित है!" फिर रुककर रेखा ने कहा, "अच्छा कोई किताब दे दीजिए भाई साहब, जिसमें सुभाष

चंद्र बोस की जीवनी हो।"

"सुभाष चंद्र बोस की?" एकदम विषय परिवर्तन से शैल चौंका।

31-3-46 "क्या करोगी तुम उसका? पढ़ तो चुकी हो तुम!"

"उसे ही दिखाऊँगी। वह कहती है, सुभाष चंद्र बोस 'गद्दार' थे, वह जयचंद की ही भाँति जापानियों को चढ़ाकर ला रहे थे।"

"और मैं कह क्या रहा था?" अपनी बात का प्रतिपादन पाकर शैल बोला, फिर उसने कहा, "अच्छा दे दूँगा!"

"तो दीजिए न!"

"देखो, ढूँढ़ना होगा!" अत्यंत भोलेपन से, अपने स्थान से उठते हुए उसने कहा। फिर उसने एक खूँटी पर टँकी हुई, पतंग और डोर की चर्खी उठाई, और द्वार की ओर चल दिया।

"अब दे नहीं रहे हैं, पतंग उड़ाने चल दिए!" बालकों की भाँति मचलकर रेखा उसके आगे आ खड़ी हुई।

"जाने दो रेखा, देखो, मुकर्जी से आज वायदा कर चुका हूँ पेंचों का।" समझाने के ढंग पर शैलेन्द्र बोला, फिर उसे हटाकर आगे बढ़ने लगा, "क्या सोचेगा वह?"

"ओहो!" रेखा बोली, "पतंग उड़ाने में ही सब वायदे, प्रतिज्ञा निभाई जाती हैं आपकी!"

"अच्छा देखो, उस सामने वाली अलमारी में से निकाल लो कोई पुस्तक!" जल्दी में बाहर जाते हुए शैल ने कहा, "खराब मत करना पुस्तकों को रेखा!"

"हाँ! हाँ! आप जाइए!" रेखा बड़बड़ाने लगी, "मैंने आज आप के ही ऊपर डाँट नहीं पड़वाई तो पड़वाई ही किसके ऊपर। इम्तहान पास हैं और आपको पतंगों का नशा है।"

शैल तब तक चला गया था। भुनभुनाती हुई रेखा, एक-एक पुस्तक को उठाकर जोर-जोर से रखने लगी। फिर मामी की ओर वाले छज्जे पर आकर उसने कहा, "निशा! ए, निशा!"

निशा बाहर निकली, पूछा, "क्या है?"

"यहाँ आओ!" और वह बिना उत्तर की प्रतीक्षा के ही, अंदर आकर पुस्तकें देखने लगी।

"हाँ क्या है?" निशा ने प्रवेश करते हुए पूछा, वह रेखा के बराबर आकर खड़ी हो गई।

"बैठो!" रेखा ने एक पुस्तक के पृष्ठ पलटते हुए कहा, फिर सहसा उसकी ओर देखते हुए बोली, "हाँ, तुम्हें काम तो नहीं है कुछ?"

"नहीं!" और उसने भी एक पुस्तक को उठाते हुए पूछा, "कैसी किताबें हैं यह सब!"

"वही हैं, आजाद हिंद फौज, सुभाष चंद्र बोस, काँग्रेस और काँग्रेस के अन्य नेताओं के विषय में हैं सब!" कहकर उसने निशा की ओर देखा।

"क्या पढ़ती हो उनके विषय में?" उपेक्षा से उसने कहा, "जापानी इतने क्रूर होते हैं जो जिंदा आदमी को भी खा जाएँ, उन्हीं के साथ मिलकर उन्हें चढ़ाए ला रहे थे वह!"

"मैं कहती हूँ निशा" रेखा ने दोनों हाथों से एक पुस्तक पकड़कर निशा के मुख की ओर देखते हुए कहा, "तुम बिना किसी के विषय में पूरी तरह जाने निर्णय कैसे दे देती हो उसके ऊपर?"

"निर्णय?" निशा ने उत्तर दिया, "निर्णय के लिए, तुम्हीं देख लो, बिल्कुल साफ बात है, वह जापानियों से मिले, उनकी फौजें लेकर बर्मा में उन्होंने क्या नहीं किया। वह जापानियों को ला रहे थे, हमारी शांति को उनकी क्रूर संगीनों से टुकड़े-टुकड़े करवा देने के लिए। हमारे ऊपर बलात्कार के लिए, हमारी बहनों माँओं..." निशा ने साँस लेकर फिर कहा, "तुमने 'गुलामी' फिल्म देखी है?"

"जी हाँ, देखी है!" रेखा ने अकुंठित स्वर में कहा, "और उसे मैं किसी सरकारी, चापलूस से भरे विज्ञापन से अधिक नहीं समझती!"

"खुद आजाद हिंद के अफसरों ने कहा है वह हद दर्जे के क्रूर होते हैं!"

"क्रूर होने को मैं मना नहीं करती निशा! होंगे वह। और होने को क्रूर कौन नहीं है? यह अँग्रेज नहीं हैं? हमारे भाइयों के ऊपर यह अब क्या नहीं कर रहे।" रेखा ने आरामकुर्सी पर बैठते हुए कहा।

"अरे यह सब कहने की बातें हैं रेखा!" निशा भी कुर्सी पर बैठ गई।

"कहने की बातें नहीं, मैं तुम्हें किताब दे रही हूँ निशा, उसे पढ़ो तुम!"

"अच्छा लाइए साहब, कौन-सी किताब है आपकी?" निशा ने पुस्तक लेने के लिए हाथ बढ़ा दिया।

"लो ध्यान से पढ़ना।"

जैसे ही रेखा ने निशा के हाथ में पुस्तक दी, तभी शैलेन्द्र ने कमरे में प्रवेश किया। उसकी पतंग कट गई थी, अतः वह दूसरी लेने आया था। उसने निशा को देखा, और चुपचाप पतंगों की खूँटी की ओर बढ़ गया। पतंग उठाई और फिर जितनी तेज हो सका बाहर निकल आया।

"क्यों रेखा?" उनके जाते ही निशा ने पूछा, "यह भाई साहब, इतने शर्माते क्यों हैं?"

"अरे, यह तो आदत ही है उनकी। थोड़े दिन बाद देखना कितनी गप्पें लड़ाते हैं तुमसे!"

निशा पुस्तक का एक पृष्ठ खोलकर पढ़ने के बहाने चुपचाप कुछ सोचती रही। फिर सहसा उसने कहा, "चलती हो रेखा, कपड़ा आया है ब्लाउजों का, दिखाएँ तुम्हें!"

"ब्लाउजों का?" रेखा ने दुहराकर पूछा, "क्या-क्या है?"

"चलो तुम, यही 'पॉपलीन' है 'वॉयल' है!"

"अच्छा चलो!" रेखा निशा के पीछे-पीछे चलने लगी। चलते-चलते उसने पूछा, "अच्छा हुआ तो हमें दोगी न, एक आध ब्लाउजों का?"

"चलो तो सही पसंद कर लेना!" पुस्तक को दोनों हाथों में उछालती हुई निशा आगे-आगे चल दी।

"मँगाए कहाँ से हैं?" रेखा ने पूछा, "जहाँ से हम आए हैं न, वहाँ किसी भी तरह का कपड़ा नहीं मिलता!"

1-4-46 "मिलने को तो यहाँ भी कम कठिनाई नहीं पड़ती, पर बाबूजी मँगा लेते हैं तरकीबों से!" निशा ने कहा और तेजी से सीढ़ियाँ उतर गई। वहीं खड़ी होकर रेखा की प्रतीक्षा करते हुए उसने कहा, "यह तो केवल देखने के ही लिए मँगाए गए हैं। और हाँ, नापसंदों को लौटाना भी तो अभी ही है। जिसकी दुकान से मँगाए गए हैं न वह 'कंट्रोल' की है, कल सुबह ही उसकी जाँच होगी।"

"चलो तो जल्दी!" रेखा निशा के कंधे पर हाथ रखकर चलने लगी।

दोनों साथ-साथ मामी वाले घर में आ गईं। यह दोनों घर परस्पर मिले हुए थे। इतने दिनों के परिचय के पश्चात् आज पहली बार निशा रेखा को अपने कमरे में ले गई। कमरा सुरुचिपूर्ण ढंग से सजा हुआ था। एक ओर छोटी-सी मेज रखी हुई थी, उस पर रेडियो रखा हुआ था। एक अलमारी में कुछ थोड़ी-सी पाठ्य पुस्तकें लगी हुई थीं, पास ही दवात, होल्डर आदि पढ़ने का सामान क्रम से लगा था। दूसरी अलमारी में शीशा, कंघा, तेल, वैसलीन आदि शृंगार का सामान था। उसी के दूसरे खाने में कुछ काठ के छोटे-छोटे बक्स रखे हुए थे, जिनके ऊपर काँच जड़ा था, और उनके अंदर रखी हुई रंग-बिरंगी चूड़ियाँ झलमला रही थीं। एक ओर बेंत की अलमारी लगी थी, इसमें रखे हुए थे 'सैण्डिल' मखमली और चमड़े के। एक से एक अधिक मूल्यवान। उसी के बराबर एक स्वच्छ बड़ा-सा वर्गाकार कागज दीवार में ठुका हुआ था, जिस पर खूँटियों का 'फ्रेम' जड़ा था। उस पर, सुंदर और आकर्षक कपड़े लटक रहे थे। कपड़ों की सिलाई देखकर कहा जा सकता था कि ऐसे कपड़े सीने वाले दर्जी आगरे में आठ-दस से अधिक नहीं हैं। इस कमरे के बीच में एक गोल मेज के चारों ओर, चार सोफे पड़े हुए थे। यह था निशा का कमरा।

रेखा की आँखों में तैर रहा था विस्मय, लघुता और कुछ आदर। रेखा और निशा की परस्पर जान-पहचान हुए, एक सप्ताह भी नहीं हुआ था, इसीलिए जब प्रथम बार वह निशा के कमरे में आई तो उसकी प्रत्येक वस्तु देखने की इच्छा का दमन न कर सकी।

"बैठो रेखा!" निशा ने उसे हिचकिचाता देखकर कहा और आगे बढ़कर 'रेडियो' खोल दिया।

रेखा एक सोफे पर बैठ गई, और निशा उसके बराबर वाले पर। वह तीसरे सोफे पर रखे हुए कपड़ों को एक-एक करके दिखाने लगी। रेखा चुपचाप केवल उसके दिखाए हुए कपड़ों की ओर देखती रही, कह कुछ नहीं सकी। यहाँ आकर न जाने कैसी ग्लानि, क्षुद्रता-सी उसे अपने चारों ओर घिरी हुई दिखाई दी, और वह स्वयं अपने में ही संकुचित-सी हो उठी। इसीलिए किसी कपड़े पर अपनी सम्मति प्रकट करने में उसे झिझक-सी लग रही थी। तो भी इतना है, यह भाव उसके अधिक स्थायी न रह सके, आठ-दस कपड़ों को बिना बोले ही उसने सरका दिया और तब एक अच्छी-सी छींट आई तो वह बोल उठी, "यह काफी अच्छी है!" उसे लगा जैसे उसके शब्दों का अंतिम भाग उसके मुँह में ही खो गया है।

"यही मैंने भी पसंद की है!" एकदम निशा बोली। वह द्विगुणित उत्साह से शेष तीन कपड़ों को, खोल-खोल कर दिखाने लगी।

धीरे-धीरे रेखा का वह आगंतुक का भाव लुप्त हो गया। अब वह एक ही स्कूल में पढ़ने वाली दो बालिकाएँ थीं, चंचल और उच्छृंखल! रेखा ने अब उसके प्रत्येक कपड़े पर अपनी सम्मति दे डाली।

"अच्छा तुम बैठो रेखा!" निशा ने उठते हुए कहा, "मैं आ रही हूँ अभी!" और बिना रेखा की अनुमति की प्रतीक्षा किए वह कमरे से बाहर निकल गई।

'रेडियो' में किसी फिल्मी 'रेकार्ड' का साज आ रहा था। उसे सुनते हुए रेखा ने मेज पर रखी हुई कॉपी उठा ली, और उसके पृष्ठ पलटने लगी। पहला पृष्ठ पलटते ही वह चौंकी, रेडियो से अपना ध्यान हटाकर वह इसे देखने लगी। मुखपृष्ठ पर इंग्लिश में लिखा था—हिंदी कम्पोजीशन—(रचना) और निशा का नाम, अंदर थी हिंदी। रेखा को वह हिंदी रचना की कॉपी एक अजायबघर-सी लगी, जगह-जगह इंग्लिश के पूरे वाक्यों और शब्दों से उसकी एक भी पंक्ति खाली नहीं थी। कौतूहल से वह एक पृष्ठ पढ़ने लगी, उसे आश्चर्य हुआ—न उसमें हिंदी की रचना-शैली थी और न व्याकरण। 'टिकट' का बहुवचन 'टिकट्स' और विमल जल को 'प्योर वाटर' लिखा गया था। लिखने में भी अशुद्धियाँ थीं, लिखाई को भी साफ नहीं कहा जा सकता था। रेखा ने एक बार इस कॉपी के पृष्ठ तेजी से पलटे और फिर इस कमरे की सजावट को देखा। फिर वह कुछ सोचने लगी। उस समय उसकी आँखों में समाई हुई थी तुलनात्मक तीव्रता। जो भाव उस समय उसके हृदय में उठ रहे थे उनमें घृणा अधिक थी।

"अभी से तुम इस सोचने के चक्कर में मत पड़ो रेखा!" रेखा के सोफे के पीछे खड़ी हुई निशा ने कहा, "बड़ी खराब चीज है यह!"

रेखा कुछ नहीं बोली। वह सँभलकर बैठ गई, और हाथ की कॉपी को यथास्थान रख दिया।

निशा सामने की ओर आ गई। एक बड़ी-सी काँच की तश्तरी को उसने रेखा के सामने रख दिया, "लो खाओ, सोचना पीछे।"

सेब, संतरे, केले, अंगूर—रेखा ने देखा और उसके मुख से निकल पड़ा, ''और तुम?''

''आ रही हूँ इसी में, मैं भी!'' और निशा ने अंगूर उठाकर मुँह में डाल लिए।

रेखा झिझकी, पर कहा कुछ नहीं। चुपचाप उसने भी खाना प्रारंभ कर दिया।

''क्यों निशा!'' खाते-खाते उसने एकदम पूछा, ''तुम हिंदी में इतनी इंग्लिश क्यों घुसेड़ती हो?''

''मैं!'' उसकी दृष्टि एकदम सामने की कॉपी पर गई, उसने मुस्कराकर पूछा, ''क्यों बुराई क्या है इसमें?''

''मुझे अच्छाई ही बताओ इसमें?''

''इंग्लिश का अभ्यास बढ़ता है इसमें!''

रेखा ने एकदम सिर ऊपर उठाया, जैसे कोई प्रखर उत्तर उसे सूझा हो, किंतु वह कह कुछ नहीं सकी, केवल निशा की ओर देखकर ही रह गई।

''देखो भई!'' निशा ने कदाचित् उसकी यह अवस्था समझकर कहा, ''यह मत देखो कि भाषा कौन-सी है, देखो यह कि लिखा क्या है?''

''तो लिखाई पर ध्यान देना बिल्कुल आवश्यक नहीं है तुम्हें?'' आश्चर्य से रेखा ने प्रश्न किया।

''उहुँ!'' उपेक्षा से निशा बोली, ''किस-किस बात पर ध्यान दें अब?''

2-4-46 ''तुम विषय को ही लो!'' रेखा ने समझाने के ढंग पर कहा, ''जब किसी से तुम्हारी यह लिखाई पढ़ी ही नहीं जाएगी, तो विषय क्या समझेगा?''

''छोड़ो भी इन बातों को!'' उकताकर निशा ने कहा, ''पास होने को तो, कोई रोक ही नहीं सकता!''

''तो तुम पास होने के लिए...'' रेखा के मुख से एकदम निकला। उसने निशा के मुख की ओर देखा तो एकदम रुक गई—झल्लाहट, विरक्ति और क्रोध निशा के मुख पर था।

निशा कुछ नहीं बोली, उठकर उसने रेडियो को एकदम तेज कर दिया। द्वार के पास आकर उसने जोर से आवाज दी, ''निरू! कितनी देर से कह आई थी मैं तुमसे, लाईं पानी तुम?''

''ला रही हूँ जीजी!'' कहीं से भीत-सा स्वर सुनाई दिया।

''लाओ जल्दी!''

फलों की तश्तरी मेज पर रखी हुई थी, रेखा नहीं खा रही थी। उसे ऐसा लग रहा था कि जैसे उसने कोई अपराध कर दिया हो। और उसे अब आवश्यकता प्रतीत हुई अपराध के प्रायश्चित्त की। किंतु करे कैसे? परिस्थिति प्रतिकूल सी थी।

''क्यों निशा?'' सहसा उसने पूछा, ''क्या गाना लिखाया है आज 'मिस गोखले' ने?''

''क्यों तुम्हें क्या मालूम?''

रेखा ने उत्तर दिया, ''सुन रही थी मैं, अपने क्लास से।''

''याद कर लिया है?'' निशा ने पूछा, ''हाँ, अच्छा था!''

''मुझे याद ही तो नहीं है ठीक से, इसी से पूछ रही हूँ तुमसे!''

''अच्छा लो, इसी में लिखा है सब!'' निशा ने उठकर पुस्तकों की अलमारी से एक कॉपी उठाकर रेखा की गोद में फेंक दी। तभी दोनों हाथों में दो गिलास पकड़े कुछ भीत-सी प्रविष्ट हुई निरुपमा।

''बिल्कुल तमीज नहीं है!'' निशा उसके ऊपर बरस पड़ी, ''मैं पानी लाने को जल्दी ही कह आई थी, और अब आ रही है। गिलास कैसे पकड़ रखे हैं। असभ्यों की तरह। तू तो गँवार रहेगी!''

रेखा को बुरा लगा। निरुपमा के ऊपर एक विवश कातरता थी। रेखा के हृदय में उसके लिए सहानुभूति उत्पन्न हुई। पर वह बोली अब भी कुछ नहीं। शीघ्रता से उसके दोनों हाथों से उसने गिलास ले लिए।

''देवा को भेज दो, यह कपड़े पहुँचा देगा दुकान पर!'' निशा ने निरुपमा को डरती-सी बाहर जाते हुए देखकर कहा।

''वह नहीं है यहाँ!''

''कहाँ गया?'' उसका स्वर पहले से तीव्र था।

''मुझे नहीं मालूम जीजी, माताजी ने भेजा होगा किसी काम से!'' निरुपमा कमरे से बाहर निकल गई।

''खाओ न रेखा?'' अब निशा फिर रेखा के पास आकर बैठ गई। उसने तश्तरी में से फल उठाकर खाना प्रारंभ कर दिया।

''जो-जो कपड़े हमें पसंद हैं, उन्हें छोड़कर बाकियों को भिजवा दूँ न?'' निशा ने रेखा से पूछा।

''भिजवा दो!''

''अब भिजवाऊँ किससे? दुकान तो अधिक दूर नहीं है, पर ले कौन जाए?'' अन्यमनस्क की भाँति निशा कहती गई, फिर एकदम रेखा से पूछा, ''क्यों रेखा, भाई साहब नहीं दे आ सकते जरा?''

''कौन? शैल भाई साहब!'' रेखा ने कहकर स्वयं ही उसका उत्तर दिया, ''नहीं, वह नहीं ले जा सकते!''

''क्यों?'' कुछ आश्चर्य से निशा ने पूछा।

''उन्हें इन रंग-बिरंगे और विदेशी कपड़ों को देखकर बड़ा क्रोध आता है!'' रेखा ने सीधे-सादे ढंग से कहा।

''आदर्शवादी हैं, यों कहो न फिर?'' निशा ने सविद्रूप कहा फिर पूछा, ''वह बिल्कुल नहीं पहनते क्या विदेशी कपड़े?''

"पहले बहुत पहनते थे, अब तो कम करते जा रहे हैं।"

"उहुँ" निशा ने एकदम कहा, "कैसे-कैसे ढोंग करते हैं यह आदर्शवादी भी। कहीं कपड़े पहनने से भी स्वतंत्रता मिलती है? यह नहीं पहनेंगे वह नहीं पहनेंगे।"

"तो काहे से मिलती है निशा, स्वतंत्रता!" स्वर में कटुता नहीं थी, तीव्रता नहीं थी, थी एक व्यथा-विवशता। अपने भाई के लिए वह ऐसा नहीं सुन सकती थी, पर साथ ही आत्मिक दुर्बलता से या किसी अन्य कारण से वह निशा को क्रुद्ध भी नहीं करना चाहती थी।

"स्वतंत्रता मिलती है ज्ञान से, बुद्धि से!" उसने गर्व से कहा।

"और ज्ञान और बुद्धि आते हैं पढ़ने से!"

"जैसा तुम पढ़ती हो!" रेखा की इच्छा हुई कह दे, किंतु शब्द कंठ में आकर भी उसके मुख से नहीं निकल सके। हाँ! उसका मुख लाल हो गया। उसने पानी का गिलास उठाया और पानी पीने लगी, इसी से निशा उसके मुख की मुद्रा को पढ़ नहीं सकी। वह बड़ी देर तक रेखा के उत्तर की प्रतीक्षा करती रही किंतु जब कोई उत्तर रेखा ने नहीं दिया तो निशा ने फिर कहा, "वह छोटा भाई—क्या नाम है उसका?—वह तो ले जाएगा न?"

"हरेन्द्र?" रेखा ने कहा, "हाँ वह ले जाएगा।"

"मैंने सोचा वह भी आदर्शवादी हो!" निशा ने कहा, "जिस भाई की बहन आदर्शवादिनी, वह स्वयं आदर्शवादी, यदि उसका छोटा भाई भी आदर्शवादी हो तो आश्चर्य क्या है?"

रेखा इस पर हँस पड़ी, कहा कुछ नहीं बस। और इतनी खुलकर हँसी कि निशा को आश्चर्य हुआ। उसने कहा, "अब तुम तो मजाक बनाती हो निशा..."

"मजाक नहीं, सत्य है यह।" निशा बोली, "आदर्शवादियों का सिद्धांत ही यही है—जिसको पकड़ लिया फिर छोड़ना तो जानते ही नहीं। कैसे छोड़ दिया तुम दोनों ने उसे?"

"अब कोई समझना ही नहीं चाहता तो हम क्या करें?" रेखा ने फिर सीधे से ढंग से कह दिया। वह बोली, "असल में बात यह है कि वह है शौकीनी तबीयत का आदमी। माताजी उसी की तरफदारी लेती हैं—बाबूजी को तो जैसे संसार से कुछ मतलब ही नहीं है।"

"ठीक तो है जी" निशा ने कहा, "क्या भगवान ने सुख आदि की इतनी सारी सामग्रियाँ उत्पन्न की हैं वह इसीलिए उत्पन्न की हैं कि हम इन्हें छोड़-छाड़कर योगी बन जाएँ? यह तो उसका निरादर है!"

"निरादर क्यों है?" रेखा ने कुछ तीव्र स्वर से कहा, "बीमारी में यदि मनुष्य गरिष्ठ भोजन नहीं करता तो यह उस भोजन का निरादर है क्यों? समय-समय पर सभी चीजें अच्छी लगती हैं रेखा!"

"उहुँ!" निशा बोली, "तुम तो बहस करने बैठ गईं, यही तो आदर्शवादियों की बुरी आदत है!"

"हाँ, हो सकता है यह" रेखा ने कहा, "क्योंकि आदर्शवादी—अपने आदर्शों के अनुसार ही सही—किसी बात को समझाने का प्रयत्न करते हैं!"

रेखा कुर्सी से उठकर खड़ी हो गई, "अच्छा निशा अब चलूँगी हरेन्द्र को भेज देती हूँ, उसी के हाथों कपड़े भिजवा देना, कहाँ भिजवाना चाहती हो?"

निशा भी उठकर खड़ी हो गई, और धीरे-धीरे उसके साथ चलने लगी, उसने धीरे से कहा, "माताजी से भी मिल लेतीं। वह कई बार कह चुकी हैं, तुमसे मिलने को। रसोई में हैं अभी आती हैं!"

"मिल लूँगी!" रेखा ने कहा, "अब क्या मिलना मिलाना, एक ही तो घर है! अच्छा 'जयहिंद' निशा!" और वह तेजी से चली गई।

"नमस्ते!" निशा ने उत्तर दिया।

3

3-4-46 "ले आए दूसरी पतंग?" शैल को दूसरी पतंग लाता हुआ देखकर मुकर्जी चिल्लाया अपनी छत से ही।

"हाँ, हाँ, उतारो मत!" शैल ने अपनी पतंग बढ़ाते हुए कहा, "देखता हूँ अभी तुम्हें!" शब्द बहुत धीमे थे।

मुकर्जी ने कुछ नहीं कहा, वह दत्त-चित्त होकर अपनी पतंग की जाँच करने में लग गया; इधर-उधर घुमा-फिरा कर उसने देख लिया कि पतंग उसके वश में है या नहीं। शैल और मुकर्जी की छतों के बीच में लगभग ढाई गज चौड़ी केवल एक गली थी, किंतु छतें इतनी लंबी थीं कि यदि दोनों अपनी छतों के दूसरे किनारों पर खड़े हो जाएँ तो अपनी वाणी की सारी शक्ति लगाकर ही वह एक-दूसरे की बातें सुन सकते थे। गली के दोनों सिरों पर तो दोनों एक-दूसरे के हाथ भी छू लेते थे।

पहली बात तो यह कि शैल को ही यहाँ आए अधिक समय नहीं हुआ, दूसरे मुकर्जी की दो-एक पतंगें काटकर आठ-दस अपनी कटवाकर उसकी मुकर्जी से मित्रता हो गई थी, इसीलिए वह अपने चारों ओर की उड़ती हुई पतंगों पर ध्यान नहीं दे रहा था।

उसने अपनी पतंग बढ़ाई और चाल देखने के लिए इधर-उधर घुमाने लगा।

सूर्य का गोला अरुण होकर छिपने के स्थल पर पहुँच चुका था। शैल ने पतंग सूर्य बिंब के मध्य में कर दी। कितना सुंदर दृश्य उपस्थित हो गया था। संध्या का शीतल समीरण थिरक उठा था, अस्तोन्मुख सूर्य की रक्ताभा, स्वर्णिम अलकों की भाँति असावधानी से इधर-उधर छितरी हुई थी। छोटे-छोटे, प्रतिदीप्त बादलों के टुकड़े सूर्य के आस-पास बिखरे पड़े थे। एक आध पक्षी भी इधर-उधर उड़ता हुआ दिखाई दे रहा था। शैलेन्द्र मुग्ध-सा वह दृश्य देखने लगा। थोड़ी देर उसकी दृष्टि अपनी पतंग पर जमी रही, फिर धीरे-धीरे पतंग उसकी आँखों से ओझल हो गई। वह बेभान-सा खड़ा रहा।

"शैलेन्द्र!" उसकी पतंग गिरती हुई देखकर मुकर्जी ने पुकारा, "पतंग सँभालो भाई!"

शैलेन्द्र चौंका—सच ही उसकी पतंग गिरने की अवस्था तक पहुँच चुकी थी, उसने अपनी सारी शक्ति लगाकर जोर-जोर से हाथ हिलाकर किसी तरह पतंग सँभाली। उसके अंदर जैसे कोई वस्तु उमड़-सी रही थी। उसे लगा सामने जो दृश्य खिंचा है उसे देखता ही रहे—छोड़ दे इस पतंग-डोर को।

जैसे ही उसकी पतंग सँभली, मुकर्जी ने थोड़ा झुककर हाथों से पूरी कसरत सी करते हुए अपनी पतंग को उसकी पतंग के ऊपर झपटाया—शैलेन्द्र सोच भी न सका कि उसे यह अभी क्या हो गया था। पतंग उतार लेने या वहीं से तोड़कर उस प्राकृतिक दृश्य को देखने का उन्माद भी उसका लुप्त हो गया, अब तो उसे चिंता थी मुकर्जी से पेंच कैसे लिए जाएँ कि उसके अनुकूल हों। शैलेन्द्र ऊपर वाले पेंच लेना चाहता था किंतु मुकर्जी की उस तेज झपट से वह बच नहीं सका। पेंच पड़ चुके थे। शैलेन्द्र ने अपनी चर्खी दोनों हाथों में ढीली पकड़ ली। डोर तेजी से चल रही थी। मुकर्जी ढील तेजी से दे रहा था पर थोड़ी-थोड़ी देर बाद—पतंगबाजों की भाँति—रुककर भी देख लेता था। पतंगें गोल-गोल घूमती हुई बड़ी तेजी से क्षितिज की ओर चली जा रही थीं, किंतु कटने की संभावना अभी किसी की दिखाई नहीं दे रही थी। ऐसे समय—जब पतंगें काफी बढ़ चुकी हों, पर कट किसी की नहीं रही हो—पतंगबाजों की विह्वलता, अंगसंचालन क्रिया देखने की ही वस्तु होती है। मुकर्जी इस समय पक्का पतंगबाज दिखाई पड़ रहा था, किंतु शैलेन्द्र? वह सीधा-सा खड़ा था केवल डोर छोड़ रहा था—बिना किसी कृपणता के।

पतंगें अब दिखाई नहीं दे रही थीं। सहसा शैलेन्द्र की पतंग की डोर एकदम ढीली पड़ गई। उसे लगा उसकी पतंग कट चुकी है, उसने तेजी से डोर खींचना प्रारंभ कर दिया। सिर झुकाए, डोर के उलझने के डर से पैर बचाता हुआ वह तेजी से डोर खींचे जा रहा था और जब उसे लगा कि डोर के साथ सर्र-सर्र करती कोई चीज और खिंच रही है, तो उसने आश्चर्य से सिर उठाकर देखा—पतंग। उसे विस्मय हुआ—क्या उसकी पतंग नहीं कटी? उसने मुकर्जी को देखा, वह डोर लपेट रहा था

चर्खी में। शैल को प्रसन्नता हुई, और आश्चर्य भी। कैसे रह गई कटते-कटते उसकी यह पतंग? आह्लादित हाथों से उसने बिखरी हुई सारी डोर लपेट ली, पतंग उतार ली, और धीरे-धीरे जीने की ओर चलने लगा।

"इधर आइए!" तभी मुकर्जी ने गली के सिरे पर खड़े होकर चर्खी को फिराते हुए कहा।

झेंपता-सा, संकुचित-सा शैल अपने छत के गली वाले सिरे तक आ गया—वह खड़ा रहा।

"काम है कुछ आपको?"

"अब?" शैल ने दूसरी ओर देखते हुए धीरे से कहा, "अब तो कुछ काम नहीं है विशेष!"

"आइए तो बैठें! नीचे तो गर्मी पड़ रही होगी।" अपनी छत पर बैठते ही उसने प्रारंभ किया—"जहाँ से आप आए हैं वहाँ भी ऐसी ही गर्मी पड़ती है?"

"यहाँ से कुछ कम!" शैलेन्द्र ने संक्षिप्त-सा उत्तर दिया और वह भी बैठ गया।

"कहिए पढ़ाई कैसी चल रही है आपकी?" उसने फिर प्रश्न किया।

"ठीक है!"

"अच्छा एक बात बताइए शैल बाबू" मुकर्जी ने पूछा, "आप इतने शर्माते क्यों हैं?"

"मैं?" और वह पहले से भी अधिक अपने में सिकुड़-सा गया। उसे आश्चर्य हो रहा था मुकर्जी पर, कैसे दो एक दिन के ही स्वल्प परिचय में वह इतना खुलकर बातचीत कर रहा है।

"कौन से स्कूल गें नाग लिखागा है?" उसने फिर पूछा।

4-4-46 "स्कूल में नहीं, 'सेण्ट जॉन्स' कॉलेज में नाम लिखाया है आगे सुविधा भी रहेगी!" इस बार शैल कुछ तन कर बैठ गया।

"तब तो हम लोगों में विशेष अंतर नहीं है!"

"क्यों? आपने भी वहीं लिखाया है।" झिझक सी जो उसके ऊपर चढ़ी चली आ रही थी उसे बलात् दूर करते हुए उसने पूछा। उसका स्वर प्रफुल्लित था।

"जी!" उमँगकर उसने उत्तर दिया।

"क्यों 'गवर्नमेण्ट' स्कूल कहाँ हैं?" थोड़ी देर चुप रहकर शैलेन्द्र ने उसकी ओर देखने का प्रयत्न किया, तब पूछा।

"आपको नहीं मालूम?" इस बार मुकर्जी ने आश्चर्य से उसे देखा, फिर पूछा, "मालूम होता है आप अधिक टहलना पसंद नहीं करते!"

"यह भी समझ लीजिए!" अब शैल कुछ खुला, "और दूसरे कोई साथी भी नहीं है!"

"तो छुट्टियों में चलिए आपको दिखा लाएँ किसी दिन यहाँ की मुख्य-मुख्य

चीजें।" बहुत बेतकल्लुफी से मुकर्जी ने कहा। फिर उसने एकदम चौंककर कहा, "और हाँ! आपका छोटा भाई भी तो उसी में पढ़ता है—क्या नाम है उसका?"

"हरेन्द्र!" शैलेन्द्र ने कहा, "बाबूजी ले तो गए थे भर्ती कराने, वहीं कराया है शायद।"

"मालूम होता है, आप घर की ओर से बहुत सुस्त हैं!"

"आदत ही बन गई है ऐसी, घर आदि की बातों का मुझे ध्यान नहीं रहता!"

"किंतु इतनी उपेक्षा से भी तो काम नहीं चलता!" मुकर्जी बोला। फिर उसने पूछा, "क्यों शैल बाबू, वयस क्या है हरेन्द्र की?"

"यही कोई तेरह-चौदह वर्ष!"

"तब आपको उसकी ओर से इतना लापरवाह नहीं रहना चाहिए!" मुकर्जी ने शैलेन्द्र का ध्यान अपनी ओर आकर्षित करके कहा, "बुरा मत मानिए शैल बाबू, बात मैं ठीक कह रहा हूँ!"

"क्यों, कोई विशेष बात है?" उसकी बातों को समझने का प्रयत्न करते हुए उसने पूछा।

"देखिए यही समय होता है जब बालक बिगड़ और बन जाता है, सदा को!" मुकर्जी कहता गया, "और संगति ही यह सब बनाने और बिगाड़ने वाली है। दो-एक दिन से मैं आपके भाई को कुछ ऐसे लड़कों के साथ देख रहा हूँ—जिन्हें मैं अच्छा नहीं समझता।" मुकर्जी गंभीर था।

"अच्छा!" शैल ने आश्चर्य से कहा, "आज मैं पूछूँगा जाकर उससे। तुम ध्यान रखना जरा उसके ऊपर।"

"हाँ सो तो मैं करता ही हूँ, तभी तो मैंने कह दिया आपसे!" मुकर्जी ने कहा, "अच्छा शैल बाबू! अब काफी अँधेरा हो चुका है। इतवार के दिन संध्या को तैयार रहिए!"

"अच्छा" शैलेन्द्र ने केवल इतना कहा। सहसा वह इतना चुप क्यों हो गया, कदाचित् मुकर्जी यही सोच रहा था। उसे आश्चर्य हुआ इस विचित्र लड़के पर।

मुकर्जी उठकर चला गया। शैलेन्द्र वहीं अँधेरे में बैठा रहा। धीरे-धीरे तारे चमक उठे, और नीचे आगरे की बत्तियाँ। वह बैठा हुआ कुछ सोचता रहा।

तभी नीचे से आवाज आई, "शैल भाई साहब!"

"क्या है?" कहकर वह उठा, अपनी पतंग-डोर उठाई और चल दिया नीचे। जीने में ही उसे रेखा मिल गई।

"क्या है रेखा? क्यों घर को उठाए लेती हो सिर पर!" धीमे स्वर में उसने भर्त्सना की। उसके स्वर में कटुता नहीं थी।

"चलिए न नीचे? अब यहीं बैठे रहेंगे?"

"तुम अपना मतलब बताओ।" शैलेन्द्र ने चलते हुए कहा।

"मेरा क्या मतलब है आपसे? आप तो यही सोचने लगते हैं हर बात में।"

"अच्छा भाई, कुछ मतलब नहीं है तुम्हारा!" शैलेन्द्र ने स्वीकार-सा किया, "अच्छा दे आईं पुस्तक?" स्वर में झिझक थी। "हूँ!" रेखा ने कहा—उसके स्वर में पुलकन थी, जैसे यही बात वह कहना चाहती थी, "कुछ घमण्डी सी है वह!"

शैलेन्द्र इस विषय पर विस्तृत बातचीत करना चाहता था, पर सामने से आ रहा था हरेन्द्र। उसने एकदम कहा, "अच्छा होगी भी।" फिर हरेन्द्र की ओर बढ़कर उसने पूछा, "क्यों हरेन्द्र, गवर्नमेण्ट स्कूल में हुए हो तुम भर्ती!"

"जी!" चलते हुए उसने लापरवाही से उत्तर दिया।

"चले किधर जा रहे हो? सुनो!" शैलेन्द्र का स्वर कठोर हो गया, "मुझे मालूम हुआ है तुम्हारी दोस्ती खराब लड़कों से है!"

हरेन्द्र उद्धतता से चलता चला जा रहा था, पीछे की बात सुनकर एकदम रुका, "कौन कहता है?"

"मुकर्जी!"

"मुकर्जी ही कौन-सा कहीं का भला आदमी है?"

"अच्छा चुप रहो, बस, आगे यह बात सुनने में न आए।"

"रहता भी होऊँ मैं? आप तो पीछे पड़े हुए हैं मेरे!"

"मैं कह रहा हूँ, चुप रहो, जो मैं कह रहा हूँ ध्यान रखो उस बात पर!"

"ध्यान-व्यान क्या रखूँ, कुछ बात हो तब तो न?"

"नहीं बंद करोगे जवाब तुम?" शैलेन्द्र उसकी ओर बढ़ा।

हरेन्द्र इस बार कुछ रुका। चुप तब भी नहीं हुआ। भुनभुनाता हुआ सीधा चला गया माताजी के पास।

"अब आप ही देख लीजिए माताजी!" रसोई के द्वार पर खड़े होकर उसने कहना प्रारंभ किया, "मेरे ही पीछे पड़े रहते हैं यह शैल भाई साहब! कुछ बात न चीत, मुझसे ही आकर ऐंठने लगे।"

"हुआ क्या?" माताजी ने रोटी सेंकते हुए सिर उठाकर पूछा।

"कुछ नहीं—मेरे पीछे आकर पड़ गए, तुम बदतमीज हो, खराब लड़कों के साथ खेलते हो!"

"आखिर कोई बात भी तो होगी या उसका दिमाग यों ही फिर रहा है?"

"अब मुझे तो मालूम नहीं है, मुकर्जी-वुकर्जी कोई लड़का है, वह बहकाता रहता है—आप रेखा जीजी से पूछ लीजिए!"

तभी खाना खाने के लिए पतंग-डोर रखकर, शैलेन्द्र आ गया उस स्थान पर।

"क्यों शैल, तू क्यों पड़ा रहता है इसके पीछे दिनभर?"

"आप तो उसकी तरफदारी पर तुली हुई हैं, देखती तो नहीं हैं, उसकी आदत कैसी बिगड़ती जा रही हैं!"

यही बात माताजी नहीं सहन कर सकती थीं। एकदम बोलीं–"तेरी तो बड़ी सुधरती जा रही हैं न? पढ़ने-लिखने का कुछ ध्यान नहीं है, चर्खा कातेंगे दो घण्टे बैठकर फिर किताबें पढ़ेंगे बेकार की और तब उड़ाने चल देंगे पतंग! पास-फेल भाड़ में जाए।"

"वह बेकार की किताबें हैं?" शैलेन्द्र एकदम भभक उठा। 'गाँधीजी की आत्मकथा' और 'काँग्रेस का इतिहास' बेकार की चीजें हैं?"

"और क्या, जिनका मतलब कोर्स से नहीं है वह बेकार की तो हैं ही।"

शैलेन्द्र एकदम चुप हो गया। माताजी बहुत देर तक बड़बड़ाती रहीं। रेखा ने चुपचाप खाने की थाली रखकर कहा, "आइए, भाई साहब!" तभी नौकर गिलास भरकर पानी रख गया।

शैलेन्द्र चुपचाप खाना खाने बैठ गया। जब माताजी का बड़बड़ाना कुछ कम हुआ तो यथासंभव शांत स्वर से समझाने के ढंग पर उसने कहा, "जब उसकी आदतें खराब हो जाएँगी तो अच्छा रहेगा माताजी? और संगति से ही तो आदतें बनती हैं।"

"तो समझाता क्यों नहीं है?" इस बार माताजी ने कुछ नम्र स्वर में कहा।

"वह समझे तब न?'"

"सब समझ जाएगा अपनी उम्र पर। अभी उसकी उम्र ही क्या है? खेलने खाने के दिन हैं!"

"बड़े खेलने खाने के दिन हैं। शुरू से ही तो पड़ती हैं सब आदतें!"

"सब ठीक हो जाएगा। पेट से सीखकर तो कोई आता नहीं है। तू इतना बड़ा था तो कितना विद्वान था?"

"बड़ा सीख जाएगा!" शैलेन्द्र ने सिर हिलाया और वह चुप होकर खाने लगा।

जब खाना खाकर वह अपने पढ़ने के कमरे में आया तो बड़बड़ा उठा, "बड़ी आई सुधार करने वाली–मैं बोलूँगा ही नहीं बिगड़े चाहे सुधरे!"

दो अलमारियाँ जिनमें हिंदी और अँग्रेजी की पुस्तकें, बीच में एक मेज और तीन कुर्सी, एक ओर एक आरामकुर्सी, कुछ खूटियाँ जिन पर थोड़े से खद्दर के कपड़े। दीवारों पर बड़े-बड़े नेताओं के चित्र–यह थी शैलेन्द्र के कमरे की रूपरेखा।

अनुमान से बिजली का 'स्विच' दबाकर उसने कक्ष को आलोक से भर दिया। पुस्तक उठाई और फिर आरामकुर्सी पर अर्धशयनावस्था में उसने पुस्तक पढ़नी प्रारंभ कर दी! "माताजी कहती हैं मैं पढ़ता नहीं हूँ–आज मैं बता दूँगा कैसे पढ़ा जाता है।" और वह लगभग ढाई बजे तक पढ़ता रहा।

4

निशा के रेडियो में कोई 'रतन' का गाना आ रहा था, सोफे पर बैठी हुई वह तन्मय होकर सुन रही थी—

अँखियाँ मिलाके, जिया भरमा के, चले नहीं जाना.....

हाथ में थी नवंबर की—पुरानी—'माया'। कुछ पृष्ठों के बीच में अँगुली लगाकर उसने पत्रिका बंद कर ली थी, गोद में रखकर दूसरे हाथ की अँगुली से उसके मुख पृष्ठ पर ताल दे रही थी। तभी अपने दोनों हाथों को 'पैण्ट' की जेबों में ठूँसे हुए, इसी गाने के शब्दों को गुनगुनाता हुआ हरेन्द्र आकर टहलने लगा। "आओ, बैठो हरेन्द्र!" धीरे-धीरे उसे इधर-उधर टहलते देखकर निशा ने कहा।

हरेन्द्र आकर बैठ गया, बैठते ही उसने पूछा, "क्यों जीजी, रेडियो में सिनेमा के गाने कब-कब आते हैं?"

"आ तो रहे हैं न!" हाथ की 'माया' को एक ओर रखकर निशा बोली।

"बस, इसी समय आते हैं दिनभर में?"

"नहीं और रात को आएँगे!" निशा ने अँगड़ाई लेकर अपने दोनों हाथ सोफे के पीछे की ओर डाल दिए, "और कहो हरेन्द्र, क्या कर रही हैं तुम्हारी रेखा जीजी?"

"मालूम नहीं मुझे तो!"

"तुम्हारी बनती नहीं मालूम होती उन दोनों से क्यों?" निशा ने कुछ उत्सुकता से हरेन्द्र के मुख की ओर देखा।

"मैं तो किसी से लड़ने नहीं जाता, जीजी!" हरेन्द्र ने सफाई देते हुए कहा, "पर उन लोगों से मेरी बनती नहीं है, जो अपने बड़प्पन में मस्त रहते हैं।"

"रेखा रहती है?" फिर उसने थोड़ा हिचककर माया के मुखपृष्ठ का चित्र देखते हुए पूछा, "और कौन रहता है?"

"यही शैल भाई साहब हैं!" बिना हिचकिचाहट के उसने कहा।

"रेखा जीजी मुझसे इतना अधिक नहीं ऐंठतीं।"

"क्यों ऐंठते हैं तुमसे वह?" भरसक स्वर में अरुचि लाकर निशा ने प्रश्न किया।

"यही, इसके साथ मत खेलो, उसके साथ मत बोलो, बेकार की बातें करते हैं, यह खुशबूदार तेल है इसे मत लगाओ!" हरेन्द्र ने अपनी बात का प्रतिपादन कराने के लिए कहा, "अब आप ही बताइए जीजी, मेरी समझ में नहीं आता कि अगर हम जरा खुशबूदार तेल लगा रहे हैं, लड़कों के साथ खेल रहे हैं तो खराब कैसे हो रहे हैं? अब वह चाहते हैं, उनकी तरह का एक धोती-कुरता पहन लें और चाहे जहाँ चल पड़ें—न सिकुड़न का ख्याल है न लोहा हुआ है। कपड़े पहनें, तो कुछ ढंग भी

तो होना चाहिए, यों ही कबाड़ियों जैसे चल दिए चाहे जिधर।" हरेन्द्र उस समय अपनी भावाभिव्यंजना के लिए जिस प्रकार अभिनय-सा कर रहा था उसे देखकर किसी को भी हँसी आ सकती थी, पर निशा नहीं हँसी। वह गौर से सुनती रही केवल।

"सुनते हैं, कपड़ों पर बहुत क्रोध आता है उन्हें!" जैसे ही हरेन्द्र साँस लेने के लिए रुका, एकदम निशा ने पूछा।

"हाँ, अब यह भी कोई गुस्सा होने की बात है?" प्रोत्साहन पाकर हरेन्द्र ने और भी तेजी से कहना प्रारंभ किया, "कहते हैं, यह विदेशी कपड़े हैं इन्हें मत पहनो, इन्हें मोल मत लो। यह नहीं पहनें, वह नहीं पहनें तो आखिर पहनें क्या? और भाई सच बात तो यह है—यह खद्दर के टाट जैसे कपड़े तो हमसे पहने नहीं जाते और मैं कहता हूँ इसमें जाता क्या है किसी का?"

"अच्छा छोड़ो भी इन बातों को!" निशा ने टालते हुए कहा।

"तो तुम्हारी बनती नहीं है उनसे?"

"बन भी नहीं सकती।" जैसे हरेन्द्र इसी प्रश्न की प्रतीक्षा कर रहा था, इसकी व्याख्या करता हुआ बोला, "वह लिए फिरते हैं न जाने कब-कब के विचार—और सब के ऊपर धौंस क्या है कि इससे देश का उद्धार होगा—अब आप ही सोचिए, कहीं ऐसे होता है देश का सुधार? देश ही सुधारना है तो पहले पढ़ो-लिखो, तब कुछ करो!"

"हाँ, यह बात तो तुम्हारी ठीक है हरेन्द्र!" निशा ने कहा।

"वह कहते हैं कि इंग्लिश से हिंदी पर ज्यादा जोर दो, वह मातृभाषा है, यह है, वह है, और भी न जाने क्या-क्या बातें!"

"रेखा भी तो यही कहती है!" निशा को उस दिन वाली बात याद आ गई।

"पर रेखा जीजी, इतना जोर देकर नहीं कहतीं। हाँ, तेल और कपड़ों-वपड़ों के पीछे तो वह भी पड़ी रहती हैं, पर इतनी बुरी तरह नहीं, और न उन्हें शैल भाई साहब की तरह गुस्सा आता है।"

"कहीं नहीं, खूब पड़ी रहती है वह भी—एक दिन मेरी कॉपी को देखकर न जाने क्या-क्या कह गई, स्कूल में भी बकती ही रहती है दिनभर!" अपने ईर्ष्या-विकृत मुख को 'रेडियो' की ओर फिराकर वह—जो कुछ रेडियो में आ रहा था उसे—सुनने का प्रयत्न करती रही। पहले उसकी समझ में ही न आया कि रेडियो में से क्या शब्द निकल रहे हैं—उसके मस्तिष्क में 'उस' दिन की कुछ बातें और स्कूल के चित्र चक्कर काटते रहे। फिर धीरे-धीरे उसकी समझ में आने लगा—खबरें आ रही थीं। उसने उठकर रेडियो बंद कर दिया। उसके पास से लौटते हुए उसने कहा, "क्यों हरेन्द्र तेल मिलते हैं यहाँ अच्छे, खत्म ही हो गया मेरा?"

"हाँ! हाँ! क्यों नहीं, कौन-सा मँगाना है?" अपनी प्रवीणता दिखाने के लिए

उसने गिनाना प्रारंभ किया, "कमनिया ऑयल, ओटो दिल बहार, कोकोनट ऑयल, केशवद्धिर्नी, अलक परी, कौन-सा मँगाना है आपको?"

"जो भी अच्छा हो।"

"दाम और बता दीजिए कितने तक का?"

"अब कितने-वितने क्या? जितने का आ जाए उतने का ही सही, जब मँगाना ही है तो दाम क्या देखना?" उपेक्षा से निशा ने कहा।

"तो लाइए पैसे!" उठते हुए हरेन्द्र ने निशा की ओर हाथ फैलाया।

"लाती हूँ बैठो तुम!" कहकर निशा उठी और त्वरित-पदों से कमरे के बाहर निकल गई।

माँ (शैलेन्द्र की मामी) बैठी हुई कोई कपड़ा सी रही थीं, उनके पास जाकर निशा ने कहा, "माताजी पाँच रुपए दे दीजिए।"

"क्यों?" रुपयों का नाम सुनकर माथे पर बल डालकर माँ ने सिर उठाया। पास बैठकर पुस्तक पढ़ती हुई निरुपमा ने भी सिर उठाया।

"तेल मँगाना है!"

"कौन जा रहा है?—मैं कह रही हूँ—वह देवा अच्छा नहीं लाएगा। और अभी थोड़े दिन हुए तब तो मँगाया था सो क्या हुआ?"

"खत्म हो गया, पीती थोड़े ही हूँ मैं उसे।" फिर कुछ नम्र स्वर से उसने कहा, "हरेन्द्र से मँगा रही हूँ!"

"हरेन्द्र की माँ से तो मुझे भी जाना है मिलने आज!" तेल से एकदम ध्यान हटाकर उन्होंने कहा।

"कब जा रही हैं आप? अच्छा रुपए तो दीजिए!"

"अभी!"

"तो जरा रेखा को भेज दीजिए इधर, हाँ रुपए तो दे नहीं रही हैं, देर हो रही है।"

पास रखी हुई मशीन की दराज में, जब माँ रुपए खोजने लगी तो निरुपमा हठात् चंचल हो उठी। उसने एक बार फिर निशा की ओर देखा, थोड़ी देर अपने बैठने के ही स्थान पर हिला-हिलाकर उसने हाथ की पुस्तक बंद कर दी। फिर धीरे से उठी, माँ के बाएँ कंधे पर हाथ रखकर उसने बड़े ही करुण स्वर में कहा, "माताजी, हमें भी मँगा दीजिए।"

"क्या तेल?" एकदम बीच ही में निशा बोली, "तभी मैं सोचती थी मेरा तेल कैसे इतनी जल्दी समाप्त हो जाता है!"

"नहीं जीजी, मैं तेल को नहीं कह रही!" निशा की ओर विवश कातर दृष्टि से देखकर निरुपमा बोली, "न मैंने कभी आपका तेल लगाया। अच्छा झूठ मत बोलो बेकार में!" निशा गुर्राई।

निरुपमा एकदम मुरझा-सी गई। वह मौन थी।

''क्या मँगाओगी तुम?'' हाथ में ढूँढ़ा हुआ पाँच रुपए का नोट लेकर माताजी ने निरुपमा की ओर देखा।

''फीते खत्म हो गए, हमारे!'' डरे हुए स्वर में निरुपमा ने कहा।

''अभी थोड़े दिन हुए तभी तो दिए ही थे निशा ने तुम्हें!'' माँ का स्वर धीरे-धीरे कठोर हो रहा था, ''क्या वह सब खत्म हो गए?''

''आप निशा जीजी को तो सब चीजें मँगा देती हैं।''

''तो होड़ करेगी उसकी? क्यों? पढ़ने में तो नहीं कहा।'' माँ ने आग्नेय नेत्रों से उसकी ओर घूरा।

''और क्या, वह तो करेगी ही!'' बीच में निशा ने फिर जोड़ा, ''ढंग तो है नहीं, किसी चीज के प्रयोग का और यह मँगा दीजिए, वह मँगा दीजिए!'' और बिना माँ के देने की प्रतीक्षा किए ही उसने हाथ से नोट ले लिया और उसी भाँति चली आई। निरुपमा का मुख एकदम विकृत हो गया, वह रुआँसी हो उठी, उसकी आँखों में आँसू झलझला आए। अपनी रखी हुई पुस्तक को उसने फिर उठा लिया, उसके पीछे मुख छिपाकर, धोती के पल्ले से आँसू पोंछ कर कुछ चीज जोर से निगलने का प्रयत्न किया।

''किसी ने मारा है जो रो रही है बेकार को?'' माँ ने झिड़का और शैलेन्द्र के यहाँ जाने के लिए कपड़े बदलने लगी।

''लो लो, हरेन्द्र!'' निशा ने खड़े होकर दीवार पर टँकी तस्वीरों को ध्यान से देखते हुए हरेन्द्र को रुपए देते हुए कहा।

6-4-46

रुपए लेकर हरेन्द्र कमरे से बाहर चला गया। निशा सोफे पर आकर बैठ गई और मेज पर से पुस्तक उठाकर पढ़ने लगी। सुभाष चंद्र बोस की जीवनी वह पढ़ चुकी थी। अब रेखा से ली हुई यह दूसरी पुस्तक थी। सच पूछा जाए तो इन पुस्तकों ने उसके ऊपर थोड़ा प्रभाव डाला था, वह नेताजी की ओर आकृष्ट हुई थी, और तभी पास रखी 'माया' को छोड़कर उसने यह पुस्तक उठाई नहीं, 'माया' जैसी—युवतियों और युवकों के लिए—रोचक वस्तु को छोड़ देने वाली वह नहीं थी।

''कहिए, क्यों आपने याद फरमाया?'' कमरे में प्रवेश करते हुए रेखा ने प्रश्न किया।

''जयहिंद!'' बिना चौंके तनिक ऐंठकर निशा ने रेखा से कहा, ''क्या खराब आदत है तुम्हारी यह? दिन भर में पहली बार मिली हो तो न तो 'वंदे मातरम्', न 'जयहिंद' न कुछ न कुछ, आ गई लट्ठ सी, क्यों याद फरमाया?''

रेखा मुस्कराकर बैठ गई, ''देख रही हूँ दो ही पुस्तकों के प्रभाव से तुम अछूती नहीं बची हो। अच्छा भाई जयहिंद। अब तो कहो तुम प्रसन्न हो न?''

"बिना समझे गलती सभी से होती है, अब तुम तो मजाक बनाने लगीं। निशा ने स्नेह से रेखा के कंधे पर हाथ रखकर कहा।

7-4-46 "अच्छा बताओ कैसी पुस्तक है यह?" पुस्तक की ओर संकेत करके रेखा ने प्रश्न किया।

"काफी रोचक है!" निशा ने कहा, "और नहीं दोगी, तुम कोई ऐसी ही पुस्तक?"

"हैं तो बहुत, पर अब नहीं देंगे भाई साहब।" रेखा सहसा कुछ मंद स्वर से बोली।

"क्यों?" उत्कंठा से निशा ने अपलक रेखा के मुख की ओर देखकर पूछा।

"वह कहते हैं, मेरी पुस्तकें–चाहे मुझे दें या किसी और को–रोचकता के ख्याल से मत पढ़ो!" रेखा ने अत्यंत स्वाभाविक स्वर में समझाते हुए कहा, "पढ़ो इसलिए कि तुम जीवन में इनको कितना स्थान दे सकते हो?"

"अच्छा भाई" निशा बोली, "इसी तरह पढ़ूँगी, अब तो दोगी?"

"चलो तुम स्वयं देख लेना।" सोफे से उठकर रेखा कमरे की प्रत्येक वस्तु के पास जा-जाकर देखने लगी।

"अरे भाई, अब वहाँ चलना पड़ेगा!" अपनी इस कृत्रिम हिचकिचाहट पर निशा स्वयं झेंप-सी उठी, तुरंत ही प्रायश्चित्त की भाँति बोली, "अच्छा चलो वहीं।"

"ऐसा ही कमरा मुझे अच्छा लगता है निशा!" कमरे की प्रत्येक वस्तु का निरीक्षण कर लेने के पश्चात् आराम से फिर अपने सोफे पर बैठकर रेखा बोली। निशा की चलने वाली बात उसने नहीं सुनी। पहले दिन जब रेखा निशा के कमरे में आई थी तो उसकी दृष्टि में, उपेक्षा थी, निशा की प्रकृति की जाँच करने की उत्सुकता थी, तुच्छता थी और था थोड़ा-सा घृणा का अंश। किंतु आज उसकी दृष्टि में यह सब कुछ नहीं था–और हो भी सकता है। किंतु बहुत थोड़े अंश में और अस्पष्ट सा–उसके स्थान पर उमड़ रही थी अस्फुट-सी उत्कंठित अतृप्ति, प्रशंसा।

"शुक्र है!" बिल्कुल लखनवी ढंग से निशा ने उत्तर दिया।

"आपको मेरा कमरा पसंद तो आया!" उसके मुख पर व्यंग्यात्मक संकेत-सा था, किंतु जब उसने देखा रेखा के मुख पर विनोद या परिहास के लक्षण नहीं हैं, तो उसने कहा, "आजकल, कमरा न तो तस्वीरों से सुंदर दिखाई देता है और न ज्यादा भीड़-भाड़ से। बस 'फर्नीचर' ही ऐसी चीज है जो कमरे को कुछ ढंग का बना देती है, यही आजकल का फैशन है। अब तस्वीरें हैं मानती हूँ, तस्वीरों से कमरा सज जाएगा–और तस्वीरें भी तुम्हारी अच्छी हैं जैसे नेताजी की, गाँधी जी की, किंतु मुझे बताओ इससे लाभ क्या? तुम इन लोगों को पूजती हो–मानती हो, तो हृदय में रखो, यों दीवार पर टाँग कर दिखाने से क्या होता है?" निशा का स्वर आत्म-गौरव के भाव से सिक्त था।

रेखा के हृदय में इसके प्रति विरोध सा उठा, पर लाख प्रयत्न करने पर भी

वह कह कुछ नहीं सकी। मन्त्र मुग्ध की भाँति सुनती रही, बस।

"हाँ, तो रेखा जीजी, आज मैं आपको इतना अन्यमनस्क क्यों देख रही हूँ!" निशा ने अपने हाथ से रेखा का मुख अपनी ओर घुमाकर भावुक-दार्शनिक की भाँति कहा, "अंतर के मृदुतर कक्ष में जो अस्पष्ट व्यथा, जो धुँधली-सी पीड़ा है और उससे जो उच्छ्वसित आवेग, जो धूम्रमय उद्‌गार से उठ रहे हैं, उन्हीं में कोई आकर्षक, अजान में ही मोहक-सा चित्र प्रतिभासित हो उठा है। और हो भी उठता है–क्यों है न यही बात?"

रेखा ने उसका विरोध नहीं किया। और कोई समय होता तो वह झिड़ककर कह उठती, "हिश् क्या बकती हो?" पर इस बार वह चुप रही। जब निशा पूरी तरह अपनी बात समाप्त कर चुकी और उत्तर की प्रतीक्षा में उसे काफी समय व्यतीत हो चुका तो रेखा ने जोर से साँस ली, बोली–"अब क्या कहने हैं भाई? चारों तरफ पढ़ाई ही पढ़ाई चल रही है अब तो! काफी उन्नति कर ली है तुमने थोड़े ही दिनों में हिंदी में?"

8-4-46 "जब आदर्शवादी पीछे पड़ जाते हैं तो सभी करना पड़ता है!" निशा ने कमरे की बात करते समय कुछ ऐसी वस्तु कोई ऐसा भाव रेखा के मुख पर देखा था कि उसे विषय परिवर्तन की आवश्यकता पड़ी। इसी बात की आवश्यकता उसे अब दिखाई दी।

वह देख रही थी, रेखा आज अन्यमनस्क है। वह सोचती रही कौन-सी बात प्रारंभ की जाए?

"इस समय तुम बिल्कुल मृदुला जैसी लग रही हो!" निशा जानती थी कि उस (निशा) की श्रेणी की लड़कियों की गंभीरता, अनमनापन, स्कूल की चर्चा आ जाने पर नहीं ठहर सकता, इसीलिए उसने कौशल से अपनी बातों के विषय को स्कूल को ओर धकेला, "बिल्कुल ऐसी ही रहती है वह, जैसी अब तुम हो। कोई उससे कुछ बात करे तो ठीक इसी तरह सोच्छ्वास उत्तर देगी जैसे तुम दे रही थीं अभी!"

"कौन मृदुला?" उत्सुकता से रेखा ने पूछा। उसका गांभीर्य, जिज्ञासा में परिणित हो रहा था।

"अरे वही, हमारे क्लास में, मेरे पीछे वाली सीट पर तो बैठती ही है वह!" और तब भी निशा ने रेखा के मुख पर उत्कंठा देखी तो कहा, "दो चोटी बनाकर आती है वह अक्सर–अनजान की तरह देख रही हो तुम तो–वही भाई, जो हरी सलवार पहने रहती है, दुपट्टा पीछे घिसटता रहता है!"

"अच्छा वह!" जैसे रेखा को याद आ गया हो। हँसकर उसने कहा।

"हिश् बहुत भद्दी लगती है, वह तो, रोती सी!"

"रोती-ओती क्या? दिल टूट गया है बेचारी का।" निशा प्रसन्न थी, उसका

प्रयत्न सफल हो रहा था। कुछ उत्साह से बोली–"तुमने देखा था कल मिसेज वर्मा कैसा ब्लाउज पहनकर आई थीं?"

"सच तो यह है कि ऐसी बातों पर मेरा ध्यान जाता नहीं है निशा!"

निशा को बुरा लगा। रेखा समझती है कि वह बस ब्लाउज और कपड़े ही देखने जाती है स्कूल। और सच पूछा जाए तो निशा के अंदर यह भाव था और ऐसा ही उसका स्वभाव भी बन गया था। पर किसी दोष के होते हुए भी उसका आरोप सहना तनिक कठिन काम है। निशा ने स्वर में भरसक शांति लाकर कहा, "ध्यान-व्यान ले जाने की जरूरत क्या है, वह तो अपने आप ही दिखाई दे जाता है। और वह मिस वर्मा हैं न, उनका स्वभाव ही है ऐसा, अपने कपड़ों को दिखाना अधिक चाहती हैं!"

"हाँ सो तो है ही–और यह बात किसमें नहीं है? गोखले में नहीं है, बंद्योपाध्याय में नहीं है?"

और फिर इसके पश्चात् बातचीत का जो विषय चला, उसमें आगरे के क्वीन विक्टोरिया हाईस्कूल की विवेचना, विश्लेषण के अतिरिक्त कोई नवीन बात नहीं थी। शिक्षिकाओं की समालोचना और लड़कियों पर टीका-टिप्पणी। रेखा की आँखों में यद्यपि आलोचना का भाव रहता है। किंतु मुख से वह इस विषय में कहती हुई बहुत कम देखी गई है। निशा अपने को दिखाना चाहती है कि वह ऐसी समीक्षा के भावों से बहुत दूर रहती है। पर आज इन दोनों में अपने स्वभाव की कोई विशेषता नहीं दिखाई दे रही थी। दोनों ही खूब हृदय खोल कर इस विषय पर बातचीत कर रही थीं। उनकी बातों का कहीं अंत नहीं दिखाई दे रहा था।

इनकी बातों में विघ्न पड़ा, थोड़ी देर पश्चात् तेल की शीशी लिए हुए प्रविष्ट हुआ हरेन्द्र। उसके मुख पर जो आत्माभिमान, जो प्रसन्नता थी रेखा को देखकर अदृश्य हो गई। उसके पैरों का चांचल्य सहसा लुप्त हो गया। वह जाकर निशा के सोफे के पीछे खड़ा हो गया, धीरे से बोला, "लीजिए जीजी!"

"कौन-सा है, सामने आओ, तुम तो डर से रहे हो।" निशा ने उसके हाथ से शीशी लेकर, उसका 'लेबिल' देखते हुए कहा।

"संदल ऑयल है, अब मुझे कुछ काम है जीजी!" और निशा के हाथ पर बाकी बचे हुए दो आने और 'कैश मीमो' रखकर जितने शीघ्र हो सका वह कमरे से बाहर निकल गया।

रेखा–जो इतनी देर बाद कुछ प्रसन्न हो सकी थी, फिर सहसा कुछ गंभीर हो गई। थोड़ी देर चुप बैठी रही, फिर उठते हुए बोली, "अच्छा, निशा अब चलती हूँ!"

निशा ने रेखा की अवस्था का अनुमान लगा लिया, हाथ पकड़कर बैठाते हुए बोली–"बैठो भी, जल्दी क्या है। अब इतनी आदर्शवादिनी बन गईं कि जहाँ विदेशी वस्तुएँ आएँगी वहाँ आप बैठेंगी भी नहीं?" वह शीशी के पेंचदार ढक्कन को खोल

रही थी।

"अरे नहीं," रेखा अपने मुख की उदासीनता को भरसक छिपाकर बोली–"वैसे ही। आज पढ़ना भी तो है–इतवार है तो क्या हुआ!"

"देखो तो सही कैसा तेल है?" खुली हुई शीशी को मुख के पास ले जाकर उसने कहा, "मुझे तो अच्छा लग रहा है।"

"अपनी-अपनी पसंद है भाई!" बलात् बैठाई हुई रेखा कुछ घृणा मिश्रित स्वर में बोल उठी। फिर न जाने क्या सोचकर नम्र स्वर में बोली, "तुम देखती हो रंगीनी–गेट-अप–और मैं...."

जैसे कोई शराबी अपनी शराब की बोतल को ललचाई हुई दृष्टि से देखता है वैसे ही तेल की शीशी को हाथ में लेकर वह अकुंठित भाव से हँस पड़ी, "बस, इसीलिए आप नाराज होकर चल दीं, अच्छा आओ, तुम्हारे लगाकर बताएँ, कितनी तरावट देता है यह तेल।"

"क्षमा कीजिए मुझे!" रेखा को आश्चर्य हुआ–जरा-जरा-सी बात पर रूठ जाने वाली यह लड़की निशा इतनी कड़ी बात भी चुपचाप कैसे सुन सकी। उसने पलकें उठाकर निशा को देखा, अनुमान लगा लिया–यदि इस समय निशा के हाथ में यह शीशी न होती तो वह अवश्य ही क्रुद्ध हो उठती।

"बनो मत!" मेज पर शीशी रखकर, निशा ने दोनों हाथों से खींचकर रेखा का सोफा अपने सामने कर लिया। वह शीशी उठाकर दूसरे हाथ की हथेली पर तेल लेने लगी।

"नहीं निशा मजाक नहीं कर रही मैं।" रेखा ने फिर उठने का प्रयत्न किया। उसके स्वर में रोष था।

"मैं भी नहीं कर रही मजाक!" उसकी रुष्ट होने की तनिक भी चिंता किए बिना, निशा ने उसके दोनों पैर अपने पैरों के बीच में दाब लिए, फिर निश्चिंतता से तेल निकालने लगी। न जाने क्यों उसे विश्वास था कि रेखा भाग नहीं सकती। उसने अधिकारपूर्वक कहा, "सिर झुकाओ मेरी ओर!"

"नहीं निशा मैं झूठ नहीं कह रही, मैं नहीं लगवाऊँगी। तुम लगा लो न अपने सिर में?" कुछ नम्र स्वर में रेखा ने कहा।

"अच्छा, अच्छा चुप रहो। केवल एक बार लगा लेने से तुम्हारे आदर्श नहीं नष्ट हुए जा रहे, तुम आदर्शवादिनी हो, देश का तुम्हें ध्यान है, बड़ी अच्छी बात है। किंतु इस ढोंग से क्या लाभ कि यह नहीं करेंगे वह नहीं करेंगे? बिल्कुल बेकार की बातें हैं तुम्हारी यह!" निशा ने उठकर, एकदम रेखा के सिर में तेल लगा दिया। मोहक सुगंध उड़ चली। रेखा के मुख पर आत्म-तृप्ति छा गई। एक मांसाहारी मनुष्य किसी निरामिष को येनकेन प्रकारेण मांस खिलाकर जितना प्रसन्न होता है उतनी ही प्रसन्न वह थी। वह तत्परता से उसके बालों में तेल मल रही थी।

"तुम तो सच, मानती नहीं हो निशा। अब भाई साहब नाराज होंगे।"

"ओहो, भाई साहब का इतना डर है आपको—माताजी का नहीं, बाबूजी का नहीं, भाई साहब का भय है। और तुम्हारे सिद्धांत तुम्हारे अपने हैं। अपने! क्यों?" तेल मलते हुए निशा ने पूछा। उसके मुख पर न जाने कैसा भाव आकर चला गया।

"तुम तो पड़ी हो मेरे और मेरे भाई साहब के पीछे!" रेखा ने सोफे की पीठ का सहारा ले लिया। वह धीरे-धीरे विभोर हो रही थी। निशा मुस्करा उठी। एकदम उठते हुए फिर रेखा ने कहा, "अच्छा निशा, अब मुझे जाने दो। देखो, जिद बहुत करती हो तुम तो।"

"अच्छा चलो मैं भी तो चल रही हूँ न! जरा-सा और लगाना है—सिर झुकाओ ठीक से!"

निशा देख रही थी रेखा उठने का अभिनय कर रही है, मुख से बार-बार मना कर रही है—जैसे यह सब कुछ मौखिक—निर्जीव और ऊपरी। उसके ओठों की अस्फुट मुस्कराहट और भी व्यापक बन उठी। लगा चुकने के पश्चात् रेखा की पीठ पर ज़ोर से धक्का देकर उसने कहा—"जाओ, दिखा देना अपने भाई साहब को कि मैं खुशबूदार और विलायती तेल लगाकर आई हूँ!"

रेखा के उदासीन मुख पर जो प्रसन्नता थी वह लुप्त हो गई। क्रीड़ा-भय मुस्कराहट की वह झलक जो उसके कपोलों पर अस्फुट-सा नृत्य कर उठती थी अब ग्लानि में परिणित हो गई। वह एकदम गंभीर सी हो उठी।

"देखो रेखा, बुरा मानने की बात नहीं है, जिस चीज को तुम्हारा हृदय गवाही नहीं देता उसे बलात् अपने ऊपर लाद लेना क्या कोई अच्छी बात है?" तभी सहानुभूति पूर्वक निशा बोली। वह कंघा उठा लाई, और रेखा के बाल सँवारने लगी। रेखा ने इस बार बिल्कुल विरोध नहीं किया—केवल प्रस्तर प्रतिमा-सी बैठी रही चुपचाप।

"भाई मेरा तो सबसे पक्का सिद्धांत है।" थोड़ी देर मौन रहने के पश्चात् निशा ने फिर कहा, "यदि कोई काम किया जाए, तो हृदय पर पूरा विश्वास होना चाहिए।"

रेखा तब भी चुप रही। तभी द्वार के पास से जाने लगा देवा—नौकर—निशा ने पुकारकर कहा, "देवा, निरुपमा को भेजना ज़रा!"

"अच्छा जीजी!"

थोड़ी देर पश्चात् ज्यों ही उस कमरे में निरुपमा प्रविष्ट हुई रेखा इतनी बुरी तरह चौंक उठी कि उसे स्वयं अपने पर आश्चर्य हुआ। निशा उसके बाल सँवार चुकने के पश्चात् पीछे ही शीशे के सामने खड़ी अपने बाल सँवार रही थी। रेखा ने एकदम सिर उठाया—झटके से, जैसे अपने ऊपर से कोई भारी बोझ उतारकर फेंक दिया हो। एक मुस्कराहट उसके मुख पर व्यक्त हो गई, उसमें आत्म विश्वास या दृढ़ निश्चय था। किंतु क्या उसके मुख पर छाई हुई गंभीरता को वह पूर्णतया

छिपाए हुए थी?

"कहिए निशा जीजी!" निरुपमा ने कुछ भीत से भाव से निशा के मुख की ओर देखा।

"कहें क्या?" निशा ने एकदम क्रुद्ध स्वर में कहा, "ठीक तरह तुम नहीं पूछ सकतीं, वहाँ से आई हल्ला मचाती हुई? यह तेल मँगाया है मैंने देख लो, तुम्हें ही बड़ी शौकीनी सूझती है, लगाओ कहीं आगे पीछे।"

निरुपमा की इच्छा हुई रो पड़े! घर में कैसा भी तेल न होने पर उसने जो निशा का तेल उसकी अनुपस्थिति में लगा लिया था—उसका उलाहना, एक तिक्त रूप से चाहे जिस समय भी दिया जा सकेगा, ऐसा यदि वह जानती तो उसे वह कभी न लगाती। उसने चुपचाप सिर झुका लिया। उसकी इच्छा हुई धीमे से—दबे हुए स्वर ही में सही, इस झूठे आरोप का प्रतिरोध करे।

"और देखो यहीं रहना, मैं ज़रा रेखा के साथ जा रही हूँ, घर पर कोई नहीं है समझे!" निशा का स्वर पहले से अधिक कोमल था। उसने रेखा से कहा—"आओ रेखा।"

रेखा उठ खड़ी हुई। किसी भार, किसी अपराध, किसी संकोच से में दबी वह जैसे गिन-गिन कर पग रख रही थी। जैसे उसका सिर किसी ने बलात् नीचे झुका दिया हो, जो अब नहीं उठ सकेगा—कभी नहीं।

10-4-46 "क्यों रेखा, शैल भाई साहब पढ़ते बहुत हैं शायद?" निशा सीढ़ी पर तेज़ी से चढ़ गई। ऊपर चढ़कर उसने देखा, रेखा बहुत धीरे-धीरे एक-एक सीढ़ी चढ़ रही थी, तभी उसने पूछा।

"हाँ पढ़ते भी बहुत हैं, खेलते भी बहुत हैं, और तंग भी बहुत करते हैं!" सिर उठाए अपलक निशा के मुख की ओर टकटकी बाँध कर देखते हुए रेखा बोली। निशा ने देखा रेखा की आँखों में न जाने कैसी व्यथा है, वह निस्तेज है—एकदम भाव शून्य। निशा के हृदय में कुछ दुख का आभास हुआ, अपने कृत्य पर लज्जा भी। वह रेखा से आँख न मिला सकी।

रेखा को लगा, वह निशा के प्रति आवश्यकता से अधिक उपेक्षित हो उठी है—फिर भी न जाने क्यों उसके हृदय पर भारी-भारी सा कुछ लग रहा था—गले में कोई वस्तु आकर फँस सी गई थी। सीढ़ी चढ़ते हुए उसने गले को परिष्कृत किया, तब स्वर को यथा-संभव संयत रखकर वह धीरे से बोली, "आज कल खेलना उन्होंने बंद कर दिया है, पढ़ते रहते हैं—संध्या को थोड़ा पतंग उड़ा लेते हैं बस।"

"क्यों, अभी तो उनके इम्तहानों के काफ़ी दिन हैं न?" अब रेखा निशा के बराबर आ गई थी. उसके कंधे पर हाथ रखकर निशा ने पूछा।

"हाँ, काफ़ी दिन हैं अभी।" रेखा ने नीरस से स्वर में उत्तर दिया।

"धुन-सी चढ़ी है उन्हें, कुछ आज कल!"

"अच्छा भाई, तुम मुझे पुस्तक तो ला दो!" निशा ने शैलेन्द्र के कमरे के बाहर ही खड़े होकर कहा।

"तुम भी तो आओ न?" रेखा भी कमरे के द्वार पर आकर ठिठक गई।

"अब तुम ही चली जाओ, मैं खड़ी हूँ यहीं। जल्दी आना लौटकर।"

"नहीं तुम भी आओ।" रेखा ने अनुरोध किया। स्वर में कातरता थी।

निशा ने एक बार रेखा के मुख की ओर दृक्पात् किया, और फिर बिना बोले उसके साथ कमरे में चल दी।

शैलेन्द्र अपनी आरामकुर्सी पर बैठा हुआ कोई पुस्तक ध्यान से पढ़ रहा था, सो मुख को और भी गंभीर बनाकर पढ़ता रहा। सिर को कुछ अधिक नीचा कर लिया।

रेखा ने उसके कुछ पास आकर मरे से स्वर में पूछा, "किताब ले लें भाई साहब?"

"ले लो!"

निशा पुस्तकों की अलमारी की ओर बढ़ दी, कुछ सकुचाती-सी पीछे-पीछे रेखा भी जा पहुँची।

एक लपट सी शैलेन्द्र की नाक में घुस गई—मादक, और मोहक। वह चौंका। उसने रेखा की ओर तीव्र दृष्टि से देखा। सन्न से कोई वस्तु उसके मस्तिष्क में टकराई—यही रेखा है जो प्रत्येक देशोद्धार के कार्य में सहानुभूति सी रखती है—आज सुगंधित तेल लगाए हुए फिर रही है। एक अदमनीय घृणा सी फूट पड़ी उसके मुख पर। यदि साथ में निशा न होती तो वह एक आध व्यंग्योक्ति करने में भी नहीं चूकता। पर हाँ! इतना अवश्य हुआ कि अपना झुका हुआ सिर एकदम उसने ऊपर उठा लिया—जैसे कोई लज्जा नहीं है उन्हें इन लड़कियों से—जो शृंगार पर इस प्रकार दीवानी हैं। उसका मुख अरुण हो उठा। उसके मुख पर किसी भी प्रकार की लज्जा नहीं थी। अपने स्वर को बिना नम्र बनाने का प्रयत्न किए हुए उसने वहीं से पूछा, "कौन-सी पुस्तक चाहती हो रेखा? इधर आओ!"

रेखा चौंकी नहीं। कुछ सिहर अवश्य उठी। जैसे इसी परिस्थिति के लिए वह तैयार है—अपने भाई का स्वभाव वह जानती थी। पर हिलने का प्रयत्न करने पर भी हिल न सकी। एक आत्माभिमान-सा उठ खड़ा हुआ उसके अंदर—ऐसा व्यवहार करते हैं यह भाई साहब मेरे साथ, जैसे धौंस में ही बसते हों इनकी। ज़रा आज तेल लगा लिया तो आपका पारा 110 पर ही पहुँच गया। उसने निशा को उधर धकेल कर भुनभुनाते से स्वर में धीरे से कहा, "माँग लो अपने आप, कौन-सी पुस्तक चाहती हो?"

निशा इस परिस्थिति को न समझी हो सो बात नहीं है, किंतु यह सब क्या हो रहा है? इसे सोचकर स्पष्ट और सुलझी सी बात भी उलझ सी गई। तेल लगाते समय चाहे जैसे भाव रहे हों पर इस समय उसे रेखा से सहानुभूति थी। उसने एक बार शैल की ओर देखा, फिर सहसा कुछ झिझक सी हुई, रेखा से बोली, ''तुम ही कह दो न रेखा?'' उसे विश्वास था रेखा न कहेगी।

''स्वाधीनता संग्राम के ऊपर चाहिए!'' निशा के विश्वास के विरुद्ध रेखा ने कहा—मुख पर यद्यपि दृढ़ता थी, पर आँखें नीची थीं।

''यह रही ले जाओ,'' अपने हाथ वाली पुस्तक को बंद करके उपेक्षा से बढ़ाते हुए शैल ने कहा—

''जाओ ले आओ!'' रेखा ने निशा को आज्ञा सी दी। फिर बिना किसी बात की प्रतीक्षा किए वह द्वार की ओर बढ़ गई।

निशा के सामने फिर वही झिझक। एक बार उसने जाती हुई रेखा को देखा, और दूसरी बार शैल को, फिर पुस्तक लेने के लिए उधर बढ़ दी। पढ़ी हुई पुस्तक अब भी उसके हाथ में थी। उसने शैल के हाथ से पुस्तक ले ली, और धीरे से पढ़ी हुई पुस्तक उसके हाथ पर रख दी—''कल ले गई थी मैं इसे, रेखा से!''

''कैसी लगी यह आपको?'' किस अज्ञात प्रेरणा से वह निशा से बोल रहा है, इसे वह समझ नहीं सका।

''बहुत सुंदर!'' निशा ने कहा और चलने की उद्यत हो गई।

''मैं समझता था आपको पसंद नहीं आएगी!'' शैलेन्द्र ने निर्द्वंद्व और बिना हिचके हुए कहा। स्वर तिक्त था।

निशा एकदम रुक गई। उसे लगा जैसे आज का अभिनय सा जो अभी उसके सामने हुआ है—उसी के सिर मढ़ा जा रहा है। उसका मुख सहसा दृढ़ हो उठा। पर तुरंत ही वह मुस्कराकर चल दी।

''जयहिंद'' द्वार पर पहुँचकर पीछे की ओर मुड़कर मधुर कंठ से उसने कहा।

उसके बाहर निकलते ही जैसे शैलेन्द्र के ऊपर लज्जा का पहाड़-सा टूट पड़ा। थोड़ी ही देर में यह क्या हो गया? कैसे हो गया? इतने सारे शब्द वह कैसे कह सका? इन्हीं बातों पर विचार करता हुआ वह गड़ा-सा जा रहा था।

रेखा के पास पहुँचकर निशा ने कहा, ''अब चलूँगी रेखा।'' रेखा ने 'हाँ' 'ना' कुछ नहीं कहा। निशा चुपचाप चल दी।

अपनी खूँटी के पास पहुँचकर रेखा ने सिर का तेल पोंछने के लिए तौलिया उठा ली। बड़ी देर तक हाथ में लिए हुए वह कुछ सोचती रही, पर फिर एकदम झमककर तौलिया उसने पूर्ववत टाँक दी, और द्रुत पदों से एक ओर चल दी।

निशा ने कमरे में पहुँचते ही तेल की शीशी उठा ली, फिर ज़ोर से पुकारा—''निरू!''

निरुपमा द्वार पर ही आकर खड़ी हो गई—ठिठक गई। वह डर गई—किसी बात

का आरोप होने तो नहीं जा रहा है उसके ऊपर? उसने कहा, "मैंने तो जीजी नहीं... ।"

"मैं तुम्हें डाँट नहीं रही निरुपमा!" इस बार प्यार से निशा ने कहा, फिर उसके मुख की ओर देखकर पूछा, "तुम लगाओगी तेल?"

निरुपमा को विश्वास नहीं हुआ। अविश्वास की एक दृष्टि निशा पर डालकर उसने गर्दन झुका ली।

"अच्छा, लो, यह शीशी तुम्हें ही दे रही हूँ मैं। परसों दशहरा है, परसों से ही लगाना शुरू करना!" निशा पुस्तक खोलकर अतिरिक्त पृष्ठ पर लिखे हुए शैलेन्द्र के नाम को अपलक देखती रही।

निरुपमा ने फिर एक बार निशा की ओर देखा। अब उसे पूर्ण विश्वास हो गया कि न तो यह वचन क्रोध में कहे जा रहे हैं और न यह प्रवंचना है। न जाने कैसी एक पुलकन सी उसके सारे शरीर में भर उठी। उसे लगा जैसे उसके अवयव हँस उठे हों।

"तो यहीं रखी रहने दीजिए न!" उसके हृदय में सहसा हवा सी भर उठी थी।

"नहीं, अभी ले जाओ!"

निरुपमा ने देखा, निशा सहसा फिर कठोर हो गई। उसने चुपचाप शीशी ली और बाहर चली गई।

5

12-4-46 आज दशहरा था। रेखा परसों से शैल से नहीं बोली थी और न शैलेन्द्र ने ही बोलने का प्रयत्न किया था। प्रातःकाल लगभग चार बजे उठकर पढ़ना प्रारंभ कर देना, फिर नहा-धोकर मुकर्जी के साथ कॉलेज चले जाना संध्या को आकर कुछ देर अखबार इत्यादि देखना। फिर पतंग, और दिन छिपे के पश्चात् खाना खाकर फिर पढ़ाई—लगभग बारह या साढ़े ग्यारह तक; यह थी शैल की दिनचर्या।

होने को रेखा ने उस दिन सिर से तेल नहीं पोंछा, और अपराध पर भी उस दिन वह नम्र न हुई, किंतु इस बीच उसका मन कई बार व्याकुल हो चुका था—उसे लग रहा था जैसे उसके हृदय पर कोई वस्तु रखी हो। वह कभी-कभी बेचैन-सी हो उठती थी, तो भी न तो शैल से बोली और न उस ओर उसे अपने अंदर कोई नम्रता ही दिखाई दी। न जाने क्यों उसको विश्वास था कि शैल ही उससे बोलेगा पहले और यही सोचकर वह तन जाती थी।

आज दशहरा था। प्रातःकाल ही निशा ने निरुपमा द्वारा रेखा को बुला भेजा। रेखा चलने को तैयार हो गई। चप्पल पहनते हुए उसने प्यार से निरुपमा से पूछा—"क्या कर रही है, निरू, निशा?" "कमरा ठीक कर रही हैं अपना!" एक बार रेखा की ओर देखकर, निरुपमा संकुचित-सी हो उठी।

रेखा ने निरुपमा के मुख की ओर देखने की चेष्टा की—भोली और निष्कलंक आकृति, स्वाभाविक और सुंदर मुद्रा। उसने कुछ स्थिर दृष्टि से निरू की ओर देखा, धीरे से निःश्वास फेंककर उसके सिर पर हाथ रख दिया। निरुपमा ने कदाचित् उस स्थान से हटने की चेष्टा की और अपने में कुछ अधिक सिकुड़-सी गई।

"मैंने कहा था जल्दी लाना बुलाकर, और वहीं बैठ गई जाकर!" निशा अपने कमरे से बाहर निकल रही थी, निरुपमा को धीरे-धीरे रेखा के पीछे आते हुए देखकर बोली—"निरू, तुम्हारी आदतें बहुत बिगड़ती जा रही हैं!"

"क्या है निशा?" बीच ही में तुनककर रेखा बोली, "देख रही हो मैं लिए आ रही हूँ साथ, और तब भी डाँटना! तुम उस बेचारी के पीछे क्यों पड़ी रहती हो सारे दिन?"

सुनकर निशा एकदम धीमी-सी पड़ गई। लज्जित से स्वर में बोली, "तुम तो तरफ़दारी लेने लगीं उसकी देखती नहीं हो कितनी खराब होती जा रही है वह?"

निशा द्वारा प्रताड़ित निरुपमा, सिर झुकाए एक ओर चली जा रही थी, रेखा की बात सुनकर हठात् ठिठक-सी गई कुछ। उसने रेखा की ओर देखा, और धीरे-धीरे चल दी।

"जी हाँ, उसकी आदतें ख़राब होती जा रही हैं," कुछ पास जाकर रेखा ने कहा, "आप अपनी भी तो देखिए न!"

"अब आईं तुम भी लड़ती हुईं!" रेखा को आगे करके, उसके पीछे-पीछे कमरे में प्रवेश करते हुए निशा ने कहा।

रेखा निस्संकोच सोफ़े पर बैठ गई, "जी, कहिए क्या आज्ञा है?"

"इतनी जल्दी भूल गईं?" अधिकार के ढंग पर निशा ने कहा।

"मालूम है आज दशहरा है?"

"जी हाँ!" निशा को लगा जैसे किसी मशीन में से आवाज निकली।

13-4-46 "तो बस, खाना आज यहीं।" सोफे की पीठ का सहारा लेकर, खड़े होते हुए निशा ने कहा। द्वार के बाहर की ओर देखते हुए, अन्यमनस्क स्वर में उसने कहा, "शैल भाई साहब से भी कह देना। तुम्हारी माताजी से तो माताजी कह ही देंगी।"

"मैं नहीं कहती किन्हीं शैल-बैल भाई साहब से।" रेखा ने कहा, "तुम्हें ज़रूरत हो तो बीस बार...।"

निशा रेखा के बराबर आकर बैठ गई। उसकी आँखों में उत्सुकता थी, कुछ

गंभीर स्वर में बोली, "क्यों, तुम क्यों नहीं कहोगी? बोलती नहीं हो?"

"न" एक बार गले को परिष्कृत करके रेखा ने कहा।

"क्यों? कबसे नहीं बोली हो?"

"उसी दिन से।" रेखा का स्वर अत्यधिक गंभीर था।

निशा को लगा जैसे रेखा का स्वर रुलाई के निकट पहुँच चुका है। सहानुभूति पूर्दक उसने उसके मुख की ओर देखा। "उहुँ छोड़ो भी।" रेखा उठ खड़ी हुई—"बुलाना ही है तो हरेन्द्र को भेजे देती हूँ, तुम उनसे कह देना सब। और तुम्हें, सूझा क्या यह आज?"

"कुछ नहीं।" निशा भी खड़ी हो गई। खुशामद के स्वर में बोली, "देखो भेज देना रेखा उन्हें।"

"नहीं भाई, तुम बेकार मेरे पीछे पड़ी हो, यह मुझसे नहीं होगा। और किसी से क्यों नहीं बुलवा लेतीं? कौन वह किसी दूसरे मुहल्ले में रहते हैं? देवा है, निरू है।"

निशा कुछ देर खड़ी सोचती रही, फिर समझाने के ढंग पर बोली, "उन लोगों से दूसरी बात हो जावेगी। न जाने कैसे कहें? अच्छा, तुम उनसे बोलना क्यों नहीं चाहतीं? बोलोगी ही नहीं जन्मभर?"

"बोलूँगी क्यों नहीं? तो सा'ब, वह हमारे पीछे क्यों पड़े रहते हैं?"

"नहीं ऐसे नहीं करना चाहिए तुम्हें।" रेखा के कंधे पर हाथ रखकर समझाते हुए निशा बोली, "हैं तो आखिर तुम्हारे भाई ही। कह देना अच्छा।"

"इतना ख़राब लगा था मुझे, सच, उस दिन।" रुआँसी-सी होकर रेखा हँस पड़ी, और तेज़ी से सीढ़ियाँ चढ़ती हुई वह अदृश्य हो गई।

निशा कुछ देर खड़ी सोचती रही, फिर धीरे से श्वास खींचकर वह रसोई घर की ओर चल दी।

रेखा अपने कमरे में ही जाकर रुकी। एक पुस्तक को लेकर बड़ी देर तक वह उसके पृष्ठ पलटती रही। फिर उसे रखकर धीरे से शैल के कमरे की ओर बढ़ी। द्वार के सामने देखा, आरामकुर्सी पर लेटा हुआ वह चुपचाप कुछ सोच रहा था। रेखा के हृदय में न जाने कैसा धक्का-सा लगा, पर अंदर जाने का साहस वह न कर सकी, यद्यपि यहाँ आने के पहले योजनाएँ वह कई बना चुकी थी। चुपचाप वह आगे निकल गई। छज्जे के द्वार खोलकर वह नीचे वाले बाजार को देखने लगी, और फिर उसी प्रकार लौट आई। वह अपने कमरे में आ गई। कुछ देर अपनी पुस्तकों की अलमारी में पुस्तकें इधर-उधर करती रही, फिर माताजी की ओर चल दी।

पानी का एक डोल पास रखकर माताजी दाल धो रही थीं, पास ही बैठा हुआ नौकर सिल पर दाल पीस रहा था। रेखा वहीं जाकर बैठ गई, "क्या बनवाएँगी माताजी?"

"कचौरी के लिए दाल तैयार करवा रही हूँ—तुम्हें लिखने-पढ़ने जो भी काम हो कर लो नहीं तो आज तो फुर्सत मिलेगी नहीं—दशहरा है न!" माताजी ने अपना काम करते हुए कहा।

"और आज तो मामी के यहाँ खाना है।"

"कौन कह रहा है?" एकदम हाथ रोककर उन्होंने सिर उठाया।

"अभी निशा ने मुझे बुलवाया था वही कह रही थी। मामी खुद ही आती ही होंगी अभी!"

"उन्हें भी क्या सूझा है, आजकल के ज़माने में? इतनी तेज़ तो सब चीज़ें हैं!" वह पूर्ववत् अपने काम में लग गईं।

पास ही दाल पीसते हुए नौकर को लगा कि उसका बोलना बहुत आवश्यक है इस समय। पीसते हुए थोड़ा रुककर बोला, "कौन रोज़-रोज़ आता है बहू जी त्यौहार। सालभर में एकबार तो आता है, तब भी अगर तेज़ी-मंदी को देखें तो मने कैसे?"

थोड़ी देर उसने उत्तर की प्रतीक्षा की किंतु न रेखा बोली और न माताजी। रेखा पानी के डोल में हाथ डालकर पानी उछालने लगी।

"क्यों रेखा, शैल नाश्ता कर गया?" माताजी ने थोड़ी देर रुककर कहा।

"नहीं तो!" रेखा का खेलता हुआ हाथ रुक गया।

"और तू?"

"न मैं!"

"तो कर क्यों नहीं लेती? लो, दस बजने वाले हैं—और अभी तक नाश्ता भी नहीं हुआ है—उनके यहाँ कौन तुम्हें जाते ही खाना मिला जाता है...घर गिरस्ती है, देर हो ही जाती है और फिर त्यौहार का दिन!" इतना कह चुकने के पश्चात् माताजी ने आज्ञा दी, "अच्छा जाओ कर लो नाश्ता—उसे भी बुला लेना!"

"वह नहीं आएँगे!" उठते हुए रेखा ने कहा।

सहसा माताजी को याद आ गया कुछ बोलीं, "क्यों री, रेखा शैल चुप-चुप क्यों रहता है आजकल? लड़ाई हो गई है तेरी?"

रेखा का मुख फिर एकदम तमतमा उठा। उसके कंठ तक कोई बात आई, पर थोड़ी देर चुप रहकर ही उसके मुख का भाव पुनः शांत हो गया, उसने कहा, "नहीं तो!"

माताजी को विश्वास नहीं हुआ। वह जानती थीं, घर-भर में शैलेन्द्र की जितनी रेखा से बनती थी उतनी किसी से नहीं। उन्होंने फिर पूछा, "तो फिर?"

"आप ही ने तो उस दिन डाँटा था! सच, माताजी आप उन्हें तो डाँटने लगती हैं—हरेन्द्र से कुछ नहीं कहतीं—उसकी आदतें तो देखती नहीं आप!" शिकायत के स्वर में रेखा ने कहा।

"अब तुम्हीं बताओ रेखा—मैं क्या करूँ? बहुत तो समझाती हूँ उसे मानता ही नहीं!" माताजी के स्वर में विवशता थी। अनुरोध के से स्वर में उन्होंने कहा, "अच्छा जा बुला ला उसे!"

पिछले वाक्य को बिना सुने ही रेखा बड़बड़ाती हुई चल दी "न डाँटती कहीं..."

तभी वह बीच में रुक गई—उधर से आ रहे थे मामाजी—निशा के बाबूजी। सिर की धोती ठीक करके वह बचकर चल दी।

"जीजी!" मामाजी ने रेखा की माताजी को पुकारा। यह ख़ास भाई नहीं थे—दूर के किसी रिश्ते से होते थे, और तभी रेखा आदि के मामाजी थे।

"आ जाओ इंद्रनाथ!" नौकर से कुर्सी लाकर बिछा देने के लिए कहकर लीला ने इंद्रनाथ को पुकारा।

"क्या हो रहा है यह?" आते ही उन्होंने पूछा। फिर बोले, "छोड़ो सब यह। वहीं हो रहा है!"

"और यह क्या अलग है?"

"तुम्हीं समझती हो ऐसा। कैसा दशहरा है तुम्हारे यहाँ—टीका-वीका किसी की तैयारी नहीं, बस घर साफ़ करवा लिया ज़रा। उठो अब, छोड़ो दाल-वाल धोना यह।" फिर नौकर से बोले, "भाग जावे, क्या नाम है तेरा—दयाल-अयाल। रेखा, ओ रेखा। वह कहाँ हैं जीजाजी?" इंद्रनाथ ने उनके सामने से उठाकर दाल आदि एक ओर रख दी।

"आते ही हल्ला मचा दिया तुमने तो।"

"अब नहीं हल्ला मचाऊँ, तो तुम उठने वाली थोड़े ही हो। बताओ न, कहाँ हैं जीजाजी? रेखा को भेज दो, कुछ सहायता करेगी अपनी मामी और निशा की—उठो अब बहाने मत ढूँढ़ो जीजी!"

"ओह, कौन-सी गाड़ी छूटी जा रही है तेरी, मैं चलती हूँ, रेखा को रहने दे यहीं वह आ जाएगी बाद में घर पर भी तो कोई नहीं है।"

"तो चलो तुम्हीं! जीजाजी कहाँ हैं?"

"मुझे क्या मालूम किसी दोस्त के यहाँ गए होंगे!"

"अच्छा तो चलो तुम्हीं—वहीं तुम मेरे टीका लगाना समझीं, सब सामान तैयार कर आया हूँ!"

इंद्रनाथ को वहीं बैठा छोड़कर लीला—माताजी—अंदर चली गईं। वहीं कपड़े आदि ठीक करते हुए उन्होंने रेखा से कहा, "मैं इंद्रनाथ के यहाँ जा रही हूँ, लो पाँच रुपए दयाल से मिठाई मँगा लेना, टीका कर देना हरेन्द्र और शैल के!"

"हरेन्द्र का तो पता नहीं है सुबह से!" रेखा को आज टीका लगाने की याद ही नहीं थी—चौंककर बोली।

"आ जाएगा सब—इधर-उधर चला गया होगा कहीं बाज़ार देखने!" और वह

जल्दी से इन्द्रनाथ के पास चल दीं।

रेखा अब शैलेन्द्र के विषय में कुछ अधिक चिंतित हो उठी। वह उससे बोलना चाहती थी, क्षमा भी वह माँगना चाहती थी, किंतु एक आत्माभिमान, एक हठ सी उसे रोके हुए थी। कई बार बाहर ही चक्कर काटने पर भी वह भीतर शैल के कमरे में न जा सकी इस बार उसके मन में फिर द्विधा-सी हुई। तभी फिर निरुपमा उसके पास आई।

"क्यों निरू बुला रही हैं मुझे माताजी?" अनुमानतः निरुपमा के आने का अर्थ लगाकर रेखा ने पूछा।

"नहीं" निरू बोली, "निशा जीजी ने पुछवाया है, आप और शैल भाई साहब कब आ रहे हैं—कितनी देर है आपके चलने में?"

"आध घंटा" रेखा ने अन्यमनस्क से स्वर में कहा। फिर कुछ ठहरकर प्यार से उससे बोली, "अच्छा निरू, तुम ज़रा शैलभाई साहब से तो कह आओ, कि टीका लगवा जावें, और तुम्हारे यहाँ खाने को चलें।"

"नहीं भाई जीजी, मैं नहीं जाऊँगी!" ठिनकते हुए, अपने में ही बल खाकर निरुपमा ने कहा, "मुझे शरम लगती है उनसे!"

"शरम?" रेखा ने दुहराया, "हिश् पगली, शरम काहे की?" थोड़ी देर सोचने के पश्चात् रेखा फिर बोली, "अच्छा जाओ तुम। मैं चली जाऊँगी उनके पास!"

निरुपमा के मुख पर विवशता का भाव आ गया। वह अपने पैरों की ओर देखती हुई धीरे-धीरे चल दी।

रेखा अपनी इस निर्बलता पर इस बार झुंझला पड़ी। वह तेज़ी से शैलेन्द्र के कमरे की ओर चल दी। यद्यपि द्वार तक आने पर उसका उत्साह एकदम कम हो गया—उसके पैर धीमे पड़ गए, तो भी उसके निश्चय में अधिक शिथिलता नहीं आई। वह पैरों को यथासंभव संयत करके, कमरे के अंदर चली गई। उसी जंगले के पास जाकर वह खड़ी हो गई जहाँ से आगरे की, एक-दूसरे से चिपकी हुई—छतों का काफ़ी समुदाय दिखाई दे जाता था। फिर वह शैल की आरामकुर्सी के बराबर पड़ी हुई कुर्सी का सहारा लेकर थोड़ी देर खड़ी रही। तत्पश्चात धीरे से उस पर बैठ गई। सामने पड़े अखबार को यों ही उलटती-पलटती रही। उसका वह निश्चय अब काफ़ी शैथिल्य पर आ चुका था। तो भी वह बैठी रही।

शैलेन्द्र, किताब मुँह पर अड़ाए अब भी निश्चल था। "चलना नहीं है भाई साहब आज?" बहुत ही धीरे से, अपनी समस्त वृत्तियों को केंद्रित करके, अखबार के पृष्ठों को ग़ौर से देखते हुए रेखा ने कहा।

"कहाँ?" पुस्तक हटाकर, अनजान बनते हुए शैलेन्द्र ने पूछा।

"टीका कराने"—पहले से अधिक धीमे स्वर में उसने कहा।

"चलो तुम मैं आता हूँ।" शैलेन्द्र ने फिर पुस्तक खोलकर पढ़ना प्रारंभ कर

दिया।

रेखा उठ खड़ी हुई। धीरे-धीरे और संकुचित पदों से वह शैलेन्द्र की आराम कुर्सी के पीछे आकर खड़ी हो गई। कुछ देर चुप रहकर अत्यंत आर्द्र स्वर में उसने पूछा, "आप नाराज़ क्यों हैं भाई साहब?"

"मैं?" शैलेन्द्र ने पूछा, और फिर जैसे बहुत देर के लिए चुप हो गया। रेखा ने थोड़ी देर प्रतीक्षा की, किंतु जब 'मैं' कहकर भी शैल ने कुछ नहीं कहा, तो फिर उसी स्वर में बोली, "हो तो रहे हैं आप नाराज़। क्षमा कर दीजिए मुझे!"

थोड़ी देर शैलेन्द्र कुछ नहीं बोला—फिर जैसे गले की कोई वस्तु सटककर उसने कहा, "तुम मुझे बताओ, मैंने उस दिन तुमसे कहा क्या था?"

"आपने तो कुछ नहीं कहा था पर गलती मेरी ही थी। मैं अब क्षमा माँग रही हूँ।" रेखा रुआँसी-सी हो उठी।

"तुम इतना गाँधी जी आदि नेताओं को मानती हो इसी से मुझे क्रोध आ गया—वह तो कभी नहीं कहते तुम खुशबूदार तेलों में रुपया बरबाद करो! या..."

"मैंने बार-बार मना किया पर मानी ही नहीं वह निशा की बच्ची!" रेखा का स्वर प्रफुल्लता से विभोर था, वह सफल हो चुकी थी।

"तुम यही मत किया करो रेखा" प्यार से शैलेन्द्र ने उसे समझाया, "गाँधी जी आदि के सिद्धांतों के नाम पर तुम लड़ने को तैयार हो जाती हो, पर जब स्वयं उनका खंडन करती हो तो मैं अपने को नहीं सम्हाल सकता!"

"अब मैंने अपनी विवशता बता तो दी आपको!" फिर खुशामद के से स्वर में उसने कहा, "चलिए अब, दस बज चुके हैं—टीका-वीका करना है, फिर मामी के यहाँ जाना है—खाना खाने के लिए!"

"क्यों? वहाँ क्या बात है आज?" उठते हुए शैलेन्द्र ने पूछा।

"वहीं खाएँगे, हम लोग खाना आज। और निशा ने आपके लिए विशेष प्रकार से अनुरोध किया है।"

"मेरे लिए?" उसके स्वर में आश्चर्य था। उसकी इच्छा हुई इस विषय में कई प्रश्न पूछ डाले, पर न जाने क्यों सिर नीचा कर लेने के अतिरिक्त उसे कुछ सूझा नहीं। थोड़ा चलकर उसने उसी प्रश्न को दूसरी रीति से पूछा, "मामी कह रही होंगी?"

"जी नहीं वह स्वयं!" रेखा ने कहा और पीछे चलते हुए वह धीरे से मुस्करा दी।

अब शैल ने कोई प्रश्नोत्तर नहीं किया। कुछ सोचता हुआ वह चुपचाप चलने लगा।

"हमें 'वह' दिखा लाइए भाई साहब। यहाँ की मशहूर चीजों को देखने के लिए कहा था तब तो आप दिखाकर नहीं लाए।"

"क्या?" अन्यमनस्क की भाँति उसने पूछा।

"डॉक्टर....की अमर कहानी" रेखा ने कहा, "आज दशहरा है संध्या को दिखा लाइए।"

"माताजी से पूछ लिया?"

"हाँ, उनसे पूछा पुछाया है।"

"पर बात यह है रेखा।" समझाने के ढंग पर कोमल स्वर में शैलेन्द्र ने कहा, "आज है दशहरा। भीड़ अधिक होगी। संभव है जगह भी न मिले। बीच की किसी छुट्टी या रविवार को चलेंगे!"

"अच्छा!" रेखा ने अधिक हठ नहीं किया। भली लड़की की तरह वह मान गई।

मिठाई इत्यादि मँगाकर जब रेखा ने शैलेन्द्र को टीका किया तो उसने 'मेरी कहानी' (नेहरू) उपहार में दी।

6

14-4-46 निशा के कमरे की ओर संकेत करके रेखा ने शैलेन्द्र से कहा, "आप जाकर बैठिए, इसमें!" और वह बाहर-ही-बाहर रसोई की ओर जाने लगी।

शैलेन्द्र ने उसे रोककर धीरे से कहा, "रेखा, जाना है मुझे काम से ढाई बजे, जल्दी करना।"

"अच्छा, अब दूसरों के यहाँ भी यही धौंस? जब मिले तब खाइए!" जाते-जाते कुटिल मुस्कराहट से उसने कहा।

शैलेन्द्र ने कुछ नहीं कहा। वह कमरे के अंदर चला गया। एक सोफ़े पर बैठकर वहाँ की प्रत्येक वस्तु को आलोचनात्मक दृष्टि से देखने लगा। मेज़ पर उसी की पुस्तक रखी हुई थी। थोड़ी देर उलट-पुलट कर उसने उसे रख दिया। उसके पास ही रखी थी एक कॉपी। उसे उठाते समय शैलेन्द्र कुछ हिचकिचाया। फिर धीरे से उठाकर देखने लगा। ऊपर ही लिखा था, 'निशा शुक्ला'। शैलेन्द्र को लगा निशा के इंगलिश के अक्षर बुरे नहीं हैं। निशा रेखा के स्कूल में पढ़ती है। हाईस्कूल की परीक्षा वह देगी, शैलेन्द्र के हृदय में, उसके ज्ञान के विषय में जानने की कुछ अधिक इच्छा हुई वस्तुतः कॉपी खोलकर देखने का लोभ वह संवरण नहीं कर सका। एक बार पूरी कॉपी के पृष्ठ पलटकर उसने एक स्थान पर पढ़ना प्रारंभ किया। कॉपी 'इंगलिश ऐक्सप्लेनेशन' (व्याख्या) की थी। निशा की इंगलिश अच्छी थी। एक स्थान

पर पढ़कर वह कुछ सोचने लगा—कॉपी सामने खुली थी।

नीचे बाजारों की चहल-चहल बढ़ती जा रही थी। निशा और रेखा दोनों, लीला और मामीजी की सहायता कर रही थीं, रसोई में। जब तक दोनों चौके में रहीं, एक शब्द भी नहीं बोलीं, "बुला लाईं?" बाहर निकलते ही पहला प्रश्न निशा ने रेखा से यही किया।

"जी हाँ—आपकी आज्ञा थी न!" रेखा के स्वर में उपालंभ था। निशा को लगा जैसे वह कृत्रिम है। रेखा ने पुनः कहा, "तुम्हारे ही कमरे में बैठा आई हूँ, देखो अब देर मत करो, उन्हें जाना है कहीं।"

"मेरे कमरे में?" निशा चौंक उठी। अनजाने ही उसने अपनी अस्त-व्यस्त धोती ठीक की। "न जाने कैसा पड़ा है कमरा?" उसके मस्तिष्क में उठा। पर उसने कहा कुछ नहीं। मुख पर मुस्कराहट लाकर उसने पूछा, "बोलने लगे तुमसे अब?"

"हाँ!" रेखा बोली। यहाँ अपने भाई की प्रशंसा किए बिना नहीं रहा गया। "यह बात तो अच्छी है भाई साहब में। जब तक बोलेंगे नहीं तब तक तो ऐसे रहेंगे जैसे बोलना जानते ही नहीं। पहले ज़रा तुम बोल दो, फिर मनने में उन्हें देर नहीं लगती!"

निशा अब अपने कमरे के पास आ गई थी, अतः चुप रही। पर आँखों में उमड़ा हुआ जिज्ञासु भाव लुप्त नहीं हुआ।

निशा कमरे के अंदर नहीं गई। रेखा ने अंदर जाकर शैलेन्द्र से पूछा, "खाना लाएँ भाई साहब?"

शैलेन्द्र की गोद में अब भी कॉपी रखी हुई थी। चौंककर वह रेखा की ओर देखने लगा। गोद की कॉपी उसने सोफ़े पर एक ओर सरका दी। एकदम कोई उत्तर उसे नहीं सूझा। शून्य नेत्रों से रेखा की ओर देखकर कहा, "चलो।" और वह उठने को तैयार हो गया।

"चल कहाँ दिए? यहीं ला रही हूँ!" रेखा ने कहा और वह उलटे पैरों कमरे से बाहर आ गई। निशा बाहर ही खड़ी थी।

"कह आईं?" आते ही निशा ने पूछा।

"हाँ...।" रेखा ने कुछ कहने के लिए मुख खोला ही था कि शैलेन्द्र की आवाज़ सुनाई दी। वह रेखा को बुला रहा था।

"जी, कहिए!" रेखा ने द्वार से ही पूछा।

"यहीं ला रही हो क्या?"

"जी हाँ।" निशा की ओर देखते हुए सस्मित रेखा ने कहा।

"और सब लोग कहाँ खाएँगे?"

15-4-46

"अच्छा ठहरिए अभी आती हूँ मैं!" निशा संकेत से रेखा को बुला रही थी सो रेखा ने जाते हुए कहा।

"ठहरो माताजी से पूछ लें, वह कहेंगी तो फिर वहीं खिला देंगे, चौके में!" निशा ने पृथ्वी को ओर देखते हुए कहा। फिर वह रसोई की ओर बढ़ दी।

"माताजी, शैल भाई साहब को काम है कुछ आज जल्दी!" जाते ही निशा ने दूसरी ओर देखते हुए कहा, "रेखा कहती है, अभी तो सबके खाना खाने में काफ़ी देर है। तब तक उन्हें देर हो जाएगी!"

"तो बुला लाओ न—बुलवा लो निरू से, है कहाँ वह लड़की? इतनी असभ्य है वह!" सविता—मामीजी—ने कड़ाही से पूरी निकालते हुए कुछ हँसने जैसी आकृति में कहा, "और कहाँ जाना है उसे?"

"जाना कहाँ विलायत है।" बीच ही में पूरी बेलती हुई लीला बोलीं, "वालिंटियरी-आलिंटियरी में जाएगा कहीं।"

सविता को इन बातों में कोई रोचकता दिखाई नहीं देती थी अतः कुछ व्यंगात्मक शब्दों में कृत्रिम हँसी के साथ, अपने हृदय के भाव कहने में वह नहीं रुकीं, बोलीं, "ओहो, अब क्या कहना है भाई, सारी देश-सेवा का ठेका शैलेन्द्र ने ही ले लिया।"

निशा को यह टिप्पणी सुनने का अवकाश नहीं था, कमरे में बैठा था शैलेन्द्र और बाहर खड़ी थी रेखा। शीघ्रता से उसने पूछा, "तो बताइए, यहीं बुलवा लूँ, या अपने कमरे में—वहीं ठीक रहेगा।"

"यहीं बुलवा लो, पर फिर इतनी दूर परोसने कौन जाएगा?" एकदम गंभीर होकर सविता ने पूछा।

"क्यों?" निशा ने उत्तर दिया, "मैं हूँ, रेखा है!"

"यहीं क्यों नहीं बुला लेतीं? खुद तंग होगी और रेखा को भी तंग करोगी।" कुछ विचित्र भाव से सविता ने कहा।

"यहीं बुलवाए लेती हूँ तो!" शुष्क से स्वर में निशा ने कहा।

सविता चुप हो गई। निशा कुछ देर तक प्रतीक्षा में खड़ी रही, कदाचित् माताजी कह दें, "अच्छा तो वहीं खिला दो।" पर सविता जब चुपचाप कड़ाही में पूरियाँ उलटती पलटती रही, तो वह चलने लगी।

"यहाँ खाएगा नहीं निशा।" कुछ देर चुप रहकर लीला बोली, "तुम यहीं बैठो, रेखा, वहाँ खिला आएगी!" लीला ने समझा कदाचित् सविता इसलिए मना कर रही है कि निशा को खाना ले जाना पड़ेगा।

"क्यों?" लीला का अर्थ समझकर पहले तो सविता क्षुब्ध हो उठी, पर फिर मुख पर मुस्कराहट लाकर उनका अर्थ समझ कर बोली, "तुमने तो लड़कियों से भी ज्यादा शर्मीला बना रखा है जीजी, इसे!" सविता लीला से जीजी कहती थीं। उन्होंने निशा से कहा, "अच्छा वहीं खिला दो। देखो, देर न हो जावे उसे कहाँ जा रहा है वह?"

कुछ उमँगते से पदों से निशा चली गई। रसोईघर से बाहर निकलकर उसने

कहा, "परोसिए तो।"

"चलो वहीं खिला दें उन्हें।" रेखा से उसने गंभीर स्वर में कहा।

"मेरी समझ में नहीं आता कि आज उनकी इतनी आवभगत-खातिरदारी क्यों की जा रही है?" मुस्कराकर रेखा ने पूछा। बहुत देर से यह बात उसके अंदर उठ रही थी।

"हिश् मज़ाक करती हो तुम तो!" रेखा को लगा जैसे कोई लाल सी चीज़ निशा के गंड स्थलों पर दौड़कर अदृश्य हो गई, उसकी पलकें झुक गईं। पर तत्क्षण ही गर्दन उठाकर निशा ने कहा, "क्यों बुराई है क्या?"

"नहीं, बुराई-भलाई तो नहीं है," गंभीर बनकर रेखा ने कहा, "पर हाँ, जब तुम्हारे पीछे पड़ेंगे तो तुम्हारे यह वस्त्र-प्रेम, इंगलिश-प्रेम, और फैशन-प्रेम किसी को भी नहीं छोड़ेंगे—फिर तो कहेंगे तुमसे, योगी बनो योगी—झंडा लो और आगे-आगे चलो!" अंतिम बात कहते-कहते कदाचित् रेखा स्वाभाविक गंभीर हो उठी।

"उहुँ, छोड़ो भी, देखा जाएगा!" निशा को ऐसे समय यह बात नहीं रुचि रही थी। वह रसोईघर की ओर चल दी और रेखा शैलेन्द्र के पास।

शैलेन्द्र की समझ में नहीं आ रहा यह सब क्या हो रहा है। "क्या कर रही हो तुम लोग? मुझे तो देर हो रही है।" जैसे ही रेखा ने कमरे में पैर रखा शैलेन्द्र ने कहा।

"ठहरिए भाई। एक तो आपके ऊपर कृपा हो रही है अब निशा रानी की। नहीं तो वही तीन बजे खाना मिलेगा—जब बाबूजी आ जाएँगे, मामाजी और उनके एक आध दोस्त आ जाएँगे।" नम्र परिहास से उसने कहा। फिर एकदम निशा की पुस्तकों की अलमारी की ओर बढ़ते हुए बोली, "अच्छा भाई साहब, मैं कह रही थी न, हिंदी में ज्यादा अच्छी नहीं है यह, देखिए कॉपी हिंदी की!" निशा की अलमारी से हिंदी की दो-तीन कॉपियाँ उठाकर उन्हें स्वयं देखती हुई वह शैलेन्द्र की ओर बढ़ी। पास पहुँचकर उसने उसी कॉपी को देखना प्रारंभ किया जिसे उस दिन स्वयं देख चुकी थी, शेष कॉपियाँ उसने शैल के सामने मेज पर रख दीं।

एक कॉपी उठाकर वह देखने लगा। विषय था, हिंदी पद्यार्थ, हाथ में लेते ही कॉपी स्वयं ही खुल गई—अंदर कई लिफ़ाफ़े और पोस्ट कार्ड रखे हुए थे, पते आदि सब लिखे थे, कहीं जाने को थे। सहसा उसकी दृष्टि पोस्ट कार्ड पर लिखी तारीख पर पड़ी—उसे आश्चर्य हुआ, तारीख थी 13 अगस्त 1945, और आज था दशहरा—अंतिम सितंबर। "रेखा।" रेखा से उसने हँसकर कहा, "देखो यह इतने पुराने पत्र डाले भी नहीं गए हैं।"

"कहाँ-कहाँ? दिखाइए।" कॉपी शैलेन्द्र के हाथ से छीनकर रेखा ने स्वयं देखा, वह खिलखिलाकर हँस पड़ी।

तभी बड़ी-सी थाली में, सुरुचिपूर्ण ढंग से परोसकर खाना लिए हुए निशा ने

प्रवेश किया। सिर कुछ झुका हुआ—अधमुँदे से नेत्र। बिना सिर उठाए उसने वहाँ की परिस्थिति समझने का प्रयत्न किया। शैलेन्द्र के सामने मेज़ पर कुछ कॉपियाँ तथा कुछ रेखा के हाथ में देखकर, वह एकदम चंचल हो उठी। उसकी इच्छा हुई, फौरन ही थाली को वहीं पटककर, रेखा के हाथ से कॉपियाँ छीन ले—और दो तमाचे जड़े इस रेखा के। पर ज्यों ही उसके अंदर यह भावगत चंचलता आई, उसके हाथ की थाली कुछ कँपी, फलतः द्रवित शाक प्यालियों में से फैलने लगा। निशा सम्हल गई। जैसे-तैसे थाली शैल के सामने मेज़ पर रखकर, वहाँ से कॉपियाँ उठाए हुए झपटती हुई वह रेखा की ओर बढ़ी। उसके हाथ से कॉपियाँ छीनकर अस्फुट स्वर में उसने डाँटा, "किससे पूछकर उठाईं तुमने मेरी कॉपियाँ? मत छुआ कीजिए सा'ब इन्हें। बड़ी आईं दिखाने वाली—तुम जैसे बहुत साफ़ ही लिखती हो।"

"ऐंठ किस पर रही हैं आप?" ज़ोर से—जिससे शैलेन्द्र सुन ले—रेखा ने कहा, "मैं तो आपका लैटर बॉक्स देख रही थी, जिसमें आप पत्र जमा—उफ़, नोचती क्यों हो? करती जाती हैं।" और उसने कॉपी खोल कर वह पत्र दिखा दिए।

पहले तो निशा उसे डाँट रही थी, नोच रही थी पर पत्र देखते ही आश्चर्य से धीरे से उसके मुख से निकला, "अरे, यहीं रखे हैं यह।"

"जी हाँ, यहीं रखे हैं।" अपने पहले वाले ही स्वर में रेखा ने कहा, "देखा भाई साहब अब आप आश्चर्य प्रकट कर रही हैं।"

"अच्छा, अच्छा, रख दो अब इन्हें।" निशा ने फिर डाँटा, "यह तो नहीं कि भाई साहब को खाना-वाना लाकर दें—बातें बना रही हैं खड़ी हुई।"

रेखा को यह बात ठीक लगी, पर इस प्रकार वह कहना नहीं चाहती थी कि निशा को सहसा बुरा लग जाए। कॉपी बंद कर के एक ओर रखते हुए उसने कहा, "और तुम काहे के लिए हो?"

"तो तुम भी आकर बैठ जाओ न?" निशा ने गंभीर बनकर कहा।

"नहीं मैं तो यों ही हँस रही थी—आज तो तुम्हारे साथ ही खाना है मुझे!"

"अच्छा, छोड़ो मज़ाक। भाई साहब को खाना खिला दो।"

"माँग लीजिए भाई साहब! शरमाइए मत!" रेखा ने सोफ़े के हत्थे पर आधा बैठते हुए कहा।

शैलेन्द्र ने कुछ नहीं कहा। सिर झुकाकर दूसरी ओर देखने लगा। मुख का ग्रास समाप्त करके कुछ असंयत और अस्फुट स्वर में रेखा से उसने कहा, "रेखा, पानी!"

"बड़ी परोसने वाली आईं।" रेखा ने निशा की ओर मुख करके कहा, "पानी तक तो रखा नहीं है, क्या सीखा है तुमने इतने दिनों में?"

"पूछो तो सही" निशा ने इस बार ज़ोर से कहा, "पानी या पान?"

रेखा और निशा दोनों हँस पड़ीं। शैलेन्द्र भी अपनी हँसी नहीं रोक सका। सिर झुकाकर हँसने लगा। तत्क्षण ही उसके अंदर भाव उठा कि वह बेवकूफ बनाया जा

रहा है। मिट्टी का खिलौना समझकर यह दोनों लड़कियाँ—एक उनमें से बहिन होते हुए भी—उसे बुद्धू बना रही हैं। उसने निश्चय कर लिया कि इस बार समय आने पर वह नहीं चूकेगा।

पानी लाने जाती हुई निशा को रोककर रेखा स्वयं लेने चली गई। निशा ने मेज़ के कुछ पास आकर धीरे से पूछा, ''कहिए और कुछ?''

''नहीं।''

''साग तो समाप्त हो गया है आपका—लाऊँ?''

''नहीं, है।''

''बस, इतना ही खाते हैं आप?''

तभी आती हुई रेखा ने कहा, ''क्यों पीछे पड़ी हो बेचारों के—जो लाना हो चुपचाप लाकर रख दो—वह अपने मुँह से कुछ नहीं कहेंगे।''

निशा शैलेन्द्र की ओर देखकर मुस्करा पड़ी—वह अब भी सिर झुकाए बड़े मनोयोग से खाना खा रहा था। निशा खाना लेने चली गई।

''बड़ी खराब हो तुम रेखा।'' उसके जाते ही शैलेन्द्र ने सिर उठाकर कहा।

''मैं?'' रेखा ने पूछा, ''मैं क्या ख़राब हूँ? एक तो मैंने बता दिया कि कहीं आप भूखे न रहें।''

''अच्छा, अच्छा, चुप रहो। बड़ा भला चाहने वाली आईं हमारा। मज़ाक बनवाती रहती हो दूसरों से!''

निशा जब पूरी इत्यादि लेकर आई, तो रेखा बोल पड़ी, ''मत दो जी, खाना, वाना, थाली रख दो, उठा लेंगे, अपने आप जितने की आवश्यकता होगी।''

शैलेन्द्र जब से चुपचाप बैठा था। रेखा का स्वभाव वह जानता था, और न उसके परिहास का कभी बुरा माना। पर इस बार न जाने क्यों उसका मस्तिष्क धीरे-धीरे गरम होने लगा। उसने तीव्र नेत्रों से रेखा की ओर देखा। निशा ने देख लिया। पर खाना परोसते समय वह चुप रही। शैलेन्द्र ने कोई विरोध नहीं किया, जितना खाना निशा ने रखना चाहा, रख दिया। यों किसी नवीन मनुष्य के सम्मुख सिर उठाने का साहस उसमें वैसे ही नहीं था, फिर खाना। कैसी विषम परिस्थिति उसके सामने थी इसे कदाचित् वही समझ सका हो।

''चुप रहो जी रेखा, फिर गुस्सा करना चाहती हो उन्हें?'' इस बार निशा बिल्कुल के लगभग खुल चुकी थी। शैलेन्द्र से बोली, ''कहिए भाई साहब क्या लाऊँ?''

''कुछ नहीं!'' शैलेन्द्र ने सिर उठा लिया।

''आप इतना शरमाया मत कीजिए—तभी तो यह बना लेती है आपको?'' कुटिल सहानुभूति के साथ निशा ने कहा। पहली बार उसने शैलेन्द्र को देखने का प्रयत्न किया—इतनी देर लगातार। रेखा की ओर देखकर उसका मुख एकदम लाल पड़ गया।

"आपकी ही सहपाठिनी है।" यह बात शैलेन्द्र ने गलत कही थी एक ही स्कूल में पढ़ते हुए भी दोनों सहपाठिनी नहीं थीं।

"जी हाँ, अब आप 'मक्खन प्लेटी' कर दीजिए उस जगह!" कहकर रेखा एक अलग सोफ़े पर बैठ गई और चुपचाप एक पुस्तक पढ़ने लगी। न जाने क्यों निशा को शैलेन्द्र से बोलने का प्रयत्न करते देखकर वह गंभीर हो उठी थी। निशा ने स्वयं यही अनुभव किया, अतः वह भी रेखा के पास ही आ गई।

शैलेन्द्र ने खाना समाप्त किया। निशा की आज्ञा पर बाहर देवा—नौकर खड़ा था। उसने शैलेन्द्र के हाथ-मुँह धुलवाए। जूठी थाली ले गया। तौलिया से मुँह-हाथ पोंछकर शैलेन्द्र जाने लगा तो निशा ने कहा, "बैठिए भाई साहब, अभी तो आध घंटा देर है ढाई बजने में!"

शैलेन्द्र चुपचाप उसी सोफ़े पर बैठ गया।

काँच की सुंदर तश्तरी में, पान, सुपारी आदि वस्तुएँ शैलेन्द्र के सामने रखते हुए उसने पूछा, "क्यों भाई साहब, खुशबूदार तेल लगाने में क्या बुराई है?" प्रश्न कई बार हृदय में दुहराया जाकर, संयत और सधे हुए स्वर में पूछा गया था। निशा ने बैठी हुई रेखा की ओर देखा, रेखा मुस्करा रही थी।

16-4-46

शैलेन्द्र चौंका। एक विशेष प्रकार की मुस्कराहट उसके मुख पर व्यक्त हो गई। उसकी यह मुस्कराहट एक विशेष अर्थ रखती थी—जब कोई ऐसी बात, जो उसके व्यक्तिगत विचारों से संबंधित हो आ पड़ती थी तो वह हठात्—चाहे कैसी ही विनोदी परिस्थिति में क्यों न हो—गंभीर हो उठता था। इसलिए उसकी यह मुस्कराहट इस बात की द्योतक थी उसके विचार या तो उसके ऊपर अधिकार प्राप्त कर रहे हैं, या वह स्वयं ही अपने एक विषय के अस्त-व्यस्त विचारों को इकट्ठा कर रहा है। उसने रेखा की ओर देखा। वह जानता था कि रेखा उसके विषय में एक-एक बात चुनकर बता चुकी है, और वह यह भी समझता था रेखा उसके उन विचारों को ठीक से समझ भी नहीं पाई है, वस्तुतः उसने उसके संबंध में जो बातें बताई हैं वह अवश्य ही भ्रमपूर्ण होंगी। यही सब सोचकर उसने निश्चय कर लिया कि चाहे जो हो, इस शरम को दूर हटाकर वह निशा के सम्मुख अपने को स्पष्ट करने का प्रयत्न करेगा। फिर चाहे वह उसे समझे या न समझे। यही सब बातें वह सिर झुकाकर सोचने लगा।

अपने इतने दिनों के विचार से निशा ने जो धारणा शैलेन्द्र के विषय में बना ली थी, उसी के आधार पर उसे समझते देर न लगी कि वह शरमा गया है। जैसे ही उस विचित्र मुस्कराहट के साथ शैलेन्द्र ने सिर झुका लिया तो वह रेखा को संबोधित करके बोल उठी, "क्यों रेखा, मेरी समझ में नहीं आता कि जब भाई साहब बहिनों से इतना शरमाते हैं तो आगे क्या होगा?" पर बात कहते ही वह स्वयं ही लाल हो कर पीली हो उठी, न जाने कैसी एक प्रकार की उदासी उसके मुख पर छाकर

चली गई।

शैलेन्द्र इस बार फिर चौंका। अपलक दृष्टि से रेडियो की ओर देखते हुए—अपनी उसी विशेष गंभीरता के साथ, उसने निर्द्वंद्व भाव से कहा, "देखो निशा, न तो मैं अच्छे कपड़ों से चिढ़ता हूँ और न खुशबूदार तेल से। चिढ़ता हूँ मैं ढोंग से, दिखावे से, फ़ैशन से, यथार्थ को छिपाने वाले आवरण से।"

"तो रेखा ने क्या किया था इनमें से?"

"चिढ़ने वाली चीज़ों की गिनती अभी समाप्त नहीं हुई उसमें अंधानुकरण भी है।" शैलेन्द्र का स्वर बिल्कुल संयत, स्थिर था।

निशा समझ गई। मन में उसे कुछ बुरा लगा, इसी से आगे इस विषय में कुछ पूछने का उत्साह उसके अंदर नहीं रह गया। रेखा बिल्कुल तटस्थ हो गई थी, शैल की ओर कभी-कभी उपेक्षा की दृष्टि से देखती हुई वह कुछ सोच रही थी।

शैलेन्द्र भी समझ गया। बिना निशा के उत्तर की प्रतीक्षा किए उसने इस भाव से कहा—जैसे उसे तनिक भी चिंता नहीं है इस समय, न रेखा की और न निशा की, उसके मुख में जो कुछ भी आ रहा है उसे वह बिल्कुल निर्भय होकर कह रहा है, "आज देश की दशा देखकर हमें यह वस्त्र प्रेम, शृंगार प्रेम बिल्कुल शोभा नहीं देता। यदि वास्तव में हम अपनी गुलामी पर क्षुब्ध हैं तो हमें यह सब छोड़ देना होगा!"

निशा ने एकाग्रता से सुना, पर ज्यों ही शैल अपनी बात समाप्त कर चुका, वह उत्तर देने के लिए चंचल सी हो उठी। पर बात वह कह नहीं सकी, तभी हरेन्द्र ने प्रवेश करते ही कहा, "शैल भाई साहब, मुकर्जी और एक और—न जाने कौन—लड़का बुला रहा है आपको। आपके कमरे में बैठे हैं दोनों।" हरेन्द्र जिस तरह बात कर रहा था वह ढंग अच्छा नहीं कहा जा सकता था—शैलेन्द्र ने भी अनुभव किया, पर कहा कुछ नहीं। उसकी वह विचित्र गंभीरता एकदम—उतनी ही शीघ्रता से जितनी से आई थी—अदृश्य हो गई। सिर झुकाए हुए वह चुपचाप कमरे से बाहर निकल गया।

"देखा तुमने निशा, मैं क्या कह रही थी? अभी तो प्रारंभ ही है।" तभी उपेक्षा से रेखा ने कहा।

निशा ने कुछ उत्तर नहीं दिया, सिर झुकाए हुए एक इलायची को कुतरती रही।

"क्या बात थी?" थोड़ी देर चुपचाप खड़े रहने के पश्चात् हरेन्द्र बीच में बोला, "वही लेक्चर दे रहे होंगे अपना, करते कैसे हैं जैसे सारी देश-भक्ति का पहाड़ इन्हीं के ऊपर टूटा हो।"

रेखा ने इसका कोई विरोध नहीं किया। एक प्रकार से वह तृप्त ही हुई, पर इतनी देर से चुप निशा ने सिर उठाकर एकदम कहा, "तुम चुप रहो हरेन्द्र तुमसे

बड़े हैं आख़िर। तुम्हें उनके प्रति आदर सीखना चाहिए।''

हरेन्द्र थोड़ा-सा लज्जित हो उठा, तो भी रेखा को गवाह बनाकर बोला, ''आप ही बताइए रेखा जीजी, झूठ कह रहा हूँ मैं?''

रेखा इस विषय का क्या प्रतिपादन करती है, उसके सुनने की तनिक भी उत्सुकता प्रकट किए बिना निशा ने कहा, ''आओ जी रेखा, उधर बैठेंगे थोड़ा।'' और एकदम उठकर वह आगे-आगे चल दी।

रेखा भी उसके पीछे उठ खड़ी हुई। रेखा सहसा इस प्रकार क्यों उदास हो गई है और निशा को क्या हो गया है, किसी ने भी जानने का प्रयत्न नहीं किया। हरेन्द्र आश्चर्यचकित था। जो निशा जीजी उससे अक्सर कपड़े, तेल, साबुन आदि माँगती ही रहती हैं उन्हें आज सहसा क्या हो गया।

''क्यों निशा, खिला दिया खाना?'' सविता ने निशा को देखते ही पूछा।

''हाँ'' निशा ने बहुत संक्षिप्त-सा उत्तर दिया।

''गया वह कहाँ जाना था?'' उन्होंने फिर पूछा।

''जी हाँ।''

''और क्यों री, वह कहाँ मर गई निरुपमा? काम के वक्त खेल रही होगी कहीं। इतनी खिलाड़िन है यह!'' अपने सब उद्‌गार उन्होंने निरुपमा पर उतारे।

''छज्जे पर बाज़ार की सजावट और तमाशा देख रही है!''

''तो बुला क्यों नहीं देती? वहाँ क्या देखना है?'' सविता को विस्मय हो रहा था। निरुपमा की प्रत्येक बात पर अपनी कुछ-न-कुछ बात जोड़ देने वाली यह निशा आज इतने संक्षिप्त उत्तर क्यों दे रही है। ''रहने भी दीजिए।'' निशा बोली, ''देखने दीजिए बेचारी को बच्चा ही तो है अभी। आप तो पीछे पड़ी रहती हैं उसके दिनभर!'' सविता ने असीम आश्चर्य से उसके मुख की ओर देखा।

7

17-4-46 संध्या का समय था। आगरे जैसे घने शहर में संध्या के समय का कोलाहल असह्य-सा प्रतीत होने लगता है; फिर आज विजयदशमी थी। दीवाली और दशहरा, यही दो समय हैं जब नगर की दूकानें पूर्ण रीति से सजाई जाती हैं। आगरे की संकुचित सड़कें बुरी तरह भर जाती हैं। दशहरे के दिन काग़ज के कई विशाल रावण और अन्य राक्षस सारे शहर में घुमाए जाते हैं और फिर उनमें आग

लगा दी जाती है।

हरेन्द्र को रामलीला मैदान में जाकर खेल आदि देखने की शीघ्रता थी, पर जब रेखा ने उसे बुलाकर प्यार से उस समय आगरे के सिनेमाओं में चलने वाली 'फिल्मों' के नाम पूछे, तो उसकी झल्लाहट जो रेखा या शैल का नाम सुनकर उसके अंदर सहसा उत्पन्न हो जाती थी, नष्ट हो गई। उसे थोड़ा आश्चर्य भी हुआ। उसने पूछा, "क्यों आप भी जाएँगी क्या?"

"अब जाएँ किस के साथ?" कुछ सोचते हुए रेखा ने उदास स्वर में कहा, "बाबूजी से तो पूछ लिया है किंतु साथ जाने वाला भी तो हो कोई?"

"बाबूजी से पूछ लिया?" कुछ प्रफुल्लित स्वर से उसने पूछा।

"हाँ!"

"और निशा जीजी भी जा रही हैं?"

"मालूम नहीं।"

"तो पुछवा लीजिए, अगर चलें तो देवा और मैं चले चलेंगे।" आत्माभिमान से हरेन्द्र ने कहा।

रेखा ने कोई उतर नहीं दिया। कुछ देर प्रतीक्षा के पश्चात् हरेन्द्र ने फिर उदास बनकर पूछा, "शैल भाई साहब ने क्या कहा?"

"वह तो अगले इतवार को कह रहे हैं।"

"तो अगले ही रविवार को सही।" मुर्झाये स्वर में हरेन्द्र बोला।

"उहुँः! मैं बाबूजी से कहती हूँ जाकर, वह समझते हैं जब वह दिखाएँगे तभी हम देखेंगे सिनेमा!" एकदम झमककर उठते हुए रेखा ने कहा।

"कोई किसी पर आश्रित नहीं है जीजी!" बहुत बुद्धिमानों की भाँति हरेन्द्र बोला, "तो इसमें शैल भाई साहब का दोष ही क्या है?"

रेखा फिर चुप हो गई। निशा के यहाँ जो विद्रोह-सा उसके अंदर शैलेन्द्र के प्रति उठ खड़ा हुआ था वह अभी लुप्त नहीं हुआ था। किंतु हरेन्द्र के मुख से वही बात सुनकर उसे ग्लानि हुई। कुछ देर चुपचाप बैठकर सोचने के पश्चात् उसने धीरे से कहा, "अच्छा, फिर कभी जाएँगे।"

"क्यों?" हरेन्द्र को बुरा तो लगा कि रेखा उसके ऊपर इतना विश्वास नहीं करती, तो भी नम्रता से बोला, "मैं पूछ आऊँ बाबूजी से? अखबार पढ़ रहे होंगे नीचे!"

"नहीं रहने दो।" रेखा सहसा उठ खड़ी हुई, उसने पूछा, "तुम तो जा रहे हो न बाजार? देखते आना कौन-कौन-सी फ़िल्में चल रही हैं?"

"जी हाँ जा तो रहा हूँ!" हरेन्द्र ने उत्तर दिया, "और आप क्या करेंगी अब?"

"मैं? कमरा सम्हालूँगी ज़रा, शायद स्कूल की लड़कियाँ आ रही हैं कुछ।"

हरेन्द्र चुप हो गया। जाने को उद्यत-सा वह खड़ा रहा, फिर धीरे से—खुशामद

भरे स्वर में बोला, "आपके पास दो रुपए हैं जीजी?"

"दो रुपए?" आश्चर्य से दुहराकर रेखा ने प्रश्न किया, "क्या करोगे तुम दो रुपयों का?"

"यों ही चाहिए।" हरेन्द्र ने टालने के से स्वर में उत्तर दिया।

"कल-परसों दे दूँगा मैं?"

"आखिर बताओ तो सही किसलिए?"

"काम है, हों तो दे दीजिए!"

"अच्छा लो!" रेखा ने रुपए निकालकर देते हुए समझाने के ढंग पर कहा, "बेकार के कामों में खराब मत करना देखो।"

रुपए लेकर पुलकित-पगों से हरेन्द्र कमरे से बाहर निकलकर सीढ़ियाँ उतरता हुआ बाजार में आ गया।

सड़क पर भीड़ काफ़ी बढ़ चुकी थी। हरेन्द्र भी उद्देश्य-रहित सा इधर-उधर की दूकानों को देखता हुआ भीड़ के साथ-साथ ही चलने लगा। जेब में रुपए होने पर प्रत्येक वस्तु अपनी ओर आकर्षित करती है वह थोड़ी देर रुक-रुक कर प्रत्येक दूकान की वस्तुओं को देखने लगा।

18-4-46 "निकलकर इतने छिपकर भाग आए, क्यों?" तभी पीछे से उसके कंधे पर हाथ रखकर रोकते हुए एक लड़के ने कहा, "मैं तुम्हारे घर के सामने तुम्हारी राह देखता बैठा ही रहा।"

"अरे, कौशल।" हरेन्द्र ने रुककर कहा, "मैंने तो तुम्हें बहुत ढूँढ़ा था उस जगह।"

"अच्छा अब आओ यार, क्या-क्या खिलाओगे?" कौशल ने हरेन्द्र के गले में हाथ डालकर आगे बढ़ते हुए कहा, "है कुछ जेब में?"

"है तो सही, पर भाई यहाँ नहीं" हरेन्द्र ने उसे समझाया, "बाबूजी या शैल भाई साहब आ गए तो रुपए तो छिन ही जाएँगे आफत आएगी सो अलग!"

"रुपए हैं?" प्रसन्नता से मचलकर हरेन्द्र की जेब में रुपए टटोलकर देते हुए कौशल बोला, "तब क्या है यार, चलो जल्दी-जल्दी फिर।"

हरेन्द्र जो रुपए आज लेकर आया था, उनसे वह खूब पेट भर कर अकेले ही मिठाई खाना चाहता था। बंगाली मिठाई और रसगुल्ले उसे अच्छे लगते थे। उसे मालूम था कि उसकी प्रतीक्षा करता हुआ कौशल बाहर बैठा है, यह जान कर भी वह चुपचाप इसीलिए निकल आया था। अब वह सोचने लगा कहाँ से यह बला सामने आई। उसने कौशल से कहा, "तुम्हारे पास भी है कुछ?"

"हमारे पास?" कौशल ने गंभीर स्वर में कहा, "हमारे पास कुछ नहीं है भाई, चाट खाकर बची हुई चवन्नी भले ही हो।"

"अच्छा चवन्नी ही सही," हरेन्द्र बोला, "चाट तुम खिलाओ और मिठाई मैं।"

"चलो।" अपने ऊपर आता देखकर कौशल कुछ सावधान हुआ। वह इधर-उधर कुछ उत्सुकता से देखने लगा, "चलो उस चाट वाले के पास। अरे, वहाँ तो कई जमे हैं, मुच्छू, घटोत्कच, बैताल सभी हैं—जमे हैं पट्ठे।" यह उसके साथियों के उपनाम थे।

ऊँचाई में हरेन्द्र कौशल से कुछ छोटा था अतः वह उचक-उचककर देखने लगा—अब उसे लगा कि उसके रुपए बच नहीं सकेंगे। वह कुछ सिटपिटाया भी। पर इस समय वह बिल्कुल विवश था। उसकी इच्छा हो रही थी कि किसी भी प्रकार यदि वह भाग सका तो अपने को बहुत भाग्यवान समझेगा। अपने घर से वह काफ़ी दूर आ चुका था, इसलिए पहला वाला बहाना भी उसका चल नहीं सकता था।

"क्यों भाई अकेले ही अकेले?" आठ-दस गज़ दूर से ही कौशल चिल्लाया, "क्यों मुच्छू?"

एक पूरे समोसे को मुख में भरकर—गूँगों की तरह—विचित्र प्रकार से, चाट वाले को घेर कर बैठे हुओं में से एक लड़के ने कहा, "आओ बेटा, तुम भी आ जाओ। ओहो लैला भी हैं।" हरेन्द्र को देखकर उस लड़के ने बेंच पर जगह छोड़ते हुए कहा, "आओ, देना भाई कंचन, समोसे इन्हें भी दो।"

जब तक जुआरी लोग जुए से डरते हैं तब तक वह उसके पास भी नहीं जाना चाहते, किंतु जुए के आसन पर बैठकर वह किस प्रकार मुक्त-हस्त हो जाते हैं यह किसी से नहीं छिपा। हरेन्द्र को आश्चर्य हुआ कि उसे अपने रुपयों के प्रति पहला समोसा मुँह में डालते ही—इतना मोह नहीं रह गया जितना पहले था। तीन रुपए इस समय उसकी जेब में थे। एक रुपया दशहरे का उसको मिला था।

मुच्छू, घटोत्कच, बैताल, कुल्लू और लैला (हरेन्द्र) की अपनी अलग मित्र-मंडली थी। यह इनके उपनाम थे।

"कहिए बाबूजी।" कंचन—चाट वाले—ने लोटे में दोनों हाथ डुबोकर धोते हुए कहा, "और क्या दूँ?"

"मुझे तो नहीं चाहिए, इन्हें दो!", घटोत्कच बोला।

"नहीं भाई हम तो खा चुके—यह कुल्लू और लैला तो अभी आए हैं इन्हें भी दो कुछ।" बैताल ने हाथ का पत्ता फेंकते हुए कहा, "नहीं, नहीं, मैं नहीं खाता कुछ।" कौशल ने दोनों हाथों को हिलाते हुए कहा।

"पैसे नहीं हैं तो फिक्र मत करो बेटा—आज दशहरे के दिन क्या कमी है।" मुच्छू बोला, फिर उसने कंचन को आज्ञा दी, "लाओ भाई, टिकिया दो पानी की सबों को!"

कंचन टिकियाँ देने लगा। जब टिकियाँ भली प्रकार दी जा चुकीं तो लड़के कुछ उठने का उपक्रम करने लगे।

"अरे बाबूजी, यह भल्ले तो चखिए। आप ही के लिए तो बनाए हैं ख़ासतौर

पर। हो गए तैयार अब।'' और पास ही रखी अंगीठी पर रखे तवे पर सिंकते हुए भल्लों के चारों ओर एक पतली सी लकड़ी से वह घी छोड़ने लगा।

''नहीं भाई कंचन : अब कुछ नहीं।'' घटोत्कच बोला। वह उठकर खड़ा हो गया।

''अच्छा भाई साहब, मेरे कहने से खा लीजिए इन्हें। पैसों की फिकर मत करिए आप, कल आ जावेंगे, परसों–और नहीं आवेंगे तो क्या है।'' कंचन ने मना करने पर भी अपने छोटे से पलटे से भल्ले उठा-उठाकर पत्तों पर रखने प्रारंभ कर दिए।

''ओफ् ओह! बड़ी मिर्चें हैं भाई, ज़रा पानी...।'' और जल्दी से भल्ला मुँह में रख कर 'सी-सी' करता हुआ कौशल, बेंच से उठकर एक ओर दौड़ पड़ा।

''अच्छा बोलो कंचन, कितने पैसे?'' बैताल ने खड़े होकर जेब से बटुआ निकालते हुए पूछा।

कंचन पैसे जोड़ने लगा। जोड़-जाड़कर बोला, ''दो रुपए।''

''दो रुपए?'' बैताल ने भी 'सी-सी' करते हुए कहा, ''दो तो हैं भी नहीं मेरे पास। हैं किसी के पास, बोलो?''

''किसी-किसी के पास क्या होगा? ठेका ले रखा है एक जने ने?'' मुच्छू ने भी उठते हुए कहा, ''आठ-आठ आने दो सब लोग।''

''हाँ, यार यह ठीक है।'' अब हरेन्द्र भी उठा।

सबों ने आठ-आठ आने दिए। फिर यह लोग धीरे-धीरे चलते हुए शरबत वाले की दूकान पर आ गए–इसी दूकान में एक ओर पान-बीड़ी वाले की भी दूकान थी।

''लाओ भई, शर्बत एक-एक गिलास।'' इस बार हरेन्द्र ने फ़रमाइश की।

''हाँ, इसका नाम है इंसानियत!'' मुच्छू ने बैताल की ओर संकेत किया, ''इस बार लैला उठी हैं।''

''लेमन दूँ, जिंजर, या अनार, अंगूर फालसा!'' दूकानदार ने पूछा। आगरा, लखनऊ, दिल्ली आदि कुछ विचित्र शहर हैं। पतंगें, बर्फ़ और ठंडक की चीजें, किसी भी समय वहाँ प्राप्त की जा सकती है। ''जो भी देना चाहो, लाओ संतरा।''

तभी मुट्ठी में कोई चीज़ बंद किए, रूमाल से मुँह पोंछते हुए वहाँ हँसता हुआ कौशल आ गया, ''मैं वहाँ ढूँढ़ता रहा तुम लोगों को।''

''मुट्ठी में क्या है यह?'' हरेन्द्र ने पूछा।

''कुछ नहीं यार, पैसे हैं थोड़े से।'' और उसने मुट्ठी खोल दी। 'ब्लेड' से सफ़ाई से काटी गई किसी मल-मल के कुर्ते की जेब थी।

हरेन्द्र मुस्करा उठा।

''ऐसे बेहोश होकर क्यों चलते हैं?'' और वह हँसा ज़ोर से।

इसके पश्चात् शर्बत के दौर उड़े, फिर पान। बैताल, मुच्छू और कौशल ने सिगरेटें भी ले लीं।

"लो लैला तुम भी।" हरेन्द्र को देते हुए कौशल बोला।

"नहीं यार, सिगरेट-विगरेट मैं नहीं पीता।" हरेन्द्र ने कहा, "तुम लोग पियो। वैसे बहुत भद्दी आदत है सिगरेट।"

"ओहो, मेरी समझ में नहीं आता यह भद्दी क्यों है?" कौशल ने दार्शनिकों की भाँति गंभीर मुद्रा से मुख से धुआँ उड़ाते हुए कहा, "एक काग़ज की छोटी-सी चीज़ में यदि हम आग लगा कर उसके धुएँ से थोड़ा आनंद मनाते हैं तो मेरी समझ में नहीं आता कि इसमें क्या तो हमारी आदतें बिगड़ रही हैं, और कौन-से हम चरित्रहीन हुए जा रहे हैं। और आखिर यह पीने के ही लिए तो बनाई गई है, गाँधीजी नहीं पीते थे, जवाहिरलाल नहीं पीते? अरे यह सब बेकार की बातें हैं। पुराने विचारों वाले आदमियों के ढोंग हैं—ढकोसले बिल्कुल।"

बैताल की 'हाईजीन' (स्वास्थ्य विज्ञान) स्कूल में सबसे तेज़ थी। अपनी सारी चंचलता को छोड़कर, और सारे स्वास्थ्य विज्ञान का बल लगाकर वह बोला, "फेफड़ों के लिए बेशक यह नुकसान पहुँचाती है—हृदय भी थोड़ा कमज़ोर कर देती होगी—पर यह कोई नुकसान में नुकसान नहीं है।"

"नहीं भाई तुम मेरा अर्थ नहीं समझे।" हरेन्द्र ने समझाने का प्रयत्न किया, "इन दृष्टियों से मैं उसे बुरा नहीं मानता, और न मुझे पीने में कोई परहेज है..."

"तो डरते हो शैल से? क्यों?" कौशल ने सिगरेट की राख झाड़कर कहा।

"डरना? मैं किसी से नहीं डरता।" हरेन्द्र ने गर्दन सीधी तानकर कहा, "वह बड़े होंगे तो अपने लिए होंगे, पर वह यार, शिकायत कर दें कहीं? इसी का मुझे डर रहता है।"

"कौन तुम्हारे पीछे लगा फिरता है कोई?" मुच्छू ने कहा, "न यहाँ तुम्हारे बाबूजी देखने आ रहे न हमारे अब्बा जान। शैल कहीं घूम रहे होंगे अपनी वालिंटियरी में।" मुच्छू मुसलमान था।

"यही तो बात है।" हरेन्द्र ने विद्वानों की भाँति कहा, "न जाने क्यों सभी लोगों को हमारी बहुत फिकर रहती है, जैसे जो कुछ हम थोड़ा बहुत खर्च करते हैं वह सब इन्हीं की जेबों से चला आता हो। अब इस मुकर्जी को ही लो, न जान न पहचान, लेकर शैल भाई साहब से शिकायत ही कर दी—ख़राब लड़कों के साथ खेलता है बातें करता है..."

"कौन मुकर्जी?" सिगरेट हाथ में लेकर कौशल ने पूछा, "यही जो पतंग बहुत उड़ाता है?"

"हाँ, यही" कहकर उसने ललचाई दृष्टि से सिगरेट की ओर देखकर कहा, "उहुँ! डरता-डराता मैं किसी से नहीं हूँ—बकते रहें यह सब।" और दूकानदार से सिगरेट लेकर वह पान वाले की बिना चिमनी की लैंप से जलाने लगा।

"अरे इस साले मुकर्जी को मैं खूब जानता हूँ।" मुच्छू बोला, "दूकानों की

चीज़ें उड़ाता घूमा करता था यह। और कहो तो कल ही ठोंक दूँ साले को।"

चाहे जितना भी हरेन्द्र अपने को दृढ़ बनाए हुए हो किंतु इसमें संदेह नहीं कि वह कुछ भीत-सा था। हाथ की ओट करके वह सिगरेट पी रहा था।

इसके पश्चात् थोड़ा इधर-उधर टहलकर पाँचों मित्र सिनेमा की ओर बढ़ दिए।

नींद के भार से गिरी पड़ रही पलकों और डगमगाते से पैरों से, जेब में केवल दुअन्नी ही बचाकर जब हरेन्द्र लौटा तो साढ़े दस के लगभग समय था। कहीं कोई बाबूजी का मित्र या जान पहचान वाला देख न ले इस डर से वह तेज़ी से पग रख रहा था। अधिकांश दूकानें बंद हो चुकी थीं। बाजारों की चहल-पहल क्रमशः कम होती जा रही थी। कुछ हलकी-हलकी ठंड भी उसे लग रही थी। एक पैंट कमीज़ और स्वेटर ही वह पहने हुए था। गुणा का सा चिह्न बनाकर उसने दोनों हाथों को वक्ष पर रख लिया था। चलते-चलते एक दूकान की रोशनी में उसने देखा कि सामने जो मनुष्य जा रहा है वह कुछ पहचाना-सा है। कौन हो सकता है? उसे आशंका-सी हुई। क्या सोचेगा उसे इतनी रात को बाजार में घूमते देखकर? मुकर्जी उकर्जी न हो साला, शैल भाई साहब से कह दे कहीं सो वह अपना सारा बुख़ार मेरे ही ऊपर उतारेंगे। वैसे ही खार खाए बैठे रहते हैं।

उसकी चाल स्वतः धीमी पड़ गई। कुछ अँधेरे से में होकर अगली दूकान की रोशनी में उसने ध्यान से देखा–देवा!

अरे, बेकार डर रहा था वह। चाल कुछ तेज़ करके उसने पुकारा, "देवा, ओ देवा।"

19-4-46 देवा रुक गया। जब हरेन्द्र पास आ गया तो वह संतोष की सी साँस लेकर बोला, "अरे आप हैं हरेन्द्र भैया। मैं समझा न जाने कौन है। सिनेमा देखकर आ रहे हैं न? कौन-सा देखा?"

"मैंने?" हरेन्द्र कुछ सिटपिटाया, "कुछ नहीं यार, लड़के पकड़ ले जाते हैं सब। 'राय साहिब' देखा।"

" 'राय साहिब' देखा।" देवा बोला, "राय साहिब तो ज़्यादा अच्छा नहीं है भैया जी, उससे अच्छा तो लालहवेली ही चल रहा था।"

"अरे भाई, यही तो बात है" ठंड के कारण हरेन्द्र ने अपने दोनों हाथों को वक्ष पर कड़ा कर लिया, चलते हुए बोला, "एक हो तो उसे कुछ समझावें भी, सब के सब हैं मानते नहीं, साले!"

"जाड़ा लग रहा है भैया जी?" सहानुभूति के साथ देवा ने कहा, "दुनियाभर में आजकल गर्मी पड़ रही है और यहाँ शीत भी पड़ने लगा।" कहकर उसने कुछ विचित्र दृष्टि से हरेन्द्र की ओर देखा।

"और आज शर्बत-वर्बत सभी पिया है सो ऐसा लग रहा जैसे जुकाम हो जाएगा।"

देवा ने फिर विचित्र सहानुभूति के साथ हरेन्द्र के मुख की ओर देखा। चलते-चलते अपने पग धीमे करके वह कुछ पीछे आ गया, फिर उत्सुक दृष्टि से हरेन्द्र की ओर देखकर बोला, "घर तो काफ़ी दूर है अभी। लाइए सिगरेट ले आऊँ दौड़कर।"

"क्या?" हरेन्द्र बुरी तरह चौंक उठा, और एकदम लड़खड़ाकर गिरते-गिरते बचा—शायद ठोकर लग गई थी या पैर मुड़ गया था। फिर न जाने कैसे गले से—जैसे बंद कोठरी में से कह रहा हो—कुछ अकड़कर बोला, "क्या बकता है? बदतमीज।"

देवा बिल्कुल नहीं डरा, तो भी सिर झुकाकर कुटिल मुस्कराहट के साथ रोते से स्वर में बोला, "मैंने क्या कहा है भैया जी?"

"बेहूदा, बदतमीज, और तू क्या कहेगा? तूने मुझे सिगरेट पीते देखा है कभी..."

"मैं तो आपके ही लिए कह रहा था।"

"अच्छा, चुप रह बदमाश।" हरेन्द्र ने जैसे ज़ोर से यह शब्द कहे थे, वैसे उसकी मुद्रा नहीं थी। उसका मुख एकदम भावशून्य था।

देवा चुपचाप कुछ गंभीर-सा बना चलने लगा।

"कौन कह रहा था तुझसे?" थोड़ी देर चुपचाप चलने के पश्चात् मरे से स्वर में पूछा। वह एकदम सावधान-सा हो गया।

देवा ने इसका कोई उत्तर नहीं दिया। थोड़ी देर वह और मौन ही बढ़ा चला गया, फिर उसने भी धीरे से कहा, "हरेन्द्र भैया, आप इन लड़कों के साथ मत रहा कीजिए।" उसके स्वर में सहानुभूति थी।

"क्यों?" हरेन्द्र का यह स्वर सुनकर नहीं कहा जा सकता था कि थोड़ी देर पहले इतने प्रखर शब्द कह रहा था।

"यों ही" देवा ने कहा, "इनसे आप नुकसान उठा सकते हैं।"

"भाई बात यह है" हरेन्द्र इस समय बिल्कुल भूल गया कि वह एक नौकर से बातें कर रहा है, "उन्हीं के साथ पढ़ो-लिखो, रहो भी लगभग उन्हीं के साथ उनसे यह तो हो नहीं सकता कि वह एक बात करें और हम इनकार कर दें।"

"तो मैं किसी से कहने थोड़े ही जा रहा हूँ भैया जी?" एकदम नम्र बनकर देवा ने कहा।

"कहने को, तू कहकर करेगा ही क्या?" शब्दों की अपेक्षा स्वर बहुत अधिक नम्र था।

देवा फिर मौन हो गया। घर अब काफ़ी समीप आ चुका था।

"इधर से किधर से आ रहा है?" इस बार हरेन्द्र ने बात की।

"इधर से?" हरेन्द्र से कहने में वह कुछ हिचकिचाया, "कहीं नहीं, एक खेल हो रहा था इधर।"

"क्या खेल?" हरेन्द्र ने उत्सुकता से प्रश्न किया।

"छबीली भटियारी" अपनी पलकों को बार-बार बन्द और खोलकर देवा ने कहा।

"छबीली भटियारी" हरेन्द्र ने दुहराया, "कैसा खेल है?"

"अच्छा ही है हम लोगों के लायक।" एक बार हरेन्द्र के उत्सुक मुख की ओर देखकर पूछा, "चलेंगे आप? वैसे है बहुत सुंदर। बनारस की मशहूर तवायफ़ें आई हैं इसमें।"

"अच्छा देखा जाएगा कल-वल।" हरेन्द्र ने टालते हुए कहा। फिर कौतूहल से पूछा, "तुझे आज क्या मिला है दशहरे का रेखा जीजी के यहाँ से?"

"कहीं नहीं, चवन्नी मिली है एक बस।" शिकायत भरे स्वर में कहकर उसने नम्र स्वर में कहा, "भैया जी आपके पास तो नहीं है कुछ?"

"दुअन्नी है, ले।" कहकर पैंट की जेब से दुअन्नी निकालकर उसने देवा के हाथ पर रख दी।

अब घर के बिल्कुल सामने आ गए थे यह लोग।

"अच्छा भैया जी, कल चलेंगे न तैयार रहिए।" अपने घर की ओर जाते हुए हरेन्द्र से देवा बोला।

बहुत देर से हरेन्द्र अपनी इस बात को दबाना चाहता था, पर अब जैसे बलात् ही उफनकर वह उसके मुख पर आ गई। उसने गले को यथाशक्ति भींच कर और स्वर को निडर करके कहा, "कहियो मत बे, किसी से देवा।"

"नहीं भैया जी—कहीं ऐसा हो सकता है?"

8

21-4-46 "जयहिंद, भाई साहब।" शैलेन्द्र जैसे ही कॉलेज बाउंड्री के अंदर घुसा, मुकर्जी ने दोनों हाथ जोड़कर कहा।

"जयहिंद" एक हाथ में कुछ पुस्तकें और दो एक कॉपी थीं, उन्हें ही लगभग माथे तक उठाकर दूसरे हाथ को उसके साथ मिलाकर शैलेन्द्र ने मुस्कराकर उतर दिया।

कॉलेज के एक ओर पेड़ के नीचे कुछ लड़के झुंड-सा बनाकर खड़े हुए थे, उधर की ही ओर बढ़ते हुए शैलेन्द्र ने मुकर्जी से पूछा, "यह क्या हो रहा है आज?"

"कुछ नहीं जी, मुस्लिम लड़के हैं कुछ!" उस ओर से अरुचि-सी दिखाकर

मुकर्जी बोला। शैलेन्द्र के साथ-साथ चलता हुआ वह कॉलेज के भवन की ओर मुड़ रहा था।

''मुस्लिम लड़के?'' शैलेन्द्र को आश्चर्य हुआ, ''इनकी सभा क्यों हो रही है आज?''

''उहुँ होती ही रहती है।'' पहले तो मुकर्जी ने अत्यंत उपेक्षा से कहा, पर फिर बोला, ''हम लोग अक्सर 'ब्लैक बोर्ड' (श्यामपट) पर जो 'जयहिंद' लिख देते हैं न, उसी के लिए कर रहे हैं कुछ यह।''

''अच्छा! यहाँ भी यह हवा चली!''

''हवा चली है तो कोई जगह अछूती नहीं रहेगी अब।'' मुकर्जी के यह वाक्य कुछ चापलूसी की सीमा तक पहुँच चुके थे। अपने इन्हीं शब्दों पर संकुचित-सा वह फिर चुप हो गया। दोनों कॉलेज भवन की ओर बढ़ने लगे।

''हाँ, तो कुछ सोचा आपने?'' सिर झुकाकर मुकर्जी ने पूछा फिर सिर उठा कर उसकी ओर देखा।

''क्या?'' शैलेन्द्र ने सिर उठाया, ''किस विषय में?''

''वही, सेवा संघ में नाम लिखाने के विषय में।'' मुकर्जी ने संकेत किया।

''मैंने कहा न, मैं तैयार हूँ बिल्कुल!'' कॉलेज भवन की सीढ़ियाँ चढ़ते हुए शैलेन्द्र ने स्वीकृति दी।

''तो चलिए आज संध्या को।'' मुकर्जी ने शैलेन्द्र के मुख के भाव जानने के लिए उसकी ओर देखा।

''संध्या को?'' शैलेन्द्र ने आपत्ति सी करते हुए पूछा, ''और कोई समय नहीं है।''

''क्यों, उस समय बुराई क्या है? काम है कुछ आपको?'' मुकर्जी ने हठ से पूछा।

''नहीं काम-वाम तो कुछ नहीं है, पर वही समय होता है पतंग-अतंग उड़ाने का!'' शैलेन्द्र को अपनी यह बात कहते समय बड़ी लज्जा लग रही थी।

''ओहो! मैंने जाना न जाने ऐसा कौन-सा गंभीर कार्य होगा।'' कहकर मुकर्जी हँस पड़ा। शैलेन्द्र की गर्दन और भी झुक गई।

''एक दिन न सही।'' उसने कहा।

22-4-46 अपनी पुस्तकें जोर से डैस्क पर रखकर शैलेन्द्र बिना बोले ही बैठ गया।

''आज आप पहले ही क्यों चले आये इतने?'' दोनों पैरों को डैस्क के नीचे फैलाकर शैलेन्द्र ने पूछा।

मुकर्जी बैठने लगा पर फिर शीघ्रता से उठकर श्यामपट के पास जाकर मोटे-मोटे शब्दों में ऊपर ही लिख दिया—जयहिंद।

शैलेन्द्र अपना पहला वाला प्रश्न भूल गया। ज्यों ही उसके बराबर वाले डैस्क

पर मुकर्जी बैठने लगा, उसने हँसकर कहा।

"अब झगड़ा तो आप ही प्रारंभ कर रहे हैं।"

"इसमें झगड़े की क्या बात है?" मुकर्जी हँस नहीं रहा था। बोला, "सभी को मालूम है कि आजकल हमारी नमस्ते, नमस्कार, प्रणाम सभी 'जयहिंद' है।"

"और शायद जयहिंद के इतिहास से भी आप अपरिचित हों।" दूसरी ओर देखते हुए अपनी उसी विचित्र मुस्कराहट के साथ शैलेन्द्र ने कहा।

यही बात यदि उससे (शैलेन्द्र से) पूछी जाती, तो यह बात कदाचित् उसके चुभ जाती, पर मुकर्जी थोड़ी देर चुप रहकर बोला, "नहीं यह बात तो नहीं है–यों थोड़ा-सा तो जानता हूँ पर पूरी तरह नहीं।"

"तो मैं दूँगा पुस्तक आपको।" फिर जैसे शैलेन्द्र को कुछ याद आ गया। उसने कुछ चौंककर पूछा, "क्यों क्या यह ठीक है? मैंने किसी समाचार-पत्र में पढ़ा है कि पंजाब के कुछ शहरों में दीवाली के अवसर पर दीपक नहीं जलाए जावेंगे?"

"हाँ, हो सकता है।" मुकर्जी ने पुस्तक खोल ली। एकदम घंटा बजने लगा, और लड़के तेजी से क्लास में आने लगे। मुकर्जी कुछ कुटिल दृष्टि से अपने लिखे जयहिंद की ओर देखने लगा। उसने देखा वही मुसलमान लड़के जो बाहर खड़े हुए थे, श्यामपट पर लिखे हुए इस शब्द को देखकर ठिठक से गए। एक-दूसरे ने कदाचित् आँखों ही आँखों में एक-दूसरे की ओर देखा।

सबसे हठीला और उद्दण्ड लड़का था–रशीद। अपनी मस्त चाल से सीटी बजाते हुए वह श्यामपट की ओर बढ़ा। सिर नीचा किये शैलेन्द्र अपनी पुस्तक की ओर देख रहा था–पढ़ कदाचित् बिल्कुल नहीं रहा था। कानों के ही द्वारा–जो कुछ हो रहा है, या होने वाला है–उसे समझने के प्रयास में लीन था। क्लास में एक ओर लगभग सब मुसलमान विद्यार्थी अभी तक खड़े-खड़े कुछ सोच से रहे थे। मुकर्जी उनकी ओर देख रहा था। उसे मालूम भी नहीं हुआ कब रशीद ने जेब से रूमाल निकालकर उसका लिखा शब्द 'जयहिंद' मिटाकर उस स्थान पर 'पाकिस्तान' और 'तकसीमेहिंद' दो शब्द लिख दिए।

23-4-46 क्लास में एकदम सन्नाटा छा गया। इससे पहले भी जो थोड़े से लड़के, 'पर्चे आउट' करने की तरकीबों और 'विगत दशहरे का वैभव' जैसे महत्त्वपूर्ण विषयों की प्रत्यालोचना कर रहे थे–चाहे वह बहुत धीरे-धीरे ही क्यों न हो–सब एकदम चुप हो गए; अलीगढ़ इत्यादि जगहों में यह बात हो चुकी थी। किंतु यहाँ भी हो जाएगी, ऐसी आशा किसी को भी न थी। यद्यपि यह बिल्कुल अप्रत्याशित था, तो भी किसी में इतना साहस नहीं था कि इस विषय में कुछ कहे। सब जहाँ की तहाँ खड़े थे; मुस्लिम लड़कों के मुख पर विजय-मुस्कराहट की कुछ आभा सी थी। प्रतिक्षण का यह सन्नाटा असह्य सा था। मुकर्जी एकदम चौंका साथ ही गर्दन घुमाकर श्यामपट की ओर देखा। अनजाने ही उसकी भवें कुछ कुंचित हो गईं। मुख-मुद्रा कठोर। उसने एक

बार तीव्र नेत्रों से हिंदू साथियों की ओर देखा। सब बिल्कुल शांत—प्रस्तर प्रतिमा से बैठे थे; निस्तेज और चमत्कृत दृष्टियों से अवश से देख रहे थे। शैलेन्द्र पूर्ववतः सिर झुकाए बैठा था। उसके मुख पर कैसा भाव है या वह इस समय किस प्रकार की परिस्थिति में अपने को अनुभव कर रहा है, यह किसी भी प्रकार नहीं जाना जा सकता था। मुकर्जी के अंदर एक घृणा-सी फूट पड़ी—यही है हिंदू! झटककर वह उठा। आवेश से लपककर वह श्यामपट के समीप पहुँच गया। रूमाल को जेब में रखकर रशीद लौट चुका था। अपनी जेब से उसने रूमाल निकाला और श्याम पट को पोंछ दिया, फिर मोटे-मोटे शब्दों में लिखना प्रारंभ किया "ज..." तभी किसी ने ज़ोर से उसका हाथ पकड़ लिया, मुड़कर देखा—रशीद। जितनी शक्ति उसमें थी उसने जोर से झटका मार कर रशीद को दूर कर दिया, और लिखने को हाथ बढ़ाया। इस बार उसने फिर शैलेन्द्र की ओर देख लिया—वहीं सिर झुकाए, पुस्तक खोले बैठा था वह। न जाने कैसी घृणा से भर उठा वह—बने हैं देशभक्त अब गर्दन नहीं उठ रही जरा, बातें बना लेना बहुत सहज है—देख लें देशभक्ति कैसी होती है, सुभाषबाबू और बापू के ऊपर लंबा-चौड़ा साहित्य भर लेने से ही कुछ नहीं होता।

"ए, क्या करते हो मुकर्जी!" तभी जूतों की खट्-खट् करते हुए बरामदे में आ गए प्रोफेसर फिलिप। उन्होंने अपनी टाई कोट की ओर देखकर एक बार अपनी पैंट की तह-पंक्ति (क्रीज) देखी, फिर मुकर्जी की ओर बढ़कर उन्होंने कहा। पहला घंटा उन्हीं का था।

मुकर्जी चौंका। उसने एक बार पुनः हिंदुओं की ओर देखा, कदाचित् कोई उसके पक्ष में बोल उठे—पर कोई नहीं बोला। सबसे अधिक आशा उसे शैलेन्द्र से थी, पर वह तो सिर झुकाए जैसे पत्थर बन कर बैठा था। मुकर्जी झल्ला उठा उसने स्वयं ही प्रोफेसर फिलिप को उत्तर देने का निश्चय कर लिया।

मुख पर क्रूर निश्चयात्मक भावों की छाप सी लगाए हुए चुपचाप बढ़ता हुआ रशीद भी ठिठक गया। मुस्लिम लड़के धीरे-धीरे अपने-अपने स्थान पर जाकर बैठने लगे।

प्रोफेसर फिलिप समझ गए सारी परिस्थिति। कुछ देर तक स्थिर घूरते हुए से खड़े रहे, फिर बोले, "मिस्टर मुकर्जी, आगे यह बात नहीं होनी चाहिए। फिर मैं विवश हूँ। अब आप लोग बच्चे नहीं हैं।"

मुकर्जी को इस समय एक शब्द भी मुख से निकालना सिवा मूर्खता के और कुछ न दिखाई दिया। देशभक्ति और बलिदान के भाव धीरे-धीरे लुप्त होने लगे। लज्जित होकर सिर झुकाए वह वहीं खड़ा रहा—अपने स्थान पर लौटने की इच्छा होते हुए भी वह लौट नहीं सक रहा था—एक प्रकार का आत्मसम्मान सा उठ खड़ा हुआ था उसके अंदर। तभी वह चौंका।

शैलेन्द्र ने झटके से सिर उठाया। उसके मुख पर जो भाव थे उन्हें ठीक से

व्यक्त करना कदाचित् असंभव था—बस एक दृढ़ता-सी उसके मुख पर जिसने अन्य अस्पष्ट भावों को अवगुंठित-सा कर दिया था बिना एक शब्द भी बोले, संयत हाथों से सामने की डैस्क का आधार लेकर वह मुकर्जी के पास आ गया। जान कर भी प्रोफेसर फिलिप की ओर उसने ध्यान नहीं दिया। मुकर्जी के हाथ से चॉक लेकर उसने बोर्ड के ऊपर लिख दिया—'जयहिंद'। और चॉक वहीं रखकर वह पूर्ववतः अपने स्थान पर आकर बैठ गया।

कदाचित् क्रोध के कारण प्रोफेसर फिलिप के मुख से झाग से निकलने लगे। अपने बालों, पैंट की तह-पंक्ति को वह भूल गए। क्रोध में उनके मुख से केवल इतना ही निकला—"शैलेन्द्र!"

शैलेन्द्र ने इस बार सिर नहीं झुकाया था। जैसे किसी दूसरे संसार में से वह बोल रहा, उत्तर देने का उसे अवकाश नहीं है, किंतु जबरन वह प्रश्नोत्तर के लिए कटिबद्ध हुआ है, इस भाव से उसने अपने समस्त हृदयगत भावों को व्यक्त करने की चेष्टा सी करते हुए कहा, "जी!"

"मैं तुम्हें स्कूल में सबसे शिष्ट लड़का समझता हूँ!" पढ़ाने के लिए देर हो रही है यह ध्यान आते ही वह उसे मिटाने श्यामपट की ओर बढ़े।

मि. फिलिप की बात का शैलेन्द्र जैसे लड़के पर कोई प्रभाव नहीं हुआ यह कहना झूठ है। जिस भाग पर फिलिप ने प्रहार किया था उस ओर से शैलेन्द्र उदासीन नहीं था, तो भी उसे लगाकि उनकी यह बात समाप्त होते ही उसकी झेंप उसके ऊपर अधिकार प्राप्त करने लग गई हो। किंतु यथासंभव अपने को संयत करके उसने कहा, "उसे मत मिटाइए सा'ब।"

फिलिप एकदम रुक गए। अचंभित से हो उठे वह, जैसे बिल्कुल अप्रत्याशित हो। तो भी एकदम उद्विग्न—आपे से बाहर होना—उनके स्वभाव में नहीं था। समझाने के ढंग पर उन्होंने कहा, "शैलेन्द्र, सबसे सभ्य लड़के हो तुम स्कूल में! तुम्हें ऐसा नहीं करना चाहिए। इससे केवल सांप्रदायिक तनातनी ही तो बढ़ती है। मैं मानता हूँ...गुलामी के प्रति तुम लोगों में काफ़ी झुँझलाहट आ गई है, किंतु कम से कम पढ़ने की जगहों पर यह चीज़ नहीं होनी चाहिए। अच्छा निकालिए आप लोग क्या है आज?" और फिर वह श्यामपट की ओर बढ़े।

"नहीं सर!" इतनी देर से मौन शैलेन्द्र के भाव अब काफी तीव्र हो रहे थे, तो इतने नम्र भाव से बोलते हुए फिलिप से कुछ भी ऐसी कुछ बात कहने का उसका साहस नहीं पड़ा। इसलिए स्वर को यथासंभव शिष्ट बनाकर वह बोला, "उसे मत मिटाइए आप। किसी संप्रदाय विशेष की बात उसमें नहीं है। हम सभी—हिन्दू-मुसलमान और ईसाई—भारतीय हैं, और उसी को शब्दों में कह देने से सम्प्रदाय विशेष की बात नहीं है।"

"भाई यह तो ठीक है!" अब अधिक सहने की शक्ति फिलिप में नहीं थी,

कठोर स्वर में उन्होंने कहा, "तुम लोग समझने का प्रयत्न तो करते नहीं हो। गुलामी-उलामी, लीगी और काँग्रेसीपना जो भी तुम्हें करना हो सब यहीं कर लेना। जब 'रैस्टीकेशन' (निर्वासन) हो जाएगा तो कोई तुम्हें मदद देने नहीं आएगा। अच्छा चलो निकालो, 'टेक्स्ट'।" मुकर्जी और रशीद अब भी अपने स्थान पर खड़े हुए थे।

"जाइए आप लोग बैठिए!" रशीद का मुख कुछ कठोर हो रहा है यह देख कर कड़े स्वर में उन्होंने आज्ञा दी, "चलो!"

मुकर्जी और शैलेन्द्र छुट्टी होने पर साथ-साथ ही, घर की ओर लौटे। आते समय प्रातःकाल वाली बात को न तो शैलेन्द्र ने छेड़ा और न मुकर्जी ने। दोनों चुपचाप चल रहे थे। पर मुकर्जी अधिक चुप रहने का अभ्यस्त नहीं था। थोड़ी देर बाद ही बोला, "तो चलेंगे अब?"

"अब?" शैलेन्द्र ने कुछ विस्मय से प्रश्न किया।

"यही खाना-वाना खाकर।"

"नहीं भाई, अब तो नहीं चल सकूँगा।" नम्र शब्दों में अपनी असामर्थ्य प्रकट करके शैलेन्द्र ने कहा, "कल सही।"

"अच्छा तो कल ही सही।" बात समाप्त हो चुकी थी, पर कुछ ही देर चुप रहकर फिर मुकर्जी बोला, "अब आपको सचेत रहने का प्रयत्न करना चाहिए।"

"मुझे?" शैलेन्द्र ने इस भाव से कहा, जैसे वह असावधान रहना ही नहीं जानता, "उहुँ सचेत ही हूँ मैं तो।"

बात फिर समाप्त हो गई।

"अब क्या करेंगे आप?" मुकर्जी ने उत्सुकता से शैलेन्द्र के मुख की ओर देखा।

"वही पतंग है इस समय तो। आइए आप भी। काफी दिन हो चुके हैं, पेच हुए।" पतंगों की बात सुनते ही उसकी उदासी न जाने किधर उड़ गई।

"क्षमा कीजिए भाई साहब," मुकर्जी ने अत्यधिक नम्रता से कहा, "आज मुझे काम है विशेष।"

"अच्छा तो और किसी से ही सही।" शैलेन्द्र ने स्वयं अपने से ही कहा।

"क्यों साहब, छमाही इम्तहान पास आ रहे हैं और आपको चिंता नहीं है।" मुकर्जी ने थोड़ी देर चुप रहकर फिर कहा, "अरे यार, यह इम्तहान, परीक्षा, 'इक्जामिनेशन' तो लगे ही रहते हैं—अब छमाही है, अब वार्षिक हैं—अब—इनके लिए, जो आध घंटे—चौबीस घंटों में विनोद करते हैं वह तो छोड़ा जाने से रहा।" अब शैलेन्द्र का घर आ चुका था अतः दोनों हाथों को—पुस्तकों सहित, सिर तक ले जाकर उसने कहा, "जयहिंद" और वह तेज़ी से द्वार में घुस गया।

9

25-4-46 पतंग उड़ाना शैलेन्द्र ने तब भी नहीं छोड़ा था जब वह, माताजी लीला के एक वाक्य से आहत हो उठा था और चार बजे प्रातःकाल से पढ़ना प्रारंभ करके, कॉलेज इत्यादि के अतिरिक्त साढ़े ग्यारह बजे रात तक पढ़ता था। और पतंग उड़ाने के समय में, उसने अब भी वृद्धि नहीं की, जब उसका वह पढ़ने का नशा सिर से उतर गया। दशहरे से लगभग एक मास पहले की यह बात थी, और दशहरे तक पहुँचते-पहुँचते उसकी दिनचर्या वही पुरानी हो गई। निरर्थक और लक्ष्यहीनों की भाँति बाज़ार में टहलने का उसे शौक नहीं है।

मि. फिलिप ईसाई प्रोफेसर थे—इंगलिश के हैड ऑफ दी डिपार्टमेण्ट। कॉलेज के उद्धत विद्यार्थी, यदि थोड़ा बहुत डरते थे तो इन्हीं से। शैलेन्द्र की मित्रता के कारण जब मुकर्जी बड़ी कठिनाई से—उसी के बराबर—आगे आकर बैठने लगा तो उसका हृदय कुछ त्रस्त-सा हो उठा था—उसे बिल्कुल सामने ही रहना पड़ेगा फिलिप के।

मुकर्जी आज था नहीं, शैलेन्द्र भी कुछ उन्मना सा था! पतंग को बढ़ाकर उसने खाट के पाये से बाँध दिया और स्वयं उस पर लेट कर हाथ में चर्खी लेकर उसे घुमाने लगा। आधा और धुँधला-सा सूर्य की क्षीण-किरणों से हतप्रभ चंद्रमा अब भी आकाश के बीच में, आसपास उड़ती हुई रंग-बिरंगी पतंगों में मिलने का प्रयत्न कर रहा था। उसी ओर देखता हुआ शैलेन्द्र चुपचाप लेटा रहा। उसे आश्चर्य हुआ आज की घटना पर। कैसे यह सब हो गया। फिलिप जैसे प्रोफेसर के सम्मुख वह ऐसा करने का साहस कैसे कर सका? कौन-सी ऐसी शक्ति उसके अंदर उठ खड़ी हुई थी उस समय। आगे क्या होगा। मुकर्जी ने सावधान किया है मुसलमान लड़कों से। मेरी समझ में यह नहीं आता क्यों लड़ते हैं यह लोग इन बातों पर? ऐसी कौन-सी दिव्य शक्ति थी नेताजी में जो ऐसी एकता उत्पन्न कर सके। आजाद हिंद फौज का मुकदमा उन दिनों नित्य समाचार पत्रों में निकल रहा था—उनके दासता से मुक्ति के अद्भुत कार्यों को पढ़-पढ़कर उसके हृदय के अंदर न जाने कैसी कोई वस्तु भर सी उठती थी। वही विचित्र मुस्कराहट जिसमें गांभीर्य का अंश अधिक होता था उसके मुख पर छा जाती थी उसकी छाती के नीचे जैसे कोई चीज़ जल्दी-जल्दी सिकुड़ने-फैलने लगती हो। अपने में तल्लीन सा वह, आँख खोले ही लेटा रहा।

उसकी पतंग स्थिर थी, वायु से कभी-कभी आंदोलित होकर पुनः स्थिर हो जाती थी।

धीरे-धीरे सूर्य कुछ अधिक नीचे चलता गया। हवा भी अधिक शीतल होकर

कुछ तेज़ हो उठी। पतंग जोर से हिली और फिर इधर-उधर चक्कर काटने लगी। शैलेन्द्र बेसुध-सा था।

शैलेन्द्र इस समय तीसरे खंड पर था। दूसरे खंड पर जो थोड़ी-सी खुली जगह थी वहाँ खेल रही थी निरुपमा। खेल नहीं रही थी, पास बैठी निशा उसे क्रोशिये से बुनना सिखा रही थी। जितना आज सीखा है उसे दुहराने के लिए वह अलग जा बैठी थी। पर पतंग ऊपर उड़ती देख कर क्रोशिया और डोरा उसने चुपचाप रख दिया, और एकाग्र होकर देखने लगी।

"देखिये जीजी," निशा को दिखाते हुए उसने उँगली उठाई, "शैल भाई साहब की पतंग।"

"बस पतंग ही देखती रहना, करना-धरना कुछ मत! काम से सिर उठाते-उठाते निशा बोली, पर फिर नेत्रों में उत्सुकता भर कर बालकों की सी चपलता से उसने पूछा, "कौन-सी? यह काली वाली के पास हरी-सी उड़ रही है यह?"

"नहीं, यह गुलाबी, सफेद हरी-तिरंगी सी।" अब उसने सीखने-सिखाने के सामान को एक ओर सरका दिया। खुशामद से बोली, "जीजी, मैं देख आऊँ ऊपर?" और वह जाने को आधी तैयार हो गई।

"हाँ।" कुछ सोचते हुए उसने स्वीकृतिसूचक सिर हिला दिया। जब निरुपमा उधर की ओर दौड़ी तो चौंककर बोली, "सुनो निरू, ऊपर जा रही हो?... अच्छा जाओ, कुछ नहीं।" निरुपमा की समझ में ही नहीं आया, कि जीजी ने उसे इस प्रकार चौंक कर क्यों रोका? और क्या कहते-कहते रुक गई? और रुककर फिर इस प्रकार संकुचित सी क्यों हो उठी? पर उसे ऊपर देखनी थी पतंग, सो इन तुच्छ बातों के विषय में सोचने का समय उसके पास था नहीं। सभ्यतावश शीघ्रता में उसने पूछ लिया, "क्यों? आप भी चलेंगी क्या?"

"नहीं, थोड़ी देर बाद जब और अधिक संध्या हो जाएगी तब रेखा के साथ आऊँगी।" न जाने क्या सोचती हुई वह पतंगों की ओर देखने लगी। पतंगों में उसे कोई विशेष आकर्षण नहीं दिखाई दिया। पतंगबाजों की बुराई के समय कभी वह पीछे हट नहीं सकी। पर आज वह पतंग देखने में इतनी लय हो गई कि अपने हाथ के काम की उसे याद ही नहीं रही।

"देखिए भाई साहब, पतंग गिरी।" वायु संचालन से जब पतंग इधर-उधर हिलने लगी तो निरुपमा को लगा जैसे उसी की कोई बहुमूल्य वस्तु गिरी जा रही हो; वह शैल की खाट के पास आकर उसको सावधान करती हुई बोली।

शैलेन्द्र चौंका। निरुपमा उसके सिरहाने की ओर खड़ी थी उसे लगा जैसे निशा या रेखा है। झटके से वह उठ बैठा।

"अरे निरू!" उसने संतोष की साँस ली। फिर बोला, "आओ निरू, बैठो, खड़ी क्यों हो?"

निरुपमा शरमा गई पर भागी नहीं। चुपचाप वहीं बैठ गई। पतंग की ओर अब भी देख रही थी। पतंग अब ठीक हो चुकी थी।

"पहले यह गिरने लगी थी।" शैलेन्द्र को उसने बताया।

"नहीं, गिरेगी नहीं।" सोकर उठने के पश्चात जैसी सुस्ती छा जाती है वैसी ही उसके ऊपर छाई हुई थी इस समय। पर धीरे-धीरे वह मिटती जा रही थी।

"क्यों भाई सा'ब, आप सो जाते हैं और यह गिरती नहीं है?" निरू का संकोच दूर हो गया। बाल चापल्य से उसने पूछा, "और कोई काट दे तो?"

"काटेगा कैसे? हम काहे के लिए हैं?" शैलेन्द्र को इस बालिका की भोली आकृति अच्छी लग रही थी। बातों में रस आ रहा था। निरुपमा की पीठ पर हाथ फेरते हुए उसने कहा, "तुम उड़ाओगी? अच्छा लो।" उसने डोर के बल पाये से खोल लिए। निरुपमा के कुछ पास सरककर उसके हाथ में डोर पकड़ा दी।

आनंद से निरुपमा उत्फुल्ल हो उठी। पहले डोर लेते समय उसके हाथ काँप रहे थे–तब शैलेन्द्र ने उसके हाथों को थाम रखा था। धीरे-धीरे शैल ने उसके हाथ छोड़ दिए। प्रसन्नता से उमँगी-सी निरुपमा पहले कुछ भीत से हाथों से डोर को थामे रही, फिर कुछ निडर होकर हाथ को थोड़ा हिलाकर पतंग को चलाने का प्रयत्न करती रही। उसके नेत्रों से उल्लास फूटा पड़ता था। वह इधर-उधर देख रही थी–निशा जीजी या उसके जान पहचान वालों में से कोई देख ले कि वह भी पतंग उड़ा सकती है। ऊपर से ही पुकारकर निशा को दिखाने की उसकी बड़ी इच्छा थी पर शैलेन्द्र के डर या संकोच से वह नहीं कर रही थी।

शैलेन्द्र फिर लेट गया। निशा पास ही बैठी पतंग की डोर से खेलने लगी। शैलेन्द्र उसे पतंगों के विषय में सब बताने लगा। कैसे हाथ चलने से किधर जाती है–क्या करने से क्या होता है? वह चुपचाप सुनती रही। पतंगों के भेद भी उसने उसे बताए।

"अच्छा निरू, मामी तुझे डाँटेंगी अब? कि तू पतंग क्यों उड़ा रही थी?" अपनी पतंग की ओर एकटक देखते हुए उसने पूछा।

निरुपमा सिहर उठी, पर फिर झट बोली, "डाँटेंगी क्यों? निशा जीजी से जो पूछकर आई हूँ।"

"क्या कहा था निशा ने?" शैलेन्द्र के स्वर में लापरवाही थी। तो भी अनुमान से वह बोला, "कहा होगा, जाओ पतंग उड़ा आओ, ऐं?"

"वह कौन सीधी तरह आने दे रही थीं मुझे? जब मैंने कहा कि शैल भाई साहब की यह पतंग है, तब उन्होंने कहीं आने दिया मुझे।" निरुपमा शैल की ओर देखती हुई कहने लगी।

"अच्छा! इधर क्या देखती हो सम्हालो पतंग–हाँ, तुमने क्या कहा।" जैसे धीरे-धीरे पानी में डूब रहा हो, ऐसे ही चेतना शून्य होता हुआ सा शैल यह सब

प्रश्न पूछ रहा था।

निरुपमा को आश्चर्य हुआ। अभी-अभी तो बता चुकी हूँ तब भी यह प्रश्न दुबारा क्यों पूछा जा रहा है? शैलेन्द्र के कहने से वह पतंग की ओर देख रही थी। अब उसने फिर उसकी ओर देखा।

"अब आप तो सो रहे हैं, लीजिए अपनी पतंग जा रही हूँ मैं।"

शैलेन्द्र फिर चौंका, "कहाँ सो रहा हूँ? बैठो अभी तो आई ही हो।" और वह सो रहा या असावधान नहीं है यह दिखाने के लिए उसने बातें करनी प्रारंभ कर दीं, "अच्छा निरू कौन से दर्जे में पढ़ती है तू?"

"मैं तो पाँचवें में पढ़ती हूँ, छठे में होती, बीमार पड़ गई थी—"

"मैंने तो कभी नहीं देखा तुझे स्कूल-विस्कूल जाते।"

"अब नहीं जाती।" उदास और दुखित से स्वर में उसने कहा, "माताजी जाने ही नहीं देतीं—निशा जीजी को तो कुछ नहीं कहतीं।"

"निशा से क्यों नहीं कहतीं कुछ? और तुम्हें क्यों नहीं जाने देतीं?" कुछ उत्सुकता से उसने पूछा।

"निशा जीजी, ज़रा हावड़ा से आई हैं अभी, और मैं दिन भर पास रहती हूँ।"

"अच्छा निरू" उसके कन्धे पर स्नेह से हाथ रखकर शैलेन्द्र बोला, "रोज़ आया करो, देखो तुम मुझे बहुत अच्छी लगती हो।"

निरुपमा एकदम सिकुड़-सी गई। सिर झुकाकर हिला दिया केवल।

"तुम्हें किताब भी देंगे पढ़ने को। पतंग उड़ाना सिखा देंगे।" शैलेन्द्र उसे प्रलोभन-सा देने लगा।

"ओ हो। आज तो बड़ी गूढ़ बातें हो रही हैं।" तभी रेखा ने उस ओर आते हुए कहा, "पीछे-पीछे चल रही थी निशा।"

"पतंग विज्ञान सिखाया जा रहा है, और होता क्या?" निशा ने रेखा से कहा, "पर इतनी ज़ोर से कि शैलेन्द्र सुन ले।"

26-4-46 शैलेन्द्र उठकर बैठ गया। अब निशा से वह इतना संकुचित नहीं होता। और क्या होता ही रहेगा जन्मभर—लाख लजीले स्वभाव का हो? सावधानी से बैठकर अपनी पतंग की ओर प्रशंसात्मक नेत्रों से देखता हुआ वह रेखा से बोला, "रेखा, तुम उड़ा लोगी पतंग ऐसे? देखो तुमसे छोटी निरुपमा उड़ा रही है।"

"जी नहीं।" जोर से चारपाई पर बैठते हुए उसने कहा, "मुझे शौक़ नहीं है इस पतंगबाज़ी का। यह नशा तो आपको ही है। अब भी अपने को बच्चा ही समझते हैं।"

शैलेन्द्र को बुरा लगा। ऐसी असभ्य है यह रेखा की बच्ची, समय-असमय कुछ नहीं देखती। न जाने क्या हो रहा है इसे उस दिन से? जरा मैंने तेल को कह दिया तो ऐंठी ही रहती है दिन-भर और कहा भी कहाँ, मन से बवाल बना लिया है, अपने

आप। वह चुप हो गया। "अब मैं रोज़ सीखा करूँगी, भाई सा'ब से पतंग उड़ाना।" जैसे ही निशा निरुपमा के बराबर बैठी, उसने कहा। फिर पूछा, "आने दिया करेंगी न जीजी, हमें?"

रेखा ने सुन लिया। हँसकर बोली, "और तुम सीखोगी ही क्या भाई साहब से? यही पतंग उड़ाना, मीन-मेख निकालना। कोई अच्छी बात तो यह सिखाने से रहे।"

निशा कुछ भीत-सी हो उठी। उसने शैलेन्द्र की ओर देखा। उसकी अवस्था का कुछ-कुछ अनुमान उसने लगा लिया था। और यह भी वह समझ गई थी कि रेखा जो बातें कर रही है—किसी अन्य समय विनोद का काम दे सकती हैं किंतु इस समय तो यह बातें मस्तिष्क को गरम करने के अतिरिक्त कुछ नहीं कर रहीं। वह बोली, "अच्छा, हाँ, हाँ, आ जाया करना तुम।"

रेखा चुप रही। कदाचित् उसे भी अपनी गलती दिखाई देने लगी थी; उसके प्रायश्चित्त की भाँति उसने कहा, "लाओ जी, निरू, हम उड़ाएँगे पतंग।"

"लीजिए, पर गिराइए मत देखिए।" जैसे वह पतंग उड़ाना खूब अच्छा जानती है, ऐसे शिक्षा सी देकर उसने डोर रेखा के हाथ में दे दी।

"ओहो, आज ज़रा डोर पकड़ ली तो शिक्षाएँ देने लगीं।" निशा ने हँस पड़ने की सी मुद्रा में कहा।

शैलेन्द्र की समझ में नहीं आ रहा था कि इन लड़कियों के बीच में बैठकर वह क्या करे? बातें करे, पर क्या बातें करे? धीरे-धीरे वही झेंप-सी चढ़ रही थी उसके ऊपर। सिर शनैः-शनैः झुक-सा रहा था।

पतंग की डोर हाथ में लेकर रेखा उसे इधर-उधर घुमाती रही। देखते-देखते पतंगों के विषय में उसे काफी अनुभव हो चुके थे, अतः वह पतंग को थोड़ा सम्हाल भी सकती थी। डोर को निशा के हाथ में देकर उसने कहा, "लो निशा, तुम क्यों बहती गंगा में हाथ धोने से वंचित रहती हो।"

धीरे-धीरे शैलेन्द्र ने निश्चय कर लिया कि उसका यहाँ कोई काम नहीं है। वह उठने की तैयारी करने लगा...

"मेरी समझ में नहीं आता।" रेखा ने निशा के कंधे को हिलाकर कहा, "रोज़-रोज़ मिलने वाले क्यों इस तरह शरमाते हैं, जैसे नई बहू हों?"

बात किस तरह से किससे कही गई है, शैलेन्द्र समझ गया। सिर उठाकर, कुछ हाथ-पैरों के स्थान बदले। निशा एकदम लाल पड़ गई। कैसी है यह रेखा—बिना सोचे-समझे, जो मुँह में आता है सो बक डालती है।

"शरमा भी रहा होऊँ कहीं?" चोर की दाढ़ी में तिनका वाली कहावत शैलेन्द्र ने ही चरितार्थ की, "अब करूँ भी क्या मैं यहाँ बैठ कर।"

"आइए कैरम ही खेलें—चाहे ताश।"

"अँधेरा हो रहा है भई।" पतंग को निरुपमा के हाथ में देकर निशा ने आपत्ति

की। यद्यपि अँधेरा हो नहीं रहा था।

"नहीं हो रहा अँधेरा।" 'कैरम' लाने जाती हुई रेखा बोली, "और तुम्हें जाना कहाँ है?"

वह चली गई। कदाचित् निशा कुछ और अधिक संकुचित हो उठी।

"तुम्हें वह पुस्तक पसंद आ रही है?" शैलेन्द्र को न जाने कैसा लग रहा था। उसकी इच्छा हो रही थी कि निशा से बोले, "क्या बात करे?" इसे वह थोड़ी देर सोचता रहा, फिर कठिनाई से काँपते से स्वर में उसने पूछा—

"वो?" निशा ने पूछा, फिर समझकर कुछ और अधिक खाट के किनारे की ओर सरककर, उसने कहा, "जी हाँ। ऐसी ही दीजिए और कोई पुस्तक।" सभ्यता वश उसने कहा। पलकें उसकी नत थीं, मुख अरुण। "बात यह है निशा" अब उसके अंदर पहले जैसा संकोच नहीं था, उसके मुख पर धीरे-धीरे वही विचित्र गांभीर्य अधिकार जमा रहा था, "मैं चाहता हूँ जो भी पुस्तक मैं दूँ, वह केवल आँखों की वस्तु नहीं हो, मतलब—आँखों तक ही नहीं रह जाए, तुम उसे हृदय में उतारने और मस्तिष्क में भर लेने का प्रयत्न करो। तब तो दूँ।"

आज्ञाकारी विद्यार्थी की भाँति निशा चुपचाप सुनती रही। जब शैलेन्द्र अपनी बात समाप्त कर चुका तो उसने स्वीकृतिसूचक सिर हिला दिया।

"क्यों भाई साहब" निशा ने थोड़ी देर चुप रहकर पूछा, "मुकदमा तो आजाद हिंद फौज के अफसरों के ऊपर चल ही रहा होगा अभी?" और उसने अपनी बरौनियाँ उठाकर एक क्षण को शैलेन्द्र की ओर देखा वह दूसरी ओर देख रहा था। निशा को लगा कि शैलेन्द्र के मुख पर कुछ चमक रहा है। जैसे उसकी आँखें चौंध उठी हों—थोड़ी देर देखकर ही उसने सिर झुका लिया। अस्तोद्यत सूर्य रश्मियाँ तेज हीन और लाल पड़ चुकी थीं—शनैः-शनैः गहरी होती जा रही थीं। शैलेन्द्र ने सिर घुमाया उसे लगा जैसे निशा का मुख कुछ लाल है।

"हाँ, वह तो चल ही रहा है अभी।"

"तो यह पुस्तकें कैसे बन रही हैं अभी से?"

"जो-जो बातें वहाँ हुईं सब को पुस्तकाकार छपा दिया उन्होंने।" फिर एकदम चौंककर उसने पूछा, "तुम तो शायद इलाहाबाद बोर्ड से ही दे रही हो।"

"जी हाँ।"

"बहुत सरल है वहाँ का तो।" उपेक्षा से उसने कहा।

"जी नहीं, इलाहाबाद बोर्ड कठिन है।" कैरम उठाकर लाती हुई, रेखा की ओर देखकर निशा ने कहा।

शैलेन्द्र कुछ कहना चाहता था, तभी निरुपमा बोली, "भाई साहब, उतार लीजिए इसे, अब अँधेरा हो रहा है।"

"उतार लो।" शैलेन्द्र ने अपनी कंठ तक आई बात को रोककर कहा।

रेखा पास आ गई थी। शैलेन्द्र बोला, "दयाल नहीं था क्या?"

"ओ हो" उपेक्षा से हँसकर रेखा बोली, "बड़ा ध्यान आया आपको मेरा!"

शैलेन्द्र की अन्यमनस्कता जो, अब से थोड़ी देर पहले तक उसके ऊपर छाई हुई थी—धीरे-धीरे तिरोहित हो गई। जब रेखा ने पहले 'कैरम' का प्रस्ताव किया था तो उसका खेलने को मन नहीं कर रहा था, पर अब वह खेलने को तैयार हो गया। रेखा से बोला—

"तीन ही तो हैं।"

"निरुपमा भी तो है।" इस बार निशा बोली, "वह जानती है खेलना।"

"मेज़ भी होनी चाहिए भाई।" शैलेन्द्र ने रेखा से कहा।

"आप तो भई, बहुत तंग करते हैं भाई साहब।" तिनककर रेखा ने कहा।

"अब यहीं खेल लीजिए न, काफ़ी चौड़ी तो चारपाई है। या नीचे आ जाइए ज़मीन पर, बिल्कुल साफ़ है।"

"दयाल से मँगवा लो।" निशा ने शैलेन्द्र की बात का प्रतिपादन करते हुए कहा।

"अच्छा यहीं ठीक है।" कहकर शैलेन्द्र ने एकदम निशा के मुख की ओर देखा।

"अजब आदमी हैं।" रेखा कहकर ज़ोर से बैठ गई। कदाचित् यही बात शैल ने निशा के मुख पर अंकित देखी थी।

"और ऊपर से नहीं कूदा गया तुमसे?" कैरम को बीच में खिसकाकर रखते हुए निशा रेखा से बोली।

रेखा ने कुछ नहीं कहा। उसने एक बार निशा की ओर देखा और एक बार फिर शैलेन्द्र की ओर। उसने कुछ समझने का प्रयत्न किया। समझ में कुछ आया या नहीं यह तो नहीं मालूम पर वह मन ही मन बड़बड़ा अवश्य उठी—"कैसी बन रही हैं इस समय?" और वह अपने हाथ के डिब्बे में से गोटें निकाल-निकालकर ज़ोर-ज़ोर से बोर्ड पर पटकने लगी।

"अब तुम्हें ठीक तरह खेलना हो तो खेलो, नहीं तो मैं भी कुछ फालतू नहीं हूँ।" शैलेन्द्र ने रुष्ट स्वर में कहा।

"मुझे गुस्सा आ रहा है इस समय।" रेखा भुनभुना उठी, "कभी कुछ कहते हैं कभी कुछ।" फिर थोड़ी ही देर में वह अपनी स्वाभाविक अवस्था में आ गई।

निरुपमा ने डरते-डरते धीरे-धीरे पतंग उतार ली थी। बड़ी प्रसन्न थी इस समय वह। जैसे कोई बड़ा भारी काम वह कुशलपूर्वक कर चुकी हो। मन ही मन उल्लसित वह आकर रेखा के सामने बैठ गई। रेखा ढेर-सा पाउडर डालकर, गोटों को क्रम से लगा रही थी। 'स्ट्राइकर' लेकर शैलेन्द्र पाउडर को इधर-उधर फैला रहा था। कौन किसके साथ होगा, इसके ऊपर विवाद नहीं हुआ। जो जैसे बैठा था वैसे ही खेलने लगा अर्थात् रेखा और निरुपमा। शैलेन्द्र और निशा।

"अच्छा यों ही सही" रेखा इस बार शैलेन्द्र और निशा का साथ देखकर रुष्ट

नहीं हुई। उसे प्रसन्नता ही हुई, क्योंकि अपने खेल के प्रति वह विश्वस्त थी। निरुपमा को प्रोत्साहित करती हुई बोली, "निरू, हराना है इन्हें, याद रखना।"

विश्वास दिलाने के लिए निरुपमा ने सिर हिलाया। निशा के सामने वह अधिक नहीं बोलती। उसे डर है घर पर जाकर डाँटा तो? खेल प्रारंभ हो गया। बिना बोले, लगभग पहला बोर्ड चारों ने खेल डाला। कौन कैसे खेलता है कदाचित् इसी को सब लोग जाँचने का प्रयत्न कर रहे थे। रेखा देख रही थी—निशा की प्रत्येक चाल को। वह बुरा नहीं खेलती, पर हाँ, इतना अच्छा भी नहीं खेलती कि अकेले में शैल से जीत सके। और जीत सकेगी या नहीं; इसी को शायद वह नाप रही थी।

"अच्छा रेखा यदि तुम हार गईं तो?" एक बोर्ड के पश्चात् जब दूसरा प्रारंभ होने लगा तो शैल ने कहा, "स्ट्राइकर उसी का था।"

"हारने जीतने की अभी बात ही नहीं है।" रेखा बोली।

"पहले निश्चित कर लेना ठीक है, मिठाई-विठाई जो कुछ तुम चाहो।" और निशा की ओर मुख करके उसने कहा, "क्यों निशा, ठीक है न?"

"निशा से क्या पूछते हैं? वह तो आपकी हाँ में हाँ मिलाएगी ही।" रेखा ने बीच ही में कहा, "कौन हम जुआ खेल रहे हैं। सो हार-जीत की बातें करें?"

"इसमें जुए की क्या बात है?" शैल बोला, "तुम नहीं चाहती हो तो मत खिलाना भाई मिठाई, बस।" शैलेन्द्र ने स्ट्राइक किया।

पहला 'बोर्ड' वह हार चुका था। इसी से अपने ही स्थान पर निरुपमा बहुत प्रसन्न हो रही थी, पर निशा के भय से बोल कुछ नहीं रही थी। इस बार शैलेन्द्र सावधानी से खेलने लगा।

"देखिए भाई साहब, अब तो काफी बहका चुके हैं आप।" तभी रेखा ने दूसरी ओर की बातें प्रारंभ कर दीं। " 'हमराही' खेल बहुत सुंदर आया है, कल इतवार भी है।"

"तो चलो, माताजी से पूछ लो।" 'रानी' (Queen) को रेखा के लक्ष्य से हटाते हुए शैलेन्द्र बोला–

"उ माताजी, आदि सबसे पूछा-पुछाया है। आप ही की खुशामद करनी पड़ रही है ज़रा।" मुँह फुलाकर रेखा ने कहा।

"कौन-कौन जाएगा?" दबे हुए से स्वर में उसने पूछा।

"मैं, निरुपमा, निशा—क्यों जाओगी निशा तुम?"

"चली चलूँगी।" असावधानी से निशा ने स्वीकृति दी।

"अच्छा, इस बार तो मामी को भी ले जाएँ।" शैलेन्द्र की माताजी, लीला और सविता अब दूसरे खंड से तीसरे पर आ गई थीं, काफ़ी दूर, इसी से शैलेन्द्र ने काफी जोर से कहा।

दिन छिपने का ही समय होता है जब नगर की स्त्रियाँ कुछ अवकाश पाती

हैं। इसी समय सविता और लीला अपने दिनभर का कार्य विवरण एक-दूसरे को सुनातीं, और वायु सेवन करती थीं।

शैलेन्द्र की बात उन्होंने नहीं सुनी। देखते ही लीला ने कहा, "आहो, आज तो मीटिंग यहाँ हो रही है, क्यों रेखा, वह कहाँ है हरेन्द्र?"

"मुझे नहीं मालूम माताजी।" रेखा 'रानी' को लेने की धुन में थी 'हरेन्द्र कहाँ है' ऐसी गौण बातों पर सोचने की उसे फुर्सत नहीं थी।

मीटिंग हो रही है या क्या हो रहा है, इससे सविता को कुछ मतलब नहीं था। निशा को संबोधित करके कहा, "जल्दी समाप्त कर लो निशा, मास्टर साहब आते होंगे।" उनका मुख गंभीर था।

निशा को आश्चर्य हुआ। अभी तो मास्टर साहब के आने में काफी समय था—लगभग साढ़े आठ बजे वह आते थे। इतनी जल्दी आज माताजी को क्यों चिंता हुई। उसने धीरे-से स्वर में कहा, "अभी तो बहुत देर है, माताजी।"

"तो पहले से तैयार हो जाओगी तो बुराई क्या है?" कुंठित होकर उन्होंने कहा।

"यही जो कहिए कि खेलो मत कैरम।" रेखा का उद्धत स्वभाव अब चुप न रह सका।

कृत्रिम मुस्कराहट से टाल कर सविता बोली, "नहीं यह मतलब नहीं है मेरा, मैं तो बस यही कहती हूँ कि खेल-वेल तो होता ही रहता है।"

"जो काम आवश्यक है उसे करो पहले।"

"तो यह तो मैं भी कह रही हूँ।" रेखा ने समझाने के ढंग पर—और इस प्रकार कि सविता को बुरा न लगे कहा, "अभी तो काफ़ी देर है मास्टर साहब के आने में।"

"तो मैं कौन अभी को ही कह रही हूँ?" सविता बुरा मान गईं, अपने इस भाव को छिपाते हुए उन्होंने कहा—

"अरे चलो भी, झक्की है यह लड़की तो।" लीला हाथ पकड़कर उन्हें छत के दूसरे भाग में ले चली। तरह-तरह के मुँह बनाते हुए सविता चली गईं किंतु जब उधर जाकर संतान और पति की समालोचना प्रारंभ हुई तो उनका यह भाव स्थायी नहीं रह सका। उन्होंने भी इसमें सहयोग दिया।

शैलेन्द्र मामी के सामने सिनेमा चलने का प्रस्ताव रखना चाहता था, पर मामी के रंग देखकर वह समझ नहीं सका कि क्या हो गया यह। कुछ-कुछ हृदयंगम उसने कर लिया। और करते ही एकदम सुस्त हो गया। रेखा से बोला, "अब नहीं खेलते रेखा, मन नहीं लग रहा।"

"अरे बस, तनिक-सी बात से ही आप नाराज़ हो गए? माताजी की तो आदत ही ऐसी है।" शैलेन्द्र को नम्र शब्दों में झिड़ककर निशा ने माताजी—सविता—का स्वभाव समझाने की चेष्टा की।

उसके स्वर में माताजी के प्रति क्रोध था।

"नहीं, वह बात नहीं है, निशा, मन ही नहीं लग रहा मेरा।" और वह उठ कर पतंग-डोर उठाए हुए चुपचाप नीचे चला गया। यों निशा से बात करने के सुसमय को वह छोड़ नहीं सकता था।

रेखा भी सहसा चुप हो गई थी। निशा क्रुद्ध थी—अपनी माताजी के संकुचित दृष्टिकोण पर। निरुपमा जान ही नहीं सकी कि यह आखिर हो क्या गया। चमत्कृत की भाँति कभी इसे और कभी उसे वह देखने लगी। जब थोड़ी देर निशा और रेखा चुपचाप बैठी रहीं तो उसने समझ लिया कि अब खेल नहीं होगा। वह गोटों को एक-दूसरे में मारकर स्वयं ही खेलने लगीं। इतना वह जान गई कि माताजी कोई खराब बात कह गई हैं, पर क्या खराब बात? कैसी ख़राब बात इसे वह समझ भी नहीं सकती थी। यद्यपि समझने का उसने थोड़ा प्रयत्न किया।

निशा चुपचाप बैठी रही; फिर बोली, "रेखा अब चलें, मास्टर साहब आते होंगे, कुछ काम करें उनका।"

"अच्छा।" कहकर वह पहले ही उठ खड़ी हुई।

"चलो निरुपमा।" निशा ने कहा, और वह अपने ज़ीने की ओर बढ़ दी।

निरुपमा का मन अभी खेल से भरा नहीं था, फिर भी वह चुपचाप चल दी।

अपने कमरे में पहुँचकर निशा ने बिजली जला दी, और जाकर ज़ोर से सोफ़े पर बैठ गई। जैसे बड़ी मेहनत करके वह आ रही हो। बैठते ही उसने निरुपमा को संबोधित करके कहा, "तुम्हीं देख लो निरू माताजी को। कितनी खराब आदत है इनकी वह?" और न जाने क्या-क्या वह माताजी के विषय में कह गई। निरुपमा के विस्मय का ठिकाना नहीं था। यह सब बातें आज उससे क्यों की जा रही हैं। आज निशा जीजी इतनी प्रसन्न क्यों हैं उसके ऊपर? अब इन सब के उत्तर में वह क्या कहे? वह चुपचाप बैठी सुनती रही—धीरज के साथ।

निशा थोड़ी देर में स्वयं ही लज्जित हो उठी। किससे क्या कह रही है वह? वह चुप हो गई। थोड़ी देर तक निश्चेष्ट-सी बैठी रही, फिर झमककर ज़ोर से उठ कर खड़ी हो गई। ढेर का ढेर पढ़ने की पुस्तकों को लाकर उसने मेज पर लगा दिया। एक-एक पुस्तक को मेज़ पर इतने ज़ोर से रख रही थी जैसे धूल झाड़ रही हो। फिर अपनी अलमारी में कोई चीज़ खोजने लगी। तो अपनी सारी पुस्तकों को इस बुरी तरह इधर से उधर पलट दिया। जैसे 'कबाड़खाना' हो। थोड़ी देर पश्चात् उसने मेज को जगह-जगह खींच-खींचकर, फिर उस पर खड़े होकर—मास्टर साहब और उनके काम की चिन्ता किये बिना ही, अपने कमरे में आठ-दस बड़ी-बड़ी फोटू लगा डालीं। मुख्य थीं—सुभाष चंद्र बोस आजाद हिंद फौज के कमांडर के वस्त्रों में, दूसरी उनकी पहली गांधीजी, जवाहरलाल, और आजाद हिंद के अन्य अफसर। जब लगा चुकी तो वह निरुपमा को बुला लाई। उससे प्यार से पूछने लगी, "कैसी लगती हैं

निरू यह?"

"बहुत अच्छी लगती हैं जीजी, किस-किस की हैं?" आश्चर्य और प्रशंसा मिश्रित वाणी में उसने पूछा।

निशा बड़े प्यार से उसे अपने पास बैठा कर सबों का विस्तृत परिचय देने लगी। निरुपमा के आश्चर्य का आज पारावार नहीं था। उसे लगा, जीजी बदल रही हैं और बहुत तीव्रतम गति से बदल रही हैं। यहाँ तक कि आध-घण्टे पहले की जीजी और अब की जीजी में आकाश-पाताल का अंतर है!!

10

27-4-46 "हाँ, भई मैं मानती हूँ—नाराज़ होने की बात है।" निशा ने रेखा के बराबर बैठकर समझाते हुए कहा, "पर यह तो माताजी का स्वभाव ही है। विवश हैं वह, और हरेक आदमी अपने स्वभाव से विवश होता है।"

रेखा ने यद्यपि इस विषय में कुछ नहीं कहा था, पर आज वह सुस्त थी। निशा मन ही मन खूब समझती थी, और लज्जित भी थी। जैसे यह सब उसकी माताजी नहीं, उसी का ही काम हो। और उसी के लिए प्रायश्चित्त-सा करने वह आई थी। क्षमा माँगने के स्वर में उसने कहा।

"नहीं भाई, मैं नहीं हूँ नाराज-आराज!" सब होते हुए भी रेखा इस विषय में एक भी शब्द कहना नहीं चाहती। जिस दिन सन्ध्या के समय यह सब हुआ था तब की तो मालूम नहीं। किंतु अब उसकी तनिक भी इच्छा नहीं थी कि इतनी सी उस बात को खींच कर इतना बड़ा बनाया जाय। तिल का ताड़ बनाना उसका स्वभाव नहीं था। और फिर बेचारी निशा का इसमें क्या दोष। तो भी वो उदासी उसके मुख पर छाई थी, वह एकदम लुप्त भी नहीं हो सकती थी। मुस्कराने का प्रयत्न करते हुए उसने कहा, "नहीं निशा, तुम तो सोच लेती हो यों ही, नाराज-आराज़ मैं नहीं हूँ।" और वह हँसकर बिल्कुल निशा से सटकर बैठ गई।

"कल हमारे क्लास में बड़ा दंगा हुआ।" सब कुछ भूलकर निशा एकदम स्कूल की बात चला बैठी, "लड़ाई होते-होते बच गई।"

"क्या?" निशा की साड़ी की किनारी से खेलते-खेलते उत्सुकता से रेखा ने उसके मुख की ओर देखा।

"रजनी है न, वही लेक्चर अधिक देती है जो—उसने सुबह जल्दी ही आकर

'बोर्ड' पर लिख दिया—जयहिंद। मुस्लिम लड़कियाँ आज वैसे ही भुनभुना रही थीं, सलीमा ने जाकर बिगाड़ना चाहा। बस जनाब, आरती क्यों पीछे रहने लगी, उसके भाई पक्के क्रांतिकारी—उसने जाकर पकड़ लिया हाथ। सलीमा गाँधी जी आदि को बुरी तरह संबोधित करने लगी। फिर बड़ी कठिनाई से शान्ति हुई।'' निशा ने अपना अतिरंजित चित्र खींचा। वह जानती थी—लड़कियों का गांभीर्य और उदासी स्कूल के वर्णन के पश्चात् स्थिर नहीं रह सकता।

रेखा चुपचाप सुनती रही। थोड़ी प्रसन्न भी हुई। उसकी आलोचना प्रवृत्ति उमड़ चुकी थी, ''नहीं भई, यह तो आरती ने ठीक नहीं किया, हाथ उसे नहीं पकड़ना चाहिए था।''

''तो ऐसों के साथ किया क्या जाए?'' निशा ने आरती की वकालत की।

''नहीं, तो यह कहाँ की सभ्यता है कि हाथ पकड़ लिया, कोई उसका पकड़ ले तो?''

''तो यही कौन-सी सभ्यता है कि किसी के नेताओं को गाली दी जाए।'' निशा रेखा से पीठ टिकाकर खूब आराम से बैठ गई।''

अधिक विवाद न करके रेखा ने स्वीकार कर लिया कि आरती का इसमें कोई दोष नहीं है। बहुत सोच-समझकर फिर रेखा बोली।

''निशा, न जाने क्यों मैं अब दूसरी तरह की होती जा रही हूँ।'' वह गंभीर थी।

''दूसरी तरह की कैसी?'' निशा, रेखा के गले में पड़ी सोने की जंजीर को उँगली में लपेट रही थी, उत्कंठा से उसने रेखा के मुख की ओर देखा।

''यही अब मुझे किसी से सहानुभूति नहीं रही।'' आँखें खोले हुए रेखा शून्य नेत्रों से एक ओर ताक रही थी, वह कहती गई, ''बहुत स्वार्थी होती जा रही हूँ अब मैं? पहले देश की, अपने नेताओं की कोई बात सुनकर स्वाभाविक उत्सुकता होती थी। अब कुछ नहीं। सब तुम्हारे साथ रहने का फल है।'' निशा का स्वर धीरे-धीरे मन्द होकर वेदनामय होता जा रहा था। वह अपलक एक ओर देखे जा रही थी।

जंजीर से खेलता हुआ हाथ रुक गया। थोड़ी देर वह बिल्कुल चुपचाप अचल-सी पड़ी रही—उसकी आँखों पर जल का बहुत हल्का पर्दा छा गया।

रेखा भी थोड़ी देर वैसी ही बैठी रही। फिर एकदम ज़ोर से हँसकर बोली, ''ओफ् क्या-क्या बक गई मैं? मूर्ख हूँ सच। तुम बुरा मत माना करो निशा, मेरी बातों का।'' उसे लगा बीच में जो वह कुछ क्षण को अनमनी सी हो उठी थी—केवल एक सपना था—क्षणिक आवेश।

ऐसी वह क्यों हो गई थी? उसने स्वयं से प्रश्न किया पर कोई उत्तर नहीं मिला। एकाध बार प्रतिध्वनित होकर वह अंदर ही खो गया। वह निशा की साड़ी के किनारे से खेलने लगी।

''कहाँ से लाई हो ये साड़ियाँ?'' रेखा ने परीक्षक की भाँति उसके कपड़े आदि

की जाँच करते हुए पूछा। फिर बोली, ''मुझे बहुत अच्छी लगती हैं ये।''

''यहाँ तो मिलती ही नहीं ऐसी'' निशा ने गले को परिष्कृत करके कहा, ''हावड़ा से ही लाई हूँ।''

''अब कहीं मिलें अच्छी साड़ियाँ या ब्लाउजों के कपड़े तो हमारे लिए ले लेना।'' रेखा ने कहा, ''दामों की परवा मत करना। कपड़ा अच्छा महीन हो, और छींट सुंदर-पुराने ढंग की नहीं, आजकल के फैशन की।''

''अच्छा, अब जा रहे हैं बाबूजी अगले रविवार को, चाचाजी के पास हावड़ा, वहीं से मैं अपने लिए मँगा रही हूँ। तुम्हारे लिए भी कह दूँगी।'' कहकर निशा चुप हो गई। फिर थोड़ी देर बाद बोली, ''अब तुम्हें भी नये ज़माने में शामिल होने की धुन चढ़ी। इस बार भाई साहब सुनेंगे तो? तेल पर तो...।''

''सुनेंगे तो सुनें।'' झटके से सीधी होकर रेखा बोली, ''अब भाई साहब के लिए क्या कपड़े पहनना छोड़ दें।''

''मेरी समझ में नहीं आता कि कपड़े पहनने से क्या होता है?''

''भई, देश-भक्ति का तुम्हें ख्याल है, बड़ी अच्छी बात है—हृदय में रखो यह सब दिखाने से क्या होता है।'' निशा ने समझाने के ढंग पर कहा, यही बात वह कई बार कह चुकी थी।

रेखा कुछ नहीं बोली, अनुपस्थित भाई साहब के लिए एक बार विद्रूप कर दिया—बस। खड़ी होती हुई बोली, ''चलो निशा, सिनेमा का भी तो समय हो रहा है। कपड़े पहन आओ न।''

''अच्छा'' कहकर निशा भी उठकर धीरे-धीरे कमरे से बाहर निकलने लगी।

''निशा जीजी, जयहिंद।'' एक हाथ से धोती-पकड़े हुए उधर से शैलेन्द्र आ रहा था। मुस्कराते हुए दोनों हाथ जोड़कर उसने कहा, और फिर स्वयं ही लज्जित होकर अपना सिर बहुत नीचा झुकाकर एकदम उठा लिया। जैसे दृढ़ निश्चय कर लिया हो कि शरमाएगा नहीं।

''जयहिंद।'' निशा ने भी चौंककर दोनों हाथ जोड़ दिए। न तो वह शैलेन्द्र से 'जयहिंद' या 'नमस्कार' की आशा रखती थी और न उसके ऐसे ढंग की। हाथ जोड़कर पहले वह हकबका-सी गई पर फिर मुस्करा उठी उसके संबोधन पर।

''चल रही हैं सिनेमा?'' व्यस्त बनकर कमरे के अंदर प्रवेश करते हुए उसने कहा, ''काफी देर हो चुकी है। अब समय कम है।'' और वह तेजी से अंदर घुस गया।

शैलेन्द्र चला गया। निशा एकदम फिर चौंक पड़ी, उसे लगा वह बोलते-बोलते हठात् उदास हो गया हो—जैसे उसे कुछ याद आ गया हो। कल वाली बात थी क्या? निशा का खिला हुआ मुख विषण्ण हो गया। वह थोड़ी देर वहीं खड़ी रही। उसके नेत्र आधे मुँदे हुए थे। फिर किसी ध्यान में लीन, धीरे-धीरे वह अपने घर के ज़ीने

की ओर चल दी। जैसे, किसी के शब्द जो उसके अंदर धीरे-धीरे मधुर गुंजन के साथ प्रतिध्वनित हो उठे हैं उन्हें सुनती हुई वह चल रही हो।

सविता, देवा से रसोई की तैयारी करा रही थीं, चूल्हे में आग जला, यह ला, वह रख। हाथ में चाकू लेकर बहुत धीरे-धीरे—आराम से, सामने थाली में रखे आलू भी छीलती जा रही थीं। हरेन्द्र निशा के कमरे में बैठा रेडियो से उलझ रहा था। किसी गीत का साज़ आ रहा था। इसी से कभी स्वर को तेज कर देता था कभी कम। जो कुछ आ रहा है उसे समझने की अपेक्षा वह उससे खेल अधिक रहा था। निशा जाकर सविता के सामने बैठ गई। थोड़ी देर आलुओं को थाली की किनारी से काटती रही। फिर बोली, "रेखा आज माताजी, सिनेमा जा रही हैं। मैं भी चली जाऊँ?" और आलू काटता हुआ उसका हाथ, माताजी का उत्तर जानने के लिए रुक गया।

"चली जाओ।" निशा को इतनी जल्दी अनुमति पाने की आशा नहीं थी। माताजी ने फिर पूछा, "कौन-कौन जा रहा है?"

"मैं हूँ, रेखा है, आप कह दें तो निरुपमा भी...।" निशा, शैलेन्द्र का नाम बताने में हिचकिचा रही थी।

"मैं पूछती हूँ बड़ा आदमी कौन है साथ?"

"शैलेन्द्र भाई साहब।" हृदय को यथाशक्ति दृढ़ बनाकर निशा ने कहा, कहते ही उसे विश्वास हो गया कि अब कोई कड़ी बात आने वाली है।

"तुम लोग तो समझती नहीं हो निशा।" निशा की आशा के विरुद्ध सविता ने स्वर को शांत बनाकर कहा, "काफी बड़ी हो गई हो...अब लड़कों...।"

"ओ हो, भाई-बहिनों में भी अब बड़े-छोटे और लड़के-लड़की की बात हो गई।" निशा ने नाक के स्वर में कहा, जो कुछ वह कह रही है हृदय उसके विरुद्ध विद्रोह कर रहा है या नहीं, इस पर उसने ध्यान नहीं दिया। वह कहती गई—"सच माताजी, कभी-कभी तो आप इतनी खराब तरह कहने लगती हैं कि चाहे जिसको बुरा लग जाए।"

दशहरे के दिन, खाना खिलाने पर ही कहने लगीं, और कल, "क्या सोचेंगी बुआजी (लीला)?" उसके स्वर में शिकायत थी।

सविता ने कोई उत्तर नहीं दिया। निरुपमा से वह निशा को बहुत अधिक प्यार करती थीं। निशा उनके पास सदा रही नहीं थी, इसलिए उसके विरुद्ध कोई काम या बात करने का उन्हें साहस नहीं पड़ता था।

"सुनती हो जी," तभी टहलते-टहलते इंद्रनाथ वहाँ आकर जूते पहने हुए थे इसलिए रसोई से ज़रा दूर ही खड़े हो गए—"यह पत्र आया है, लाहौर से।" उन्होंने जेब में से एक लिफाफा निकाल लिया।

"सो?" सविता ने सिर उठाकर उनकी ओर प्रश्नसूचक मुद्रा से देखा। समझ

वह गईं कि निशा की शादी की जो बातचीत चल रही है, उसी से संबंधित होगा। पर पत्र में नई बात क्या है, इसे जानने की उनकी इच्छा प्रबल हो उठी।

"तो बाहर तो उठकर आओ।"

सविता के उठने से पहले निशा उठकर कहती हुई चल दी—"जा रही हूँ माताजी।"

"कहाँ?" बीच ही में इंद्रनाथ ने पूछा।

"सिनेमा जा रही है।" कटु स्वर में सविता उठते हुए बोलीं।

किंतु इंद्रनाथ के ऊपर इस कटुता का कोई प्रभाव नहीं पड़ा। बिल्कुल स्वाभाविक स्वर में उन्होंने पूछा, "किसके साथ?"

उनकी बात का कोई प्रभाव नहीं पड़ा, यह देखकर कंठ को पहले से भी अधिक विषैला बनाकर कहा, जैसे कोई अनर्थ होने जा रहा हो—"शैलेन्द्र के।"

"और कौन-कौन है?"

"रेखा, निरुपमा।" इस बार निशा बोली, फिर अनुरोध के स्वर में उसने कहा, "आप चलें तो आप भी चलिए, बाबूजी।"

"नहीं मुझे नहीं है समय बेटी।" कहकर उन्होंने सविता के विकृत मुख की ओर अपना सिर घुमाया।

आह्लादित पगों से निशा चली गई।

निरुपमा को लेकर, सिनेमा जाने के लिए बिल्कुल तैयार जब निशा रेखा के पास पहुँची तो वह उसी की प्रतीक्षा कर रही थी, देखते ही जोर से निःश्वास लेकर धृष्टता से बोल उठी—"ओः हो, आज तो 'ब्यूटी' (सौंदर्य) 'स्पेशल' (विशेष) रूप से सुप्रतिमा हो उठी है।" उसके नेत्रों में प्रशंसा थी।

निशा लज्जित हो उठी। ज़ोर से धक्का देकर बोली, "हिश बनाने लगीं अब। काफी देर हो चुकी है—कहाँ हैं शैल भाई साहब अब?"

धक्का खाकर रेखा उठ खड़ी हुई। बाहर जाती हुई बोली, "देखती हूँ अब, कहाँ हैं?"

निशा ने उसकी बात नहीं सुनी। वह सोचने लगी, "क्या यथार्थ में ऐसी ही लगती हूँ मैं—जैसी निशा कह गई है?" उसकी बार-बार इच्छा हुई कि दर्पण में फिर देखे। थोड़ी देर तक तो वह बैठी रही फिर उठकर रेखा की श्रृंगार-अलमारी की ओर बढ़ दी। निरुपमा चुपचाप बैठी थी। इन लोगों की बातें उसकी समझ में ही नहीं आतीं।

"क्यों निरू, मेरी साड़ी आदि बेढंगी है?" शीशे में अपना मुख देखते हुए निशा ने पूछा।

"नहीं तो जीजी।"

तो भी निशा ने शीघ्रता से पुनः बालों को ठीक किया। साड़ी को इधर-उधर

से नीचा-ऊँचा किया।

"लो! पतंग उड़ा रहे हैं वह तो।" तभी भन्नाए स्वर में आकर रेखा ने कहा, स्वर ऊँचा था।

"नहीं भाई, मैं तैयार हूँ बिल्कुल।" शैलेन्द्र ने रेखा का वाक्य सुन लिया था, पतंग और डोर लिए हुए वह सीढ़ियाँ उतरता तेज़ी से उन्हें रखने अपने कमरे में जाता हुआ बोला।

"बड़ा शौक है पतंगों का।" निशा ने कहा।

"और ज्यों-ज्यों बड़े होते जा रहे हैं और ज्यादा-ज्यादा सीख रहे हैं।" पहले से कुछ धीमे स्वर में रेखा ने कहना जारी रखा।

नहीं कह सकी कुछ तो निरुपमा। उसकी इच्छा हुई कि इनका विरोध करे। पर वह कुछ कह नहीं सकी अपने ही स्थान पर थोड़ा हिल-डुलकर ही रह गई।

"चलो, दयाल ताँगा ले आया।" कहता हुआ शैलेन्द्र ज्यों ही कमरे के अंदर घुसा—वह स्तब्ध रह गया, निशा को देखकर। इसके आगे उसे क्या करना है, सिनेमा चलना है वह सब भूल गया। उसकी समझ ही में नहीं आया कि कैसे शरीर संचालन करे? वह खड़ा था—एकदम जैसे प्रस्तर प्रतिमा।

"चलिए।" मुस्कराती हुई रेखा उसे धकेलकर बाहर ले चली।

पीछे-पीछे चलती हुई निशा संकुचित सी हो उठी। निरुपमा ने आगे बढ़कर शैलेन्द्र की उँगली पकड़ ली।

28-4-16 शैलेन्द्र को देखकर रेखा मुस्करा उठी थी—सही, पर जब सिनेमा के सामने ताँगे से उतरी तो अत्यधिक गंभीर थी। शैलेन्द्र और निशा की प्रत्येक क्रिया के प्रति उसकी दृष्टि तीक्ष्ण हो उठी। कदाचित् शैलेन्द्र भी इसका अनुभव कर रहा था। अतः वह अधिक संकुचित हो उठा था।

खेल प्रारंभ हो चुका था। जल्दी से ताँगे वाले को पैसे देते हुए उसने रेखा से कहा, "चलो रेखा तुम शीघ्रता से, आ रहा हूँ मैं टिकट लेकर सैकिंड क्लास में।" और निरुपमा को भी उसने निशा और रेखा के साथ कर दिया।

टिकट लेकर वह अंदर चला गया। खेल प्रारंभ ही हुआ था। चित्र-पट की ओर देखता हुआ वह कुर्सियों के बीच से, रेखा आदि की ओर बढ़ा और जब खाली कुर्सी पर बैठ गया, तो उसने संतोष की साँस ली, धोती से मुख का पसीना पोंछा, और तब इधर-उधर दृष्टि दौड़ाई। उसके सामने ही, थर्ड क्लास प्रारंभ होता था। भूमि एकदम नीची हो गई थी। और वहीं रोकने के लिए, लंबी-लंबी काठ की लकड़ियों को जोड़ कर बनाया हुआ—दीवाल जैसा विभाजक था, जैसा स्टेशनों के इधर-उधर बहुधा लगा होता है। उसने आराम से अपने पैर उसमें डालकर फैला लिए फिर उसने

अपने पार्श्व में देखा, देर से आने वाले अब भी आ-आकर बैठ रहे थे, किंतु दूसरी ओर देखते ही जैसे वह चौंका, जैसे उसकी साँस रुक गई–निशा। सुगंधि का तीव्र झोंका उसकी नाक से घुसकर मस्तिष्क में चला गया। इससे उसके हृदय में गुदगुदी नहीं हुई, मस्तिष्क विशेष आनंदित नहीं हुआ। वह सीधा-निश्चल बैठा रहा। मुख पर वही विचित्र गांभीर्य आधिपत्य जमा रहा था। चित्रपट पर क्या हो रहा–देखते हुए भी वह बता नहीं सकता था! दो एक बार उसने प्रयत्न भी किया। वह झुंझला उठा–वह उसी की बहिन है, बीस बार उससे भाई साहब कह चुकी है–वह भी उसे जीजी, फिर यह आँखमिचौनी, यह कुत्सित वृत्तियों से खेल कैसा! अपने आदर्श का, चारित्रिक दृढ़ता का उसे गर्व है, तो यह क्या है–अपने स्तर से गिरना नहीं है? क्या हो रहा है यह? क्या है यह सब? नहीं देखेगा वह किधर भी–वह बहिन है, नहीं देखेगा, नहीं देखेगा। और जोर से दाँत भींचकर, होठों को बंद करके वह बैठा रहा यों ही? हाथ दोनों उसकी गोद में रखे हुए थे–धीरे-धीरे कड़े होकर मुट्ठी सी बँध गई उनकी! और जब 'विश्राम' (इंटरवैल) के समय वह पानी लाया तो बिल्कुल निर्विकार था।

इसके पश्चात् फिर जब वह अपने स्थान पर आकर बैठा तो उसे आश्चर्य हुआ। उसे आभास होने लगा कि उसका हृदय निशा की ओर से बिल्कुल स्वच्छ है–विकारहीन। पहले जैसी दृढ़ता की उसे आवश्यकता ही नहीं है। एक क्षण को उसे लगा कि रेखा में और निशा में कोई अंतर नहीं। धीरे से उसके मुख से एक निःश्वास निकल गई–जिसमें संतोष था, आत्म गौरव था, विजय का सा उल्लास था।

"क्यों रेखा, निरुपमा सो गई?" संयत स्वर में उसने रेखा से पूछा।

"जी हाँ–अभी-अभी सोई है।"

शैलेन्द्र फिर चित्र देखने लगा। छायाएँ दौड़ रही थीं, उसे लगा यह छायाएँ नए संदेश, नए मंत्र, उसे सुना रही हैं–जिनमें सात्विकता है पवित्रता है–वह दत्तचित्त होकर देखने लगा।

30-4-46 अपनी क्षणिक भावनाओं के वश होकर वह चाहे जैसे सोचे पर इसमें संदेह नहीं कि निशा के प्रति उनके अंदर भगिनीत्व ही अधिक था। शांतचित्त से बैठा हुआ वह चित्र देख रहा था। जैसे अपने को फिल्म के पात्रों में एकाकार करने का प्रयत्न कर रहा हो।

उसके पैर अब भी पहले की भाँति फैले हुए थे। उस विभाजक के दूसरी ओर से ही तीसरे क्लास की सीटें प्रारंभ होती थीं। विभाजक के बीच से निकलकर उसका पंजा तीसरे क्लास की एक बेंच पर टिका हुआ था। उसने अपना एक पैर दूसरे पैर के ऊपर लिया। उसके पैर निशा की ओर झुक गए थे, इतने कि यदि वह बेंच पर न टिका कर नीचे करता तो वह निशा के पैरों के ऊपर पड़ते। किंतु उस बात

की ओर शैलेन्द्र का ध्यान नहीं था। उसे उस समय लग रहा था कि 'हमराही' जैसा फिल्म कदाचित् ही उसने देखा हो कभी। तो भी कभी-कभी उसके अंदर न जाने कैसी एक ग्लानि सी भर उठती थी, और तभी वह गंभीर होकर सिर झुका लेता था—अपने में सिकुड़ सा जाता था, जैसे उसने जो अपराध किया है—जो बुरी भावनाएँ अपने अंदर भर रखी हैं—सिर पर एक बोझ बनकर, हृदय पर ग्लानि का भार बनकर उसके अंतर में हलचल किए डाल रही हों, उसे मथे डाल रही हों। दृढ़चित्त होकर कभी वह चित्रपट की ओर देखने लगता था, और कभी सिर झुकाकर अपने सारे शरीर को जैसे समेट लेना चाहता हो।

1-5-46 तभी उसे लगा कि उसका दाहिना पाँव जो, निशा के सामने तीसरे क्लास की बेंच पर रखा हुआ था, किसी ने बहुत धीरे से छुआ हो। उसे आश्चर्य हुआ। पर्दे से दृष्टि हटाकर अँधेरे में थोड़ी देर दृष्टि स्थिर रखने के पश्चात् उसे उस बेंच पर एक लड़का धुँधला सा दिखाई पड़ा। धीरे-धीरे वह सिगरेट पी रहा था। शैलेन्द्र ने उधर से ध्यान हटा लिया—कदाचित् भूल में हाथ लग गया हो। तो भी उसने पैर उठाया नहीं और न हिलाया ही। वह अपने को पुनः चित्रपट पर केंद्रित करने लगा।

दुबारा उसे लगा जैसे किसी ने जानबूझकर उसके पैर को अपने हाथ से स्पर्श किया, फिर हाथ हटा लिया। शैलेन्द्र समझ नहीं रहा था यह क्या हो रहा है। उसे कौतूहल अवश्य हुआ। अपना पैर उसने उठाया नहीं—कुछ और आगे सरका दिया। थोड़ी देर पश्चात् उसके पंजे पर किसी ने अपना हाथ रख दिया। इस बार उठाया नहीं। शैलेन्द्र के मन में विचित्र भाव उठ रहे थे। थोड़ी देर वह इसी प्रकार खेलता रहा।

"निशा।" निशा की नंगी बाँह पकड़कर जैसे ही उसने बहुत अस्फुट से स्वर में उसका ध्यान अपनी ओर आकर्षित किया—वह काँप उठा। जैसे उसने अंगार छू लिया हो। एकदम बाँह छोड़ कर काँपते स्वर में उसने कहा, "तुम्हारे पास टॉर्च है?"

"टॉर्च?" स्वाभाविक स्वर में आश्चर्य से निशा ने पूछा, फिर बोली।

"नहीं तो—रेखा के पास है?"

"देना।" शैलेन्द्र शीघ्र ही संयत हो गया।

निशा ने रेखा से टॉर्च लेकर दे दी। शैलेन्द्र की सारी चेतना इस समय अपने पैर की ओर लगी हुई थी। उसने टॉर्च जलाई, फिर एक ही क्षण में बुझा दी। इतनी देर में उसकी समझ में जो कुछ आया उसका सारांश था कि उसके पैर को निशा का पैर समझा जाकर यह व्यवहार हो रहा है। और यह जानते ही वह घृणा से विभोर हो गया—भर उठा, पुरुषों की कुत्सित वृत्तियों पर निशा के प्रति उसे क्रोध नहीं था—झुँझलाहट थी इन चरित्रहीन गुंडों और लंपट पर, जो कहीं भी किसी लड़की को देखकर आँखों से उसे निगल जाने का प्रयत्न करते हैं—कुचेष्टाएँ करते हैं। अश्लील

गाने गाने लगते हैं।

इसके पश्चात् शैलेन्द्र न तो एक भी चित्र देख सका, और न अपने चारों ओर मचे कोलाहल का एक शब्द भी सुन सका। ''उठिये न भाई साहब।'' रेखा ने खेल समाप्त होने पर कहा, निरुपमा को उसने उठा लिया था।

''वाह, आप भी सो गए। निरू से भी छोटे हैं आप तो!'' उपालंभ के स्वर में निशा ने कहा।

वह एकदम चैतन्य होकर खड़ा हो गया। आगे-आगे चलते हुए उसे लगा—न जाने कितने 'सभ्य' लोगों की दृष्टियाँ इन्हीं तीनों बहिनों की ओर लगी हुई हैं। निशा के प्रति भगिनीत्व का भाव और भी अधिक पुष्ट हो उठा। चारों ओर उसे लगा जैसे इस 'सभ्यगुंडों' को बहिनों के घूरने के अतिरिक्त और कोई काम ही नहीं रह गया हो। एकदम 'सन्न' से कोई चीज़ उसके मस्तिष्क में हुई, और उसे अनुभव हुआ जैसे उसका मस्तिष्क गरम होकर थरथराने-सा लगा हो। उसकी भ्रुवें टेढ़ी होकर ऊपर तन-सी गई थीं। नेत्रों के डोरे एकदम उमड़कर लाल हो गए हों। वह क्रोध से भर गया। जोर से पैर रखता हुआ वह तीव्रगति से एक ताँगे में आकर 'धम' से बैठ गया।

''जल्दी बैठो रेखा।'' उसका स्वर कटु था, किंतु उसकी उसने चिंता नहीं की।

''कहाँ?'' ताँगे वाले को आश्चर्य हो रहा था।

शैलेन्द्र ने मुहल्ले का नाम बताया। रेखा, निशा और निरुपमा बैठ चुकी थीं। आतुर और पहले वाले ही स्वर में उसने कहा।

''एक रुपया होगा।''...

''चलता भी है या नहीं...'' शैलेन्द्र चीख-सा उठा। और इसके पश्चात् वह गंभीर रूप से उदास हो गया।

ताँगे वाला चुपचाप ताँगा चलाने लगा। रेखा को आश्चर्य हो रहा था इतने दिनों साथ रहने पर भी उसने कभी शैलेन्द्र का इतना कड़ा स्वर नहीं सुना। उसके अंदर जैसे कोई चीज मचल रही हो—फिल्म के विषय में शैलेन्द्र से वह समालोचना करना चाहती थी—अब सहम-सी गई।

ऐसे समय अधिक चुप रहना उसके स्वभाव में नहीं था। निशा को संबोधन करके कुछ अधिक जोर से उसने कहा, ''बस, गुस्सा होने लगे बिना बात को।'' और शैलेन्द्र पर क्या प्रभाव पड़ा यह देखने के लिए उसे पास ही आते हुए बिजली के खम्भे की प्रतीक्षा करनी पड़ी। उसके प्रकाश में शैलेन्द्र का मुख देखकर वह चौंक उठी—डर गई। वह भावशून्य पत्थर की भाँति था—वही विचित्र गांभीर्य जैसे मूर्तिमान हो उठा हो—भ्रुवें अब भी कुंचित थीं। पलकें बंद। उदासी, गांभीर्य, क्रोध और दैन्य का विचित्र सम्मिश्रण था।

''भई, सोइए मत।'' शैलेन्द्र का कन्धा पकड़कर हिलाते हुए उसने कहा, ''सो

नहीं रहा, रेखा।" वैसे ही रहकर शैलेन्द्र ने ऐसे स्वर में कहा कि आगे बोलने का साहस रेखा में रह ही नहीं गया।

तभी मज़े में आकर अपने ताँगे की रासें पकड़े हुए ताँगे वाला गा उठा—

"जब तुम्हीं चले परदेश, लगाकर ठेस।"

"चुप रहो।" शैलेन्द्र ने कठोर स्वर में कहा।

ताँगे वाला विस्मय-चकित होकर इस विचित्र लड़के को देखता हुआ चुप हो गया। ताँगा चुपचाप चलने लगा।

निरुपमा फिर सोने लगी थी। और सब लोग चुप बैठे थे। शांति थी। ताँगे का वातावरण जैसे घुट सा रहा हो। शैलेन्द्र को छोड़ कर कदाचित् सभी बातें करने के इच्छुक थे। पर बोल कोई भी नहीं रहा था। जैसे स्वर आ आकर कंठों में अटक गए हों।

"क्यों रेखा" अंत में अस्फुट स्वर में निशा ने कहा, "भाई साहब, कुछ कवियों की तरह पागल से दिखाई...पागल से मेरा मतलब भावुक हैं।"

रेखा यह बात जानती थी तो भी उसकी इच्छा हुई निशा के मुख से सुने वह क्यों भावुक समझती है भाई साहब को। उसने पूछा, "क्यों?"

"थोड़ी देर पहले ही खूब अच्छी तरह से मुझसे 'टॉर्च' माँगी थी और अपने आप ही अब ऐसे हो गए।"

"हाँ, न जाने क्या हो गया?" फिर थोड़ा हँसकर उसने पूछा, "क्यों, कवि पागल होते हैं तुम्हें क्या मालूम?"

"हावड़ा में मेरे चाचाजी के लड़के हैं—कवि हैं—ऐसे ही हैं!" और फिर वार्तालाप की धारा बह निकली।

शैलेन्द्र सुनकर केवल थोड़ा ओठों में ही मुस्करा दिया बस।

11

2-5-46 "क्या कर रहे हैं शैल भाई साहब?" रेखा ने हरेन्द्र से पूछा, वह अपने कमरे को सजा रही थी। बीच में एक मेज़ और चार कुर्सियाँ साफ करके रख दी गई थीं। रेखा की कला का प्रतीक मेजपोश भी मेज पर सजा दिया था। पुस्तकों की अलमारी पहले ही सज चुकी थी। अब वह उतार रही थी तस्वीरें। स्टूल पर चढ़ी वह पिलास से कीलें उखाड़ रही थी। तभी हरेन्द्र आकर बैठ गया, तब उसने

पूछा।

"और काम ही क्या है उन्हें—बाजार उन्होंने कभी देखा नहीं जब आए-आए थे तभी यहाँ की चीज़ें देखने का नशा उठा था। बस फिर कुछ नहीं।" बिना किसी हिचकिचाहट के वह कहता चला गया।

"मुकर्जी-उकर्जी से गप्पें लड़ाते रहते हैं बस।"

"मैं पूछ रही हूँ क्या कर रहे हैं, और तुम बातें बना रहे हो।" रेखा का मस्तिष्क आज कुछ गरम था—हाथ रोककर उसने तीव्र दृष्टि से हरेन्द्र की ओर देखा।

"बातों की क्या बात है जीजी?" बिना अप्रतिभ हुए ही हरेन्द्र कहता गया।

"आप नहीं देखतीं? दिन भर किताबें पढ़ते रहे—कॉलेज के पहले और बाद में। शाम को छत पर चढ़ गए—पतंग उड़ाने। आजकल तो निरुपमा को सिखाया जा रहा है।"

"मैं कहती हूँ अगर तुम इतनी बदतमीजी न करो तो क्या बिगड़ जाए तुम्हारा?"

"क्या बदतमीजी कर रहा हूँ मैं?—आप तो गुस्सा होती रहती हैं मुझसे हरदम!"

"साफ बदतमीजी है यह—और तुम करते ही क्या?" और उस बढ़ते क्रोध में ही मुस्कराकर हँस पड़ी।

हरेन्द्र भी हँस पड़ा—"अब भाई मैं कुछ करता कराता हूँ नहीं, और आप लोग पीछे पड़े रहते हैं।"

रेखा जानती थी हँसी असामयिक और अनावश्यक है—हरेन्द्र के ऊपर क्या प्रभाव इसका पड़ा, इसे समझने का उसने प्रयत्न नहीं किया। पर इसके पश्चात् वह गंभीर हो गई। कदाचित् कृत्रिम थी वह गंभीरता।

"यहाँ आते ही तो आपने इन्हें ठोंका था, अब उखाड़ क्यों रही हैं? थोड़ी देर चुप रहकर हरेन्द्र बोला, "आप उखाड़ रही हैं, और निशा जीजी ठोंकती जा रही हैं।"

"उहुँ, बनती है निशा" सब क्रोध रेखा का अदृश्य हो चुका था, "अभी दो महीने पहले देखते तुम, अब बनी हैं, देशभक्त। हिंदी भी ठीक नहीं बोल सकती थी—बिना 'इंगलैण्ड मेड' देखे कोई चीज खरीदती ही नहीं थी—"

"अरे, बेकार की बातें हैं यह सब!" उत्साह से हरेन्द्र ने कहना प्रारंभ कर दिया, "खद्दर पहनो, हिंदुस्तानी चीजें ख़रीदो, स्वयंसेवक बनो—मैं पूछता हूँ इन दिखावों से क्या होता है? खुश रहो, खेलो-कूदो—देश, देश, देश! बेकार चिल्लाने से फायदा क्या? बड़े होकर देखा जाएगा। सब पेट से सीख कर तो कोई आता नहीं। और अभी हम लोगों की खेलने खाने की वयस है—भाई साहब चाहते हैं, हमारी तरह सभी चर्खा कातें बैठ कर।"

"न जाने कैसे होते जा रहे हैं भाई सा'ब अब?" हरेन्द्र की बात पर रेखा नहीं बोली, पर कुछ चिंतित स्वर में उसने कहा।

"कैसे?" हरेन्द्र ने पूछा। उसे विश्वास था कि रेखा, उसके द्वारा की गई शैलेन्द्र की टीका पर कोई न कोई मत अवश्य देगी। पर बिना उसके विषय में अधिक पूछे ही वह बोला, "हाँ सो तो होते ही जा रहे हैं। असल में उन्हें अपनी बुद्धि का गर्व अधिक हो गया है।"

रेखा ने कुछ नहीं कहा। वह स्टूल से उतरकर तुलनात्मक दृष्टि से अपने कमरे को देखने लगी—"अब लगता है कुछ ढंग का।"

"अभी नहीं," हरेन्द्र बोला, "मेज पर एक सुंदर-सा कलमदान हो, सोफ़े हों, बिजली हो, पंखा हो, तब लगता है कमरा है कुछ, एक फर्श बिछा हो, पावदान हों—और गर्मी के दिनों में खश की टट्टियाँ हों।"

"हाँ, लगता तो है पर...।" रेखा के स्वर में करुण वैवश्य था। वह एकदम उदास-सी हो गई। फिर झटके से सिर उठाकर बोली, "ठीक है सब, भाग्य में होगा तो...ज्यादा बुरा नहीं है।"

"अच्छा है।" हरेन्द्र ने कहा।

"अच्छा हरेन्द्र, हमारे पास शीशा-कंघा नहीं है कोई ढंग का, आज बाज़ार से ले आओ न। और भी क़ई चीज़ें मँगानी हैं तुमसे।"

"तो मैंने कब मना किया है—लाइए रुपये, चीजें बताइए।"

"रुपयों की चिंता मत करना—चीजें ढंग को हों ज़रा। दो चुटीले, चार फीते, एक दर्जन किल्प, बिंदियाँ" और लगातार वह न जाने कितनी वस्तुओं के नाम ले गई—"यह चीज़ें तो तुम ले ही आना—कपड़े निशा हावड़ा से ही मँगा ही रही होगी।"

"हाँ, हाँ, तो रुपये तो दीजिए।" हरेन्द्र उठते हुए बोला, "माताजी तो नहीं चिल्लाएँ...कहेंगी कुछ?"

"वह क्यों कहेंगी कुछ? और मैं अपने ही रुपयों से तो मँगा रही हूँ।" मुँह बिचकाकर रेखा अपनी दो एक किताबें खोलकर दस रुपये का नोट निकाल लाई। हरेन्द्र के हाथ में रुपये देते हुए उसने कहा, "दो रुपये तुमने दशहरे के दिन लिए थे, सो क्या किया?"

"कुछ नहीं, समाप्त हो गए जीजी।" नम्र बनकर हरेन्द्र बोला।

"तुम सच हरेन्द्र, बहुत रुपये खर्च करते हो अभी से—फिज़ूलखर्च होते जा रहे हो।" समझाते हुए वह अपनी पुस्तकें क्रम से लगाने लगी।

"क्या फिज़ूलखर्च करता हूँ मैं? आप तो रेखा जीजी, अब बहुत कंजूस होती जा रही हैं।" हँसकर हरेन्द्र नोट को मोड़ता हुआ बोला, "दिवाली के दिनों में तो आपको और इनाम देना चाहिए या माँगना?"

"अच्छा, अच्छा, टलो तो सही यहाँ से।" कमरे से बाहर धकेलते हुए रेखा ने कहा। उस समय वह मुस्करा नहीं रही थी—उसके मुख पर भय था—ग्लानि थी, और न जाने कैसी क्षुद्रता थी! उसे लग रहा था वह कोई अपराध कर रही हो जैसे...थोड़ी

देर वह एकदम निश्चल सी खड़ी रही, फिर एकदम जोर से सिर हिलाकर कमरा सजाने लगी।

''तुम्हें ही बुलाने आ रहा था मैं, यार।'' मुच्छू सामने से दौड़ता चला आ रहा था, हरेन्द्र से टकराता-सा वह बोला।

''क्यों, क्यों?'' हरेन्द्र ने शीघ्रता से पूछा।

''कुछ नहीं यार, सब जमे हैं, हठ ही करने लग गए कि 'माँग पत्ता' ही खेलेंगे''—घटोत्कच बोला, ''हरेन्द्र को भी बुला लाओ। लैला को ही क्यों छोड़ा जाए?'' मुच्छू अब हरेन्द्र के साथ-ही-साथ चल रहा था।

''माँग पत्ता? जुआ? भई मैं नहीं जाता, जीजी का सामान लेना है मुझे। फिर कभी सही, पर यार जुआ मैं नहीं खेलूँगा।''

''क्यों? अब नखरे मत दिखाओ बेटा, दिवाली के दिनों में।'' मुच्छू ने हरेन्द्र के कंधे पर जोर से हाथ मारा।

''नखरे-बखरे की कोई बात नहीं है करीम, मैं जानता नहीं हूँ खेलना।'' समझाने के ढंग पर हरेन्द्र ने आपत्ति की।

''जानने को तो उसमें वेद पढ़े नहीं जाते यार—सादा-सा खेल है, मन बहलाने का, अब तुम उसे जुआ पुकारने लगे।''

''नहीं भाई मुझे लानी हैं चीजें।''

''अरे यार, चलो भी खेलना मत—बैठे ही रहना, इसी होटल में हैं। नाश्ता ही कर लेना चलो तो।''

''भई...देखो'' हरेन्द्र को देवा की बातें याद आ रही थीं।

''कुछ नहीं, बहानेबाजी छोड़ो।'' और यह करीम, मुच्छू उसे खींचकर ले चलने लगा।

''अच्छा, यार चलता हूँ—तो भाई जल्दी छोड़ देना, होटल ही में जमे हैं सब?'' चलते हुए हरेन्द्र ने पूछा।

''हाँ, आश्चर्य क्या है इसमें? पैसे दिए उसे—होटल वाले को, उसने साले ने एक कमरा खाली कर दिया।''

''कौन, कौन है?''

''सभी हैं, तुम्हारा नौकर भी है, देवा।''

''देवा?'' हरेन्द्र उचक-सा पड़ा—''भई मुझे बहुत काम है।''

''अरे नौकर से डरते हो—हिश।''

''नौकर से?'' हरेन्द्र के आत्माभिमान को धक्का लगा—''कौन कहता है मैं नौकर से डरता हूँ। काम था यार मुझे, खैर चलो।''

फिर दोनों चुपचाप चलने लगे। करीम आगे-आगे था। एक गली में घुसकर सीढ़ियों से चढ़ते हुए यह लोग एक कमरे में घुसे। वैसे ही 'वल्लाह, वल्लाह' करते हुए कई लड़के ज़ोर-ज़ोर से उचकने से लगे।

"हम तो समझते ही थे कि तुम गए हो तो लाओगे ही।"

हरेन्द्र ने इन सब बातों की ओर ध्यान नहीं दिया, कमरे में प्रवेश करते ही सबसे पहले खोजना प्रारंभ किया कि देवा कहाँ है। उसका मुख एकदम विवर्ण हो रहा था। घटोत्कच, बैताल, कौशल, तीनों थे, पर देवा नहीं था। जब भली प्रकार वह देख चुका तो, उसने संतोष की साँस ली। तो भी क़रीम के पीछे-पीछे जब वह एक कुर्सी पर जाकर बैठ गया तो वह झिझक-सा रहा था।

करीम की कुर्सी उसी के बराबर थी—सटी ही सी। बीच में चौखूँटी मेज रखी थी और उसके चारों ओर जमे थे, यही सब मित्र। इन पाँचों में करीम की ही वयस सबसे अधिक थी—शायद वह अठारह या बीस का हो।

हरेन्द्र चौदह-पंद्रह का और सब भी यही सोलह और अठारह के लगभग ही थे।

"देवा कहाँ है?" उसने बैठते ही धीरे से पूछा।

"गया वह तो।" कौशल बोला। ताश लेकर फेंटते हुए उसने कहा, "वह तो मुच्छू के जाते ही चला गया था—आओ यार, लो काटो हरेन्द्र।" और उसने ताशों की गड्डी हरेन्द्र की ओर बढ़ा दी।

"मैं?" हरेन्द्र ने एकदम करीम की ओर देखा, जैसे उसे याद दिला रहा हो कि क्या कहा था उसने। जब करीम कुछ नहीं बोला तो उसने कहा, "मैं नहीं जानता भाई।"

"अरे, बनो मत लैला।"

"सच, और पैसे भी नहीं हैं मेरे पास।" पर जैसे अनजाने ही, उसका हाथ धीरे-धीरे ताश काटने बढ़ता जा रहा हो।

"अच्छा म्याँ छोड़ो इन बातों को, तुम काटो तो सही।" करीम ने उसे उत्साहित किया, फिर उसके गले में हाथ डालकर बोला, "और पैसों की क्या फ़िकर करती हो लैला, तुम्हारे लिए तो ख़जाना हाज़िर है।"

"अच्छा बदतमीजी मत करो, दूर से बात करो।" गले से हाथ निकालकर उसने ताश काट लिए और बोला, "आठ आने की बेग़म।"

"आठ आने की? तू तो कहता था पैसे ही नहीं हैं, यह...?" करीम फिर बोला।

"अब लाओ यार, खेलने ही बैठे हैं तो फिर कंजूसी काहे की।"

"हाँ यह बातें हैं यार लोगों में" कौशल बेग़म निकाल रहा था, मेज़ के ऊपर कुछ अधिक झुककर घटोत्कच बोला। और सब आगे खिसक आए। खेल चल निकला। हरेन्द्र भूल गया कि रेखा के पैसों से वह खेल रहा है। पहले उसके अंदर एक ग्लानि का-सा भाव था, तनिक-तनिक सी बात पर डर सा लग रहा था—अब यह कुछ नहीं

होता।

3-5-46 "बेग़म, बेग़म, अरे, बेग़म!" और कौशल ने ज़ोर से एक ताश अपनी ओर रखा; पर वह बेग़म नहीं थी। धीरे से उसने एक ताश हरेन्द्र के सामने रखा, यह बेग़म थी। हरेन्द्र खिल-सा पड़ा। सबों ने प्रशंसात्मक नेत्रों से हरेन्द्र को देखा। कौशल ने अठन्नी निकालकर हरेन्द्र को दे दी। उत्साह से ताश फेंटता हुआ हरेन्द्र द्विगुणित उत्साह से खेलने को तत्पर हो गया। इस बार करीम ने माँगा दहला एक रुपए का। हरेन्द्र हिचका। हार गया तो, कम हो जावेंगे रुपए। फिर भी वह बाँटता रहा। ताश तेज़ी से रखता हुआ वह बोला, "यार खेल तो यह बुरा नहीं है।"

"कहता कौन है बुरा—सिवा कुछ कंजूसों के। मेरी समझ में नहीं आता लोग ताशों के इस छोटे से खेल से क्यों चिढ़ते हैं?" घटोत्कच बोला, "मेरी समझ से तो संसार में हम जुए से बच नहीं सकते, कहाँ नहीं है जुआ?—क्या व्यापार जुआ नहीं है, लॉटरी जुआ नहीं है? सोलहवीं सदी के विचारों को न जाने क्यों लोग इस बीसवीं शदी में घुसेड़े देते हैं—यह युग प्रगतिशीलता का है, प्रत्येक को प्रगतिशील होना चाहिए, विचारों को स्वतंत्रता मिलनी चाहिए, अब हम लोग माता-पिता के बंधनों में कहाँ तक रहें—यह पुराने ज़माने के लोग, चाहते हैं कि हम हाथ-पैर भी नहीं हिलाएँ। संसार में कुछ भी न सीखें, तभी तो हम लोग गुलाम हैं।—सिनेमा देखने से, हमारे बुड्ढों के दिमाग़ में घुसा है—हमारे चरित्र बिगड़ जाते हैं। अब बोलो, दिन भर पढ़कर थोड़ा खेलेंगे नहीं, मन नहीं बहलाएँगे, तो दिमाग़ नहीं खराब हो जाएगा? सभी की इच्छा होती है, मेहनत के बाद थोड़ा खेलें, विनोद करें।" कहकर विद्वानों की भाँति उसने सबकी ओर देखा। हरेन्द्र और मुच्छू दहला निकालने में जुटे थे। कौशल कुछ चिंतित-सा जेब ही में हाथ डाले चुपचाप अंदर ही अंदर पैसे गिन रहा था। बैताल गिद्ध की दृष्टि से दोनों खिलाड़ियों की ओर देख लेता था—कभी कौशल की ओर।

"हाँ, यार यही तो बात है—बड़े तंग करते हैं घरवाले।" कौशल के मुख पर व्यथा थी, "बोलो, आठ आने पैसे भी नहीं देना चाहते दिन भर में।"

"लो दहला।" जोर से हरेन्द्र ने कहा, और सचमुच वह दहला था। वह प्रसन्नता से फूल-सा उठा।

"भाग्य तुम्हारा गज़ब का है, यार।" खिसियाने से स्वर में कहकर करीम ने कई रुपये निकालकर मेज़ पर रख लिए, एक रुपया हरेन्द्र को दे दिया। बोला, "हम भी बेटा, तुम्हीं से जीतेंगे, चाहे रात हो जाए आज।" और वह जमकर बैठ गया। हरेन्द्र प्रसन्न था, बिना किसी आपत्ति के उसने इस ललकार को स्वीकार कर लिया।

एक अठन्नी ही हारकर कौशल का मन न तो खेलने में लग रहा था और न खेल देखने में। कुर्सी पर ही उसने थोड़े इधर-उधर आसन बदले। सीटी बजाते हुए कई सिनेमाओं के गाने गा डाले। फिर बोला, "लो भाई तुम खेलो, हम तो चल दिए।"

"अबे बैठ भी, चाय मँगा रहे हैं।" शान से बैताल ने कहा, "उदासी दूर हो जाएगी, और थकावट भी—टोस्ट, बिस्कुट, ऑमलेट कई चीज़ मँगाई हैं यार।" और उसके मुँह में जो पानी-सा भर आया था, उसे वह सटक गया।

"चीले हैं अंडे के?" पानी-सा मुँह में भरे हुए घटोत्कच बोला, "तो यार हम भी जमे हैं।"

"अच्छा, कर लो सलाह पट्ठे, अकेले ही—हमारे और इसके, लैला के लिए कबाब मँगा दो दो तश्तरी।" व्यस्त भाव से करीम वहीं से बोला।

"मेरे लिए?" हरेन्द्र के पैर में जैसे किसी ने काट खाया हो, "मैं नहीं खाता कबाब, चीले।" उसके हाथ एकदम रुक गए।

"अबे, बने मत—पंडित ही बना फिरता है इस ज़माने में।" करीम ने सिर हिलाते हुए कहा।

"पंडित की इसमें क्या बात है? नहीं अच्छा लगता भई, मुझे।" हरेन्द्र ने ताश फेंटते हुए कहा। अभी वह तीन-चार रुपयों से जीत रहा था।

"खाके भी तो देख या बातें बनाता है यों ही, बड़े-बड़े तिलकधारी भी खातें हैं आजकल तो।"

बैताल उठकर होटल वाले से कहने जा रहा था, तभी घटोत्कच बोला, "एक तश्तरी मेरे भी लिए।"

"दो हमारे भी लिए।" करीम ने फिर याद दिलाई।

"नहीं भाई मैं नहीं खाऊँगा।"

"बुराई क्या है मेरे यार इसमें? हैल्थ (स्वास्थ्य) के लिए तो अंडे और गोश्त के बराबर कोई अच्छी चीज़ ही नहीं है।" कहकर बैताल तेज़ी से कमरे के बाहर चला गया।

"तुमने देखो बेकार मँगाया—मुझसे नहीं खाया जाएगा।" हरेन्द्र ने शिकायत-सी की।

"जनाब, इसके बिना कोई आपको 'सोसाइटी' में पूछेगा भी नहीं? आजकल तो जो गोश्त नहीं खाता, वह असभ्य है।" घटोत्कच ने सोसाइटी के नियम बताए, "और कोई बुरी बात थोड़े ही है, कौन नहीं खाता? सभी खाते हैं, कोई नहीं बचा।"

अब हरेन्द्र आगे इसका विरोध कैसे करे, उसकी समझ में नहीं आ रहा था—पानी उसके मुँह में भी भर आया था।

"हम तो समझते थे, दक़ियानूसी ख्यालों के नहीं हो तुम।" कहकर बैताल लौट आया था, अपनी कुर्सी पर जमते हुए उसने कहा।

हरेन्द्र सभी कुछ सह सकता था, किंतु यह उसके वश के बाहर था कि कोई उसे समय से पिछड़ा हुआ समझे। तने स्वर में बोला, "जी नहीं, इसलिए नहीं कह रहा हूँ मैं। खाने को मैं बुरा नहीं समझता, अब मन ही नहीं कर रहा था।"

"इस खाने पीने ने ही तो हमें गुलाम बना रखा है, यह नहीं खाएँगे, वह नहीं खाएँगे—अंग्रेजों को देखो, सब खा जाते हैं—कच्चे आदमी तक को खा जाएँ, तभी

तो इतने तंदुरुस्त भी होते हैं। और क्या कारण है कि डेढ़ सौ वर्षों से वह हमारे ऊपर राज्य किए हुए हैं—मेरा तो भाई सिद्धांत है—खाओ पियो, खूब डटकर।" घटोत्कच ने अपनी तार्किक शैली में कहा।

"नौ सौ चूहे खाकर बिल्ली हज को चली।" बैताल ने अपनी हाईजीन के बल पर कहा, "गोश्त से शक्ति बढ़ती है, अंडे से दिमाग़ और बल। यह तुम्हारे जो गाल पिचके हैं न, पीला शरीर पड़ रहा है, यह सब दो हफ्ते ही में ठीक हो जाएगा—लाल पड़ आओगे, लाल बेटा! तुम बचते हो? कहाँ तक बचोगे, डॉक्टरों की दवाइयाँ तो खाई ही होंगी तुमने? क्यों, क्या नहीं होता उनमें? उन सड़ी हुई चीज़ों से तो यह ताज़ा अच्छा है, तभी तो मैं कहता हूँ कि नौ सौ चूहे..."

"और यह ईश्वर ने ढेर के ढेर मुर्गे, बकरे, तीतर बनाए हैं क्या सो सब देखने ही को हैं? बुद्धि से काम लिया होता तुमने भी यार मेरे!" ताना-सा कसते हुए कौशल इस बार बोला।

"मेरी हाईजीन की किताब नहीं है, नहीं तो दिखा देता अंडे का ज़र्दा कितनी बीमारियों में फ़ायदा करता है।" बैताल बोला।

"तुम तो यार, पीछे पड़ गए खाएगा भाई वह।" करीम ने हरेन्द्र को उत्साहित-सा करते हुए सबों को आश्वासन दिया।

बिना माँगे ही इतने अकाट्य प्रमाण, इतनी अद्वितीय दलीलें, हरेन्द्र को मिल चुकी थीं, इनके विरुद्ध एक शब्द भी बोलने का साहस उसमें नहीं था। वह चुप रहा। दो एक बार मुँह में जो पानी भर आया था उसे पी गया।

होटल का खानसामा बड़ी-सी ट्रे में सब चीजें ले आया। चाय, चीले, कबाब, रोटियाँ।

"साथ ही—चाय, और ये?" हरेन्द्र ने विस्मय से पूछा।

सब लोग उझक से रहे थे। कुर्सियाँ और भी पास सरका ली गईं। खानसामा के रखते ही टूट पड़े, चील-कौवों जैसे।

हरेन्द्र हिचका। मुसलमान आदि सभी जाति के थे उसमें। कबाब और चाय अलग-अलग थीं, पर रोटियाँ एक ही तश्तरी में। अपने जीते हुए रुपये उसने जेब में रख लिए, ताश एक ओर सरका दिए।

"अबे खा भी।" करीम-मुच्छू ने उसका हाथ खींचकर रोटियों की ओर बढ़ा दिया। उसकी द्विविधा समझकर उसने कहा, "आजकल कोई नहीं ख़्याल करता हिंदू-मुसलमानों का।"

"अच्छा।" आश्चर्य से घटोत्कच मुँह में ग्रास ठूँसकर ऊपर से चाय पीता हुआ बोला, "इत्ते खिच्चड़ विचारों का है बे तू, क्यों? अरे, देश को तो देख, इसी हिंदू-मुसलमानीपने ने तो नाश कर दिया।"

हरेन्द्र का मुख विकृत हुआ। तभी उसने झिझकते, काँपते और डरते से हाथों से पहला टुकड़ा तोड़ा—उसका मुख एकदम सफ़ेद था।

"और भई, अगर तुम हाईजीन के बारे में सोचते होओ, तो मैं बताए देता हूँ, एक ही साथ एक ही गिलास में पानी पीने से तो 'जर्म्स' (कीटाणु) कुछ हानि भले ही कर दें, पर ऐसे नहीं कर सकते।" बैताल ने कौर चबाते हुए कहा।

पहला—बहुत छोटा-सा ग्रास, जिसे केवल साग से छुला ही लिया गया था, खाते-खाते हरेन्द्र को ऐसा भय लग रहा था कि वह काँप-सा उठा था। उसे लगता था जैसे कमरे के बाहर से, किवाड़ों के पीछे से बाबूजी और शैल भाई साहब देख रहे हैं। उसका मस्तिष्क चकरा रहा था। ग्रास चबाते-चबाते उसे ऐसा लगा जैसे कमरा हिल रहा हो। चारों ओर अँधेरा हो। किंतु यह बातें दो एक ग्रास तक ही हुईं—इसके पश्चात् आपस के परिहास, खाने के सुस्वाद ने उसका ध्यान आकर्षित कर लिया। तो भी वह कुछ सभ्यता से खा रहा था—रोटी के ग्रास के साथ उसने चाय का संयोग नहीं किया।

उसकी इच्छा थी, जितनी जल्दी हो सके, यहाँ से चला जाए, किंतु वह नहीं जा सका। खाना खाते ही सिगरेटें। और फिर ताश। इस बार हरेन्द्र जीता नहीं। जब खेल समाप्त हुआ तो रेखा के दस रुपयों के अतिरिक्त तीन और हार चुका था—वह थे उधार! अब वह चाह रहा था, यहीं बैठा रहे। घर पर कैसे जाए वह, यह उसकी समझ में नहीं आया। हार कर कुर्सी से उठना, अपने समय का सबसे कठिन काम ज्ञात हुआ। तेरह रुपये वह हार चुका—गोश्त और अंडे खाने पड़े—सो भी मुसलमान के साथ। उसके अंदर एक ग्लानि-सी उमड़ पड़ी। उसके मन में हुआ ज़ोर से रो पड़े। गले में जैसे कुछ अटक गया हो। थोड़ी देर के लिए उसकी आँखें कुछ सजल सी हो उठीं। वह धिक्कार-सा उठा अपने को। उसकी इच्छा हुई कोई नहीं हो उसके पास—एकांत में बैठकर वह अपने को धिक्कारे, इस विषय में कुछ सोचे।

8-5-46

"अबे जा भी, तेरह हार गया तो दम निकल गई।" करीम ने रुपये समेटकर जेब में रखते हुए कहा, "इधर देख, इधर—चालीस-चालीस हार गए हैं और शिकन तक नहीं पड़ी है माथे पर।"

परंतु इस व्यंग्य का हरेन्द्र के ऊपर कोई प्रभाव नहीं पड़ा। उसका मुख पहले से भी अधिक विवर्ण हो गया। एक शब्द भी उसके मुख से नहीं निकल रहा था—जैसे किन्हीं दो भारी वस्तुओं में दबकर उसका हृदय गले में अटक गया हो। उससे साँस नहीं ली जा रही थी। किसी से बोलने की उसकी इच्छा नहीं हो रही थी। अपनी उमड़ती रुलाई को किसी तरह दाँत भींच कर रोके हुए वह एकदम उठ खड़ा हुआ। घटोत्कच, बैताल अधिक खा जाने के कारण मजे से कुर्सियों पर लेटे हुए, धीरे-धीरे सिगरेट पी रहे थे। आँखें मूँदे हुए, पैर फैलाकर करीम ने भी सिगरेट जला ली थी। 'खाने के पैसे देने पड़ेंगे', यह सोचकर कौशल कर्म विशेष के लिए पहले ही नौ दो ग्यारह हो चुका था।

अर्ध सिसकने की सी अवस्था में, अपना रुदन विकृत मुख नीचा किए, हरेंद्र जितनी जल्दी हो सका कमरे से बाहर निकल गया।

"अरे, खाने के पैसे।" घटोत्कच चिल्लाया।

"चुप भी रह यार, बहुत हार गया है बेचारा।" करीम ने उसे रोका।

होटल से बाहर निकलते ही, हरेन्द्र अपने घर की ओर दौड़ा। घर में सबसे पहले मिलती थी बाबूजी की बैठक, वह कहीं गए हुए थे। हरेन्द्र दौड़ते हुए उसी के अंदर घुस गया, आरामकुर्सी के ऊपर औंधा गिर वह जोर-जोर से, फूट-फूट कर रो उठा।

रात हो चुकी थी। मुँह-हाथ धोकर हरेन्द्र तौलिया से मुँह पोंछ रहा था। अब उसके मुख पर करुणा नहीं थी, दीनता नहीं थी, रोदन नहीं था—थी एक कठोरता—कृत्रिम।

"ले आए हरेन्द्र? बड़ी देर लगा दी तुमने तो।" रेखा ने पास आकर धीरे से उसके कंधे के ऊपर हाथ रखकर पूछा।

हरेन्द्र के हृदय की गति तीव्र हो गई। उसे लगा जैसे उसका कोई आधार खिसक रहा हो। बलात् संयत होकर उपेक्षा से उसने कहा, "नहीं, जीजी, किनारी बाजार गया था मैं—दूकानें ही बंद थीं, आज बहुत-सी।"

"क्यों?" रेखा ने न जाने क्या आशाएँ लगा रखी थीं। खिन्न होकर उसने पूछा।

"मालूम नहीं, जीजी।" कहकर हरेन्द्र वहाँ से चलने लगा।

रेखा क्षुब्ध हो उठी, कुछ ज़ोर से बोली, "रुपये तो देते जाओ।"

बिल्कुल स्वाभाविकता से वह रुका। जेब में हाथ डालकर पाँच रुपये का नोट रेखा की ओर बढ़ाता हुआ बोला, "लीजिए।"

"पाँच ही?" लेकर क्षोभ और विस्मय से रेखा ने पूछा।

"पाँच मैं कल दे दूँगा जीजी आपको।" नम्र बनकर सहसा हरेन्द्र ने कहा।

"कल?" आश्चर्य से कुछ अधिक आँखें खोलकर रेखा ने पूछा, "आज क्या बात है?" उसके स्वर में संदेह था।

"एक लड़के ने माँग लिए हैं आज जीजी।" खुशामद के स्वर में उसने कहा। और फिर तेज़ी से उस स्थान से बाहर हो गया।

बाहर आकर उसने इतने ज़ोर से साँस ली जैसे कई मन का बोझ वह रखकर आया हो, पर चौंककर वह ज्यों का त्यों रह गया, तभी आ गए बाबूजी सामने से।

"क्यों हरेन्द्र तुमने रुपये तो नहीं देखे मेरे? दस रुपये जेब में रखे थे, न जाने कहाँ खो गए।" कुछ चिंतित स्वर में सिर पर हाथ फेरते हुए बाबूजी ने पूछा।

"कैसे रुपये?" एकदम चौंककर उसने पूछा, फिर धीरे से बोला, "नहीं तो बाबूजी मैंने नहीं लिए। नोट थे?" उसने ऐसे प्रश्न किया, जैसे रुपयों के विषय में

वह बहुत चिंतित हो उठा हो।

"हाँ, नोट था एक।" निराशा से माथे पर हाथ फेरकर उन्होंने कहा। जैसे वह कुछ याद करने का प्रयत्न कर रहे हों।

"ऊपर की जेब में तो नहीं रखा कोट की में? गिर पड़ा हो।" हरेन्द्र ने उन्हें याद दिलाने का प्रयत्न करते हुए अनुमान लगाया, "कहीं खर्च तो नहीं कर दिए?"

"नहीं भाई।" और वो धीरे-धीरे आगे बढ़ गए।

"अरे, ए सुनती हो, रेखा कहाँ है तुम्हारी माताजी, पूछना ज़रा दस रुपये तो नहीं निकलवाए उन्होंने?"

"खो गए हैं?" रेखा ने माताजी के पास जाने के पहले स्वयं ही प्रश्न किया।

"हाँ।"

12

पतंग उसने पकड़ा दी थी निरुपमा को, और स्वयं अपने मकान की छत के किनारे बैठकर मुकर्जी से बातें कर रहा था, "भई अब तो पतंगों में कुछ रस नहीं आता।" मुकर्जी ने कहा।

"क्यों? इसके बराबर रोचक तो कदाचित् ही कोई और चीज़ हो।" कहकर उसने प्रशंसात्मक नेत्रों से निरुपमा को पकड़ाई हुई अपनी पतंग को देखा।

"और दूसरी बात यह भी तो हो सकती है कि पेच हम और तुम दोनों ही लड़ाते हैं बस।" मुकर्जी ने पतंग का मनोविज्ञान समझाया, "और पतंग का नियम है कि रोज़ नए-नए लोगों से लड़ाते रहो, कभी मन नहीं उचट सकता।"

"हाँ, यह तो है।" शैलेन्द्र बोला, "पर भाई पतंग तो मुझे न जाने क्यों इतनी अच्छी लगती है कि संध्या के समय कुछ करने को जी ही नहीं चाहता। मैंने तो निश्चय कर लिया है चाहे जैसी भी परिस्थिति में क्यों न होऊँ; पतंग उड़ाना नहीं छोड़ूँगा। आधा घंटा तो उड़ाऊँगा ही। लाना निरू इधर ज़रा।" जब निरू गर्व से पास आई तो शैलेन्द्र ने धीरे से उसके हाथ से डोर ले ली, और पतंग को इधर-उधर घुमाने लगा।

मुकर्जी ने निरू की ओर देखा, फिर पूछा, "आपके मामाजी की ही लड़की है शायद।"

"हाँ, अच्छा आप नहीं जानते इसे?" और एक हाथ से पतंग साधे रहकर

एक हाथ निरू की पीठ पर प्यार से उसने थपथपाकर उसे अपने पास खींच लिया, "आप तो हम लोगों से भी पहले से रहते हैं न?"

"ज़्यादा पहले से नहीं—और इसे देखा भी नहीं मैंने कभी।"

"अपनी बड़ी बहिन से इसकी शक्ल इतनी अधिक मिलती है कि आप केवल छोटाई बड़ाई का ही अंतर देख सकेंगे।" फिर शैलेन्द्र ने प्रेम और समीक्षा मयी दृष्टि से निरू के मुख की ओर देखा, उसे लगा उसकी निष्कपट, स्वाभाविक मुद्रा बहुत आकर्षक है। शैलेन्द्र ने उसके सिर पर प्यार से हाथ फिराया।

"अच्छा!" विस्मय से मुकर्जी ने दुहराया फिर थोड़ी देर चुप रहने के पश्चात् हँसकर उसने पूछा, "कितना सिखा दिया आपने पतंग उड़ाना इसे?"

"सिखाना, विखाना क्या? मुझे यों ही यह बहुत अच्छी लगती है!" हिचकते हुए शैलेन्द्र ने कहा। सिकुड़कर निरू उसके और भी पास आ गई, और धीरे-धीरे चर्खी को फिराने लगी।

17-5-46 मुकर्जी कुछ देर तक शैलेन्द्र की ओर देखता रहा, फिर सिर हिलाकर बोला, "मैं तो सोचता हूँ कि पतंग उड़ाना छोड़ दूँ!"

"क्यों?" शैलेन्द्र बुरी तरह चौंका, जैसे कोई बहुत ही अप्रत्याशित बात होने जा रही हो।

"यों ही" मुकर्जी ने एक पीली-सी पतंग को उड़ते हुए देखकर कहा, "सेवा संघ में कुछ अधिक काम आ पड़ा है, अब यह चुनाव आ रहे हैं न, संभव है इसमें हिंदू-मुसलमानों की लड़ाई हो जावे। क्यों शैल बाबू, आप क्यों नहीं सेवा संघ से संपर्क रखते?"

"मैं?" शैलेन्द्र ने पूछा। फिर कहा, "मैंने कहा न आपसे, मुझे कोई आपत्ति नहीं है।" शैलेन्द्र पास बैठी निरुपमा के बाल इधर-उधर करने लगा। निरुपमा के हाथ में पतंग थी, वह दूसरी ओर देख रही थी, किंतु उसके कान इधर ही थे।

"तो चलिए न कल। इसी समय तो संघ खुलता है, और यही समय आपके पतंग उड़ाने का है—अभी क्यों नहीं चलते, मैं तो जाने ही वाला हूँ।" मुकर्जी ने कुछ झल्लाए स्वर में कहा।

"एक बात और है।" सोचते हुए शैलेन्द्र ने पूछा, "आपके इस संघ का ध्येय क्या है?"

"ध्येय हैं अनुशासन, चरित्र निर्माण, स्वास्थ्य सुधार।"

"और नियम?" उसी भाव से शैलेन्द्र ने पूछा।

"नियम आपको सब बता दिए जाएँगे...चलें तो सही आप!"

"अच्छा कल चलिए।" सोचने के पश्चात् सिर झटककर शैलेन्द्र ने कहा।

"जैसी आपकी इच्छा।" मुकर्जी ने धीरे-धीरे अपनी पतंग उतारनी प्रारंभ कर दी।

"क्यों मुकर्जी, तुम्हारा नाम क्या है?" बात कहते ही जैसे शैलेन्द्र झेंप गया।

"नाम?" मुकर्जी ज़ोर से हँस पड़ा, "अजब आदमी हैं आप। इतने दिन हो गए नाम ही नहीं मालूम—मुझे मुकुल मुकर्जी कहते हैं।"

शैलेन्द्र ने अपना सिर और भी झुका लिया। फिर ज़ोर से साँस लेकर जैसे साहस भर कर वह थोड़ा तना, "इससे पहले कहाँ रहते थे।"

"और तो मुझे मालूम नहीं, हमारे पूर्वज कलकत्ते से बनारस आए थे, वहीं मैंने होश सम्हाला।"

"तो संघ का परिचय कैसे हुआ?" पूछने को तो वह पूछ गया, पर फिर लज्जा से अभिभूत-सा हो उठा—कितने प्रश्न पूछ डाले उसने।

"हमारे क्लास में ही कुछ लड़के थे संघ के, उन्हें मालूम ही था कि देश की कोई बात होने पर मैं किस तरह उत्तेजित हो उठता हूँ। संघ के एक कार्यकर्ता हैं काफ़ी उत्साही, वह मुझसे स्वयं मिले, संघ में मिलने का अनुरोध किया।" कहते-कहते मुकर्जी कुछ गर्वित हो उठा पर तत्क्षण ही बोला, "कॉलेज की उस दिन वाली आपकी घटना उन्हें मालूम हो चुकी है, तभी उन्होंने मुझसे कहा था। आपसे बहुत प्रभावित हैं वह।"

"मुझसे?" और लज्जित होकर शैलेन्द्र को हल्के शीत की फुरहरी-सी आकर चली गई। शरीर हल्का रोमांचित हो उठा। उसकी इच्छा हुई कह दे कि वह अभी चलने को तैयार है, पर यह निरी आतुरता होगी। वह चुप रहा।

मुकर्जी ने धीरे-धीरे पतंग उतार ली थी। चलने का उपक्रम करता हुआ बोला, "अच्छा शैल बाबू चलता हूँ मैं—कल चलेंगे न आप?"

"निश्चय!" तत्परता से उत्तर देकर वह यों ही अन्यमनस्क-सा कुछ सोचने लगा। मुकर्जी चला गया।

आज न जाने क्यों थोड़ी देर चुपचाप पतंग उड़ाते-उड़ाते निरुपमा कुछ उकता-सी गई। बोली, "आज तो भाई साहब मन नहीं लग रहा।"

"क्यों?" फिर बिना उत्तर की अपेक्षा किए ही उसने कह दिया, "अच्छा तो उतार लो।"

निरुपमा मौन होकर पतंग उतारने लगी। उतारकर वह थोड़ी देर बैठी रही। फिर सहसा वह मचल उठी, जैसे कुछ कहना चाहती हो जो बहुत देर से उसके अंदर उमड़-सा रहा था, "तो कल नहीं उड़ाएँगे, भाई साहब, पतंग?"

"क्यों? कौन कहता है?"

"आप ही तो कह रहे थे उन मुकर्जी से कल जाने को कहीं।"

"हाँ, तो या तो पहले उड़ा लेंगे, या बाद में।" अनमने से स्वर में उसने कहा।

"कहाँ जाएँगे कल, आप?" नेत्रों में उत्कंठा भरे निरुपमा ने पलकें उठाकर शैलेन्द्र के गंभीर मुख की ओर देखा।

"एक जगह है संघ।" उसने संक्षिप्त-सा उत्तर दिया।

"क्या होता है वहाँ? ठीक से बताइए।" बैठने का आसन बदलकर शैलेन्द्र

के हाथ को जोर से हिलाकर उसका ध्यान अपनी ओर आकर्षित करते हुए आकुलता से उसने कहा।

"लड़के हैं वहाँ।" शैलेन्द्र ने कहा। फिर विद्वानों की भाँति निरुपमा संघ के विषय में प्रश्न करती रही, और वह उत्तर देता रहा।

18-5-46 "हमें भी ले चलिए भाई साहब!" बाल अनुरोध से वह बोली। सब सुनकर संघ का महत्त्व वह समझी या नहीं, यह तो कहा नहीं जा सकता।

"कहाँ?" विस्मय से शैलेन्द्र ने प्रश्न किया, "संघ में? क्या करेगी तू?"

"देखेंगे वहाँ, क्या होता है।" शैलेन्द्र की अँगुली पकड़कर हिलाते हुए उसने कहा।

"ले तो चलूँ—पर कहीं मामी ने तुझमें डाँट लगाई तो?"

"डाँट?" निरुपमा रुक गई, फिर सहसा बोली, "अब नहीं लगाएँगी डाँट। निशा जीजी से जो पूछ लूँगी।"

"निशा ही तो तेरे पीछे अधिक पड़ी रहती है।" कुछ रुचि के साथ हँसकर शैलेन्द्र ने कहा। अँधेरा धीरे-धीरे बढ़ रहा था। अतः उसके मुख का भाव देखा नहीं जा सकता था।

"नहीं पहले पड़ी रहती थीं। अब तो फौरन कह देती हैं।"

"अच्छा।" जानकर भी अनजान विस्मय से उसने कहा फिर तनिक लंबी साँस खींचकर इसी बात को कुछ अधिक खींचने को तत्पर हो गया। छत पर आने वाली सीढ़ियों की ओर देखकर बोला, "देख, वह देवा आ रहा है बुलाने—माताजी लगाएँगी डाँट।"

सच ही देवा आ रहा था। निरुपमा भीत-सी हो उठी। शैलेन्द्र की ओर करुण दृष्टि से देखा।

"निरू जीजी, माताजी बुला रही हैं।" देवा ने निरुपमा को वहीं से पुकारकर कहा। निरुपमा और भी अधिक त्रस्त हो उठी। बेमनी सी हाथ की चर्खी शैलेन्द्र की गोद में रखकर वह उठी।

"चलो मैं भी चलता हूँ।' उठते हुए शैलेन्द्र ने कहा।

"कहाँ, माताजी के पास? चलिए।" निरुपमा के अंदर आशा हिल्लोरित हो उठी।

शैलेन्द्र निरुपमा के पीछे-पीछे मामी के घर में आ गया। निशा के कमरे में मामी एक सोफ़े पर बैठी हुई थीं। निशा बैठी तकली से सूत कातने का अभ्यास कर रही थी। निरुपमा को देखते ही सविता गरज उठीं, "पढ़ना-लिखना तो सब सीख लिया, अब यही रह गया है पतंग उड़ाना। इतनी बड़ी हो गई, तब भी शरम नहीं है—लड़कों में जा जा...।"

निशा ने शैलेन्द्र को देख लिया था। तकली कातते वह देख ली गई है, लज्जित

मुस्कराहट उसके मुख पर व्यक्त हो गई। सिर कुछ झुकाकर तकली के चक्करों को देखने लगी। माताजी को इस प्रकार कहते देखकर वह कुछ ऊँचे स्वर में, सिर उठा कर एकदम बोली, "अरे! उसे देखते ही डाँटने लगीं। आइए न, भाई साहब खड़े क्यों हैं?" फिर झिड़ककर धीमे स्वर में बोली, "देखती तो हैं नहीं, भाई साहब खड़े हैं।"

"कहाँ?" चौंककर सविता ने मुख फिराया, "अरे, आओ न शैल, खड़े ही कैसे रह गए?" फिर उन्होंने अपनी सफ़ाई दी, "समझा रही थी इसे इतनी बड़ी हो गई है—पढ़ती-लिखती कुछ नहीं है।"

शैलेन्द्र की इच्छा हुई लौट जाए, किंतु धीरे-धीरे घिसटता-सा आकर सोफ़े पर बैठ गया। ठीक उसके ऊपर ही बिजली का 'बल्ब' जल रहा था, उसके प्रकाश में निशा और सविता ने देखा उसका मुख विवर्ण था। निशा झुँझला उठी माताजी पर। और सविता ने नम्र मीठे शब्दों में मुख पर खेद लाकर कहा, "तुम तो बहुत जल्दी नाराज़ हो जाते हो शैल, मैं तुम्हारे लिए थोड़े ही कह रही थी।"

क्रोध उसे आ रहा था। पर झेंपकर बलात् हँसते हुए उसने कहा, "नहीं, मामी।" फिर थोड़ी देर चुप रहकर बोला, "अब तो यह मेरे साथ गई थी।"

"हाँ, सो तो मालूम है।" फिर अपनी बात के प्रभाव की तीव्रता को हल्का करने के लिए हँसकर उपालंभ भरे स्वर में बोलीं, "तुम भी तो कुछ अच्छी ज्ञान की बात नहीं सिखाते—पतंग उड़ाना सिखा रहे हो।"

निशा झल्ला उठी, "बस चापलूसी करने लगीं अब।" तभी उसका सूत टूट गया। इच्छा हुई ज़ोर से तकली को मेज़ पर पटक दे किंतु किया नहीं, शांति से तार जोड़ने लगी। शैलेन्द्र ने कोई उत्तर नहीं दिया। उसके अंदर क्षोभ उमड़ रहा था—उसकी छाया उसके मुख पर आए बिना न रह सकी।

बात का प्रभाव कैसा पड़ रहा है, यह देखने के लिए सविता उसकी ओर देखती रहीं फिर बोलीं, "अच्छा आओ शैल ताश खेलें।"

"ताश?" शैलेन्द्र अचकचाया, "ताश आते ही नहीं मुझसे खेलने।'"

"अरे!" सविता को आश्चर्य तो हुआ किंतु उससे भी अधिक आश्चर्य अपनी मुद्रा पर व्यक्त करके बोलीं, "ताश नहीं जानते तुम? तो सिर्फ चर्खा ही सीखा है तुमने—पतंग भी।" कहकर वह बिना हँसी के ही हँस पड़ीं।

शैलेन्द्र ने उत्तर देना आवश्यक नहीं समझा। निरुपमा उसके पास आकर खड़ी हो गई। सविता को अनुभव हुआ जैसे उनकी बात के प्रभाव का निराकरण अभी नहीं हुआ। नम्र स्वर में बोलीं, "अच्छा आओ कैरम ही सही।"

"अब खेलने को मन नहीं कर रहा है मामी!" एक ओर शून्य दृष्टि से ताकते हुए उसने कहा।

"अच्छा रहने दो।" मामी ने समझा कि उनका कर्तव्य समाप्त हो चुका। थोड़ी

देर चुप रहकर उन्होंने पूछा, "तुम्हारे इम्तहान कब से हैं?"

"बस अब अगले ही सोमवार से हैं—और तुम्हारे निशा?" मामी को उत्तर देकर उसने निशा की ओर मुख घुमाकर प्रश्न किया। निश्चय ही उसका स्वर पहले से अधिक नम्र, स्निग्ध था।

"हमारे भी जभी से हैं—वह तो साथ ही हैं सबके।" निशा बोली।

"कैसी तैयारी हो रही है तुम्हारी?" शैलेन्द्र ने पुनः प्रश्न किया।

"क्या तैयारी?" बीच में ही तिनककर सविता बोलीं, "इस बार तो पास होने की यों ही आशा नहीं थी, फिर तुमने लाकर दे दी यह तकली। पढ़ना-पढ़ाना तो सब रख दिया गया—अब तो स्वराज्य प्राप्त करने का नशा चढ़ा है—ज़रा थोड़े दिन बाद ही सिखा देते यह!" उसके स्वर में हृदय की कटुता और शिकायत का आभास था।

शैलेन्द्र को बुरा नहीं लगा। उसने निशा की ओर देखा—सादा श्वेत खद्दर की धोती और ब्लाउज। एक गर्व, आत्मश्लाघा-सी उसके अंदर उठ खड़ी हुई। मुख प्रदीप्त हो उठा। वह मुस्करा पड़ा—एक लड़की का ध्यान विदेशी कपड़े की ओर से थोड़ा तो विमुख कर सका वह।

"थोड़े दिन बाद क्यों?" निशा की इच्छा हो रही थी कि तकली—जो उसके हाथ में लगी हुई थी—घुमाती ही रहे। तार के लिए हाथ नीचा या ऊँचा करने में उसे बड़ी लज्जा का अनुभव हो रहा था। दो एक बार तार निकालकर जब स्वभाव से विवश हो गई तो उसने तकली रख दी, और ज़ोर से साँस खींचकर माताजी से बोली, "यह इम्तहान पढ़ाई तो लगी ही रहेंगी—देश की अवस्था खराब तो अब है—फिर कब हम सहायता करेंगे?"

"तो तुम्हीं रह गई हो संसार में?" निशा को ही अपनी बात का प्रतिवाद करते देखकर तेज़ी से वह बोलीं।

"जब सभी को सभी के घर वाले रोक लेंगे तो देश की सेवा करने वाला भी तो कोई हो?" अप्रतिभ भाव से निशा कहती गई।

"तो इतनी बेशर्मी तो मैं नहीं देख सकती—जैसी आजकल की लड़कियाँ करने लगी हैं, सभाओं में जाती हैं, जुलूसों में लड़कों के साथ निकलती हैं, पिकेटिंग करती थीं पहले।" मुँह बिचका सविता ने कहा।

"बेशर्मी है वह?" शैलेन्द्र को बुरा लगा—"मामी देश के लिए तो फाँसी खाने तक को लोग तैयार हो जाते हैं, और आप उसे बेशर्मी कहती हैं।"

"हो जाते होंगे, हममें तो भाई इतनी हिम्मत है नहीं, न हमारी जान ही इतनी सस्ती है।"

"आप में नहीं है, आप देश की महिमा या गुलामी के अभिशाप को नहीं समझ सकीं तो दूसरों को तो समझने दीजिए।" वह तर्क के लिए कटिबद्ध हो गया, ललकार भरे से स्वर में बोला, "मामी समय बदल रहा है, कुछ थोड़े से आदमी हाथों से पकड़कर

युग को रोक नहीं सकते। आज देश के बच्चे-बच्चे में काफ़ी जोश है, अंग्रेजों को भगाने का उत्साह है, गुलामी के प्रति क्षोभ है।''

''उहुँ, पीछे भगाना अंग्रेजों को पहले अपने आपसी झगड़े तो समाप्त कर लो।'' मामी ने सविद्रूप इस प्रकार कहा जैसे 'क्रिप्स' का कार्य उन्हें ही सौंप दिया गया हो, ''अभी परसों ही था अखबार में कि हिंदू-मुसलमानों की लड़ाई हो गई।''

''यह तो जब तक अंग्रेज रहेंगे मिट नहीं सकते–जिस झगड़े की आप कह रही हैं–इन्हीं का–पुलिसवालों का ही तो कराया हुआ है सब।''

''पुलिस, पुलिस, आजकल के जितने भी आदमी होंगे वह पुलिस की बुराई पर तैयार रहेंगे–मैं कहती हूँ पुलिस न हो तो एक-दूसरे को चबा जायँ, रस्ते चलते आदमी लुटने लगें।'' मामी ने इस प्रकार कहा जैसे उनके सामने ही कोई चबाया या लूटा जा रहा हो।

''जी नहीं।'' तीव्र स्वर में शैलेन्द्र ने कहा। उसे नहीं मालूम था कि मामी के पिताजी स्वयं राय साहिब और पुलिस के कोई अफ़सर थे।

''अरे छोड़िए भी।'' निशा को मालूम था कि सविता–माताजी–पुलिस की बात आते ही कैसे आपे से बाहर हो जाती हैं।

सविता चुप हो गईं। किंतु उनका यह मौन, उनके मुखरपन से कम तीव्र नहीं था। थोड़ी देर चुप रहकर वह यह कहकर उठ गईं, ''अच्छा भई, देश का उद्धार करो तुम पर पढ़ाई का भी ध्यान रखो।''

21-5-46 निशा के कमरे में एक और दरवाजा था जो खुलता था मामी के कमरे में। मुख्य द्वार से न जाकर सविता इसी को खोलकर अपने कमरे में जाकर पलंग पर लेट गईं–इस प्रकार कि वहाँ से इस निशा वाले कमरे को भली-भाँति देख सकें। शैलेन्द्र समझ सका या नहीं, यह तो नहीं कहा जा सकता किंतु निशा समझ गई। अपनी माताजी के संकुचित विचारों, और प्रकृति के वह प्रत्येक पहलू को जानती थी, वस्तुतः झल्ला उठी। उसके मन में आया दौड़कर वह इन किवाड़ों को बंद कर दे, और वह उठने के लिए थोड़ी हिली भी। तभी निरुपमा भी अपने सोने के स्थान की ओर चल दी। निशा थोड़ी देर कुछ सोचती रही, फिर चुपचाप बैठ गई।

शैलेन्द्र को अपने ऊपर क्रोध आया–बेकार आया वह यहाँ। पंडित नेहरू की जो 'लड़खड़ाती दुनिया' पुस्तक अधूरी रखी है उसे ही समाप्त कर लेता। अब उसे उठकर यहाँ से चला जाना चाहिए। सोफ़े के हत्थों के सहारे वह उठने लगा।

''ज़रा यह समझा दीजिए भाई साहब।'' कहकर निशा एक पुस्तक लिए हुए बिल्कुल उससे सटे हुए सोफ़े पर आ बैठी। वह लज्जित थी–क्या सोचेंगे भाई साहब कि छमाही परीक्षा कल परसों ही है और वह पूछने बैठी है, साथ ही वह विवश थी। एक असमर्थता की छाप-सी उसके मुख पर लगी हुई थी।

"क्या?" शैलेन्द्र के मुख पर वही विचित्र गांभीर्य था। उसकी इच्छा हो रही थी किसी से नहीं बोले इस समय। मामी और पुलिस के विरुद्ध इतने भाव उसकी छाती में भर गए थे कि उसे साँस लेने में फेफड़ों पर विशेष शक्ति लगती मालूम हुई। निशा ने उससे कहा, तो वह बैठा रहा। उठने का प्रयास उसने छोड़ दिया, "आओ।" उसने पूछा भी नहीं क्या समझना चाहती है, पद्य या गद्य या क्या?

"यह है हिंदी पद्य" और भी अधिक शैलेंद्र की ओर खिसककर उसने पुस्तक सोफ़े के हत्थे पर रख ली, और उस पर झुक पड़ी। जब शैलेन्द्र ने नहीं पूछा कि वह क्या पूछने जा रही है तो कुछ भीत और कौतूहल पूर्ण दृष्टि से उसने शैलेन्द्र के उदास मुख की ओर देखा फिर स्वयं ही कह दिया कि हिंदी पद्य। "यह भैंसा गाड़ी है भगवती चरण वर्मा की, समझ में ही नहीं आती।"

"हिंदी?" उदास और विस्मित स्वर से उसने दुहराया, "हिंदी तो मुझे वैसे भी नहीं आती। बहुत कमज़ोर हूँ मैं अपने क्लास में।"

"नहीं।" पुस्तक के ऊपर बहुत अधिक झुककर और फिर एक बार सोती हुई सविता को देखकर उसने अन्यमनस्क स्वर में धीरे से कहा, "रेखा, बता रही थी कि हिंदी आपकी काफ़ी अच्छी है।"

"रेखा।" कहकर उसने ज़ोर से साँस ली। वह और भी अधिक उदास हो गया। उसे याद आ गया किस प्रकार रेखा अब कटी-कटी-सी रहने लगी है, उसका झुकाव अब किस प्रकार इस साहिबीपन की ओर हो रहा है। उसके अंदर विद्रोह-सा उठा—इन 'साहब' बनने वालों के प्रति वह खूब आग उगले इतनी कि वह स्वयं भस्म हो जाएँ। उसके हृदय में आवेश-सा उठने लगा। बड़ी कठिनाई से उसने उत्तर दिया, "झूठ बोलती है रेखा।"

"देखिए, भाई साहब।" बहुत धीरे से पश्चात्ताप भरे स्वर में उसने कहा, "नाराज़ मत होइए। माताजी का तो स्वभाव ही ऐसा है, अब वह क्या करें? खुद सोचिए आप।"

"अरे!" पहले तो शैलेंद्र को अपने कानों पर विश्वास नहीं हुआ। उसने एक बार निशा की ओर देखा और सिर झुका लिया। न जाने कैसी एक कृतज्ञता और प्रशंसा-सी उसके अंदर भर उठी। इतनी देर से उसके अंदर जो भाव भर रहे थे वह न जाने किधर तिरोहित हो गए। हँसकर उसने कहा, "कहाँ हूँ नाराज़!"

"थे तो सही अभी आप, अब मुझे झूठा बनाने लगे।" स्वर में पराजय का भाव लाकर वह हँसी।

"भई, जब कोई बिल्कुल प्रत्यक्ष को अस्वीकार कर देता है तो उसके प्रति क्रोध आ ही जाता है।" शैलेन्द्र ने कहना प्रारंभ किया, "पुलिस की धाँधली, अन्याय और अत्याचार किसी से छिपा नहीं है—और मामी उसे भी स्वीकार नहीं कर रहीं। थोड़ी-सी वाहवाही या तरक्की के लिए किस प्रकार यह लोग अपने देश भाइयों पर

अत्याचार करते हैं। लाठियाँ, गोलियाँ, जेल तो साधारण-सी बात है इन लोगों को। और देशों की पुलिस कभी ऐसा नहीं कर सकती, चोर, डाकुओं के प्रति उसका व्यवहार भले ही कुछ कठोर हो किंतु जनता के प्रति वह कभी ऐसा कर ही नहीं सकती, यदि दबाव डाला जाए तो वह लोग हड़ताल कर दें। बात यह है वहाँ के पुलिस वाले समझते हैं कि हम लोग जनता के सेवक हैं, उन्हें सुविधाएँ प्रदान करना हमारा कर्तव्य है किंतु यहाँ का हिसाब उलटा ही है।''

कुहनी को सोफ़े के हत्थे पर टिकाकर उसके ऊपर ठोड़ी रखे हुए निशा ध्यान से सुन रही थी। जैसे ही वह रुका, उसने समर्थन किया, ''हाँ, सो तो है ही।''

''और एक बात देखो।'' प्रोत्सहित होकर शैलेन्द्र आवेश से कहने लगा, ''यहाँ के छोटे से चौकीदार का दिमाग़ सातवें आसमान पर होता है। इंस्पेक्टर लोग तो अपने को 'डायर' ही समझ बैंठे हैं—1942 में, ओफ निशा मैं तुम्हें क्या बताऊँ, कितने अत्याचार किए हैं इन लोगों ने अपने ही भाइयों पर, रोमांच हो उठता है। कितनी इनकी आत्माएँ पतित हो चुकी हैं, कितने मानसिक गुलाम हो चुके हैं यह।'' जैसे मामी के द्वारा उत्पादित उद्गारों को आवेश के साथ वह निशा के सम्मुख प्रकट कर रहा हो।

निशा जैसे भीतर ही भीतर कुछ त्रस्त होकर सिहर उठी हो। एक साँस खींचकर उसने पूछा, ''और भाई साहब, तब भी गाँधीजी अहिंसा की शिक्षा देते हैं।''

''हाँ, बात तो यह कुछ समझ में नहीं आती, और सीधी तरह महात्माजी के सिद्धांतों पर विश्वास भी नहीं होता।'' चिंतित से स्वर में विवेक पर कुछ ज़ोर डालकर उसने कहा। फिर बोला, ''खैर, इतना निश्चय है कि अंग्रेज यहाँ किसी के बल से यदि टिके हैं तो वह है यहाँ की पुलिस। यदि यही लोग एक सप्ताह अपना कार्य रोक दें तो यह लोग यहाँ रुक नहीं सकते। मुझे आश्चर्य होता है कि क्या इनके अंदर देश के प्रति तनिक भी ममता नहीं है?''

''माताजी से पूछते तो वह तो कह देतीं कि जिसका नमक खाते हैं उसी का तो कहना मानेंगे।'' कुछ हँसकर निशा बोली। पुस्तक वह भूल गई थी।

''किसका नमक? इन अंग्रेजों का?'' शैलेन्द्र उत्तेजित हो उठा, ''जैसे को तैसा होना चाहिए—इन्होंने तो कभी हमारे नमक का विचार नहीं किया, और कैसा इनका नमक? हमारा देश, हमारा धन, हमारा नमक, यह व्यापारी, लुटेरे...'' क्रोध से शैलेन्द्र के मुख से शब्द नहीं निकल रहे थे। थोड़ी देर रुककर उसने कहा, ''नहीं निशा, यहाँ की यह शुभेच्छुक 'गवर्नमेंट' और वह नमक हलाल पुलिस गाँधीजी के सिद्धांतों से मानने वाली नहीं है। भारत में तो वही होना चाहिए, जो सत्तावन में हुआ, बयालीस में हुआ। ग़ौर करने पर मालूम होता है कि इन्हीं दो एक छोटी-छोटी क्रांतियों—जिन्हें तुम्हारी नमक हलाल पुलिस ने क्रूरता से कुचल डाला—देश को स्वतंत्रता की ओर कितना बढ़ा दिया है।''

"मेरी पुलिस क्यों?—मुझे पुलिस से स्वयं घृणा है।" निशा ने बीच में कहा।

22-5-46 "आज भारत को चाहिए" अपने प्रवाह में शैलेन्द्र कहता गया, "जो फ्रांस में हुआ, आयरलैंड में हुआ, अमेरिका में हुआ और रूस में हुआ। सबसे पहले हमें नेताओं में अटल विश्वास होना चाहिए, संगठन होना चाहिए हममें अनुशासन होना चाहिए। यों प्रसिद्धि प्राप्ति के लिए अपनी-अपनी डेढ़ चावल की खिचड़ी पकाने से कुछ नहीं होगा। हमें एक साथ ही इस क्रूर शासन को पलट देना होगा। मुझे कहना चाहिए, नेताजी के शब्द आज के लिए बिल्कुल उपयुक्त हैं—भारत में जब तक कोई जबर्दस्त खूनी इंक़लाब नहीं होगा, यह स्वतंत्र नहीं हो सकता। स्वतंत्रता कभी माँगने से नहीं मिली है, उसे तो तलवार की धार पर चलकर, सिर पर कफ़न बाँधकर और अंगारों को चबाकर लेना होता है। स्वतंत्रता की कीमत रक्त है। आज के प्रत्येक भारतीय में—हम गुलाम में, चाहे वह स्त्री हो या पुरुष रक्त देने की क्षमता होनी चाहिए, तभी हम स्वतंत्र हो सकेंगे।" शैलेन्द्र चुप हो गया। उसके मुख पर एक आभा-सी प्रदीप्त हो उठी। जब वह अपनी बात समाप्त कर चुका तो सहसा लज्जित होकर मुस्करा उठा—कैसा व्याख्यान-सा दे गया है वह। क्या सोच रही होगी निशा। उसकी इच्छा लज्जित होकर सिर झुका लेने की हुई। तभी उसे ध्यान हुआ ऐसा करना स्वयं अपने प्रभाव को नष्ट कर देना होगा जो उसके इतनी देर से बकने का निशा के ऊपर पड़ रहा है। मुख पर कृत्रिम गंभीरता लाए हुए ही वह संयत रहने का प्रयत्न करते हुए निशा की ओर देखता रहा।

निशा ने देखा, शैलेन्द्र के मुख पर विचित्र भाव हैं—कुछ खिसियाया-सा हो उठा है उसका मुख, कितने जल्दी भावनाओं के वश हो जाते हैं यह, एक हँसी-सी उसके अंदर फूटने लगी। यदि शैलेन्द्र ने उसे हँसते हुए देख लिया तो क्या हो सकता है इस समय, इसे भी वह जानती थी। इधर-उधर मुँह करके, मुँह से साड़ी चबाती हुई वह हँसी रोकने का प्रयत्न करने लगी।

"तुम हँस लो इन बातों पर किंतु यह झूठ नहीं है।" उत्तेजित स्वर में उसने कहा।

"वास्तव में आज की शिक्षा ने हमें—इसी अंग्रेजी की बात कह रहा हूँ मैं, हमारे मस्तिष्क को इतना पंगु कर दिया है, इतना विकृत कर दिया है कि अपनी इस दासता के विषय में हम कुछ सोच ही नहीं सकते। इस क्रूर शासन की नृशंसताओं से तनिक भी क्षोभ नहीं उत्पन्न हो सकता हमारे अंदर। हाँ, कोई यदि कह देगा कुछ तो हँस देंगे बस।"

"तो मैं इस तरह थोड़े ही हँस रही थी।" पश्चात्ताप की भनक स्वर में भरकर नाक से उसने धीरे से कहा।

"तुम जैसे हँस रही थीं मुझे मालूम है।" अधिकार के स्वर में उसने कहा, "मैं बता रहा हूँ तुम्हें—आज के प्रत्येक नवयुवक या नवयुवती को साहबीपन, इस

अंग्रेजियत से ही अवकाश नहीं मिलता कि अपनी गुलामी के विषय में कुछ सोच सकें—करना तो दूर है। लड़कों को अपने कोट-पैंट-टाई, सिनेमा, होटल, सर्विस से फुरसत नहीं है—लड़कियाँ, शलवार, ब्लाउज, साड़ी, पर्स, तेल, कार में मस्त हैं—अंग्रेज बनना चाहते हैं, नेता उनके लिए झक्की और बेवकूफ़ हैं, प्रजा को बहकाते हैं, धर्म उनके लिए पुराना सड़ा-गला पचड़ा है। और यह सब होता किसके नाम पर है—स्वतंत्र विचार, ढंग और सफ़ाई।''

निशा की हँसी लुप्त हो गई। उसे दुख हुआ कि उसे इतना गलत समझा जा रहा है। वह उदास हो गई; किंतु बैठी रही वैसे ही और भी अधिक ध्यान से सुनने का प्रयत्न करती हुई।

''यहाँ व्याखान झड़ रहे हैं आपके, और हम वहाँ ढूँढ़ रहे हैं सारे घर में!'' और हँसती इठलाती हुई रेखा की मूर्ति सामने आकर खड़ी हो गई, ''अब क्या कहना है भाई, निशा तो अब पक्की देशसेविका बन रही हैं, हमही रह गए बुद्धू से।''

शैलेन्द्र चुप हो गया। झेंप अब तेजी से उसके ऊपर चढ़ने लगी। कैसे कह गया वह निशा से इतनी सारी बातें। उसकी इच्छा हुई भाग जाए वह यहाँ से। निशा के सामने भावावेश में वह कितना कह चुका है। यह उसे अब मालूम हुआ। वह क्रमशः अपनी स्वाभाविक अवस्था में आने का प्रयत्न करने लगा। पर कदाचित् शीघ्रता हो रही थी, अतः प्रयत्न करने पर भी बौखलाहट में वह अपनी स्वाभाविक अवस्था में नहीं आ पा रहा था।

रेखा की बात का किसी ने भी उत्तर नहीं दिया। थोड़ी देर वह चुपचाप खड़ी रही। तब अवरुद्ध से कंठ से निशा ने कहा, ''बैठो रेखा।'' बहुत अधिक अन्यमनस्क हो उठी थी उस समय।

''रहने दो निशा अब, मैं तो इन्हें लेने आई थी—चलिए न, या अभी अधूरा ही रह गया व्याख्यान?''

''चलो।'' और शैलेन्द्र बिना किसी आपत्ति के उठ खड़ा हुआ। वह आगे-आगे चलने लगा। उसने अनुमान लगाया कि निशा उसकी बातों पर विचार कर रही होगी, इसीलिए वह अनमनी है। यह भी उसकी समझ में आ गया कि इस समय उससे अधिक बातें करना उसके इन उठते हुए विचारों को विशृंखल कर देना होगा। शीघ्रता करते हुए उसने कहा, ''चलो न रेखा।''

कुछ सोचती हुई रेखा उसके पीछे-पीछे चली आई। कदाचित् निशा की रुक्षता उसे खटकी। शैलेन्द्र प्रसन्न था। निशा को कुछ सोचने को उसने बाध्य तो किया और वह किसी न किसी निष्कर्ष पर तो पहुँचेगी ही। वह निष्कर्ष क्या होगा यह भी उसके कल्पना चक्षुओं के आगे घूम गया।

''क्यों क्या काम है तुम्हें?'' सीढ़ियों पर चढ़ते हुए उसने पूछा।

''काम तो कुछ नहीं है अब वहीं बैठे रहते आप?'' पीछे से रेखा ने कहा।

23-5-46 "तो मेरे वहाँ बैठने से तुम्हारा क्या बनता-बिगड़ता है?" चढ़ते हुए रुककर शैलेन्द्र ने उसके मुख की ओर तीक्ष्ण दृष्टि से देखा।

"च्चू ओहो, एक तो हम बुलाकर लाए और आप गुस्सा हो रहे हैं।" शैलेन्द्र ने बात बढ़ाना उचित नहीं समझा। वह चुप रहा। उसे विश्वास था कि ऐसे समय निशा के पास से चला आना उचित ही हुआ। किंतु मामी का व्यवहार कभी-कभी उसे अखर रहा था।

"चलेंगे आप भाई साहब?" उत्सुक दृष्टि से रेखा ने उसकी ओर देखा।

"कहाँ?" इन कुछ दिनों से रेखा के प्रति उसके अंदर एक कठोरता सी भर उठी थी। कहाँ चलेंगे, क्यों चलेंगे, कुछ भी प्रश्न न पूछकर रुक्षता से उसने कहा, "मुझे नहीं चलना कहीं, परीक्षाएँ हैं मेरी।"

"ओहो।" रेखा ने उपालम्भ से कहा, "पूरी बात तो सुनी नहीं, और मना कर दिया लेके। सच भाई साहब, अब आप बहुत गुस्सा रहने लगे हैं मुझसे।"

"अच्छा बताओ, कहाँ चल रही हो?" कुछ नम्र स्वर से उसने पूछा। उसका हृदय रेखा की ओर से कोमल हो उठा। यथार्थ ही वह उसके प्रति बहुत कठोर बन गया है।

"आज क्या है?—शनिश्चर, परसों से हम लोगों के इम्तहान हैं, दो हफ्ते तक रहेंगे—लगभग।" रेखा अपने आप प्रश्नोत्तर करती हुई हिसाब लगाने लगी। तब शैलेन्द्र से उसने कहा, "इसके पश्चात् हैं बड़े दिन की छुट्टियाँ, तभी चलेंगे।"

"कहाँ चलेंगे? क्यों चलेंगे?" शैलेन्द्र ने खीझकर पूछा।

"भई फ़तहपुर सीकरी देखने—आपने तो दिखाया नहीं कुछ।"

"कौन-कौन चल रहा है?" कुछ रुचि से उसने पूछा।

"मामी के यहाँ के सब लोग और हम सब लोग—मामाजी चलेंगे साथ।"

"हाँ, यही तो मैंने सोचा।" संतोष की साँस लेकर शैलेन्द्र बोला, "बाबूजी को तो इन बातों से कोई मतलब नहीं है—पूछ तो लिया होगा न?"

"हाँ, अभी माताजी ने तो पूछा है—यह।"

"तो आप मुझे यह सुसमाचार देने गई थीं?"

शैलेन्द्र की इस बात से कहीं वह लज्जित न हो उठे—अपनी इस महती दुर्बलता के प्रकट हो जाने के कारण—इसलिए उसकी बात न सुनकर तेज़ी से उसने कहा, "बाबूजी के दस रुपये चले गए कहीं कोट में से।"

"इस रुपये।" आश्चर्य से उसने प्रश्न दुहराया। वह पुनः गंभीर हो उठा।

"उहुँ, कंजूस बहुत होते जा रहे हैं बाबूजी आजकल—अब ज़रा दस रुपये खो गए तो संध्या से ही दुहराए जा रहे हैं—सबसे पूछ लिया, और खुद खर्च करके भूल गए होंगे कहीं।" उपेक्षा से रेखा ने विद्रूप किया।

"तुम्हारी ही आँखों में तो नहीं है रुपये का मूल्य। जो कमाता है वही जानता

है कि रुपया क्या चीज है।'' बुरा मानकर शैलेन्द्र ने कहा।

''हाँ, सो तो आप कहेंगे ही—आप कौन बाबूजी से कम हैं।'' चिढ़कर रेखा ने कहा, ''कह ही देता है हरेन्द्र ठीक, कि बाबूजी और आप बराबर के कंजूस हैं। भई, खाने-पीने, पहनने-ओढ़ने में खर्च हो ही जाते हैं—ढंग से रहने के लिए अच्छे कपड़े, अच्छा 'गेटअप' (बाह्य सजावट) तो चाहिए ही और यह चीज़ें मुफ़्त की मिलती नहीं—रुपये जोड़ने से क्या लाभ? साथ जाएगा?''

''जोड़ने को कहाँ कह रहा मैं?'' भड़ककर शैलेन्द्र ने कहा। यही वह स्थान था जहाँ वह अपने को संयत नहीं रख सकता था। कोई उसे गलत समझे—इसे सहन करना उसके लिए सबसे कठिन काम था। ''तुम तो उलटा अर्थ लगाने लगती हो मेरी बातों का। मैं कहता कुछ हूँ और तुम अर्थ कुछ लगाती हो।'' अपनी सफ़ाई देने की उसे बहुत इच्छा थी। वह सिद्ध करना चाहता था कि वह कृपण नहीं है—उसके कहने का अर्थ दूसरा ही है। किंतु उससे भी ज़ोर से एक विचार उसके मस्तिष्क में टकरा रहा था। उसने समझाने का भाव मुख पर लाकर कहा, ''तुम रेखा, उसकी आदतें बिगाड़े दे रही हो।''

''मैं?'' वह किसी की आदत भी बिगाड़ सकती है इसका उसे स्वप्न में भी भान नहीं था। तिनककर वह बोली, ''किसकी आदत बिगाड़ रही हूँ मैं?''

''हरेन्द्र की।'' निरुद्विग्न स्वर से शैलेन्द्र ने कहा। फिर स्वर को संयत रखकर व्यथित कंठ से उसने कहा, ''उत्तेजित होने की बात नहीं है रेखा। उत्तर देने का प्रयत्न मत करो। मैं मानता हूँ यह सभ्यता जिसका मूल उद्देश्य—खाओ-पियो और मौज करो—है, बड़ी मोहक है, बड़ी आकर्षक और नयनाभिराम है, इस पश्चिमी देशों की ओर मत बढ़ो—हमलोग—स्वयं अपने में पूर्ण हैं, भारतीय सभ्यता किसी भी सभ्यता या संस्कृति से हेय नहीं है। पर आज हम गुलाम हैं—कदाचित् तुम स्वप्न में भी इसे स्वीकार नहीं करोगी, और आज की शिक्षा, यह कृत्रिम वातावरण, एक क्षण भी तुम्हें सोचने का अवकाश नहीं देगा कि यह सुख ऐश्वर्य, यह विलास वैभव गुलामों को नहीं है। तुम नाराज़ हो जाती हो मेरी बातें सुनकर पर ज़रा सोचकर देखो—निष्पक्ष रूप से, तुम्हें यह बातें सच दिखाई देंगी। मुझे मालूम है अपने लिए, चीजें लाने को, तुम हरेन्द्र को रुपये देती हो—और मुझे यह भी पता है उनका उपयोग क्या होता है।''

रेखा ने फिर प्रतिवाद करने का साहस नहीं किया। अपराधिनी की तरह वह सिर झुकाकर उदास मुख से सब सुनती रही।

''मैं झूठ कह रहा हूँ रेखा?'' अपनी बात समाप्त करके प्यार से शैलेन्द्र ने पूछा, ''बोलो!''

''ऐसे समझाया कीजिए—अब आप तो नाराज़ हो जाते हैं।''

''तुम प्रयत्न भी तो नहीं करतीं समझने का।'' और वह एक प्रकार की दिव्य आत्म-तुष्टि से भर उठा। स्वाभाविक शांति उसकी मुद्रा में उद्भासित हो उठी।

13

"तो आप सशस्त्र क्रांति में आस्था रखते हैं?" साइकिल की चाल धीमी करके मुकर्जी ने शैलेन्द्र के मुख की ओर देखा। उसके मुख पर आश्चर्य था किंतु अप्रत्याशित नहीं। कुछ व्यंग से वह बोला, "साम्यवाद–कम्यूनिज़्म–में न?"

27-5-46 शैलेन्द्र हठात् निरुत्तर हो गया, इस विषय पर उसने कभी सोचा भी नहीं था। वह नहीं जानता था कि उसके विचार 'कम्यूनिज़्म' (साम्यवाद) के घेरे में आते हैं या किसी और वाद के घेरे में। उसने कहा, "कम्यूनिज़्म की क्या परिभाषा है?–इसके विषय में बहुत काफ़ी पढ़ लेने के पश्चात् भी मैं समझ नहीं सका। साम्यवादियों की इस गद्दारी से जो उन्होंने 1942 में की है मुझे तीव्र घृणा है; किंतु साम्यवादियों के नाम से मैं–जैसा अधिकांश कांग्रेसी करते हैं–मानता भी नहीं हूँ। उनके कुछ सिद्धांतों में मुझे विश्वास है, उनसे मैं आकर्षित हूँ सबसे नहीं। कसके पकड़ लेना निरू।" अपनी साइकिल के पीछे बैठी निरुपमा को सचेत किया।

"तो पूरे कांग्रेसी नहीं हैं आप?" सामने सड़क की ओर देखते हुए मुकर्जी ने पूछा।

"जिस दृष्टिकोण से आप नाप रहे हैं उस दृष्टि से मैं कोई भी नहीं हूँ। जिस भी किसी संस्था, संघ के सिद्धांत मुझे पसंद हैं उन्हें ही मैं मानता हूँ। बस।"

"हाँ–तो मैं क्या पूछ रहा था?–सशस्त्र क्रांति के आप पक्षपाती हैं। और लगभग यही मत कम्यूनिस्टों का है।"

"मैंने कहा न, कम्यूनिस्टों का मत है या किसका है, यह मैं नहीं जानता पर जो मत चंद्रशेखर 'आजाद', भगतसिंह, खुदीराम आदि का था वही मेरा है। श्री रास बिहारी बोस–जिनकी स्वतंत्र आत्मा ने कभी मरना नहीं सीखा, महात्मा गाँधी की ही भाँति मेरे वंद्य हैं। सुभाष चंद्र बोस हमारे पथ प्रदर्शक हैं, पूज्य हैं–अब आप ही निर्णय कर लीजिए कि मैं साम्यवादी, समाजवादी, साम्राज्यवादी, या कौन हूँ?"

"विप्लववाद में विश्वास भी है।" मुकर्जी ने प्रश्नसूचक मुद्रा से कहा।

शैलेन्द्र हिचका, फिर कठिन होकर एकदम बोला, "समझ लीजिए।" उसे आशा थी कि मुकर्जी के मुख पर इस समय अथाह आश्चर्य तैर रहा होगा, किंतु जब उसने मुकर्जी की ओर देखा तो वह स्वयं विचारों में डूबने-उतराने लगा। मुकर्जी बिल्कुल स्वाभाविक दृष्टि से सामने की सड़क की ओर देखता हुआ साइकिल के पैडिल चला रहा था। थोड़ी देर चुप रहकर उसने फिर कहा, "भारतीय कम्यूनिस्टों को इसलिए मैं अच्छा नहीं समझता कि वह रूस के 'एजेंट' हैं–रूस का ही झंडा लगाए फिरते हैं। कुछ बातों में रूस का अनुकरण करना बुरा नहीं है–किंतु सभी बातों में क्षमा

कीजिए मैं बिल्कुल भी सहमत नहीं हूँ उनसे—जैसे स्त्री समस्या, रूस की परिस्थितियाँ कुछ और हैं, भारत की कुछ और। लाल क्रांति में मेरा विश्वास है, लाल झंडे में भी, हँसिया, हथौड़े की महत्ता भी मुझसे नहीं छिपी, पर इन तीनों वस्तुओं के मिश्रण से जो वस्तु बनती है, उसका मैं आदर करता हूँ, उसको श्रद्धा की दृष्टि से देखता हूँ—पर उस पर भारतीय परिस्थितियों के अनुसार विश्वास तनिक भी नहीं है।''

''मेरा विश्वास भी''—मुकर्जी ने अब अपनी ओर से कहना प्रारंभ किया—''लगभग आपके ही समानांतर है, किंतु एक बात मैं कहूँ। अब तो विप्लववादियों का युग नहीं रहा है, एक समय था कि जब बंगाल, बिहार, पंजाब, युक्त प्रांत, बंबई—सभी में इनके दल थे, इन्होंने इस सरकार के विरुद्ध विद्रोह करने के लिए अपनी शिक्षण संस्थाएँ अलग खोल दी थीं—एक नियमित और सुचारु प्रणाली से इनके कार्य चला करते थे, तब, इतने विशाल संगठन के पश्चात यह लोग जब सफलता प्राप्त नहीं कर सके तो अब—गाँधीवाद के इस अहिंसात्मक युग में—सारे भारत में कदाचित् कोई ही विप्लववादी संस्था आपको मिले, शायद सफलता कठिन है। विप्लव में विश्वास नहीं रह गया लोगों का। कोई और अर्थ मत लगाइए आप मेरी बातों का, मान लीजिए आज के समय में हजार दो हजार आदमी आपने संगठित कर भी लिए तो क्या होता है उनसे? और सबसे पहली बात तो यह है कि इतने आदमी संगठित हो भी नहीं सकते। पहले प्रयत्नों पर आप दृक्पात कीजिए, इतना दीर्घ प्रयत्न होने पर भी क्यों नहीं हुआ कुछ? मुखबिरों के कारण। उन कायरों के कारण, जिन्हें रुपये देकर आप नीच से नीच और घृणित से घृणित कार्य करा सकते हैं। और यह लोग कौन? हमीं आप मुखबिर हैं, सरकार आपको किसी खिताब, कुछ रुपये, नौकरी का लालच देती है, आप अपने घर की गुप्त से गुप्त बात कहने को तैयार हो जाएँगे। तो मेरे कहने का मतलब है कि ऐसे कार्य के लिए ऐसे आदमी चाहिए जो बोटी-बोटी काट दिए जाने पर भी एक भी शब्द न बोलें। एक मासिक पत्र के संपादक हैं जो एक जब्त 'अंक' निकालने का साहस रखते हैं, अपने को सुधारवादी और देशभक्त जता रहे हैं, स्वयं एक महान आत्मा के हत्यारे हैं—और कौन हैं यह सरकार के एजेंट...''

''मैं जानता हूँ।'' चिंतित स्वर में शैलेन्द्र ने कहा। दोनों फिर चुप हो गए। मुकर्जी का मुख उत्तेजना से रक्तिम-सा हो उठा था, वह धीरे-धीरे अपनी स्वाभाविक अवस्था में आ रहा था। मुकर्जी के मुख की ओर देख रही थी निरुपमा। शैलेन्द्र के पीछे उसकी साइकिल के 'कैरियर' पर बैठी हुई वह चुपचाप सुन रही थी। कुछ समझ रही थी या नहीं कहा नहीं जा सकता। शैलेन्द्र का मुख वह देख नहीं सकती थी। बराबर चलते हुए मुकर्जी के मुख की ओर अपलक देखती हुई वह मुकर्जी के भावों के साथ-साथ शैलेन्द्र के भाव भी उसी के मुख पर पढ़ लेने की चेष्टा कर रही थी। शायद सुनने में बातें बहुत अच्छी लग रही थीं उसे।

"सर्र-सर्र" की अस्फुट-सी आवाज करती हुई साइकिलें चुपचाप चली जा रही थीं। अन्त में शैलेन्द्र ने अपने सूखे ओठों को जीभ से तर करके कहा, "विप्लवकारियों के प्रति श्रद्धा और उनके कर्तृत्व के प्रति विश्वास तो मेरे अंदर अब भी कम नहीं हुआ है और न आपके इन तर्कों से होगा ही। अब आप ही बताइए—सुभाष चंद्र बोस, उपेक्षा या अश्रद्धा के पात्र हो सकते हैं? मैं तो सोचता हूँ कि पुराने क्रांतिकारियों का एक संशोधित संस्करण हमें अब तैयार करना चाहिए। भारत का भविष्य आप देख ही रहे हैं—जनता में कितनी उत्तेजना है, आजाद हिंद फ़ौज के मुक़दमे के प्रति। राजनीतिक समस्याएँ उलझती चली जा रही हैं—यद्यपि लड़ाई समाप्त हो चुकी है। जिन्ना पाकिस्तान—चाहे संसार पलट जाए—बना कर ही रहेंगे—ऐसा कह रहे हैं, विरोध भी कम नहीं हो रहा, चुनाव आ ही रहे हैं—ऐसे समय, संभव है—ब्रिटेन की साम्राज्यवादी नीति के कारण—हिंदू-मुस्लिम दंगे हों—कम से कम परिस्थितियाँ तो यही कह रही हैं। सरकार अपनी दुरंगी चाल को छोड़ने वाली नहीं है, पक्षपात होगा ही। हमारे बड़े-बड़े नेताओं का धैर्य भी अब सीमा के पार उमड़ चला है, नेहरू जी दावे के साथ कह रहे हैं कि अगले दो वर्ष भारत के भाग्य निर्णायक होंगे, अब आप ही सोचिए, ऐसे समय संघर्ष होना सांप्रदायिक दंगे अनिवार्य ही हैं। साथ ही ध्रुव निश्चित है क्रूर मन भी। और आप देख ही रहे हैं कि गुलाम जनता में कितना उत्साह कितना आवेश एक साथ ही उठ खड़ा हुआ है। मैं मानता हूँ वह शांत होकर लाठी के प्रहार सह लेगी—एक आध बाढ़ गोली की भी 'खप' सकती है। किंतु हमारी जानें, जीवन और प्राण इतने सस्ते नहीं हैं, उस समय हमारी आत्माएँ इतनी मर नहीं चुकी होंगी, स्वभावतः ही हममें प्रतिशोध—प्रतिहिंसा—की भावना उठ खड़ी होगी—जितनी पहले थी उससे भी अधिक प्रचंड वेग से; और उसी समय सहसा हम देखेंगे कि हमारे पास लाठियों, पत्थरों और ईंटों के अतिरिक्त कुछ भी नहीं है—इस संघर्ष में हमारे पास हथियार नहीं है, हमारा नेतृत्व करने के लिए कोई नेता नहीं है, हममें अनुशासन नहीं है। केवल कुछ साहस है जो गोलियों की एक आध बाढ़ खाकर स्वयं ही लुप्त हो जाएगा। तो मुकर्जी बाबू मैं चाहता हूँ कि उस समय के लिए हम कुछ तैयारी करें—ईंट का उत्तर यदि पत्थर से देने का साहस नहीं है तो केवल ईंट ही से उसे रोक तो लें।" कहकर शैलेन्द्र ने अपना गंभीर मुख उठाकर मुकर्जी की ओर देखा। उसकी दृष्टि में गंभीर उत्सुक जिज्ञासा थी।

"अच्छा इस विषय पर फिर कभी बातें करेंगे।" कहकर मुकर्जी साइकिल धीमी करके धीरे से उतर गया। सामने ही एक फाटक था छोटा-सा उस पर अर्ध चक्राकार तख़्ते पर लिखा हुआ था, 'लोक सेवा संघ'। शैलेन्द्र भी साइकिल से उतर पड़ा। निरुपमा के उतरने के लिए उसने साइकिल खड़ी कर ली, और इधर-उधर देखना प्रारंभ किया। उस फाटक से अंदर की ओर सड़क-सी चली गई थी। बिल्कुल सामने दो या तीन छोटे-छोटे कमरे थे उनके चारों ओर खुला हुआ विशाल मैदान। इसमें

लड़के अभ्यास आदि करते होंगे—शैलेन्द्र ने अनुमान लगाया। बिल्कुल तो एकांत नहीं है यह स्थान पर हाँ तो भी एकांत है—काफ़ी दूर पर दो-चार बँगले आदि दिखाई दे जाते हैं। निरुपमा उतर चुकी थी—साइकिल लिए हुए वह मुकर्जी के पीछे-पीछे चलने लगा। वहीं से उसने देखा कमरों के चारों ओर फुलवारी भी है। स्थान शैलेन्द्र को अभिराम मालूम हुआ। किंतु नया स्थान है नए आदमी मिलेंगे यह सोचकर कुछ संकोच-सा उठ-उठ कर प्रबल होता जा रहा था। एक-एक पैर नापती हुई निरुपमा उसके बराबर चल रही थी। वह शैलेन्द्र से अधिक संकुचित थी, बेकार चली आई वह। और अब चली आई है सो लौट तो सकती नहीं, फिर क्यों अपनी असफलता दिखलाए, इसलिए वह प्रसन्न मुद्रा से चली चल रही थी।

''आवश्यकता से अधिक शरमाते हैं भाई आप तो।'' सड़क पर साइकिल पर चढ़ते हुए मुकर्जी ने कहा, ''आखिर क्यों?''

कहीं-कहीं अपने इस लज्जाशील होने के स्वभाव पर उसे गर्व होता था, किंतु आज सचमुच एक वितृष्णा उसके अंदर भर उठी। वह अपने ऊपर झुँझला उठा। उसने कहा, ''मैं स्वयं नहीं जानता—और अपने इस स्वभाव पर मैं स्वयं लज्जित हूँ—किंतु किसी नए आदमी से मिलते समय न जाने क्यों मैं इतना असंयत-विवश हो जाता हूँ।''

''तो यह आदत छोड़नी पड़ेगी आपको।'' अपने इस स्वर को बदलकर परिहास के स्वर में मुकर्जी बोला, ''लड़कियों का प्रभाव बहुत अधिक है आपके ऊपर।'' मुकर्जी ने अभी तक शैलेन्द्र से मजाक नहीं किया था, वह कुछ हिचकता हुआ उत्सुक दृष्टि से शैलेन्द्र के मुख की ओर देखने लगा।

शैलेन्द्र ने बुरा नहीं माना, न कोई परिहासमय प्रत्युत्तर देने का ही प्रयत्न किया; अपने स्वाभाविक स्वर में ही उसने कहा, ''हाँ, यह बात तो है भाई, शुरू से ही बहिनों के पास मैं अधिक रहा हूँ—और अब भी वही वातावरण है।'' आंतरिक गर्व का आभास उसके शब्दों में आ रहा था।

28-5-46 ''अच्छा यह बात है।'' आश्चर्य और विचारपूर्वक मुकर्जी ने कहा। फिर एकदम विषय परिवर्तन करके बोला, ''कल से आप नियमित रूप से आइए ईश्वर ने आपको स्वाभाविक प्रवृत्ति दी है, यहाँ उसके विकास का अच्छा समय मिल सकेगा। हाँ, एक बात और है, जो बातें आप आते समय कह रहे थे मैं उनसे सहमत हूँ—यथार्थ ही हमें तैयारी की आवश्यकता है आप यहाँ का रंग-ढंग देखिए। यदि परिस्थितियाँ उपयुक्त हुईं तो यहीं संघ से कुछ युवक छाँट लेंगे, सीखे हुए होंगे ही।'' मुकर्जी ने इस भाव से कहा जैसे वह शैलेन्द्र को अपने से उच्च समझ चुका है।

शैलेन्द्र को लज्जा से जैसे फिर पसीना आने लगा; किंतु एक पुलकन जो गर्व बनकर उसकी छाती में भरी जा रही थी उसे सिर नहीं झुकाने दे रही थी। हँसकर स्वर में उपेक्षा भर कर वह बोला, "ओफ़ हो, तुम भी क्या बात करते हो भाई, जैसे सब कुछ होने ही जा रहा हो।"

29-5-46 "तो मज़ाक समझ रहे हैं आप इसे?" विस्मय का भाव लाकर मुकर्जी ने पूछा।

मुकर्जी के मुख पर परिहास के चिह्न न पाकर शैलेन्द्र चुप होकर व्यस्त भाव से साइकिल चलाने लगा। मार्ग देखने के लिए सिर उठाकर उसने देखा, सामने से एक ताँगा आ रहा था उसी के बराबर एक साइकिल। साइकिल वाला मनुष्य ताँगे के तख़्ते पर हाथ रखे हुए धीरे-धीरे उसी के साथ चल रहा था। ताँगे में कौन है इसे देखने का उसने प्रयत्न नहीं किया। सिर झुकाए हुए एक ओर साइकिल बचा ली। मुकर्जी दूसरी ओर बचा—ताँगा बीच से जाने लगा।

"नहीं हटाओगे तुम हाथ।" ताँगे के अंदर से महीन-स्त्री का उत्तेजित स्वर उसी समय उसे सुनाई दिया।

"तो किसी का ले क्या रहा हूँ मैं?" साइकिल वाले का उत्तर धृष्ट और उद्धत था।

शैलेन्द्र की दृष्टि स्वयं ऊपर उठ गई—ताँगे में, और फिर तेज़ी से इधर-उधर बिखर गई, उसकी इच्छा हुई भाग जाए जितनी भी तेज़ वह भाग सके। किंतु कर्तव्य? वह किंकर्त्तव्यविमूढ़-सा हो गया। वह जो ताँगे में कोई आधुनिका बैठी है—माना असहाय है—पर उसके सामने तो वह किसी भी प्रकार सिर नहीं उठा सकेगा। वह हकबका-सा गया। साइकिल उसने धीमी कर दी। "ए ताँगे।" तभी मुकर्जी ने उसकी द्विविधा का निराकरण किया—उसका स्वर एकदम—कठोर—हो उठा था—"रोक दो।"

30-5-46 शैलेन्द्र ने भी साइकिल धीमी करके रोक सी ली—उसके मस्तिष्क में टकरा गया—सिनेमा, उस दिन वाली घटना। और उसका मस्तिष्क सहसा कुछ गरम सा हो उठा। मुख धीरे-धीरे गंभीरतर होता गया। वह साइकिल से उतर आया, निरुपमा साथ ही कूद पड़ी। सिर झिुकाए हुए वह मुकर्जी के बराबर आ गया। प्रयत्न करके भी वह अपना सिर पूरी तरह नहीं उठा पा रहा था।

"क्यों? तुम्हें शरम नहीं आती, बदमाश!" मुकर्जी ने अपने ऊँचे स्वर को और भी कठोर बनाकर कहा, फिर वह अपनी एक कुहनी मोड़कर उसकी ओर बढ़ा, साइकिल वह पहले ही एक ओर खड़ी कर चुका था।

"क्या, तुम्हारा क्या ले रहा हूँ?" दो प्रतिद्वंद्वियों को देखकर ताँगे के सहारे खड़ा हुआ वह लड़का, डरा, तो भी हेकड़ी से बोला।

"बताता हूँ" मुकर्जी ने आगे बढ़कर उसकी साइकिल का हैंडिल पकड़ लिया।

शैलेन्द्र इस समय न तो लज्जित था, और न उसे संकोच था इस समय। एक

प्रतिहिंसात्मक क्रोध एकदम उसके अंदर भर उठा था। यह क्रोध उसके अंदर इतनी तीव्रतम गति से भर उठा कि वह एकदम विवेकशून्य सा हो गया—क्या कर देगा इस समय उसे नहीं मालूम था। भ्रुवें कुंचित, रक्तिम नेत्र, और कंपित नासा। हिलते हुए ओठ और लाल मुख। वह काँप-सा रहा था, प्रयत्न करने पर भी वह बोल नहीं सक रहा था।

ताँगे वाला घोड़े की पीठ पर हाथ रखे इधर देखता हुआ कह रहा था—"बाबूजी, जबसे मना कर रहा हूँ...मानते ही नहीं, ऐंठ रहे हैं। जुल्फ़ें काढ़कर निकल पड़े घर से, लड़कियों को घूरने...माँ, बहिनें नहीं रहीं घर में..." आदि।

ताँगे में बैठी युवती भीत सी देख रही थी। वह प्रसन्न थी कि इस लड़के को, जो बहुत देर से उसे तंग कर रहा है, दंड तो मिल रहा है; किंतु हो जैसे अप्रत्याशित रहा हो।

"नहीं छोड़ोगे तुम?" लड़के ने मुकर्जी को संबोधित करके ऐंठे हुए स्वर में कहा।

शैलेन्द्र ने अपना हाथ तोला, आगे बढ़ा और 'तड़ाक' से उस लड़के के गाल पर अपनी भरपूर शक्ति से तमाचा जड़ा, और फिर स्वयं हठात् संकुचित होकर दो कदम पीछे हट गया, जैसे मारने का उसका तनिक भी विचार नहीं हो—उसे अपनी इस क्षणिक उत्तेजना पर खेद है।

लड़का बुरी तरह लड़खड़ा गया—साइकिल 'झनून्' 'झनून्' कर इधर-उधर हिली—मुकर्जी ने हैंडिल छोड़ दिया। लड़के की आँखों में आँसू आ गए—रुलाई के नहीं, चोट के। ताँगे के तख्ते को उसने पकड़ लिया था, अब भी नहीं छोड़ा, हैंडिल मुड़कर ताँगे के पहिए में फँस गया था। लड़का थोड़ी देर निश्चल रहा, फिर सहसा हैंडिल पकड़ा दो-तीन झटके देकर उसे ताँगे के पहिए से निकाला, और पैडिल मारकर ज़ोर से दौड़ पड़ा—सामने। बार-बार पीछे सिर घुमाकर—सड़क पर जहाँ तक वह दिखाई दिया—इधर ही देखता जाता था जैसे इन दो—दाल भात में मूसल चंदों को आँखों से ही निगल जाना चाहता हो।

मुकर्जी और शैलेन्द्र—दोनों थोड़ी देर स्तब्ध खड़े रहे। ताँगे वाला अब ताँगा चलाने को प्रस्तुत हो रहा था।

"ताँगे में अकेली मत निकला कीजिए बहन जी।" यथाशक्ति अपनी स्वर व्यंजना में आदर का भाव लाकर मुकर्जी ने ताँगे वाले की ओर देखते हुए कहा।

भीत और त्रस्त युवती ने संतोष की साँस ली। उसका विवर्ण मुख जो उसके हृदय की तीव्र धड़कन सुन-सुनकर और अधिक विषण्ण हो चुका था अब धीरे-धीरे स्वाभाविक अवस्था में आ रहा था। ताँगा चल पड़ा।

मुकर्जी ने अभी एक अपरिचित—और वह भी लड़की को संबोधित करके बात कही है—यह सब उसी के सामने होता रहा सोच-सोच कर शैलेन्द्र कटा सा जा रहा

था। जब तो नहीं पर अब उसका चित्त अस्थिर होकर विह्वल सा हो रहा था। थोड़ी देर तक मुकर्जी भी उसके बराबर ही खड़ा रहा, फिर धीरे-धीरे चलकर उसने साइकिल उठाकर सड़क पर कर ली।

इतने दिनों में वह शैलेन्द्र के स्वभाव से काफ़ी परिचित हो चुका था। इस समय उसकी अवस्था क्या है, इसका अनुमान लगाने में उसे देर नहीं लगी। शैलेन्द्र अभी तक सिर नीचा किए, चप्पल में पैरों की अँगुलियाँ चलाता हुआ वहीं खड़ा था। मुस्कराकर उसने पुकारा, ''शैल बाबू!''

शैलेन्द्र चौंका, उसका सिर एकदम उठ गया। एक लज्जित, खिसियायी हुई सी मुस्कराहट उसके भाव शून्य चेहरे पर असफल नृत्य कर उठी, ''ओह'' और न जाने कैसे, तेजी से नापते से पग रखता हुआ वह अपनी साइकिल की ओर बढ़ा–जैसे, उस अपरिचित युवती की आँखें अब भी उसे देख रही हों पीछे से, और वह लज्जा से शिथिल-सा हुआ जा रहा हो।

स्तब्ध-सी निरुपमा अब भी साइकिल के पास मूक ही खड़ी थी जैसे जो कुछ हो रहा वह एक–भयानक नाटक है, उसे केवल देखने का ही अधिकार है उसे, बोलने का नहीं। उसकी समझ में नहीं आ रहा था कि आख़िर यह सब झमेला है क्या? कहीं यह बदतमीज़ लड़का शैलेन्द्र भाई साहब को ही उलटा ही न मारे–आशंकित होकर उसकी छाती धड़क उठी–वह डर गई। माथे पर पसीना चुहचुहा आया। और जब शैलेन्द्र के तमाचे का स्वर उसने सुना तो विस्मय चकित होकर वह चौंक सी पड़ी–उचक गई, पर रही चुप ही। अब तक चुप थी।

शैलेन्द्र ने साइकिल सीधी कर ली, और खड़ी करके निरुपमा की प्रतीक्षा करने लगा। निरुपमा अपने इस विचित्र भाई साहब की ओर देखती हुई डरी हुई सी 'कैरियर' पर बैठ गई, थोड़ी दूर पैदल ही चला कर शैलेन्द्र भी बैठ गया। मुकर्जी बराबर आ गया।

''आज का समय नहीं है भाई, कि लड़कियाँ अकेली कहीं आ जा सकें।'' मुकर्जी ने इतना सब होने का कारण सा दिया।

शैलेन्द्र की इच्छा नहीं हो रही थी, कि इस समय वह किसी से कुछ बोले। यथाशक्ति संक्षिप्त उत्तर दिया, ''जी हाँ–है तो यही।''

''आप क्रोध में सहसा इतने असंयत से क्यों हो जाते हैं?'' उसने फिर पूछा।

शैलेन्द्र को ईर्ष्या हो रही थी इस मुकर्जी से–वह एकदम असामयिक रूप से लज्जित नहीं होता। काश, वह भी हो सकता ऐसा ही। उस समय अपनी इस दुर्बलता की आलोचना उसे अखरी। धीरे से कहा, ''भाई, आदत ही है मेरी ऐसी, करूँ क्या?''

मुकर्जी ने अनुभव किया–इस समय वह बोलना नहीं चाहता अधिक। वह चुप होकर उससे कुछ पीछे निरुपमा के पास आकर चलने लगा।

''क्यों डर गई थीं तुम? धत् डरपोक।'' फिर उल्लसित स्वर में बोला।

"हम तो डरे नहीं ऐसों को तो मारना चाहिए।" उसके स्वर में आत्मश्लाघा का भाव था।

शैलेन्द्र ने अनुमान लगाया—यह मुकर्जी, करते समय कुछ भी करने से हिचकने वाला मनुष्य नहीं है किंतु साथ ही अपने किए हुए के विषय में सुनने की इच्छा भी कम नहीं रखता।

मुकर्जी फिर चुपचाप चलने लगा। आगे चौराहा था।

"अच्छा शैल बाबू मुझे काम है कुछ, दूसरी जगह—संध्या को मिलेंगे छत पर। अच्छा 'जयहिंद'।" मुकर्जी ने चौराहे पर आकर बाईं ओर को साइकिल मोड़ दी।

"जयहिंद" शैलेन्द्र ने इतना ही कहा केवल।

समय चार का हो चुका था। जाड़ों की धूप बुरी नहीं मालूम पड़ रही थी। शैलेन्द्र ने साइकिल पहले से कुछ अधिक तेज कर दी। निरुपमा का फ्रॉक—'फ़रर-फ़रर' करके उड़ने लगा। एक हाथ से वह उड़ते हुए बाल भी मुख से हटाती आ रही थी। गंभीर मुख किए शैलेन्द्र नियमित रूप से साइकिल के पैडिल चलाए जा रहा था। अभी भी मार्ग के ताँगे-इक्के और स्त्री-पुरुष अधिक नहीं हुए थे। रविवार था।

1-6-46 ऐसे समय चुप रहना निरुपमा के स्वभाव के विरुद्ध था। पिटकर उस लड़के को कैसा लगा होना, ताँगे वाला उसकी ओर कैसा मुख बना रहा था, आदि बातें कहने के लिए वह अंदर ही अंदर मचल-सी रही थी। किंतु शैलेन्द्र का मुख देखकर उसे साहस भी नहीं हो रहा था कुछ कहने का। कितनी कठिनाई से यह क्षण बीत रहे थे वही जान सकी होगी। मन बहलाने के लिए वह इधर-उधर बने मकानों आदि को देखती चल रही थी।

शैलेन्द्र का मस्तिष्क इस समय स्थिर नहीं था। जैसे किसी बड़े कारखाने का सारा कोलाहल पुंजीभूत होकर उसके सिर में गूँज उठा हो। इस समय उसे स्वयं नहीं मालूम था कि वह क्या सोच रहा है, केवल चुप था और इच्छा थी कि चुप ही रहे। दो घटनाएँ प्रचंड रूप से उसके कल्पना नेत्रों के सामने मूर्तिमान हो उठी थीं—वह सिनेमा की और यह आज की। जब भी वह इन दोनों घटनाओं की तुलना करता तो उसे लगता उसके ज्ञानतंतु द्रुति गति से उष्ण हो उठे हैं, तभी वह किसी बात का निरूपण करने में स्वयं को असमर्थ पाता। उस समय उसकी इच्छा होती कोई ऐसा कठिन नियम बना दे इन आवारा लड़कों के प्रति, कि फिर घूरने का साहस ही न रहे इन्हें किसी लड़की को। इनके नैतिक चरित्रों का कितना पतन हो गया है। जहाँ भी किसी लड़की को देखा, लगे उल्लुओं की भाँति ताकने—क्या किसी से भी इनका बहिन का संबंध नहीं है। इनके घर वाले नहीं रोकते इन्हें?

और धीरे-धीरे उसकी समझ में आने लगा कि यह सब दोष है शिक्षा का—शिक्षालयों के त्रुटिपूर्ण ढंग का जहाँ चरित्र-निर्माण पर कोई ध्यान नहीं दिया जाता। अयोग्य से अयोग्य विद्यार्थी पुस्तकें रटकर योग्य बन जाता है। उसकी नैतिक

दुर्बलताओं से उन्हें कुछ मतलब ही नहीं है।

"क्यों भाई साहब" गिर न जाय इस डर से बहुत धीरे से आसन बदलकर निरुपमा ने पूछा, "ये लड़के क्यों तंग करने लग जाते हैं लड़कियों को देखकर? निशा जीजी कह रही थीं, उनकी एक सहेली को लड़के बहुत तंग करते थे, बहुत कोशिश के बाद वह उन्हीं (निशा) के साथ स्कूल की मोटर में जाने लगी–पहले ताँगे में जाती थी। क्या आदत है यह इनकी?"

शैलेन्द्र ने कुछ नहीं सुना। निरुपमा की पहली बात ही उसके मस्तिष्क में विद्युत-गति से तीन-चार बार टकरा गई–"क्यों करते हैं यह लड़के ऐसा?" यही प्रश्न उसके अंदर घुमड़-घुमड़ कर चक्कर खाने लगा। "क्यों करते है? क्यों करते है?" इस उठते हुए प्रश्न को मननपूर्वक ध्यान से सुनता हुआ वह एक अज्ञात आवेश से भरकर तेजी से साइकिल चलाने लगा।

तेज साइकिल में निरुपमा डरती तो नहीं थी, किंतु इस बार उसे आश्चर्य हुआ, शैलेन्द्र की यह अवस्थाएँ उसकी समझ में नहीं आ रही थीं। हवा के कारण, अपने अर्ध-उन्मीलित नयनों के ऊपर से ईषद स्वर्णाभ वालों को हटाती हुई वह अधिक सावधान हो गई। वायु स्पर्श से मुकुलित, उसकी आकर्षक मुद्रा और भी प्रस्फुटित हो उठी। उसके मुख पर अब भी अपने प्रश्न का उत्तर जानने की उत्सुकता पसर रही थी।

बार-बार उस एक ही प्रश्न को दुहराता हुआ शैलेन्द्र अपने में निमग्न था। बिना अधिक शक्ति लगाए हुए उसके पैर, जितनी भी तेज साइकिल चला सकते थे चला रहे थे। पर साइकिल वह चला तेज उतनी ही रहा था जितनी कि उसके विचारों को भंग न करे।

सहसा उसे लगा कि उसका प्रश्न सरल हो उठा है। बड़ी सरलता से वह इस प्रश्न को शांतचित्त से हल कर सकता है। और उसका हल क्या हो सकता है, इसका अस्पष्ट सा भावार्थ भी उसकी समझ में आ चुका। यद्यपि इस प्रश्न का निश्चित उत्तर वह नहीं दे सकता था, तो भी इसके लिए उसे अधिक विकलता नहीं थी–धीरे-धीरे वह निकाल ही लेगा। और उसकी चिंता, यह उलझन जो उसके विवेक को इतनी देर से भरी बैठी थी–अब धीरे-धीरे लुप्त हो रही है। उसे अनुभव हुआ, तेज़ साइकिल पर लगती हुई वायु उसके मस्तिष्क को शांति प्रदान कर रही है, शीतल कर रही है। उसने साइकिल की गति मंद नहीं की।

किंतु साइकिल उसे मंद करनी पड़ी। सामने हरे-पीले, लाल, और बैंगनी रंगों से जैसे सड़क भरी पड़ी हो। ईसाई लड़कियाँ गिरजे से लौट रही थीं। कोई इधर-कोई उधर–जैसे किसी ने फूल बिखेर दिए हों असावधानी से। चंचल और अल्हड़–इधर-उधर थिरक रही थीं सड़क पर। पचास-साठ होंगी कोई। विभिन्न स्वरों, पदचापों से सड़क का वातावरण मुखरित हो उठा था।

शैलेन्द्र एकदम हकबका गया। उसकी जैसे साँस रुक गई। इतनी देर से विचारों में निमज्जित होने के कारण जो वह दूर तक की सड़क नहीं देख सका था, इस बात को लेकर वह अपने ऊपर झुँझला-सा पड़ा। साइकिल उसने धीमी कर ली। झेंपा हुआ सा मुँह किए, सिर झुकाए अविराम साइकिल की घंटी बजाता हुआ वह विवश और यंत्रचालित-सा साइकिल चलाने लगा। पास आने पर उसने अनुभव किया जैसे वहाँ का वायु मंडल—विलायती सेंट, तेल, और क्रीम की सुगंधि से विभोर-सा हो—नहाया-सा। एक मादक प्रभाव सारे में व्याप्त हो। सड़क के एक ओर से वह बचकर निकलने लगा। न जाने कैसी एक शक्ति से, प्रेरणा से—एक क्षण को उसका सिर उठा—कट्टर निरीक्षक जैसी एक तीव्र दृष्टि झुंड पर डाली और सिर झुकाकर साइकिल तेज़ कर दी—इतनी ही देर में उसने देख लिए थे—चमकते फैशनेबुल वस्त्र, ढंग से सँवारे हुए बाल, दोनों कंधों पर पड़ी हुई लंबी काली चोटियाँ या झीनी साड़ी से झलमलाते जूड़े—रंगबिरंगे फीते, ऊँची एड़ी के सैंडिल, उन पर झकझकाती हुई साड़ियाँ—उनमें से चमकते हुए पेटीकोटों की लेसें और छापे। लिपिस्टिक से रंगे हुए होंठ—'रूज'—लाली लगे हुए कपोल, सारे मुख पर चमकता हुआ 'पाउडर'। मुख पर असामयिक और कृत्रिम मुस्कराहट—बने हुए स्वरों से अनावश्यक हँसी, और अट्टहास। उसका हृदय घृणा से पूर्ण हो उठा।

पहले साइकिल धीरे-धीरे आ रही थी, अब एकदम तेज़ हो गई, लड़कियाँ तेज़ी से इधर-उधर हटने लगीं। बहुत-सी क्षुब्ध हो उठीं—किंतु बहुत कम, साइकिल के लिए मार्ग छोड़ती हुई वह निरुपमा को देखती रह जाती थीं। जैसे अंगारों पर से निकलकर आया हो इस तरह इस 'फुलवारी' को पार करके उसने आत्म संतोष की साँस ली—और इतनी ज़ोर से जैसे—उस तीव्र, प्रखर मादक सुगंधि के कारण बहुत देर से वह जो साँस नहीं ले पाया है, उस कमी को एक ही साँस में पूरी कर लेना चाहता हो। बाहर आकर घृणा से वह कह उठा—छिः छिः कितने छिछले विचारों की हैं यह लोग। पर इस बार उसकी वह विचित्र गंभीरता अधिक स्थिर नहीं थी—उसका वह प्रश्न जैसे अब और अधिक सरल हो गया है।

"तुम्हें डर तो नहीं लग रहा निरू?" अब जब उसे बात करने की आवश्यकता प्रतीत हुई तो उसने निरर्थक-सा प्रश्न किया।

"न, मुझे तो कई बार ले गए थे बाबूजी, अपनी साइकिल पर।" प्रफुल्लित से स्वर में निरुपमा ने उत्तर दिया।

"और गिरी कितनी बार?" शैल ने बात खींची।

"वाह! गिरती काहे को।" निरुपमा ने कहा।

"अच्छा, अब गिरा दूँ—तो?" शैलेन्द्र ने अब साइकिल और तेज़ कर दी।

"नहीं गिरा सकते।" और खिल-खिल करके उसने अपनी मधुर हँसी बिखेर कर साइकिल को कस के पकड़ लिया।

"अच्छा निरू, तुम एक कहना मानो।" शैलेन्द्र ने विषय बदला।

"क्या?" शैलेन्द्र को चुप देखकर उसने आतुर स्वर में पूछा—"बताइये।"

"तुम खद्दर पहना करो।" कुछ हिचककर उसने कहा।

"क्यों?—खद्दर तो भाई, बहुत मोटा—खुरदरा होता है।" निरुपमा ने आपत्ति की फिर धीरे-धीरे शैलेन्द्र ने उसे खद्दर का महत्त्व समझाया।

हिन्दी की पाठ्य पुस्तक लिए हुए निशा रेखा के पास ही जमी थी। पास ही लीला बैठी हुई थाली में चावल साफ़ कर रही थी।

"आ गए, मुझे बैठे हुए आध घंटा हो गया।" जैसे ही शैलेन्द्र बैठा, निशा ने उपालंभ से कहा।

अब वह निशा से उतना, लज्जित नहीं होता। बैठते ही उसने तीव्र दृष्टि से निशा की ओर देखा—क्या बात है इन लड़कियों में, क्यों लड़के घूरते, बदतमीजी करते हैं। पर उस प्रश्न का उत्तर क्या होगा, कल्पना से इसका आभास पाकर ही वह सहम गया। उसने दाँतों से जीभ काट ली, छिः क्या सोचता है वह—किसके विषय में। हँसकर वह बोला—"तो, क्या हानि है, घर पर बैठकर भी तो 'रेडियो में' समय नष्ट करतीं।"

"समय नष्ट—" मुँह बिचकाकर रेखा ने कहा—"इनके समय का सदुपयोग तो बस पतंग, बहस, किताब और चर्खे में ही है।"

फिर शैलेन्द्र एकदम गंभीर हो गया। उसने सोचा—कभी वह इन्हीं चीजों के लिए निशा से बहस करती थी, और आज स्वयं ऐसी बात कह रही है—कितनी बदल गई है यह। वह चुप रहा।

निशा ने देखा, बहस और हठ की बात आ गई है, तो जल्दी से बोली—"अच्छा, आप पढ़ा दीजिए मुझे।"

शैलेन्द्र पढ़ाने को तैयार हो गया—तभी पीछे आती हुई निरुपमा आकर रेखा के पास बैठ गई। रेखा ने उसे संबोधित करके कहा—"निरू देखो, भाई साहब खिसिया गए।"

निरुपमा शैलेन्द्र के इसी रूप को मार्ग भर देखती आई थी। उसने कोई आश्चर्य नहीं प्रकट किया। रेखा थोड़ी देर तक बैठी रही फिर निरुपमा से पूछने लगी—"क्यों, कहाँ हो आईं तुम?"

"मैं—?" निरुपमा ने एक बार, भगवती चरण वर्मा की 'भैंसा गाड़ी' कविता का गम्भीर मुद्रा से अर्थ करते हुए शैलेन्द्र की ओर देखा, फिर बोली, "शैल भाई साहब के साथ गई थी संघ में—वहाँ अब भाई साहब जाया करेंगे—छुरे लाठी सब चलाना सिखाया जाता है वहाँ—ये भी चलाया करेंगे।"

"ये—?" बीच में ही सिर उठाकर लीला ने कहा—हँसते हुए—"ये कहीं नहीं जाएगा निरू, इसे तो घर में ही बातें बनानी आती हैं बस।"

"हाँ, यह भाई साहब कहीं नहीं जाएँगे—छोड़ेंगे ही नहीं पतंग, चरखा, किताबें फिर निशा और मुझसे बहस।" रेखा ने प्रतिपादन किया।

2-6-46 शैलेन्द्र ने सुन लिया, हृदय में जैसे कुछ चुभ गया हो, पर ऊपर से तनिक भी ध्यान न दिए हुए वह निर्बाध रूप से अर्थ करता रहा। निशा ने सिर उठाकर रेखा की ओर देख लिया, बस।

रेखा ने शैलेन्द्र की ओर मुस्कराकर देखा फिर निरुपमा से पूछा—"साइकिल पर गई होओगी?"

निरुपमा ने सिर हिलाया केवल, उसे लीला की यह बात अधिक अच्छी नहीं लगी थी।

"बहुत घूमना सीख गई है, अब।" लीला ने निरुपमा से कहा।

"हाँ, जी तुम हमें बताओ।" लीला की उपेक्षा करके रेखा ने हाथ पकड़कर निरुपमा को अपनी ओर खींच लिया—"और कहाँ गई?"

"और जीजी क्या हुआ?"—सब कुछ भूलकर प्रसन्न स्वर से उसने कहना प्रारम्भ किया—"कि रास्ते में एक लड़की ताँगे में जा रही थी, उसे एक लड़का तंग करता हुआ जा रहा था—मुकर्जी है न उसने ताँगा रोक लिया—"

"कौन मुकर्जी?" कुछ याद करने का प्रयत्न-सा करते हुए बीच ही में रेखा ने पूछा।

"मुकर्जी को नहीं जानतीं, आप?" आश्चर्य से निरुपमा ने भी पूछा।

"अरे, वही पतंगबाज़।" लीला ने स्वर में क्षुद्रता के भाव लाकर कहा।

शैलेन्द्र ने सुना, वह उसी तरह अर्थ समझाता रहा।

"अच्छा, अच्छा।" माताजी कहीं सीमा से आगे न बढ़ जाएँ, इसलिए शीघ्रता से रेखा ने कहा।

"तो उसी ने साइकिल, रोककर ताँगा रोक लिया, और शैल भाई सा'ब ने ऐसे ज़ोर का चाँटा मारा कि—बस!"

शैलेन्द्र मुस्कराया थोड़ा-सा इस बार।

"इन्होंने?" आश्चर्य से रेखा ने पूछा, फिर कहा—"लड़की को देखकर इनकी तो दम निकल गई होगी, वहीं।"

जो कुछ कविता में पूछना था, उसे शैलेन्द्र समझा चुका था। उसके सब द्रोहात्मक भाव जो इतनी देर तक उसके अंदर उठते रहे थे, लुप्त हो गए। हँसकर उसने कहा—"बड़ी दम निकली—निरू से पूछो।"

"निरू से क्या पूछें?" पुस्तक बन्द करके निशा बोली—"पानी को तो पान बोलते हैं—हम स्वयं जानते हैं।"

निशा और रेखा दोनों अब एक हो गई हैं—शैलेन्द्र को चुप हो जाना पड़ा।

"तो मारा होगा, इसमें कौन-सी नई बात है?" इस बार लीला ने शैलेन्द्र का

पक्ष लिया।

"मारने को मैं कहाँ मना कर रही हूँ—मैं तो कह रही हूँ सिर तो उठाया नहीं जाता इनसे नए आदमियों के सामने।" रेखा ने अकुण्ठित भाव से कहा—"और बदतमीज़ लड़कों को तो मारना ही चाहिए—लड़कों से और आता क्या है?—लड़कियों की तरफ़ घूरना और....।"

"सभी लड़कों की क्यों कहती हो?" शैलेन्द्र ने जैसे परोक्ष में अपना बचाव किया।—"जो लड़के बिगड़ जाते हैं वही ऐसे हो जाते हैं।"

"जी नहीं, सभी ऐसे होते हैं—।" निर्द्वन्द्व रूप से रेखा ने खंडन किया। फिर धीरे से कृत्रिम हँसी के साथ बोली—"घर पर तो सभी सीधे-सादे दिखाई देते हैं, किसी के ऊपर तो लिखा नहीं है।"

शैलेन्द्र कुछ अप्रतिभ हो गया। अप्रत्यक्ष रूप से लीला को सम्बोधित करके उसने धीरे से स्वीकार किया—"यह तो सब माता-पिता के ऊपर निर्भर है, जैसी वह शुरू से देखभाल करेंगे, वैसे ही बालक हो जाएँगे।"

"नहीं जी, लड़के सब होते ही हैं।" रेखा ने फिर दुहराया।

बिना सुने, समझने का प्रयास किए रेखा बार-बार एक ही शब्द कहती जा रही है, शैलेन्द्र थोड़ा विरक्त हो उठा।

"कब से हैं तेरे इम्तहान?" लीला ने पूछा, "चलेगा तू सीकरी?"

"चला चलूँगा—कल से हैं।"

"बीच में चार दिन की छुट्टियाँ भी तो हैं न, तभी चलेंगे।"

निशा इतनी देर से चुप बैठी थी, उठकर जाने को तैयार होती हुई बोली, "अच्छा माताजी, अब चलें, पढ़ना है कुछ—आओ निरू।"

"अच्छा" लीला बोलीं, "अपनी माताजी को भेजो निशा, बहुत दिन हो गए।"

निशा चली गई, पीछे-पीछे निरुपमा भी। मार्ग भर वह निरुपमा से सारा वृत्तान्त सुनती रही। अपने कमरे में जाकर उसने कहा, "तो उस समय शैल भाई साहब लज्जित नहीं हुए?"

"न।"

"मैं कहती हूँ निशा, इस बार तुम पास कैसे होओगी?" तभी द्वार पर से झमककर, सविता ने कहा, "अब तीन घण्टे में वहाँ से लौटकर आई हो और फिर बातें। थोड़ा पढ़ लो बेटी। और इस निरू का सिर तो मुझे फोड़ना है—अब घर का सब काम छोड़ दिया है, घूमने का नशा चढ़ा है।" "बिना सोचे समझे नाराज हो रही हैं आप तो—पढ़कर ही तो आ रही हूँ—नौकर है वह देवा, तो भी निरू के ही पीछे क्यों पड़ी रहती हैं आप?" अकुंठित रूप से उसने कहा।

भुनभुनाती हुई सविता चली गईं। वह अधिक मनोयोग से निरू से बातें करने में दत्तचित्त हो गई।

14

3-6-46 "शैल, शैल बाबू।"

"कौन है?" अंदर से तीव्र स्वर आया, साथ ही द्वार खोल कर हरेन्द्र ने देखा, मुकर्जी था। उसके मुख पर विरक्ति छा गई।

"शैल बाबू हैं?"

"हैं," अत्यंत उपेक्षा से उसने कहा, "हाथ में चोट आ गई है, कल संध्या को गिर पड़े थे पतंग उड़ाते में।"

"गिर पड़े—कौन? शैल, कहाँ से?" मुकर्जी के स्वर में उद्विग्न विकलता प्रतिभासित हो उठी—"कहाँ हैं इस समय?"

"अपने कमरे में" हरेन्द्र ने कहा, फिर वह घर के अंदर चला गया।

मुकर्जी थोड़ी देर तक बाहर खड़ा प्रतीक्षा करता रहा, फिर बिना किसी ओर देखे कुछ हिचकता सा वह शैलेन्द्र के कमरे के द्वार पर आ खड़ा हुआ। गले में रूमाल के साथ (शिलिंग) पट्टी बँधा हुआ अपना बायाँ हाथ लटकाए शैलेन्द्र आरामकुर्सी पर आराम से लेटा हुआ था, मुख और हाथों में स्थान-स्थान पर खरचटें और उन पर लगा हुआ 'टिंचर'। शैलेन्द्र के मुख पर शिथिलता-सी बरस रही थी। मुकर्जी को द्वार पर देखकर उसके मुख पर फीकी-सी एक मुस्कराहट आ गई। उसमें स्वागत का भाव लाकर उसने कहा—"जयहिंद, आओ भाई मुकर्जी।"

मुकर्जी पास की कुर्सी पर आकर बैठ गया। उसके मुख पर अब भी आश्चर्यमयी जिज्ञासा थी। शैलेन्द की स्वागतमयी मुस्कराहट के प्रत्युत्तर में मुस्कराकर भी वह मुस्करा नहीं सका—"यह क्या?" उसने पूछा?

"उहुं, यह तो है ही" अत्यंत उपेक्षा से शैलेन्द्र ने कहा, "तुम बताओ कैसे हुए कल के पर्चे?"

"पर्चे-वर्चे तो सब ठीक-ठाक हैं, बताओ पहले तुम, यह क्यों?"

"कुछ नहीं, पैर फिसल गया छत से..."

"कहाँ से? अधिक तो नहीं आई चोट?"

4-6-46 "ओफ़ हो, तुम तो पीछे पड़ गए भाई..." हँसकर शैलेन्द्र ने कहा, "अपनी छत से मामी की छत पर गिर पड़ा, हाथ की हड्डी में कुछ झटका आ गया है बस, अब बताओ।"

"घातक तो नहीं है?" मुकर्जी ने कुछ संतोष से कहा, "अच्छा हुआ, तुम आज ही गिरे, और आज से ही छुट्टियाँ प्रारम्भ हैं। चार दिन में काफ़ी ठीक हो जाएगा। अच्छा, तुम्हारे कैसे रहे कल के? मेरे संतोषजनक हैं।"

"अरे, सब अच्छे ही हैं, छोड़ो इसे।" उपेक्षा से शैलेन्द्र बोला, "आज कल तुम दिखाई क्यों नहीं देते?"

"आज कल हमारा शिक्षाक्रम जोरों पर चल रहा है। इसीलिए तो मैंने कहा था तुमसे, खैर अब सही। जल्दी ठीक हो लो।"

5-6-46 शैलेन्द्र ने कोई उत्तर नहीं दिया। थोड़ी देर मौन रहकर उसने कहा, "और बताओ क्या हाल हैं कॉलेजी संसार के।"

"कुछ नहीं वही पुरानी बातें हैं सब, और एक दिन में बदल भी क्या-क्या सकता है।" कहकर मुकर्जी थोड़ा हँसा, फिर विषय परिवर्तन करके बोला, "सुनते हैं रशीद और विनोद पर्चे 'आउट' करने की तरकीबें लड़ा रहे हैं।"

"वह तो उनकी आदत ही है...।" कहकर शैलेन्द्र आरामकुर्सी के हत्थे पर रखी हुई एक पुस्तक के पृष्ठ खोलने लगा।

"कौन-सी किताब है?—छुट्टियों के पश्चात हिस्ट्री ही तो है न?"

"नहीं पाठ्य पुस्तक नहीं है यह—परीक्षा के दिनों में पाठ्य पुस्तकें पढ़ना मेरा स्वभाव नहीं है।" किंचित गर्व से शैलेन्द्र ने कहा।

"तो कौन-सी पुस्तकें हैं? यही तो पूछ रहा हूँ मैं।"

" 'सुनीता' है जैनेन्द्र का उपन्यास।"

"मैंने भी पढ़ा था, मेरी समझ में तो भाई कुछ भी नहीं आया यह।"

शैलेन्द्र मुस्करा दिया।

6-6-46 मुकर्जी थोड़ा उठने का प्रयत्न सा करता हुआ बोला, "हाँ तो शैल बाबू, आज आप निश्चित रूप से बता दीजिए। कई लड़कों से ज़िक्र किया था मैंने अधिकांश राजी हैं। दिनेश है न, वह तो बुरी तरह उत्सुक है, कल पीछे पड़ गया।"

"अच्छा वह," शैलेन्द्र हँस पड़ा। "बहुत याद रखा आपने।"

"अरे जो काम करना है उसमें टालना, और भूलना क्या?" कुछ साहस से मुकर्जी ने दूसरी ओर देखते हुए कहा, "मैं कहूँगा शैल बाबू, आप उचित रुचि नहीं ले रहे इसमें।"

शैलेन्द्र एकदम चैतन्य हो उठा। उसने मुकर्जी की उत्सुकता कार्य तत्परता से अपनी तुलना की तो उसे मुकर्जी की बातों में सत्यता का आभास हुआ। उसे अपने अंदर ग्लानि की लज्जा उद्भूत होती सी प्रतीत हुई। उसके ओठों पर स्वीकार सूचक मुस्कराहट आ गई। सावधान होकर उसने कहा, "आपने यह अनुमान कैसे लगा लिया कि मैं इस ओर से उपेक्षित हूँ...."

उसे रोककर मुकर्जी ने उठते हुए शीघ्रता से कहा, "तो आप तैयार रहिए बस।" और मुकर्जी उठकर कमरे से बाहर निकल गया।

शैलेन्द्र आदरपूर्वक ध्यान से उसकी पदचापों को सुनता रहा। मुकर्जी के प्रति

उसके अंदर सम्मान का भाव था, उसकी लगन और देशभक्ति के सामने मन ही मन वह अपने को छोटा माने हुए था। साथ ही उसे यह भी ज्ञात था कि मुकर्जी भी उसको इसी भाव से देखता है। मुकर्जी और अपने स्वभाव की तुलना करता हुआ वह अपने प्रत्येक स्वभाव का विश्लेषण करने लगा। और अंत में उसके मुख से गर्वमय लज्जा की हल्की-सी श्वास निकल पड़ी।

आँखें बंद करके वह भविष्य के विषय में सोचने लगा। मुकर्जी की सहायता से एक संगठित संघ का निर्माण वह करेगा। इसका उद्देश्य क्या होगा इसके विषय में भी उसने निश्चय कर लिया। अपने अध्ययन पर उसे गर्व था। सारे अध्ययन का बल लगाकर शैलेन्द्र ने सशस्त्र क्रांति का मार्ग ही चुना था। किंतु एक झिझक सी उसके अंदर भरी हुई थी। वह मन लगाकर 'सुनीता' पढ़ने लगा।

''पतंग लाऊँ भाई सा'ब!'' हँसती हुई रेखा आकर कुर्सी के हत्थे पर झुक कर, जिस पृष्ठ पर शैलेन्द्र पढ़ रहा, उसी पर ज़ोर-ज़ोर से पढ़ने लगी।

''लाओ....यह क्या पढ़ने दो...।'' शैलेन्द्र का मन इस समय विनोद की इच्छा नहीं कर रहा था।

''उहुँ, जब देखो तब पढ़ना, पतंग उड़ाना, अब आप कैसे होते जा रहे हैं।'' रेखा ने उसके हाथ से पुस्तक छीनकर एक ओर रख दी।

''हूँ जैसा तुमने कर डाला।'' शैलेन्द्र 'बच्चन' की इस पंक्ति को कुछ दबे हुए कंठ से गाने लगा।

''हिश् यह क्या बदतमीजी। या तो पतंग उड़वा लो इनसे या यह बदतमीजी करवा लो।'' तुनककर रेखा ने कहा।

''भई, तुम मेरी पतंगों के पीछे क्यों पड़ी हो? उस दिन माताजी, निशा सबके सामने ले के आपने कहना प्रारंभ कर दिया।''

''हम तो खूब कहेंगे सा'ब'' हमसे रेखा ने कहा, ''वैसे तो बड़े विद्वान बनते हैं, अपनी ये आदत नहीं छोड़ सकते।''

''तो इस तरह से तुम छुड़ा भी नहीं सकतीं।''

''मुझे गरज़ क्या पड़ी खूब उड़ाइए।''

''इस ज़रा से गिरने से मैं घबराता थोड़े ही हूँ—अब उड़ाने के वक्त में कुछ समय बढ़ाऊँगा।'' दृढ़ स्वर से शैलेन्द्र बोला।

''सो तो आप बढ़ाएँगे ही'' रेखा का स्वर निडर था—''हम कोई ज़रा-सा काम करते होते तो पीछे पड़ जाते। चार महीने होने आए, तेल लगा लिया था ज़रा, सो अभी तक आपके मिजाज़ ठिकाने ही नहीं हैं। हाँ जी, हमें कौन पूछता है। निशा के सामने।'' धृष्टता से रेखा ने कहा। शैलेन्द्र को भासित हुआ जैसे उसके हृदय का कोई दूसरा भाव भी उसके स्वरों में था।

''तो भाई तुम्हारी तरह अँग्रेजों की नकल तो मुझसे होती नहीं है।'' अपनी

आरामकुर्सी के हत्थे पर बैठी हुई रेखा की ओर उसने देखा।

"बस, यही बात मत कहा कीजिए आप। ज़रा आकर बैठे, तो बस यही छेदने वाली बातें। क्या नकल करते हैं सा'ब हम? इसीलिए मैं आकर बैठती नहीं हूँ।"

शैलेन्द्र की इच्छा हुई कह दे–"तो मैं ही कौन तुम्हें बुलाने गया था?" पर जैसे भविष्य के विषय में सोच वह चुप रह गया। तब उसे अनुभव हुआ कि रेखा की उसे आवश्यकता है–लड़ने को ही सही।

"अब बताइए न?" रेखा कुछ सोच रही थी, एकदम नाक के स्वर में भुनभुनाती हुई बोली।

"फ़ैशन।" दबे हुए स्वर में उसने कहा–फिर उसने परीक्षक की तरह रेखा की ओर देखा।

7-6-46 रेखा इसे पहले से ही जानती थी। उसकी आँखें कुछ आर्द्र हो उठी थीं। आज उसकी इच्छा लड़ने की भी नहीं हो रही थी। वह थोड़ी देर तक यों ही निश्चल बैठी रही, जैसे सोच रही हो गंभीरतापूर्वक। फिर अपने अवरुद्ध कंठ को परिष्कृत करके उसने विनम्र और आग्रहपूर्वक पूछा–"अच्छा बताइए भाई साहब, क्या फ़ैशन करती हूँ मैं? खुद ही कहते थे आप निशा के लिए पहले, अब मुझसे ऐसे कहने लगे।"

शैलेन्द्र को दुख हुआ। अब, जब रेखा के पूछने पर वह सोचने लगा कि वह क्या फ़ैशन करती है, तो उसे आश्चर्य हुआ कि वह उत्तर देने में असमर्थ है। क्या बताए वह। व्यर्थ ही अपनी हठ से उसने रेखा को व्यथित किया।

"पाउडर मैं लगाती नहीं, रूज और 'लिपिस्टिक', मैंने देखी नहीं कभी, बहुत साधारण-सी यह धोती है। यह ब्लाउज भी।" धीरे-धीरे रेखा अपनी सफ़ाई-सी देने लगी। अब शैलेन्द्र पूर्णतया निरुत्तर हो उठा। एक प्रकार की ग्लानि धीरे-धीरे उसके अंदर भरने लगी। उसे स्वयं अपने पर झुँझलाहट-सी होने लगी, उसे मतलब क्या इनसे। बहुत सोचकर उसने कहा, "तुम मेरी बातों की ओर ध्यान मत दिया करो रेखा! मैं तो वैसे ही हूँ पागल सा।"

"बताइए न, अब बहाने क्यों बनाते हैं?"

"नहीं सच मैं तो वैसे ही, तुमसे लड़ने के लिए कह रहा था।" उसके मुख पर वही विचित्र गांभीर्य था।

रेखा मौन हो गई। सत्यासत्य की परीक्षा के लिए उसने एक बार शैलेन्द्र के मुख की ओर देखा, फिर कुछ झिझकती हुई सी विचारपूर्वक बोली, "तो सा'ब, आपको इस प्रकार नहीं कहना चाहिए। कितना बुरा लगता है, कोई आपसे कहे, तो पता लगे।"

यद्यपि शैलेन्द्र के हृदय से यह लुप्त नहीं हुआ, तो भी उसे स्वीकार करना पड़ा। अब उसने बिल्कुल चुप रहना ही ठीक समझा।

"अब तो आपको निशा ही सब कुछ है, वह जो भी कुछ कर रही है सब ठीक है वह ज़रा खद्दर पहन लेती है, पन्द्रह-बीस मिनट तकली कात लेती तो आप समझने लगे बड़ी सीधी है वह। देखिए, कहीं जाती हो तो कैसी बन-ठनकर निकलती है।" एक ही साँस में रेखा सब कह गई।

"तो भाई, मैं उस दृष्टि से थोड़े ही कह रहा हूँ—मैं तो कहता हूँ कि तुम लोग जितना समय, कपड़ों के चुनाव में, स्कूल की गप्पों में, और दूसरी वस्तुओं में नष्ट करती हो, उसमें से थोड़ा यदि देश के विषय में लगा दो तो बुराई क्या है? स्कूल में तो यह बातें सिखाई जाने से रहीं!" कहते-कहते शैलेन्द्र को मालूम हो गया कि उसकी कुर्सी के पीछे की ओर निशा आकर खड़ी हो गई है, वह बिल्कुल भी नहीं झिझका स्वाभाविक गति से कहता गया—"तुम्हें यह सब स्वयं सीखनी चाहिए। तुम्हीं—माता और बहिनें ही तो होती हैं जो अपनी संतान और भाइयों का निर्माण करती हैं। शिक्षित होने का अर्थ यह तो नहीं है कि तुम स्कूल में जो कुछ पढ़ लो, दो या तीन बार दुहरा ही लो उसे घर आकर—या इम्तहानों में अच्छे नम्बरों से पास हो लो, बस। यदि तुम अपनी स्थिति को नहीं समझ सकीं तो शिक्षित होना व्यर्थ है। फिर तुममें और अशिक्षितों में अंतर ही क्या है। यही तो अंतर है न, शिक्षितों और अशिक्षितों में कि अशिक्षित अपनी परिस्थितियों से अनभिज्ञ होते, निर्मूल रूढ़ियाँ उनके मस्तिष्क में भरी रहती हैं, अंधविश्वासों से उनकी आँखें बन्द रहती हैं, बस। और इन्हीं अपवादों को दूर कर देने का नाम है शिक्षित होना। मुझे बताओ तुममें कितनी यह बातें आ गई हैं। अपनी परिस्थिति तुम्हें नहीं मालूम कि हम दिन-दिन क्या होते जा रहे हैं। अशिक्षितों को गँवार कहकर तुम हँस देती हो, क्योंकि वह तुम्हारी तरह की चालाकियाँ नहीं जानते, तुम्हारे समक्ष बात नहीं कर सकते, और तुम्हारी तरह की उच्छृंखलता—जिसे तुमने निर्भीकता का नाम दे लिया है—नहीं जानते। उनके भोंडे शृंगार-प्रेम और आभूषण-आसक्ति को देखकर तुम घृणा से नाक सिकोड़ लेती हो—हँहः क्या इन बेड़ियों, हथकड़ियों, और नकेल जैसे गहनों के ऊपर जान देती हैं यह लोग—लड़ जाती हैं अपने संरक्षकों से, पर तनिक अपने इस पाश्चात्य शृंगार की ओर ध्यान दो किस बुरी तरह टूटती हो कपड़ों के ऊपर, शृंगार की सामग्रियों के ऊपर। अशिक्षितों के संस्कारों—रूढ़िगत—के प्रति तुम्हारे हृदय में विद्रोह, हिंसात्मक प्रतिवाद अंदर भर उठता है, पर अपने उन अंधविश्वासों की ओर तुम नहीं देखतीं, स्कूल में जो तुमने सीखा और देखा है, वह जैसे सब बज्र रेखा है। अपने वंशजों के प्रति इतिहास के प्रति तुम्हें तनिक भी सहानुभूति नहीं है कि जो कुछ अँग्रेज कह देते हैं, वह जैसे ध्रुव सत्य है। अपनी इसी छिछली प्रवृत्ति के कारण तुमने अपनी आत्मा को निर्बल बना लिया है। तुम स्वयं उस पर विश्वास नहीं करतीं। अस्थिर चित्त से तुम हृदय और आत्मा के ऊपर बोलती हो, पर इनसे लाभ क्या? तुम्हीं रेखा, कितना ध्यान रखती थीं देश का, कितनी सहानुभूति है तुम्हें अपने नेताओं से। अब

तुम्हीं बताओ कितनी सहानुभूति है? तेल से मुझे घृणा नहीं है, पर बताओ उससे लाभ क्या? मैं तो हानि ही देख रहा हूँ उलटी; बिल्कुल जैसे निशा से तुमने विचार परिवर्तन कर लिए हों।''

''शिक्षित होने का अर्थ है, अपने को समझना, जिससे देश में परिवर्तन हों, उन्नतिमूलक, पर बताओ, कितनी उन्नति हो रही है? जो कुछ थोड़ी-सी अँग्रेजी पढ़ गए हैं वह अपनी साहिबी में मस्त हैं। अपने को एक विशिष्ट वर्ग का समझ बैठे हैं। वह अपने को सीधा 'लन्दन रिटर्न्ड' ही समझते हैं। दूसरा वर्ग है मध्यम श्रेणी के नौकरी पेशा लोगों का। परिस्थितियों में जकड़े हुए वह अपने को भूले हुए से प्रवाह में बह रहे हैं। सभ्य बनने की धुन में। इस प्रकार सैकड़ों वर्ग बन गए हैं अलग-अलग। एक-दूसरे को हम घृणा और क्षुद्रता से देखते हैं, कितनी खाई बन गई है एक-दूसरे के बीच में, जबकि शिक्षा का अर्थ है संगठित होना तो शिक्षा का अर्थ तो यह नहीं है।''

''अपने को यों भूल जाने को ही मैं फ़ैशन कहता हूँ। शिक्षा का अर्थ तुमने गलत लिया है–ढंग से रहने का अर्थ तुमने समझा है बाहरी दिखावा, थोथी निर्मूल और निराधार टीपटाप, बनाव और शृंगार। सत्य के अर्थ में तुमने अपनाई है उच्छृंखलता, औद्धत्य! आत्मविश्वास को हठ और जिद के अर्थ में ग्रहण किया है तुमने। इसी में कितनी हानि हो रही है देश की। कितने अरब रुपये देश के चले जाते हैं। तो कह मैं यह रहा हूँ कि अपनी आत्मा को शक्तिशाली बनाओ, स्वयं को पहचानो। तुम्हीं पर देश का भविष्य निर्भर है, यों राष्ट्र को बहकाओ मत।'' बात समाप्त करके शैलेन्द्र आत्मविश्वास से तन-सा गया। एक अज्ञात प्रसन्नता, संतोष उसकी छाती में भर उठा, सत्य कहने में वह हिचका नहीं। बिना किसी संकोच, झिझक, स्वाभाविक दुर्बलता की उपेक्षा करके वह जो यथार्थ कहता आया है इसके लिए उसका सिर गर्व से उठ सा गया।

''उहुँ, आपके बराबर दिमाग तो मेरा है नहीं'' एक झटके के साथ रेखा ने उपेक्षा और अवज्ञा से सिर हिला दिया–''समझाते तो हैं नहीं कभी, बस या तो गुस्सा हो जाएँगे या व्याख्यान देने लगेंगे।'' और वह झमकती हुई क्रुद्ध पगों को पृथ्वी पर पटकती हुई कमरे से बाहर चली गई।

शैलेन्द्र ने आँखें बंद कर लीं। एक व्यथा सी उसके मुख पर छा गई।

इतनी देर से उसने जो बका उसका अर्थ हुआ यह।

''निशा!'' सस्नेह शैलेन्द्र ने पुकारा।

''जी'' कुर्सी के सहारे टिकी हुई वह सोच रही थी।

''क्या कर रही हो पीछे?''

''कुछ नहीं, सुन रही थी।''

''तो इन नीरस बातों के सुनने से लाभ क्या?''

"मैंने तो देखिए कहा भी नहीं है ऐसे" व्यथित स्वर से वह बोली, धीरे-धीरे खिसककर वह रेखा के स्थान पर आ गई। कुछ झिझकती हुई सी टिककर खड़ी रही, बैठी नहीं।

शैलेन्द्र को लगा जैसे शीत की धारा सी उसके ऊपर से नीचे तक चली गई हो। फिर भी कुछ शिकायत के स्वर में उसने कहा, "देखा निशा, इसीलिए मैं कभी समझाता नहीं हूँ—इतना मैंने कहा, उस सबका अर्थ क्या हुआ?"

"तो आप सबको एक ही मापक से क्यों मापते हैं?" निशा ने पूछा। उत्तर लेना उसे आवश्यक प्रतीत नहीं हुआ। विषय बदलकर उसने कहा, "कैसा है आपका हाथ?"

"ठीक है।" उपेक्षा से उसने कहा, "क्या ज़रा-सी लग गई तो सभी पीछे पड़ गए।"

"तो आप ऐसा काम ही क्यों करते हैं?"

"अब चलीं तुम भी रेखा ही की तरह, चाहे कुछ भी हो मैं छोड़ूँगा नहीं पतंग उड़ाना।"

"क्यों?" निशा ने स्वर में माधुर्य लाकर पूछा। अब वह कुर्सी के हत्थे पर ठीक प्रकार से बैठ गई थी।

शैलेन्द्र सिहर उठा। तो भी हठ से बोला, "यों ही, मेरी इच्छा।"

"इच्छा-विच्छा कुछ नहीं जी, छोड़िए, आप इस लत को। इतना समय और किसी में जो लगाइए।"

उसके स्वर की इस माधुरी से शैलेन्द्र चौंका। आँखें खोलकर देखा। कुर्सी के हत्थे पर बैठी वह अविराम 'स्वेटर' बुन रही थी। वह कुछ नहीं बोली। "समझे आप, अब नहीं उड़ाएँगे पतंग।" अधिकारपूर्वक, मृदुल कंठ से उसने कहा। फिर झिड़की सी देकर बोली, "क्या आवाराओं की सी आदत सीख ली है यह।"

10-6-46 शैलेन्द्र ने आँख खोलकर निशा की ओर देखा। अवज्ञा और विरोध से उसके नेत्र तीव्र हो उठे थे। रेखा की ही बात को दुहराने आई है यह। इन्हें मतलब क्या? किंतु यह उसके क्षणिक विचार थे केवल देखने के अतिरिक्त वह कर कुछ नहीं सका। उसे जैसे एक अज्ञात आत्मतृप्ति का अनुभव हुआ।

"तो तुम धौंस दे रही हो?" सस्मित शैलेन्द्र ने पूछा।

"धौंस ही सही" धृष्टता से वह बोली, "यह तो लड़कों का स्वभाव ही है, जब गरदन दबाकर स्वीकार नहीं कराया जाए, वे मान ही नहीं सकते!"

शैलेन्द्र ने कुछ नहीं कहा। केवल उसके ओठ मुस्कराहट से किंचित कुंचित हो उठे। उसकी चेतना इस समय उसके वश में नहीं थी। एक अज्ञात पुलक उसके शरीर में भरकर उसे किसी दूसरे संसार में उड़ाए लिए जा रही थी—ऊपर—स्वर्ग के समकक्ष। वह अभी 'सुनीता' में पढ़ चुका है। हरिप्रसन्न सुनीता से भी स्त्री की शक्ति

के विषय में कहता है, वह स्त्री की महत्तर शक्ति की व्याख्या करता है। माँ, बहिन, भाभी, पुत्र, भाई और देवर—हरिप्रसन्न को अनुभव होता है—के संबंध के पीछे, परे रह जाते हैं नारी और पुरुष। इन दोनों में दीखता है आंशिक समर्पण आंशिक स्पर्धा। यह सब कहीं इतना उन्मुख है कि उसको अपने भीतर समा लेना चाहता है। एक में दूसरे पर विजय की भूख है, किंतु एक को दूसरे के हाथों पराजय की भी चाहना रहती है। वह तुलना करने लगा। सुनीता से निशा की। हरिप्रसन्न के पास एक दल है। उसका दल बनने जा रहा है। हरिप्रसन्न को एक नारी की आवश्यकता थी, सो उसे भी है। जो पराजय पर, असफलता पर उसे सान्त्वना दे सके, प्रोत्साहित कर सके। आवश्यकता पड़ने पर सबसे आगे रहकर विद्युत-सी फूँकती रहे।

'सुनीता' उसने अभी पूरा नहीं पढ़ा था, तो भी उसे लग रहा था, कि सुनीता और हरिप्रसन्न का जिस रूप में चित्रण हो रहा है, वह जिस रूप में आगे बढ़ रहे हैं, उसमें हरिप्रसन्न को सफलता की आशा कम है। किंतु ऐसी कोई बात उसे अपने और निशा के मध्य में नहीं दिखाई दे रही। उसे निशा की आवश्यकता है। उसे निशा को तैयार करना है। अपनी समस्त शक्ति से वह उसे तैयार करने में जुट जाता है। और यह परीक्षा जो पंजाब मेल की तरह दौड़ी चली आ रही है? हुँहः यह तो लगी ही रहती हैं। इनकी चिन्ता कहाँ तक की जाए। और यदि इनकी चिन्ता की जाए तो देश का कोई काम वह नहीं कर सकेगा।

निशा चुपचाप बैठी रही। शैलेन्द्र की इच्छा हो रही थी कि वह यों ही बैठी रहे। न जाने कैसे गर्व की अनुभूति उसकी रगों में आनन्द का संचार कर रही थी। उसके हृदय का स्पन्दन चपल था।

"अच्छा, अब तो चलें।" निशा उठकर चलने लगी।

"अरे, बैठो। करोगी भी क्या वहाँ—बस निरुपमा को डाँटोगी।" उसने कहा।

"अब मैं नहीं डाँटती देखिए, माताजी पड़ी रहती हैं उसके पीछे।"

"तो तुम रोकती भी तो नहीं हो। और नहीं रोकने का मतलब है तुम पसंद करती हो।"

रेखा फिर कमरे में लौट आई थी। एकदम बोली, "अब देख लो निशा तुम, इनकी बातें। तुम्हें आगे नहीं जाने देंगे। किसी न किसी तरह अपनी बात सिद्ध कर ही लेंगे।"

"तो मैं झूठ कह रहा हूँ? तुमने नहीं देखा, किस तरह यह दोनों पड़ी रहती थीं, बेचारी उस लड़की के पीछे।" कुछ उच्च स्वर से उसने कहा।

"सो तो था" रेखा ने स्वीकार किया—"पर अब तो निशा उसे प्यार ही करती है माताजी भले ही पीछे पड़ी रहें।"

निशा की ओर देखते हुए, मुस्कराकर शैलेन्द्र ने बोला, "मामी कुछ विचित्र स्वभाव की हैं।"

सच बात कहने में शैलेन्द्र हिचका। किंतु रेखा तो ऐसे अवसर को छोड़ने वाली नहीं है, झट बोली, ''विचित्र क्या जी, उनका स्वभाव बहुत वैसा है—संकीर्ण-सा। पुलिस की बुराई बिल्कुल नहीं सुन सकतीं।''

''हाँ, एक दिन लड़ने तो लगी थीं न इसी बात पर।'' शैलेन्द्र ने निशा की ओर देखा।

''हाँ, वह तो हैं ही ऐसी।'' निशा ने सविता का स्वभाव स्पष्ट किया—''असल में उनकी आदत है जो कुछ अच्छी चीज़ हो वह सब अपने तक ही रहे। वह अपने, और हम लोग यानी उनकी संतान तक ही सीमित रहना चाहती हैं। उनकी तनिक भी इच्छा नहीं है कि आप या और कोई मुझसे या निरू से बोले। देश-वेश उनके लिए कोई वस्तु नहीं है। जो कुछ है वह स्वयं और उनके बच्चे।''

''अरे छोड़ो भी।'' रेखा ने निशा का हाथ पकड़कर कुर्सी के हत्थे से उसे उतार लिया। शैलेन्द्र से दूर एक कुर्सी पर उसे बैठाकर वह चुपचाप बैठ गई।

''कहो न, क्यों खींचे-खींचे फिर रही हो?'' निशा बुनने के सामान को एक ओर रख के गोद में दोनों कुहनियाँ रखकर बैठ गई। दोनों हथेलियों पर अपना मुख रखकर वह अपलक रेखा की ओर देखती हुई बोली, ''कहिए? कपड़े मँगा दिए तुमने?'' रेखा ने पूछा।

''जी हाँ आप चलकर देख भी सकती हैं।'' रेखा ने कहा।

''अब देखें क्या।'' रेखा बोली, फिर उसने एकदम पूछा, ''हाँ, कोई दर्जी बताओ, तुम किससे सिलाती हो कपड़े?'' और वह प्रसन्न-मुग्ध दृष्टि से निशा के 'ब्लाउज' की 'डिजाइन' देखने लगी। ''बहुत अच्छा सिला है यह।''

''अरे यह क्या, स्कूल में प्रभा है न उसके कपड़े देखो तुम, तो देखती ही रह जाओ, इतने बढ़िया सिलाती है वह न जाने कहाँ? ठीक बता के ही नहीं देती!'' निशा पहले तो आत्मप्रशंसा से संकुचित हुई, फिर धीमे स्वर में बोली।

''हाँ वह,'' स्मरण करते हुए रेखा ने कहा, फिर उस पर अपनी सम्मति देती हुई बोली, ''कपड़े तो उसके अच्छे सिले होते हैं, पर उसे ढंग नहीं है पहनने का। सलवटें पड़ी रहती हैं कपड़ों में। एक कपड़ा पहन लिया कि बस उसे छोड़ने का नाम ही नहीं लेती। मेरी समझ में नहीं आता कि वह आख़िर दर्ज़ी का नाम क्यों नहीं बताती?''

''घमण्ड में वह दुर्गा से कम थोड़े ही है'' निशा ने स्कूल की एक दूसरी लड़की पर झुँझलाहट में सम्मति दे डाली।

''दुर्गा, लक्ष्मी, ये...वो, यह नाम मुझे बिल्कुल पसंद नहीं हैं।''

शैलेन्द्र चुपचाप 'सुनीता' में मन लगाने का प्रयत्न कर रहा था। पर वह लगा नहीं पा रहा था। वह उन्मन-सा होकर सुन रहा था इन दोनों लड़कियों की आलोचना और समालोचना। जब उससे नहीं रहा गया तो बोला, ''क्यों रेखा स्कूल की लड़कियों के अतिरिक्त तुम्हारे पास और कोई विषय नहीं है?''

"ये क्या?" रेखा झल्ला उठी—"आपको क्या मतलब, हम चाहे जिस विषय पर बातें करें।" और उनकी बातें फिर अबाध रूप से चल निकलीं।

शैलेन्द्र चुप हो गया। थोड़ी देर स्कूल आदि में घूमकर पुनः कपड़ों पर आकर ही टिक गई थीं।

11-6-46 "अच्छा चलो देखें कैसे हैं?" और रेखा निशा को उठाकर बाहर चल दी।

शैलेन्द्र इन दोनों के दृष्टिकोण के विषय में सोचने लगा। उसे लगा इनका दृष्टिकोण बहुत बाह्य और छिछला है। एक विरक्ति और घृणा उसके अंदर भरने लगी। वह शनैः-शनैः गंभीरतर होने लगा। निशा ने अभी कहा है कि माताजी सविता—अपने और अपनी संतान के अतिरिक्त किसी और का संसर्ग नहीं देख सकतीं। तो क्या वह भी उन्हें अखरता है? अखरता ही होगा, तभी तो....उहुँः इन लोगों की चिंता करेगा तो वह कोई काम कर ही नहीं सकेगा। यह बाधाएँ, व्यवधान तो उसे रोकेंगे ही, इनकी क्या चिंता? और कुछ होता रहे जी, वह अविराम अपना कर्तव्य करता रहेगा। देश को शीघ्र ही स्वतंत्र होना है। राजनीतिक उलझनें बढ़ती ही जा रही हैं। स्त्रियाँ इसमें पीछे क्यों रहें, उन्हें भी तो आगे बढ़ना है। अपने आप तो यह लोग—लड़कियाँ—बढ़ नहीं सकतीं, तो आख़िर किया क्या जाए?

आँखें बंद करके वह सोच रहा था। उसके बाबूजी कब कमरे में प्रवेश कर चुके हैं, वह नहीं जान सका। बाबूजी आकर शैलेन्द्र के बराबर वाली कुर्सी पर जब बैठे, तो वह चौंका—बाबूजी! एकदम 'ठक्' से रह गया, फिर लज्जा और संकोच से वह कटा सा जाने लगा।

"अधिक तो नहीं लगी?" बाबूजी गंभीर होकर कुछ सोच रहे थे। शैलेन्द्र को चौंकता देखकर उन्होंने स्वयं ही धीरे से पूछा। उनके स्वर में स्नेह था।

"जी नहीं," शैलेन्द्र ने उत्तर दिया—"झटका लगा है तनिक सा।"

"पर्चे कैसे हो रहे हैं?" दूसरा प्रश्न उन्होंने किया।

"संतोषजनक हैं।"

"रेखा के भी अच्छे हुए हैं, हरेन्द्र कैसे करके आया है?"

"जी, उसने दिखाए ही नहीं जब से। जब से वह स्वयं ही दिखाई नहीं दिया।"

शैलेन्द्र को लगा जैसे बाबूजी की गंभीरता और भी घनीभूत हो उठी है।

"उसका रंगढंग ही समझ में नहीं आ रहा।" उनका स्वर चिंतित था, "कुछ दिन हुए थे मेरे दस रुपये खो गए थे, आज शर्मा जी ने बताया कि, वह उनसे जुआ खेला है।"

"जुआ?" शैलेन्द्र के मुख से निकला।

"यही तो मैं कहता हूँ, तुम्हारी माँ लाड़-प्यार के मारे ध्यान नहीं देती।" उनके स्वर में विवश व्यथा-सी फूटी पड़ती थी।

माँ के विषय में शैलेन्द्र क्या कहे? वह चुप रहा। थोड़ी देर बाद एक श्वास खींचकर बोले—"परसों तुम लोग जाओगे?"

"कहाँ? सीकरी। जी, माताजी तो यही कह रही हैं।"

"तुम तो जाने लायक हो न, चले जाना, इंद्रनाथ भी जा रहा है।"

"जी चला जाऊँगा।"

बाबूजी थोड़ी देर तक चुपचाप बैठे रहे फिर धीरे-धीरे उठकर चले गए। शैलेन्द्र बाबूजी की ओर देखता रहा। बाबूजी की चिंता से उसे दुख हुआ, वह सोचने लगा, बाबूजी की चिंता को वह किस प्रकार कम कर सकता है। वह बैठा रहा। फिर धीरे से उठकर वह अपने कमरे से बाहर आ गया। अपने दूसरे हाथ को कुर्ते की जेब में डालकर वह रेखा के कमरे के सामने से निकला, अंदर दृष्टि डाली। ठिठक गया। रेखा की शृंगार अलमारी के सामने खड़ा हुआ हरेन्द्र 'अफ़ग़ान स्नो' मुख पर मल रहा था। शैलेन्द्र देखता रहा हरेन्द्र शीशे के सामने झुक-झुककर बाल काढ़ रहा था, 'कॉलर' ठीक किए गए। शैलेन्द्र हटकर पुनः अपने कमरे में आ गया। चप्पलें पहनीं, फिर थोड़ी देर तक खड़ा रहा। जूते खटखटाता हुआ हरेन्द्र सामने से निकल गया, सावधानी से पग रखता हुआ पीछे-पीछे शैलेन्द्र भी बाजार में आ गया।

घर से थोड़ी दूर ही है 'चित्रा' सिनेमाघर। 'फर्स्ट शो' का समय हो चुका था। शैलेन्द्र थोड़ी देर खड़े हो-होकर चल रहा था। हरेन्द्र सिनेमा के सामने बेंच के पास जाकर खड़ा हो गया। एक पैर उसने बेंच पर रख लिया। शैलेन्द्र दूर खड़ा रहा। इस समय उसके मुख पर कौतूहल नहीं था। गांभीर्य नाच रहा था।

करीम ने पीछे से उसके कंधे पर हाथ रखा—"कहो दोस्त, कुछ पानवान...?"

"हिश" हरेन्द्र ने झटका देकर उसका हाथ हटा दिया—"तुझे पान की ही पड़ी रहती है।"

"तो आप इतने ध्यान से देख क्या रहे हैं?" हरेन्द्र जिधर देख रहा था उधर की ओर देखते हुए करीम ने कहा।

"अच्छा देख वह सामने तस्वीरें लगी हैं न, उनके देखने से कौन-सा खेल सबसे अच्छा दिखाई देता है?"

"तो आप ये तस्वीरें देख रहे हैं?" करीम ने उसका ध्यान दूसरी ओर आकर्षित करके कहा, "बुद्धू है बे, देख जीवित तस्वीरें। उधर, फाटक की तरफ, लाल-पीली-नीली कैसी इठलाती चली आ रही हैं, खटाखट करतीं—" और उसने जोर से अपने वक्ष पर हाथ रखा—"उफ़..।"

"हट्, क्या लड़कियों को घूरता है बे?" हरेन्द्र ने सुगन्धित रूमाल से मुख पोंछते हुए कहा। बालों पर रूमाल फेरा, फिर उसको तह करके पट्टी-सी बनाकर बाईं कलाई पर बाँध ली।

"देखने में किसी का क्या छीने ले रहे हैं हम? देख वो आसमानी साड़ी के

बराबर काली साड़ी में, क्या हुस्न है—ठहरती नहीं हैं आँखें, कुन्दन है कुन्दन। आह, बाँह क्या है.... ।''

''कहाँ? कहाँ?'' धीरे से हरेन्द्र ने पूछा, वह उत्सुकता से देखने लगा।

''देख, वह पानवाले की दुकान पर—शरबत पिया जा रहा है यार का, चल, चलता है बे।'' करीम आगे बढ़ा।

''रुक तो सही यार, यहीं से देख।'' हरेन्द्र ने उसका हाथ पकड़ लिया।

''अरे चल भी, पास से देखने में जो मज़ा...आनंद।'' भावुक होकर वह कहता जा रहा था—''अच्छा चल जिंजर पिलाएँगे।'' वह पान वाले की ओर बढ़ दिया। खड़ी हुई दोनों लड़कियाँ शरबत पी रही थीं। ऐंठता हुआ करीम पास से निकल गया, इतने पास से कि 'काली साड़ी' की अनावृत बाँह को बिल्कुल छूता हुआ। लड़की चौंकी, क्रोध से उसकी भ्रुवें उर्दू का आठ बन गईं, क्रुद्ध शब्दों से वह बड़बड़ाई—''डैम्, अंधा है 'रूड'।''

करीम ने सुनकर भी अनसुना कर दिया। क्षमा याचना के भाव उसके मुख पर आ गए—''ओः सॉरी'' उसने रुपये का नोट दूकान पर रखकर कहा—दो गिलास जिंजर। हरेन्द्र करीम की तरह दूकान पर नहीं आया था कुछ चक्कर लगाकर झिझकता-सा वह उसकी आड़ में आ सका था।

लड़कियाँ थोड़ी सिटपिटाईं। उनमें कुछ हल-चल सी हुई। दूसरी ओर मुख करके परस्पर कुछ परामर्श-सा करते हुए उन्होंने शीघ्रातिशीघ्र शर्बत के गिलास समाप्त किए, दूकान के तख्ते पर पैसे रखकर वह बाकी पैसों के लिए थोड़ी देर खड़ी रहीं। पैसे लेकर हाथ में लटकते हुए 'पर्स' में रखे, और त्वरित पदों से चली गईं।

गिलास लेकर, उसे मुँह से लगाए हुए करीम कुछ ओट में आकर देखने लगा। तभी कोई दूसरा परिवार पान वाले की दूकान पर आ गया। दो छोटे-छोटे बच्चे, एक लड़की, उससे कुछ छोटा लड़का और स्त्री-पुरुष। सभी आधुनिक। पहली वाली लड़कियाँ सैकिंड क्लास का टिकट लेकर सिनेमाघर में घुस गई थीं। करीम को दुख नहीं हुआ दूसरी 'चीज़' उसके सामने थी। परिवार बिल्कुल आधुनिक था—करीम ने देखा—पुरुष पैंट पहने हुए एक ओर सिगरेट पी रहे थे, स्त्री पान लेकर खा रही थी। करीम ने देखा वयस प्रायः ढल चुकी थी। मुख पर जो वृद्धावस्था के चिह्न प्रस्फुटित हो रहे थे उन्हें 'पाउडर' पोत कर छिपाने का प्रयत्न किया गया था। ऊपर कपोलों पर—रूज़—लाली लगा ली गई थी। बाएँ हाथ में दो चूड़ियाँ, और 'रिस्ट वाच' दाएँ में पर्स। सुन्दर झलमलाती रेशमी साड़ी—बैंगनी-सी। मोज़े और ऊँची एड़ी के सैंडिल। एक विचित्र 'अजायबघर' था।

''देख बे, बूढ़ी भैंस।'' गिलास मुख से लगाकर उसने कहा, ''फ़ैशन में मरी जा रही है।''

फिर उसने देखा लड़की की ओर। झकझकाते रेशम का शलवार सूट, गुलाबी-सा

दुपट्टा, दो वेणियाँ—लड़की की वयस सोलह-सत्रह वर्ष के लगभग थी।

गिलास में से एक घूँट पीकर ज़ोर से निःश्वास खींचते हुए खँखारकर वह ज़ोर से बोला—"अहः बड़ी ठंडक है, बड़ा मजा आता है कलेजे में।"

छोटे-छोटे दोनों बच्चे आइसक्रीम चूस रहे थे। लड़की और वह लड़का चाय के कप और तश्तरी लिए हुए थे। लड़की ने करीम की ओर देखा। हरेन्द्र की ओर भी, फिर दृष्टि बदलकर वह इधर-उधर देखने लगी।

"देखो भी, कितना बेतमीज है वह लड़का, वह गिलास में 'कुछ' पी रहा है वह!"

12-6-46 "उसके पास तो सीधा-सा खड़ा है दूसरा।" लड़के ने चाय का घूँट भरकर कहा।

"इनके मारे तो निकल नहीं सकते कहीं।" लड़की भुनभुनाई, कुछ ज़ोर से पग रखते हुए ओट में होने लगी।

"ऐसा आनंद वहाँ है?" करीम ने बहुत धीरे-धीरे गिलास का द्रव पदार्थ पीते हुए पूछा—"आकर खड़ा हो गया वहाँ तस्वीरें देखने।" और स्वयं कुछ आड़ में होकर उसने सीटी जैसा स्वर मुख से निकाला।

हरेन्द्र की स्वाभाविक इच्छा हो रही थी कि देखे, किसी शीशे के सामने उसके बाल खराब तो नहीं हो गए हैं। गिलास रख के उसने रूमाल से मुँह पोंछा, एक ओर जाकर धीरे से झुका। 'पैंट' की 'क्रीज' ठीक की। दूकान वाले को पैसे देकर करीम भी आ गया था। दोनों वहीं पड़ी बेंच पर बैठकर एकटक द्वार से आने जाने वालों को देखने लगे।

"यहाँ आता है मज़ा तो" करीम ने अपने अनुभव सुनाने प्रारंभ किए—"थोड़े दिन की बात है, थर्ड में बैठा हुआ था मैं, वहीं जहाँ से 'थर्ड' प्रारंभ होता है, पीछे एक रोक के बाद था, 'सैकिंड'। 'जसवंत' की बात है। कोई आकर सैकिंड में बैठ गया, मेरी पीठ से पैर लगे। मैंने देखा। अँधेरे में कुछ दिखाई नहीं दिया। पर 'इंटरवल' में देखा। उफ, क्या कहूँ, ऐसा हुस्न मैंने तो अभी तक देखा नहीं। रोक होती है न, उसमें से पंजे का कुछ भाग निकला हुआ था। मैंने यों ही ज़रा 'तफ़री' को उसे छू दिया, तो मेरे यार ने आगे बढ़ा दिया—बड़ा शोख़ था। मेरा एक दोस्त है वह तो सैंडिलों में अपने पते रख देता है इन परियों के। पर हमें यार, ये ठीक नहीं लगा।" करीम ने इस प्रकार कहा जैसे 'लैमन जूस' चूस रहा हो।

हरेन्द्र उसकी कथन प्रणाली और भावव्यंजना देखकर हँस पड़ा।

"हँसते हो, विश्वास नहीं होता?"

"विश्वास करने लायक बात भी हो" हरेन्द्र विद्वानों जैसी मुद्रा से बोला—"आज कल की लड़कियों से ऐसी आशा मत रखो।"

"अरे, सब कहने की बातें हैं—" अपनी बात का प्रतिवाद देखकर वह और

ज़ोर से बोला—"अबे सब जगह लिफ़ाफ़ा शाही है। ये आजकल की लड़कियाँ, जो फूली बाँहों के 'ब्लाउज़', पारसी साड़ियाँ पहने खट्-खट् करती चली जाती हैं इन्हें तुम बड़ी गंगाजल से धुली समझते हो, हो सकता है हमारे जैसों की बात न पूछें, पर तू या और कोई ही, बढ़िया सूट पहन ले, खूब खुशबूदार लगा ले तेल, इनके सामने, शान से ऐंठता हुआ, किसी चाय या ऐसी ही फैशनेबल दूकान पर ज़रा दरियादिल होकर कर दे खर्च, ये तो यों, पिघल जाएँगी जैसे मोम।"

"हाँ, ये तो मैं मानता हूँ, आज की लड़की गुलाम है पैसे की!"

"जी नहीं," खूब ज़ोर से वह बोला, "तुम मूर्ख हो। आज की लड़की गुलाम है श्रृंगार की, वैभव की और दिखावे की। ये पढ़ी-लिखी...."

"अच्छा होंगी, चल 'शो' शुरू ही होने वाला है।" हरेन्द्र बात काट कर उठता हुआ बोला। पतलून की दूसरी जेब से एक रूमाल निकालकर उसने जूते साफ़ किए।

शैलेन्द्र चुप खड़ा देख रहा था। उसे लगा जैसे उसके हृदय से उठ-उठकर बहुत सारा धुआँ, उसके कंठ में जमा होता चला जा रहा हो। साँस लेने में उसे कष्ट मालूम हो रहा था। उसके शरीर के सारे रोम जैसे खड़े हो गए हों, उसके माथे में जैसे कुछ झनझना रहा हो। वह धीरे-धीरे काँपने सा लगा। क्रोधावेश से उसकी आँखें धुँधली-सी हो गईं। वह तार के खंभे के सहारे संज्ञाशून्य-सा खड़ा रहा।

जब वह सचेत हुआ तो हरेन्द्र और करीम सिनेमाघर के अंदर जाने को उद्यत थे। शैलेन्द्र लड़खड़ाता आगे बढ़ा—तेज़ी से। वह हरेन्द्र के सामने जाकर खड़ा हो गया करीम ने देखा शैलेन्द्र को, उसकी जैसे दम निकल गई। उस दिन का तमाचा मुकर्जी के साथ सड़क पर—वह भूला नहीं था। एक ओर हटकर वह अदृश्य हो गया। हरेन्द्र को तो जैसे काठ मार गया। स्तब्ध किंकर्त्तव्यविमूढ़ सा रह गया वह। शैलेन्द्र सोचकर आया था वह उसी स्थान पर उसे खूब डाँटेगा, लज्जित कर देगा, किंतु अब उसे लगा कि प्रयत्न करने पर भी वह एक भी शब्द नहीं बोल सकेगा।

आगे बढ़ कर अपना कड़ा हाथ उसके कंधे पर रख दिया, घर की ओर सिर से संकेत करके उसने केवल इतना ही कहा—'चलो'—वह भी बड़ी कठिनाई से। हरेन्द्र कुछ नहीं बोला, वह ऐंठ से तन कर आगे-आगे चल दिया। मार्ग में शैलेन्द्र स्वस्थ हो चुका था तो भी वह चुप रहा।

लीला और रेखा पास-पास बैठी थीं। रेखा माताजी को कपड़े दिखा रही थी और साथ ही निश्चय भी करती जा रही थी कि किसमें से किसका क्या बनेगा। शैलेन्द्र ने हरेन्द्र को वहीं ले जाकर खड़ा कर दिया। दोनों चुप थे। लीला और रेखा—कारण न समझने के कारण—आश्चर्यचकित होकर देख रही थीं। "मैंने तुमसे कितनी बार कहा—" अब शैलेन्द्र ने स्वर को कठिन करके अधिकारपूर्वक कहा—"ये स्नो, बाल-वाल मत काढ़ा करो, पढ़ने वालों को इतना बनने-ठनने..."

"हाँ, ठीक तो कह रहा है वह।" लीला ने हरेन्द्र की ओर देखकर बीच ही

में बात को बिना पूरी समझे हुए कहा—"काढ़ने-वाढ़ने की कुछ जरूरत नहीं है मुट्ठी भर धूल लेकर तो भर ले बालों में। और वह नौकर है न—दयाल—उससे माँग ले चीथड़े, पढ़ने वालों को ऐसा ही तो होना चाहिए!"

शैलेन्द्र की आँखों के आगे एकदम अंधकार-सा छा गया। जैसे अचानक किसी ने उसके हृदय में घूँसा मारा हो। उसे चक्कर से आने लगे। एक क्षण भी वह खड़ा नहीं रह सका। द्रुतगति से उल्टे पैरों वह अपने कमरे की ओर लौट पड़ा।

"क्या खराब आदत है यह भाई सा'ब की, न खुद कुछ करते हैं, न करने देते हैं।" रेखा भुनभुनाई।

शैलेन्द्र ज़ोर से जाकर कुर्सी पर बैठ गया—गिर पड़ा। उसकी इच्छा हो रही थी वह फफक-फफककर रो उठे, चीख़-चीख़ कर। इतने दिनों से जो उसके हृदय पर बोझ-सा जम गया है उसे वह आँसुओं से धो डाले। पर प्रयत्न करने पर भी वह रो नहीं सका। पीड़ा से उसका सिर जैसे फटा-सा जाने लगा। वह चेतना शून्य हो रहा था। तभी अस्पष्ट-सा उसने सुना, हरेन्द्र कह रहा था—"नहीं माताजी, इस कपड़े में से मैं कुछ नहीं बनवाऊँगा। एक भी हमारे पास 'सिल्क' का सूट नहीं है—रेखा जीजी को तो आप सब बनवाती रहती हैं।"

15

"तुमने पढ़ ली वह?" शैलेन्द्र ने पूछा।

"क्या—?" रेखा क्रोशिया लेकर कुछ बुन रही थी।

"वह" शैलेन्द्र ने संकेत किया—"दशहरे के दिन दी थी किताब।"

"कौनसी?—'मेरी कहानी' तीन-चार पृष्ठ ही पढ़े हैं अभी, इत्ती मोटी तो है।"

"हाँ, जी कौन पढ़ता है, उस बुद्धू की पुस्तकें इन लेसों, क्रोशियों और कपड़ों के सामने?"

"किसकी?" भ्रुवें तानकर रेखा ने पूछा, पास बैठी निशा की ओर संकेत करके उसने कहा—"देखा निशा, करने लगे टेढ़ी-टेढ़ी बातें। किसकी?"

"उसी जवाहर लाल नेहरू की।" अविचलित स्वर से एक ओर ताकता हुआ वह कहता गया।

"ओ हो।" उपालंभ से वह बोली, "बड़े अच्छे लग रहे हैं, अपने नेताओं को गाली देते हुए।"

"जब हम उनका कहना ही नहीं मानते तो वह हमारे नेता ही क्या? मैं तो समझता हूँ कि साधारण मनुष्य में और उनमें कोई अंतर नहीं है।" शैलेन्द्र कहने लगा—"वह जो कुछ कहते हैं कितना मानती हो तुम?"

"नहीं सा'ब रहने दीजिए, हमें नहीं सुननीं ये आपकी बातें।"

"क्योंकि वह सच हैं।" शैलेन्द्र ने तत्क्षण कहा—"यदि एक सिपाही, अपने सेनापति की आज्ञा नहीं मानता तो इसका तो यही मतलब हुआ कि वह उसे सेनापति मानने से इनकार कर रहा है। हाँ, यह ठीक भी है। तुम्हें यह बातें क्यों सुननी हैं। तुम्हें तो वही हरेन्द्र आकर बताए कि आज सिनेमा में कौन-सी नई कट का ब्लाउज देखा, कौन-सी नई 'डिजाइन' निकलीं।"

"मैं पूछती हूँ आपने इन बातों के अतिरिक्त कुछ और भी सीखा है। जब देखो, तब यही और वह एकदम उठकर चली गई।

"देखा—शैलेन्द्र ने निशा से शिकायत की भाँति कहा—"ये हैं इनके विचार, तुम्हीं देख रही हो निशा, अनुचित लाड़ से यह रेखा उस हरेन्द्र को बिगाड़े दे रही है।"

13-6-46 "जब कोई सुनना नहीं चाहता तो आप क्यों बेकार समय नष्ट करते हैं अपना?" मुख पर अपनत्व के भाव लाकर निशा ने कहा।

शैलेन्द्र जैसे पुलक उठा। उसे आत्मतृप्ति हुई। उसने निश्चय किया कि अब वह हरेन्द्र के विषय में कुछ भी नहीं कहेगा। वह थोड़ी देर चुप बैठा रहा, फिर बोला, "तुमने सुना निशा, यहाँ झगड़ा हो गया है?"

"झगड़ा? यहाँ—कैसा?" चौंककर उसने पूछा।

"यहीं, आगरा कॉलेज में। चुनाव हो रहे हैं न—आगरा कॉलेज के लड़कों ने तिरंगा झंडा लगा दिया था कॉलेज भवन के ऊपर, मुस्लिम लीग वालों ने अपना झंडा लगाना चाहा। बस हो गया झगड़ा। ईंटें-बीटें फिंकीं। मुसलमान गुंडे पहले से तैयार थे, बाद में कॉलेज के लड़के भी पहुँच गए। काफ़ी संघर्ष हुआ। तब बाद में पुलिस पहुँची।"

"फिर?" उत्सुकता से निशा ने पूछा।

"फिर कुछ नहीं हुआ। उस समय तो तिरंगा झंडा लगा ही रहा।" गर्व से शैलेन्द्र ने कहा।

"लगा रहा?" निशा भी गर्व से पुलक उठी। उसने संतोष से श्वास छोड़ी। फिर पूछा—"यह झगड़े हो क्यों रहे हैं इतने?"

"अब तुम अख़बार तो पढ़ती नहीं हो। नेहरू जी ने स्वयं कहा है कि यह सांप्रदायिक दंगे हमें बल देंगे, अगले दो वर्ष भारत के भाग्य निर्णायक हैं। सरकार से भी संघर्ष होगा, तुम तैयार हो?" मुस्कराकर शैलेन्द्र ने निशा की ओर देखा। फिर स्वयं बोला—"इसके लिए साहस चाहिए, मालूम है तुम्हें, थोड़े दिन पहले 42 में बिहार

में कनकलता नामक सोलह-सत्रह वर्ष की लड़की वीरतापूर्वक पुलिस की गोली खा कर मरी थी। इलाहाबाद में सन्, 42 में स्वयं जज की लड़की ने पिता का विरोध किया था–और उस पुस्तक जिसे अभी मैंने तुम्हें दिया है–में और भी लड़कियों के नाम तुमने देख होंगे।''

''हाँ, सो तो देखे हैं,'' निशा ने कहा, ''उनके घर वाले भी दूसरी तरह के होते हैं जनाब। ऐसे नहीं होते कि ज़रा तकली काती, एक आध कपड़ा खद्दर का बनवा लिया तो उधर से माताजी कुनमुनाईं–पढ़ाई-लिखाई छोड़ दी यह कह दिया, रेखा ने मज़ाक बनाना शुरू किया–सारी देशभक्ति क़ा ठेका तुम्हीं ने ले लिया।''

''तो ये मजाक, व्यंग किस सत्कर्म में नहीं है, इतिहास देखो–इधर मत देखो। यह तो संसार है, कोई कुछ कहेगा कोई कुछ। तुम अपनी ओर देखो। तुम्हें स्वयं अपने ऊपर विश्वास होना चाहिए कि जो कुछ तुम कर रही हो वह तुम्हारा कर्तव्य है–तुम देश के लिए यह सब कर रही हो, और आवश्यकता पड़ने पर दृढ़ से दृढ़ बंधन को तुम तोड़ दोगी। तुम्हारे हृदय में आगे बढ़ने का साहस होना चाहिए, फिर कोई बाधा, कोई रुकावट तुम्हारे कार्यों में व्यवधान नहीं डाल सकेगी। और तभी तुम भी कुछ कर सकोगी। देश के लिए तो बुरे से बुरा कर्म करने को तैयार हो जाती हैं लड़कियाँ। रूस की देशभक्त स्त्रियों ने तो देश के लिए वेश्यावृत्ति, दासत्व सब कुछ सहा है। अब दूर क्यों जाती हो तुम्हारे सामने अपना उदाहरण है–कैप्टिन लक्ष्मी और उनकी सैनिकाओं को क्यों नहीं देखतीं, अरुणा आसफ़ अली को देखो। बयालीस में उन्होंने ऐसे-ऐसे साहसपूर्ण कार्य किए, कि पुरुष नेता तक दाँतों तले अँगुली दबा गए। और अभी देख लो उनके पीछे पुलिस मारी-मारी फिर रही है किंतु पता नहीं लग रहा तनिक भी।''

निशा ध्यान से सुन रही थी। ज़ोर से साँस खींचकर बोली–''यह तो सब ठीक है, पर उतनी स्वतंत्रता कहाँ हमें? वह तो बंधनहीन हैं, हम तो ज़रा बाहर निकले नहीं कि, लड़की है, यों घूमती है इतनी बड़ी होकर। आदमी अच्छी बातें तो सोचते नहीं खराब बातें जल्दी सोचने लगते हैं।''

''मैं भी तो कह रहा हूँ।'' निर्द्वंद्व शैलेन्द्र ने कहा, ''यह तो सब है ही, और होता रहेगा। यदि तुम्हें वास्तव में स्वतंत्र होना है तो इन बूढ़े और दकियानूसी विचारों को एक ओर रख देना पड़ेगा। जब कोई तुम्हें स्कूल या टहलने आदि को जाने को मना करता है तो तुम विद्रोही हो उठती हो, पर असल में विद्रोही होना चाहिए तुम्हें इस स्थान पर।''

''अरे जी, हमारे अकेले से होता क्या है।''

''यही तो मैं कहता हूँ तुम्हारे जैसी एक ही तो एक हज़ार के बराबर है। माँ और बहिन, तुम इन्हें साधारण चीज़ समझती हो? पुरुषों की बात तुम नहीं समझ सकतीं, मैं बताता हूँ, जब एक लड़की झंडा हाथ में लेकर आगे बढ़ेगी तो किसी

भी पुरुष में इतनी शक्ति नहीं है कि चुप बैठा रहे, शांत रह सके। और तुम देख ही रही हो। पुरुषों में इस समय इतना बारूद भर चुका है कि कोई नहीं कह सकता कब विस्फोट हो जाए। उसी को एक ठीक मार्ग पर लाने के लिए चाहिए योग्य सेनापति। और वह होना चाहिए लड़की। इसीलिए तो कहता हूँ अपने में बलिदान की भावना भरो, साहस भरो, नेतृत्व की शक्ति का सदुपयोग करो, जो, प्रकृति ने तुम्हें स्वाभाविक ही दी है। अपने को पहचानो।'' शैलेन्द्र अज्ञात प्रेरणा से प्रोत्साहित होकर आवेश से कहता गया।

''पर धीरे ही धीरे तो अपने को योग्य बनाया जाएगा न!'' निशा ने शैलेन्द्र की गंभीर और दीप्त आँखों में एक बार देखा, फिर तत्क्षण अपनी दृष्टि द्वार की ओर घुमाकर बाहर देखने लगी।

14-6-46 ''धीरे-धीरे ही तो हमें डेढ़ सौ वर्ष हो गए।'' शैलेन्द्र धारा प्रवाह से बोला, ''और मैं तो यह समझता हूँ कि, हम लोग अपने को योग्य बनाने की अपेक्षा अयोग्य अधिक बनाते जा रहे हैं। इसका कारण है शिक्षा, वह शिक्षा जो अंग्रेजी को शिक्षा का माध्यम बनाकर हमें दी जाती है। इसमें बुद्धि के विकास के नाम पर हम नकल अधिक करने लगे हैं। जीवन के अधिकांश बहुमूल्य वर्ष, उस दुरूह और असंयत भाषा को सीखने में व्यर्थ हो जाते हैं जो हमें नहीं जानती, हमारी संस्कृति सभ्यता से कोसों दूर, देश की परिस्थितियों से विपरीत है। उन वर्षों में जिनमें हम केवल भाषा का ही ज्ञान प्राप्त करके अपनी तीव्र और नई बुद्धि को कुंठित कर देते हैं–यह निश्चय है कि हम उसी समय में अपनी भाषा में किसी भी विषय के पंडित हो सकते थे। चरित्र को स्कूल में बिल्कुल स्थान नहीं दिया है, फलतः आज का विद्यार्थी–देश, और समाज की भावी आशा–बुद्धि से कुंठित, प्रतिभा से निस्तेज और शरीर से निर्बल–कृश–दुबला-पतला होता है। केवल सूट पैंट पहनकर इंगलिश के शब्दों को हिन्दी में विकृत और भोंडा प्रयोग करने के अतिरिक्त, वह कुछ सीख नहीं पाता। सक्रिय कार्यों से उसे घृणा है। यह है आज की अवस्था। माना क्षणिक उत्तेजना से, अपने क्रियाशील साथियों की स्पर्धा से वह कुछ करने को तत्पर उठे हैं, पर इसमें गुलामी के प्रति क्रोध नहीं है, क्षोभ नहीं है–है केवल होड़–ईर्ष्या। खैर, जो कुछ भी हो आज हममें उत्तेजना है–और यह निश्चय है उत्तेजना या कोई भी मानसिक विकार जन्य आवेश, स्थायी नहीं हुआ करते। ऐसे समय तुम यह कह रही हो हमें धीरे-धीरे योग्य होना है, जब तुम योग्य होओगी तो हमारी उत्तेजना शिथिल पड़ चुकी होगी। मैं तो समझता हूँ योग्य-अयोग्य कुछ नहीं, सब समय है जो मनुष्य को जैसा चाहे सिद्ध कर देता है।'' शैलेन्द्र ने निशा के कंधे पर हाथ रखकर किंचित हिलाते हुए कहा–''तो निशा, यों सोचने से काम नहीं चलेगा–हम, चालीस करोड़ हट्टे-कट्टे जानवर, आज गुलाम हैं, आयरलैंड, जर्मनी जैसे छोटे देश आज उसी इंग्लैंड के पंजों से मुक्त हो चुके हैं, जिनके विषय में सोचते ही हम काँपते हैं।''

तभी द्वार के सामने से जाने लगीं लीला। उन्होंने देखा तो ठिठककर खड़ी हो गईं। थोड़ी देर चुपचाप देखती रहीं। फिर सहसा हँसकर बोलीं—"तुम्हारी यह लेक्चरबाज़ी कभी समाप्त भी होती है शैल? और कुछ काम नहीं है तुम्हें?"

"ये क्या कम काम है माताजी?" मुख घुमाकर शैलेन्द्र ने कहा। एकदम तो नहीं, धीरे-धीरे उसने अपना हाथ निशा के कंधे से हटा लिया।

"बड़ा काम है?" लीला ने विद्रूप किया—"बिगाड़े दे रहा है उस लड़की को। मत आना निशा बहकाए में। यह तो यों ही है बातूनी सा।"

"और माताजी," पीछे से रेखा बोली—"और तो बातें हैं नहीं आपके पास। फ़ैशन, देश ये वो...बस।" और वह अंदर कमरे में आकर अपनी शृंगार अलमारी वाले दर्पण के सामने खड़ी हो गई। थोड़ी देर यों ही खड़ी रही फिर कंघा उठाकर बाल सुलझाने लगी।

लीला कमरे के अंदर आती हुई बोली, "अच्छा, इन बातों और बहस में कुछ नहीं रखा, तुम लोग जल्दी तैयार हो जाओ। अभी इंद्रनाथ आता होगा हल्ला मचाता हुआ—क्या बजा है?" घड़ी की ओर देखकर शीघ्रता करती हुई स्वयं ही बोली—"ओफ्हो पौन घंटा है केवल सीकरी की गाड़ी में। लेना निशा, ज़रा जल्दी से मेरे बाल ठीक कर देना बेटी।"

वह निशा के सामने बैठ गई, फिर बोली, "हरेन्द्र कहाँ गया, रेखा उससे कह दो, निकल-निकला नहीं जाए किधर, फिर ऐन समय पर ढूँढ़ते फिरें। निशा, तुम्हारी माताजी हो गईं तैयार? तुम तो तैयार हो न?"

निशा लीला के बालों को कंघे से ठीक करती हुई बोली, "जी हाँ, मैं तो तैयार होकर ही आई थी बिल्कुल। माताजी को छोड़ आई थी तैयार होते—वह कौन अभी हुई जाती हैं तैयार, उन्हें कम से कम एक घंटा चाहिए।" निशा लीला के बाल शीघ्रतापूर्वक ठीक कर रही थी।

"अरे, राम रे तब तो जा चुके आज" विचित्र भंगिमा से लीला ने कहा, "एक घंटे पहले ही तुमने क्यों नहीं कह दिया था निशा, उनसे?"

शैलेन्द्र ज़ोर से हँस पड़ा—"क्या माताजी ने हल्ला मचा दिया एकदम आते ही—एकदम शांत था पहले।"

"जी कहिए, ये रहा मैं।" तभी हरेन्द्र आकर सामने खड़ा हो गया पीछे-पीछे रेखा भी आकर अपनी शृंगार अलमारी के सामने खड़ी हो गई। लीला ने सिर ऊँचा करके हरेन्द्र की ओर देखा। बोलीं, "ये कह रही हूँ कि भागना-वागना मत कहीं, ढूँढ़ना पड़े फिर।"

"कहीं नहीं जा रहा मैं लीजिए, यहीं जमा हुआ हूँ मैं, इसी कमरे में!" और वह रेखा के पास चला गया।

शैलेन्द्र को आश्चर्य हुआ। यद्यपि हरेन्द्र और दिनों की अपेक्षा अधिक 'सजा'

था, तो भी उसको देखकर शैलेन्द्र के हृदय में कोई विरोधी भाव नहीं उठा। और समय हरेन्द्र को देखकर उसके अंदर एक स्वाभाविक द्रोह-सा उठ खड़ा होता था, ऐसा इस बार कुछ नहीं हुआ। हरेन्द्र रेखा के पास खड़ा हुआ बता रहा था कौन-से 'ब्लाउज' के साथ कौन-सी साड़ी ठीक रहेगी। कैसी चूड़ियाँ आजकल पसंद की जाती हैं। सैंडिलों के साथ वस्त्रों का मिलान करने से लोग किस प्रकार मज़ाक उड़ाने लगते हैं। सुन-सुन कर शैलेन्द्र को न जाने क्यों कोई अज्ञात वेदना व्यथित-सी करने लगी। उसके हृदय में जैसे दुख की धाराएँ बह उठी हों। फिर भी वह कठिन और संयत होकर दूसरी ओर देखता चुप बैठा रहा। एक पुस्तक खोलकर सामने रख ली, जैसे इन बातों से उसे कोई मतलब नहीं। निशा समझ रही थी सब। कभी-कभी वह शैलेन्द्र की ओर देख लेती थी। बहुत प्रयत्न पर भी शैलेन्द्र के अंदर उग्र भाव उठते ही जाते थे। इन्हीं वस्तुओं का वह विरोध करता है, इन्हीं के ऊपर लट्टू है यह रेखा और हरेन्द्र अभी थोड़ी देर पहले, आनंद का जो आलोड़न उसे उत्फुल्ल किए दे रहा था वह शनैः-शनैः लुप्त हो गया।

15-6-46 "ये निशा है न," रेखा ने हरेन्द्र से कहना प्रारंभ किया—"आप अपनी देशभक्ति की शान में खद्दर के ब्लाउज़ और साड़ी पहन के गईं—वहाँ स्कूल। इतना मजाक बनाया वहाँ लड़कियों ने कि उस दिन से सब भूल गई खद्दर पहनना।"

"और क्या मज़ाक तो बनाते ही हैं सब—" हरेन्द्र ने हाँ में हाँ मिलाई—"भाई साहब ने जो ज़िद करके कुर्ता बनवा दिया था न, उसे पहनकर गया मैं स्कूल इतना बुद्धू बनाया लड़कों ने, तब मुझे इतनी जोर से गुस्सा आया कि यहीं फाड़ दूँ इसे!"

"ये भाई साहब भी भाई, न जाने कैसे हैं?" रेखा के मुख पर झुँझलाहट थी।

"कैसे-वैसे कुछ नहीं—" हँसते हुए स्वर को यथासंभव कोमल करके, धीरे से हरेन्द्र ने कहा, "भाई सा'ब यह चाहते हैं, जैसा मैं हूँ सभी हो जाएँ, पर भाई सोचने की बात है ऐसा कभी हो नहीं सकता। मैं तो ये समझता हूँ जो जिसके जी में आए वह करो। अब इन्होंने मन को दबा रखा है—सो कुछ इच्छा नहीं होती।"

बात किससे और किसको संबोधित करके कही जा रही है, सो शैलेन्द्र को समझते देर नहीं लगी। फिर उसको गलत समझा जा रहा है। समझाने के लिए स्वर को मधुर बनाकर उसने कहा, "तुम क्यों नहीं दबा लेते मन को?"

"अब नहीं दबता हम से तो क्या करें?" वहीं से सीधे शैलेन्द्र को संबोधित करके हँसते हुए उसने कहा, "और दिन भर मशीन की तरह नियमित काम तो भाई हमारे वश का नहीं है।"

"और मेरी समझ में नहीं आता—" रेखा ने कहा—"कि मन को दबाने की आवश्यकता क्या है? बिना इसके काम नहीं चल सकता?"

"चल क्यों नहीं सकता?" शैलेन्द्र खीझ उठा, वह जानता था यह बात कुछ

सीखने समझने को नहीं, केवल उसे निरुत्तर और हतप्रभ करने के लिए कही गई है, उसकी इच्छा हुई वह चुप हो जाए, पर प्रश्न उसी से पूछा गया था, अतएव वह चुप भी नहीं रह सका, "किन्तु स्वास्थ्य के लिए ब्रह्मचर्य और संयम भी तो कोई चीज होती है न।"

"उहुँ" ज़ोर से सिर हिलाकर रेखा ने कहा—"आपको तो, जो पुराने ज़माने का है पुराना है, सब ठीक है। ये तो देखते नहीं हैं कि समय बदल रहा है।"

"मैं प्रत्येक पुरानी वस्तु को नहीं मानता—" शैलेन्द्र ने उत्तर दिया—"और न हरेक नई चीज़ को मानता हूँ। जो वस्तु मेरी समझ में आ गई, बस उसी को मानता हूँ। तुम्हारी तरह प्रवाह में बहना मुझे पसंद नहीं है—कि जो कुछ नया है सब अच्छा है, और जो कुछ पुराना है सब सड़ा गला। इसका नाम तो अंधविश्वास है कि तुम्हारे स्कूल में जैसा कुछ हो रहा है सब ठीक है या तुम्हारे वातावरण में जो कुछ किया जा रहा है—सभ्य बनने के लिए उसकी नकल आवश्यक है ही। प्रत्येक पुरानी वस्तु अच्छी निकल सकती है, किंतु प्रत्येक नई वस्तु अच्छी ही नहीं होगी।"

"तो इसका तो मतलब ये हुआ," लीला के बाल कढ़ चुके थे, उठते हुए उन्होंने कहा—"कि पुराने ज़माने की तरह, घर बार तो सब त्याग दो, और जंगलों में जाकर तपस्या करने लगो—क्योंकि त्याग की पुराने समय में बहुत महिमा बताई है।"

शैलेन्द्र चुप हो गया। क्षोभ से उसका अन्तर पूर्ण हो गया।

"तो फिर ये सुख की वस्तुएँ ईश्वर ने वैसे ही बनाई हैं—बेकार। सभी जब जा-जाकर वनों में तपने लगें, तो फिर यह हैं काहे को?" हरेन्द्र ने तार्किक की भाँति कहा—"भई, हम तो यह समझते हैं कि खाओ पियो और मौज उड़ाओ।"

शैलेन्द्र अब भी कुछ नहीं बोला।

"अब रहने दो तुम हरेन्द्र," शैलेन्द्र की ओर देखते हुए विजयी की भाँति, कुटिलता से मुस्कराकर रेखा ने धीरे से कहा, "भाई साहब, गुस्सा हो गए हैं, अब मुख पर खिसियाहट छा रही है।"

मुस्कराकर हरेन्द्र चुप हो गया। रेखा शीघ्रतापूर्वक वेणी गूँथ रही थी। थोड़ी देर तक सब यों ही चुप रहे। 'सुनीता' पढ़ता हुआ शैलेन्द्र यहाँ आया था, निशा ध्यानपूर्वक पृष्ठ पलट-पलटकर स्थान-स्थान से मननपूर्वक उसे पढ़ रही थी। शैलेन्द्र चुपचाप बैठा कुछ सोच रहा था। लीला एक ओर रखी संदूक खोलकर उसमें से चूड़ियाँ निकाल-निकालकर पहन रही थीं।

"एक चोटी तो अच्छी नहीं लगती जीजी," रेखा का हाथ पकड़कर हरेन्द्र ने कहा, "आजकल एक चोटी पसंद भी नहीं की जाती।"

"अरे छोड़ो भी तुम, जल्दी-जल्दी कर लेने दो मुझे। देर हो रही है।" रेखा ने कृत्रिम विरोध से कहा, वैसे उसकी उँगलियाँ वेणी खोल रही थीं—पहले धीरे-धीरे फिर शीघ्रतापूर्वक।

शैलेन्द्र चुप पत्थर बना बैठा रहा। हरेन्द्र के कहने से लाल फीते डाले गए। उसी के चुनाव से, पतली काली चूड़ियाँ पहनी गईं। निशा पुस्तक से मुँह उठाकर कभी-कभी उसकी ओर देख लेती थी, फिर शैलेन्द्र की ओर देखकर वह पुस्तक में आँखें गढ़ा लेती थी। जब रेखा दूसरे कमरे में जाकर साड़ी और ब्लाउज़ पहनकर आई तो शीशे के सामने कुछ अधिक देर तक खड़ी रही।

तभी आ गईं द्वार पर सविता—जैसे सुगन्धि का झोंका खड़ा हो गया। मुस्कराते हुए, उन्होंने लीला से पूछा—"हो गईं तैयार, आप?"

"ओ हो, आ गईं आप? मैंने तो समझा था कि आज आपका शृंगार समाप्त ही न होगा।"

लज्जित मुस्कराहट सविता के मुख पर नाच उठी। वह अंदर आ गईं।

शैलेन्द्र का जैसे दम घुटने-सा लगा। मामी की ओर देखने की उसे इच्छा नहीं हुई। इतनी देर से जो सुगंधि भरी हुई थी, उसका उसने अपने को अभ्यस्त बना लिया था। किंतु यह असह्य थी। वह उठकर बाहर चला गया।

"शैल का हाथ कैसा है?" शैलेन्द्र का हाथ अब भी पट्टी के सहारे गरदन से लटका हुआ था, उसे देखकर सविता ने कहा।

शैलेन्द्र अपने कमरे में आ गया, पीछे उसे सुनाई दिया, सविता कह रही थीं, "जाते कहाँ हो शैल? मामाजी ताँगे लेने गए हैं तुम्हारे।"

"कहीं नहीं यहीं हूँ मैं।" शैलेन्द्र ने वहीं से कहा। रेखा के कमरे में होने वाली बातें अब भी सुनाई दे रही थीं।

रेखा बहुत बढ़िया साड़ी पहने हुई थी, 'ब्लाउज' की सिलाई और कपड़ा भी बहुत सुंदर था। सविता ने देखा—देखती रही, फिर गंभीर होकर निशा के बराबर बैठकर धीरे से—फुसफुसाते से हुए कहा, "कौन-सी पुस्तक है?"

"है ऐसे ही, एक—शैल भाई साहब की" टालने का सा उत्तर निशा ने दिया।

"देखो, वक्त है अभी निशा," घड़ी की ओर देखकर सविता ने, कपड़े पहनती हुई रेखा की ओर, फिर पहले से भी किंचित धीरे से कहा, "तुम जल्दी से जाकर अपनी वो वाली साड़ी पहन आओ।"

"कौन-सी?" निशा ने पूछा। वह अपनी माताजी के इस स्वभाव से भी परिचित थी। जानती थी कि रेखा की साड़ी ने ही उन्हें प्रेरित किया होगा। इसीलिए उसने पूछा भी नहीं कि पहले क्यों यह साड़ी चुनी थी, अब क्यों यह हो रहा है।

"अरे, वही—उस संदूक में रखी है, बंबई से लाए थे तुम्हारे बाबूजी।"

"अच्छा" निशा ने ताली का गुच्छा लिया और शीघ्रता से चली गई। वहाँ जाकर शीघ्रता से साड़ी बदली, ब्लाउज बदला—पर जैसे भीत सी, आशंकित सी कर रही हो यह सब। शीघ्रता से मुख पर 'पाउडर' लगाकर कसके साफ तौलिया से पोंछ लिया और जब वह लौटकर कमरे में आई तो बिल्कुल परिवर्तित।

नीचे ताँगे आ गए थे। शैलेन्द्र ने जब निशा को देखा तो उसका गांभीर्य घना-सा हो उठा। उसके मुख से जैसे एक निःश्वास निकलने को हुआ। दूसरी ओर मुख करके, दाँतों को जकड़कर उसने मुख बंद रखा।

ईदगाह स्टेशन की ओर ताँगे—दो—दौड़ पड़े। हाथ तो आज शैलेन्द्र का ठीक था किंतु उसकी तबीयत अस्वस्थ सी थी। जैसे उसका शरीर कुछ उष्ण हो उठा था। नए स्थान को देखने की उत्सुकता उसे भी थी, इसीलिए अपने को संयत किए उसने इस ओर ध्यान नहीं दिया।

रेल की अधिक प्रतीक्षा नहीं करनी पड़ी। सविता आदि जनाने इंटर में और शैलेन्द्र और इंद्रनाथ पास ही पुरुष-इंटर में बैठे। हाँ, निरुपमा आज शैलेन्द्र को कम दिखाई दी। और जहाँ मिली, सो जैसे कटती सी, इस बात को जानने की जिज्ञासा भी कम नहीं रही। उसने इस समय भी निरुपमा को अपने पास बैठाना चाहा था, किंतु जैसे किसी अज्ञात शक्ति द्वारा वह सिर हिला रही हो। किंतु अंत की वह दृष्टि जैसे उसके हृदय को पार कर गई हो। आखिर ऐसा क्यों?....क्यों?...

16

उसने न जाने कैसी दृष्टि से ऊपर देखा। एक हतोत्साह-सा तैर रहा था—ओफ् इतनी सीढ़ियाँ। वह धीरे-धीरे चढ़ने लगा। फिर साहरा किया और आधी से अधिक सीढ़ियाँ चढ़कर उसने ऊपर उस बुलंद दरवाजे की ओर देखा। फिर एक-एक सीढ़ी चढ़नी प्रारंभ की।

हँसते हुए—परस्पर होड़ बदकर चढ़े आ रहे थे, देवा, हरेन्द्र, निशा और रेखा। निशा और रेखा थक चुकी थीं, हाँफती-सी, पहले से अधिक खिलखिलाकर हँसते हुए वह चढ़ रही थीं। हरेन्द्र और देवा बहुत ऊपर पहुँच गए थे।

"ओफ् हो, बहुत सीढ़ियाँ हैं भाई", जोर-जोर से हाँफती हुई, घोंटुओं पर हाथ रख-रख के निशा जब शैलेन्द्र से एक सीढ़ी नीचे रह गई तो, हँसते हुए बोली, "अरे उन्हें तो देखिए, कितने नीचे हैं।" चपलता से उसने नीचे चढ़ती हुई लीला, सविता और इंद्रनाथ की ओर देखा। निरुपमा उन्हीं के साथ थी।

शैलेन्द्र चुपचाप चढ़ने लगा।

"उफ् दर्द होने लगा पैरों में—आप थक गए भाई साहब? सुस्त क्यों हैं?" शैलेन्द्र के बिल्कुल निकट, बराबर चढ़ते हुए उसने पूछा।

शैलेन्द्र के नेत्र लाल थे, भ्रुवें कुछ तनी हुईं। माथे पर बल।

''तबीयत ठीक नहीं है निशा, सिर में दर्द हो रहा है।''

''अरे!'' निशा के मुख से निकला, ''क्यों?''

''सुबह से ही हो रहा है।'' शैलेन्द्र ने धीरे से कहा, ''कहना मत किसी से।''

''क्यों?'' निशा हँस पड़ी, ''यह भी कोई शरम की बात है?''

''नहीं, क्या फायदा बेकार।'' शैलेन्द्र ने कहा।

दोनों साथ-साथ चुपचाप चढ़ने लगे। रेखा ऊपर पहुँच चुकी थी।

''निरुपमा को क्या हो रहा है, निशा?'' शैलेन्द्र ने अंतिम सीढ़ी चढ़ते हुए पूछा।

''माताजी ने कल उसे पीटा है।''

''अच्छा!'' दुःखित स्वर से शैलेन्द्र ने इतना ही कहा। आगे उसने कुछ नहीं पूछा।

16-6-46 बुलंद दरवाजे की कारीगरी को देखते हुए यह सब लोग इधर-उधर घूमने लगे। थोड़ी देर में सभी लोग ऊपर आ गए। 'गाइड' निश्चित किया गया। और फिर प्रारंभ हुआ देखना। हरेन्द्र और देवा चल रहे थे अलग-अलग। निरुपमा, रेखा और निशा एक ओर। इंद्रनाथ, सविता और लीला, अलग चल रही थीं। सबसे अलग और एक ओर चल रहा था शैलेन्द्र उदास और सुस्त। बलात् और बलपूर्वक धकेलता हुआ-सा।

''भाई-साहब कह दूँ?'' निशा ने उसके बराबर आकर कहा। उसके स्वर में चांचल्य था।

''नहीं निशा, देखो....'' शैलेन्द्र कुछ देर तक उसकी ओर अपलक देखता रहा, फिर अनुरोध से बोला, ''ठीक नहीं है यह।''

''क्यों, बुराई क्या है?'' निशा मचल सी उठी, ''नहीं, भाई, मैं तो अवश्य कहूँगी।''

शैलेन्द्र को भय था अपनी दुर्बलता प्रकट होने का। प्रातःकाल से ही उसने क्यों नहीं कहा? उपालंभ से उसने कहा, ''कह दो न। तुमसे तो कोई काम जितना मना करो उतना ही तुम...।''

निशा तरंगित होती हुई सी एक ओर चल दी। अन्यमनस्क-सा शैलेन्द्र अकबर बादशाह की उस भव्य कीर्ति को देखने लगा। माथा उसका जैसे फटा-सा जा रहा हो।

घिरा हुआ बाग के आकार का एक मैदान-सा था। कुछ थोड़े से पौधे इधर-उधर लगे हुए, शेष में अब तो घास ही बिछी थी। दो-तीन सीढ़ियाँ उतरकर फिर एक बाग सा था। लाल पत्थर की रविशें, हरी घास में, बहुत सुंदर लग रही थीं। एक ओर थे ऊँचे-ऊँचे प्रासाद।

"यह है वह स्थान, जहाँ शहंशाह, मीना बाजार लगवाया करते थे—यहाँ औरतें ही औरतें होती थीं।" 'गाइड' ने उस स्थान को बताया। फिर मीना बाजार की विशेषताएँ।

"यहीं तो आँखें लड़ी थीं—" देवा ने धीरे से हरेन्द्र को बताया।

"किसकी?" अपनी उत्कट उत्सुकता पर उपेक्षा का आवरण चढ़ाकर उसने पूछा।

"नूरजहाँ की, जहाँगीर से।" मुस्कराकर देवा ने तीक्ष्ण दृष्टि से उसकी ओर देखते हुए उत्तर दिया।

हरेन्द्र चुप हो गया। थोड़ी देर चुप रहा। आशंकित दृष्टि से इधर-उधर देखकर मुख पर अनजान का भाव लाकर उसने पूछा, "फिर?—आँखें लड़ने से क्या होता है?"

"आप नहीं जानते?" विस्मय से उसने पूछा।

"नहीं" दूसरी ओर देखते हुए हरेन्द्र ने कहा, "सुना तो बहुत है, आँखें लड़ीं, आँखें चार हुईं। तीर-सी घुस गईं दिल में, बर्छी और कटारी सी तेज हैं। ये हैं, वो हैं, हमने तो कभी एक पिन भी चुभाने वाली निगाह नहीं देखीं। कैसी होती हैं?"

"कैसी भी नहीं, बकते हैं सब लोग।" मुरझाए स्वर में देवा ने उत्तर दिया। थोड़ी देर फिर मौन रहा। धीरे-से इसके पश्चात् उसने कहा, "आपने अभी नहीं देखा। ऐसी ही होती है निगाहें....ऐसी-ऐसी तेज कि...।"

"अरे, सब बकने की बातें हैं।" बहुत भोले बनकर हरेन्द्र उपेक्षा से बोला, "हमने कभी नहीं देखीं, किसी भी आदमी की।"

17-6-46

"आदमी की काहे को" खीझकर देवा बोला, "सुंदर लड़कियाँ और स्त्रियाँ होती हैं न, उनकी निगाहों में होता है जादू का-सा प्रभाव।"

"तो यही तो मैं पूछता हूँ क्या जादू का प्रभाव?" नम्र आग्रह से हरेन्द्र ने पूछा।

"भई, औरत में कोई ऐसी बात होती ही है—" देवा ने स्त्री-पुरुष के आकर्षण का कारण, अपने अश्लील पर मधुर शब्दों में बताना प्रारंभ किया। हरेन्द्र रुचिपूर्वक सुनता रहा। उसी में स्त्री-पुरुषों के विविध अंग-अवयव का समय वर्णन हुआ। और जब पूर्ण विश्लेषण हो चुका तो उसने कहा, "यह कारण है, जहाँगीर की आँखें इस प्रकार लड़ी थीं।"

"तो जहाँगीर को नूरजहाँ से ही क्या था, और भी तो बहुत-सी औरतें होंगी न उसके महल में?" इधर-उधर देखकर हरेन्द्र ने पूछा।

"होंगी तो सही, पर 'वह' थी नई परी-सी।" जीभ को ओठों से तर करके देवा ने नेत्रों को विचित्र प्रकार का करके कहा।

"नई परी-सी से क्या?" हरेन्द्र ने और भी अनभिज्ञता के भाव से पूछा।

साथ-साथ चलते और टहलते हुए देवा ने व्याख्या सहित बताया कि नई और परी-सी से क्या होता है। दोनों फिर चुपचाप चलने लगे।

"तूने कभी, नई और परी-सी देखी है।" स्वर उसका विचित्र प्रकार से कंपित था।

आँखों में भय और जिज्ञासा। मुख पर उत्सुकता और आशंका।

देवा मुस्करा पड़ा। बोला, "अच्छा फिर बताएँगे–घर पर।"

"क्यों यहाँ क्या बुराई है?"

"यहाँ नहीं, वो देखिए, शैल भाई साहब हमारी तरफ देख रहे हैं।"

आज हरेन्द्र शैलेन्द्र की उपेक्षा नहीं कर सका। उधर की ओर देखकर चुप हो गया।

भरसक अपने को संयत रखकर किसी प्रकार शैलेन्द्र ने फतहपुर सीकरी घूमी। किंतु देखा क्या-क्या? पूछा जाने पर वह आधी वस्तुएँ भी नहीं बता सकता था कदाचित्।

फिर सब लोग उसी बुलंद दरवाजे के अंदर की ओर बैठ गए। काफी थक चुके थे सभी लोग। हिसाब लगाया गया ढाई घण्टे में देख पाए थे पूरी सीकरी। सब लोग पत्थरों पर ही पड़ से गए थे। शैलेन्द्र भी शिथिल-सा पड़ गया। शीश में बुरी तरह दर्द हो रहा था, शरीर जैसे टूटा-सा जा रहा हो।

थोड़ी देर जब देखी हुई सीकरी के विषय में काफी बताया जा चुका और क्लान्त शरीर कुछ स्वस्थ हुआ, तो निकाली गई पूरियाँ, गिलाइयाँ, और साग-अचार इत्यादि। प्रातःकाल ही यह वस्तुएँ तैयार की और मँगाई जा चुकी थीं।

जब निशा शैलेन्द्र के पास पूरियाँ लेकर आई तो उसने बहुत नम्र स्वर में कहा, "नहीं निशा, बिल्कुल इच्छा नहीं हो रही।"

"अरे, खाइए भी, कुछ नहीं होता–थकान है।" और वह शैलेन्द्र के हाथ में टिफिन कैरियर के कटोरदान का ढक्कन–जिसमें पूरी आदि थीं, रखकर चली गई। एक बार शैलेन्द्र ने उसकी ओर देखा, और सिर झुकाकर चुपचाप छोटे-छोटे ग्रास खाने लगा।

बहुत देर से रेखा के अंदर कौतूहल हो रहा था। कई बार पूछने की भी इच्छा हुई पर वह रुक जाती। इस बार धीरे से निशा ने पूछना चाहा, "क्यों शैल, तुम क्यों सुस्त हो आज?" तभी उसकी कठिनाई को दूर करते हुए इंद्रनाथ ने शैलेन्द्र से पूछा।

18-6-46 अकारण ही शैलेन्द्र झेंप-सा गया। मंद स्वर में बोला, "यों ही हरारत है थोड़ी। सिर में दर्द-सा है।"

मामा चौंके। सबकी विस्मय चकित आँखें उसकी ओर उठ गईं।

"देखें क्या हो रहा है?" इंद्रनाथ अपना खाना छोड़कर उसके पास आ गए। उसके माथे पर हाथ फेरा। कलाई देखी। और उचककर बोल उठे, "अरे, तुझे तो

बहुत तेज़ बुखार है, और ये पूरियाँ, निरू वो दरी देना, इधर बिछा दो यहाँ।" वह घबरा से गए। झिझकते से हाथों से शैलेन्द्र ने चुपचाप पूरियाँ उनकी ओर बढ़ा दीं, और निशा की ओर देखकर विचित्र प्रकार से मुस्करा दिया, जैसे कह रहा हो—कहा था न।

लेटते ही शैलेन्द्र को लगा उसका बुखार उत्तरोत्तर बढ़ता जा रहा है। संज्ञा शून्य-सा वह जैसे तपने लगा। लीला और सविता के आग्रह पर घबराए हुए इंद्रनाथ पूरियाँ खा रहे थे। बड़े-बड़े ग्रास मुख में रखे और सटक जाते। और जब समाप्त कर चुके तो फिर शैलेन्द्र के माथे पर हाथ रखा। शैलेन्द्र चेतना हीन था। वह बोले, "रेखा, उढ़ाओ इसे, मैं देखता हूँ, नीचे कोई वैद्य डॉक्टर।" घबराहट में टेढ़े-मेढ़े पैर रखते हुए वह 'गाइड' के पास चले गए।

शैलेन्द्र के पास बैठकर लीला सविता रेखा बातें कर रही थीं, निरुपमा को बोलने का अधिकार नहीं था, इसलिए चुप थी। स्वेच्छा से चुप थी निशा, वह केवल सुन रही थी। हरेन्द्र और देवा का पता नहीं था।

थोड़ी देर के बाद हरेन्द्र आया हाँफता हुआ-सा। रेखा के पास आकर बोला, "इधर आइए रेखा जीजी।"

"क्या है?" वहीं से बैठे-बैठे रेखा ने पूछा। माँ और मामी की बातों में उसका मन लग रहा था।

"सुनिए तो सही, बात है एक।" हरेन्द्र भी वहीं अड़ा रहा।

रेखा उठकर पास गई। पूछा, "क्या है?"

"कपड़ा चाहिए आपको?" हरेन्द्र ने पूछा।

"कपड़ा?" बात अप्रत्याशित थी, चौंककर रेखा ने पूछा, "कहाँ है, कैसा है?"

"यहीं है एक दूकान पर नीचे।" हरेन्द्र ने विजय मुस्कराहट से कहा।

"कैसे-कैसे?" रेखा की उत्कंठा एकदम सीमा को पार कर गई, झल्लाकर उसने पूछा।

"अच्छे हैं, बढ़िया धोती का जोड़ा दे रहा है बारह रुपये में।"

"अरे रुपये छोड़ो।" ज़ोर से हाथ झटककर रेखा बोली, "कपड़ा अच्छा है?"

"हाँ कपड़ा अच्छा है ही।"

"और क्या-क्या है?" रेखा ने पूछा।

"लट्ठा है, ब्लाउजों के कपड़े हैं बहुत बढ़िया, साड़ियाँ हैं, और धोती हैं।" हरेन्द्र ने शीघ्रता करते हुए कहा, "जल्दी कीजिए।"

"अच्छा, माताजी से पूछ लें।" रेखा ने लीला की ओर बढ़ते हुए कहा, "अच्छा रुको हरेन्द्र, ला नहीं सकते तुम दिखाने को?"

हरेन्द्र सोचने लगा फिर चिंतित स्वर में बोला, "अच्छा, मैं प्रयत्न करूँगा आप कुछ रुपये दे दीजिए, न होगा तो एक धोती जोड़ा ले ही आऊँगा।"

रेखा भी कुछ देर यों ही खड़ी रही। फिर बोली, ''अच्छा तो लो रुपये।'' और अपने एक छोटे से थैले में से बटुआ निकालकर हरेन्द्र को रुपये दे दिए।

हरेन्द्र चला गया। बातों का प्रवाह फिर चल निकला।

''ये रहा, देखिए जीजी।'' लगभग पंद्रह-बीस मिनट पश्चात् आकर हरेन्द्र ने कहा। उसके हाथ में जोड़ा था जनानी धोतियों का। रेखा ने स्वयं लपककर शीघ्रता से देखा। और प्रसन्नता से खिल उठी।

''माताजी देखिए, कितनी बढ़िया धोतियाँ मिलती हैं यहाँ।'' रेखा ने लीला के बराबर बैठकर धोती उनके आगे सरका दी।

''कहाँ से आईं?'' उँगलियों से कपड़ा देखकर उन्होंने उत्सुकता से पूछा। बातें जैसे भूल ही गई हों, ''कौन लाया?''

''दूकान है नीचे–कस्बे–में एक, हरेन्द्र लाया है कहता है बहुत अच्छे-अच्छे कपड़े हैं वहाँ।'' रेखा ने कहा।

''धोती तो अच्छी हैं शहर में मिलती भी नहीं है।'' सविता ने प्रस्ताव किया।

''मँगा लो न?''

''इतने रुपये तो साथ भी नहीं हैं।'' लीला ने निराशा से कहा।

''रुपयों की कुछ बात नहीं है–मेरे पास हैं काफी।'' सविता बोलीं।

रेखा प्रसन्न हो उठी। निशा भी थोड़ा पास खिसककर धोती देखने लगी निरुपमा कुछ उझककर देखने लगी।

''और माताजी, आप लोग ही जो चलिए नीचे, उतरने-चढ़ने की बात है ज़रा। हरेन्द्र बता रहा है, कपड़े अच्छे-अच्छे हैं उस दूकान पर।'' रेखा ने कहा।

बात लीला और सविता के थोड़ी समझ में आ गई, पर लीला ने कुछ विचित्र से स्वर में कहा, ''पर यहाँ कौन रहेगा–शैलेन्द्र के पास?'' उन्होंने रेखा की ओर देखा।

''नहीं भैया, मैं नहीं रहूँगी यहाँ।'' रेखा ने मना कर दिया।

''अच्छा, मैं रहे जाती हूँ।'' निशा ने कहा।

सविता ने कुछ टेढ़ी-सी दृष्टि से उसकी ओर देखा। थोड़े विवाद के पश्चात् यही निश्चित हो गया। सविता कुछ शिष्ट शब्दों में निशा के प्रति उसके वहाँ रुकने के कारण, अपना क्रोध व्यक्त करती रहीं। और निशा अंत तक जाने के लिए इधर-उधर टालती रही। खैर, यह सब लोग चल दीं।

''चलो न निशा, यहीं क्या करोगी?'' चलते हुए मुड़कर रेखा ने अनुरोध के स्वर में कहा–''यहाँ रहने से भाई साहब ठीक तो हो नहीं जावेंगे!''

हाथ से आगे बढ़ जाने का संकेत करके, मुस्कराकर निशा ने कहा, ''जाओ तुम्हीं अब।''

19-6-46 निरुपमा आज कुछ विचित्र प्रकार से चुप थी। निशा न जाने कैसी दृष्टि से रेखा की ओर देखती रही। धीरे-धीरे उत्कंठा-चपल पगों को धरती हुई रेखा जब फतहपुर सीकरी के बुलंद दरवाजे में जाकर अदृश्य हो गई तो निशा ने धीरे से एक श्वास खींची। वह चुपचाप बैठकर स्थिर दृष्टि से एक ओर देखने लगी। जाड़े की दोपहरी ढल रही थी। अस्ताचल गमनोन्मुख सूर्य की सुखद रश्मियाँ धीरे-धीरे निशा की ओर बढ़ने लगीं। इतनी बड़ी फतहपुर सीकरी जैसे नीरव, जनशून्य हो। कभी-कभी गाइड के साथ एकाध मनुष्य, परिवार, बुलंद दरवाजे से निकलता और इस विशाल प्रशस्ति को विस्मय-विमुग्ध दृष्टि से देखता हुआ चला जाता। वह उस महान द्वार के अंदर की ओर बैठी हुई थी। पास ही कोई हाथ भर दूर पड़ा था शैलेन्द्र—बेभान। निशा रह-रहकर उसकी ओर देख रही थी। एक वैकल्य सा उसके मुख पर प्रतिभासित हो उठता था, और उस समय चंचल होकर इधर-उधर देख लेती।

उसने शैलेन्द्र की ओर देखा—वैसा ही पड़ा था। वह निश्चल, शव-सा। निशा सिहर उठी—सचमुच ही शव हो...आगे वह सोच नहीं सकी। व्याकुल दृष्टि से इधर-उधर देखा, जैसे किसी अज्ञात सत्ता को सहायता के लिए पुकारना चाहती है। पर जीभ जैसे जकड़ गई हो। इस शून्य की नीरवता से वह जैसे हृदय में आतंकित हो उठी। चारों ओर बड़े-बड़े कमरे कोठरियाँ। वह भीत हो उठी। क्यों रही वह? कपड़े देखती वह, होता तो एक आध अपने 'ब्लाउज' के लिए पसंद भी कर लेती—एक आध साड़ी भी। वह जानती थी केवल उसी के कपड़ों से चार ट्रंक भरे होने पर भी माताजी उससे मना नहीं कर सकतीं। वह अब भी एक हजार रुपए के कपड़े ले सकती है, और सचमुच ले सकती है। उसकी माताजी उससे कई बार कपड़े न लेने के ऊपर कह चुकी हैं। उनकी इच्छा है अपनी बेटी को प्रसन्न रखने की—उनकी बेटी हीरे की ओर भी उँगली उठा दे तो वह सहर्ष लेने को तैयार हो जाएँ। पर बेटी है कि मुख से कहती नहीं है किसी भी वस्तु के लिए। हठ करके माताजी ने ही भर दिए हैं उसके 'ट्रंक'। निशा के अंदर भाव उठा, चली जाए दौड़कर वह अभी तो वह लोग सीढ़ियाँ ही उतरी होंगी। उसने उस विशाल फाटक की ओर देखा।

फिर देखा श्वेत वस्त्रावृत शैलेन्द्र की ओर—शव-सा। वह आशंका से विचिलित-सी हो उठी। तनिक झुककर उसने कपड़ा शैलेन्द्र के सिर से हटा दिया—काँपता-सा हाथ उसके माथे पर रख दिया। उफ़! जैसे गरम लोहे को छू रही हो। उसके अंदर कुछ ज्वार-सा उमड़ने लगा। क्यों आ गया ये बुखार इन्हें। बेचारे देख भी न सके कुछ। वह जैसे हाथ उठाना भूल गई।

शैलेन्द्र का मुख एकदम लाल था।

"कौन मामाजी?" कुछ कराह भरे स्वर में शैलेन्द्र ने धीरे से पूछा।

निशा ने हाथ हटा लिया एकदम। उसने कहा, "मैं हूँ।" स्वर में लज्जित प्रकंपा थी।

उसने आँख खोलीं। एकदम लाल--स्फुलिंग-सी। थोड़ी देर तक यों ही लेटा

रहा, जैसे अपनी अवस्था समझता हुआ अपने को चेतन कर रहा हो।

"माताजी आदि कहाँ हैं, निशा?"

"नीचे गई हैं।" संक्षिप्त-सा उत्तर निशा ने दिया। कुछ पीछे खिसककर थैले से उसने बुनने का सामान निकाल लिया। खटाखट उँगलियाँ चलने लगीं।

"तुम अकेली ही क्यों रह गईं यहाँ?" कठिनता से उसने कहा।

"अकेली नहीं हूँ बाबूजी दवा लेने गए हैं आपकी।" बिना किसी ओर देखे निशा बोली।

"अरे, बेकार मामाजी ने इतना कष्ट किया, मैं तो अब बिल्कुल ठीक हूँ।" और वह यथार्थ में ठीक है यह दिखाने के लिए उपेक्षा से उठने लगा। किंतु एक दुर्निवार कंपन उसको दोलित कर रहा था। लेटे रहने के कारण उसे अनुभव नहीं हो रहा था। अब लगा कि उसके अंग का जोड़-जोड़ दुखता है। वह फिर कराह उठा। धम् से पहले स्थान पर लेट गया।

निशा चौंकी। उसकी ओर झपटी। उसका तकिया आदि ठीक कर दिया, "उठिए मत आप बाबूजी को आ जाने दीजिए।"

शैलेन्द्र के मुख से निकल पड़ा, "नहीं......नहीं, घबराओ नहीं निशा..... ।" ऐसे समय भी निशा को हँसी आ गई, "खुद तो घबराकर काँप रहे हैं और मुझसे मना करते हैं।" उसने परिहास से कहा।

शैलेन्द्र फिर चुप हो गया। करवट बदलकर जैसे सो गया हो। निशा स्वेटर बुनने लगी।

"वो कहाँ है निशा, देवा" तभी हाथ में एक शीशी और पुड़िया लिए, बेंत हिलाते हुए इंद्रनाथ आ गए।

"मालूम नहीं बाबूजी।" निशा ने बुनने का सामान रख दिया। सिर उठाकर थकी गरदन सीधी करके उसने इंद्रनाथ की ओर देखा।

"अच्छा लेना जरा, मैं भेजता हूँ उसे।" हाथ की वस्तुएँ उन्होंने निशा के हाथ में थमा दीं।

"आप कहाँ जा रहे हैं?" निशा इस एकांत से घबराने-सी लगी थी।

"अरे क्या बताएँ अब।" परेशान स्वर में उन्होंने कहा, "तुम्हारी माँ, और जीजी वहाँ एक कपड़े वाले की दूकान पर अड़ गई हैं–इतने कपड़े भरे पड़े हैं तो भी न जाने.....तो तुम यह शीशी की दवा माथे पर मल देना, पुड़िया में जो दवा है उसे खिलाकर पानी पिला देना ऊपर से, अभी भेजता हूँ, अच्छा बेटी।"

निशा ने स्वीकारात्मक सिर हिला दिया। इंद्रनाथ चले गए। निशा शैलेन्द्र के पास आ गई। ओढ़े हुए कपड़े को थोड़ा खींचकर बोली, "भाई, सा'ब, भाई सा'ब?"

शैलेन्द्र सीधा हो गया, आँख खोलकर पूछा, "क्या?" जैसे कराहा हो, "ये दवा है, बाबूजी दे गए हैं, पी लीजिए।"

शैलेन्द्र मदहोशों की भाँति उठने लगा। निशा ने सहारा देकर उठाया, और पुड़िया उसके हाथ में दे दी। शैलेन्द्र ने उसे खोलकर दवा मुँह में भर ली। निशा एक हाथ से शैलेन्द्र को पकड़े हुए थी, दूसरे से पास रखे गिलास को उसके मुख से लगा दिया। विभिन्न प्रकार का मुँह बनाकर शैलेन्द्र पानी पी गया। निशा ने उसे फिर लिटा दिया।

"सिर में दर्द हो रहा है।" लेटते ही उसने कहा, "कपड़ा दो बाँधने को निशा।" निशा ने कपड़ा नहीं दिया। उसके सिरहाने की ओर बैठकर शीशी वाली दवा उसके माथे पर मृदुलता से मलने लगी, अमृतांजन जैसी कोई दवा थी।

"क्या है जीजी? कहिए क्या करूँ?" तभी देवा आ गया, "लाइए मैं मल दूँ।"

"नहीं" निशा ने कहा, "तू वहाँ जाकर बैठ जा, बस।" थोड़ी दूर पर उसने संकेत किया।

"दवा पिला दी आपने?" उसने फिर पूछा।

"हाँ, हाँ, जा तो सही तू।" निशा फिर बड़े मनोयोग से माथे पर दवा मलने लगी। शैलेन्द्र की पीड़ा कुछ कम हो रही थी। उसे जैसे सुखानुभव हो रहा था, वह यों ही लेटा रहा। धीरे-धीरे जैसे होश में आ रहा हो।

"रहने दो अब।" उसने कहा।

निशा कुछ नहीं बोली। केवल मलती रही।

"बस अब नहीं।" थोड़ी देर रुककर उसने फिर मना किया।

"अभी नहीं।" कुछ अधिकारपूर्वक निशा ने कहा।

शैलेन्द्र चुप हो गया—लेटा रहा यों ही। थोड़ी देर पश्चात् हँसने का असफल प्रयत्न सा करता हुआ बोला, "बुखार भी मेरे ऊपर क्या टूटा, अचानक। और आप ऐसे समय मुझे पूरियाँ खिलाने चलीं।"

निशा मुस्करा पड़ी। विजेता की सी मुस्कराहट थी वह। मलना उसने अब भी नहीं रोका, "अब कैसे हैं?"

"ठीक हूँ बिल्कुल" संतोष की साँस लेकर उसने कहा, "अब रहने दो निशा!" जैसे डरता हुआ सा मना कर रहा हो उसने बहुत मृदु स्वर में कहा।

"लगवा लीजिए न और ठीक हो जाएँगे।" निशा ने कहा, "इतना तेज़ एकदम कैसे चढ़ा आपको?"

20-6-46 "मालूम नहीं। बिल्कुल ऐसे चढ़ा जैसे लू लगकर चढ़ता है। थोड़ा जाड़ा लगा और फिर अंग-अंग टूटने लगा।" शैलेन्द्र बोला। उपेक्षा से हँस दिया फिर।

"बाबूजी तो घबरा गए एकदम।" निशा की विराम-हीन उँगलियाँ चल रही थीं। देवा दूर बैठकर सामने वाली सीपी मस्जिद को देखता हुआ, 'शुक्रिया' फ़िल्म

का कोई गीत गाने लगा।

"अब कहाँ गए, यह सब।" शैलेन्द्र कभी-कभी जोर से साँस लेने लगता था।

"नीचे गए हैं, कपड़ा मिल रहा है यहाँ किसी दूकान पर।" निशा ने कहा।

"तो सब गए हैं?" कुछ विस्मय से उसने पूछा।

"जी।" निशा ने बहुत संक्षिप्त उत्तर दिया।

शैलेन्द्र का स्वर जैसे भावशून्य और शिथिल पड़ गया। बहुत धीरे–छुपाकर उसने श्वास ली–"तुम क्यों नहीं गईं निशा?"

"मैं?" निशा मुस्कराकर कुछ लज्जित होने लगी, "मैं क्या करती व्यर्थ। थकना ही तो है नीचे ऊपर जाकर।"

"कपड़े भी तो अच्छे होंगे न।" असामयिक व्यंग से शैलेन्द्र कह उठा। फिर अपनी इस आतुर निराधार उत्तेजना पर स्वयं ही झेंप उठा। कुछ देर चुप रहा। फिर स्वर में मार्दव लाकर उसने पूछा, "तुम्हें अच्छे नहीं लगते कपड़े निशा?"

"लगते क्यों नहीं" निशा ने सत्य कहा, "पर यहाँ भी तो कोई रहता। इतने अच्छे भी नहीं लगते कि, मनुष्य का मूल्य उनके सामने कुछ न समझूँ।"

शैलेन्द्र के हृदय में जैसे कुछ चुभ गया, उसकी असह्य पीड़ा से झुँझलाहट से जैसे मचल उठा वह। किंतु ऐसे समय उसे क्रोध भी नहीं आ सका। निशा ने किस गर्व से बात कही थी, और वह गर्व जिस ओर संकेत कर रहा था इस पर शैलेन्द्र का ध्यान गया; और वह असंयत हो उठा। एक गहरा उच्छ्वास उसकी छाती चीरकर मुख से निकल पड़ा। "मैं कौन मर रहा था," उसने कहा।

"मरने की क्या बात है?" प्रेमल झुँझलाहट से निशा ने उसे ताड़ना दी।

उद्धत शिशु की भाँति शैलेन्द्र चुप हो गया। उसके हृदय के किसी अज्ञात कोने से एक स्नेहसिक्त मलयानिल-सा चल उठा, शीतल और शांतिप्रद, श्रद्धा से आच्छन्न।

"अच्छा शैल भाई साहिब," निशा ने मधुर कंठ से पूछा, "आप कपड़ों से इतना चिढ़ते क्यों हैं?"

"कपड़ों से मैं नहीं चिढ़ता," शैलेन्द्र ने बहुत धीरे से निशा को बुरा न लगे इस प्रकार उसका अविराम माथे पर तेल मलता हुआ हाथ हटा दिया।

"अब रहने दो, बहुत हो चुका, तो मैं कपड़ों से नहीं, चिढ़ता हूँ कपड़ों के पीछे पागल होने से, लिप्सा से, कभी न तृप्त होने वाली तृष्णा से.....।"

"तो वह पागलपन तो किसी के भी लिए हो सकता है न।" तार्किक स्वर में निशा बोली।

"हाँ यह भी मैं मानता हूँ और जिसके पीछे हो उससे मुझे घृणा है।"

"बुरा मत मानिए देखिए, लड़ नहीं रही, बहस भी नहीं कर रही आपसे।"

"नहीं-नहीं, पूछो तुम निर्भीक।" शैलेन्द्र ने संतुष्ट उत्तर दिया।

"मैंने ग़ौर से ध्यान दिया है, कहते आप विदेशी वस्तुओं के लिए हैं, किंतु जितना कपड़ों के ऊपर आप ज़ोर देते हैं, उतना किसी के भी ऊपर नहीं देते।"

'हाँ, यह मानता हूँ।" स्वीकार किया उसने, "और उसका एक कारण भी है। तुमने देखा होगा गाँधी जी जितना स्वदेशी कपड़ों पर ज़ोर देते हैं, हिंसा के अतिरिक्त कदाचित् और किसी पर नहीं। इसका कारण है कि जितना धन हमारा कपड़ों में निकल जाता है, उतना नित्य प्रयुक्त होने वाली किसी भी वस्तु में निकलता हो। निम्नवर्णीय लोक के लिए यह आरोप नहीं है किंतु उच्च वर्ग तो कपड़ों के पीछे जैसे पागल हो उठा है, कपड़ा बढ़िया हो, और सभ्य बनने की धुन में उसके पीछे झपट रहा है, घिसट रहा है मध्य वर्ग। खाना नहीं हो अच्छा, नित्य की और वस्तुएँ न हों, किंतु कपड़ा तो बढ़िया होना ही चाहिए। उसके बिना निस्तार नहीं है। कपड़े के पीछे स्वास्थ्य गौण, अप्रमुख, हो गया है। रेखा और हरेन्द्र कह ही देते हैं, स्वास्थ्य का क्या करेंगे, कपड़ा हो तो पहना भी जाए। ये हैं तर्क, अब इसमें देख सकती हो तुम कितना अंधविश्वास है, स्वार्थपरता है।"

निशा ध्यान से सुन रही थी, बोली, "अच्छा सा'ब यह तो सब मैंने मान लिया, कि मध्य और उच्च वर्ग पागल है, और जितना आप कहते हैं उससे भी अधिक, पर यह समझ में मेरे नहीं आता कि कपड़ा विदेश को क्यों जाता है, आपने देखा होगा, जितना भी कपड़ा हम लोग पहनते हैं वह सब अहमदाबाद, दिल्ली आदि की मिलों का होता है।"

"माना मैंने!" शैलेन्द्र ने कहा, "बात सिर्फ कोरे स्वदेशी की ही नहीं है। प्रश्न यह है कि कपड़ा स्वदेशी हो, हमें पहनने को मिले, पर साथ ही हमारे करोड़ों उन भाइयों को जो एक समय भूखे रहते हैं–कभी-कभी दोनों समय खाना मिले, जीवन निर्वाह का सहारा मिले। माना कि मिल में भी हजारों मज़दूर पलते हैं, किंतु उनकी संख्या नियमित है। हमारे देश की जनसंख्य बहुत महान है, और द्रुतगति से बढ़ रही है, फलतः बेकारों की संख्या भी दिन दूनी रात चौगुनी हो रही है। देश में बहुत आदमी ऐसे हैं जो कपड़ा बुनने के अतिरिक्त और कुछ नहीं जानते। तो इनके निर्वाह का प्रश्न दिन-दिन बहुत व्यापक होता जा रहा है इतनी मिलें यहाँ कभी बन नहीं सकतीं–कम से कम अब तो नहीं हैं–कि इन सभी को उनमें स्थान मिल सके। अब चलो मिलों के ऊपर। एक मनुष्य एक थान पाँच दिन अविराम परिश्रम करके बनाता है, हाथ का कता, और हाथ का बुना, और उसके हम बीस रुपये देते हैं किंतु इसके विपरीत मिल, छोटी-सी ही एक दिन में सौ थान तैयार कर देगी, उससे सस्ता अच्छा मज़बूत। वस्तुतः मिल का कपड़ा अधिक लोकप्रिय हो ही जाएगा–इसका मतलब है उस हथबुनिए की हाथ की रोटी छीनना–पाँच सौ दिन उस बेचारे ने जो अथक परिश्रम किया है उसे नष्ट कर देना और पूँजीपति मिल मालिक की थैली में दो हजार रुपये एक दिन में बढ़ा देना। और मिल मालिक अधिकतर होते हैं अंग्रेज या उनके एजेंट। जिन्हें अपनी थैली भरने से

काम है। वह अन्य देश के पूँजीपतियों की भाँति लोहू चूस पूँजीपति हैं—चाहे वे धर्मभक्त हों या राजभक्त। वह दिन-दिन सोचते हैं कि किस प्रकार मज़दूरों को कम वेतन दिया जाय। वह मज़दूरों को इतना ही चाहते हैं कि वे केवल आज खा लें कल यदि मिल में न आवें तो भूखे मर सकें। इधर बाज़ार में अपनी धाक भी उन्हें ज़रूरी है। पूँजीपति बड़े भी होते हैं और छोटे भी। एक समय ऐसा आता है जब छोटा पूँजीपति बड़े के सामने अपना सिर झुका देता है, घुटने टेक देता है, अतएव उसके माला की खपत बाज़ार में बंद हो जाती है। बड़ा मिल मालिक अपना माल तेज कर देता है और धीरे-धीरे छोटी मिल 'ठप्' हो जाती है। हजारों मनुष्य बेकार हो जाते हैं। बड़ा पूँजीपति, मिल मालिक, जब देखता है कि मजदूरों की उसे कमी नहीं है तो वह अपने मजदूरों का वेतन कम कर देता है। दिखाने के लिए यह घोषित किया जाता है रहना न रहना मज़दूरों की इच्छा पर निर्भर है पर है ऐसा नहीं है। मिल मालिक जानता है कि धन हीन मजदूर के पास मिल के अतिरिक्त और कोई साधन नहीं है, मान भी लीजिए कि वह छोड़ देता है तो दूसरी 'ठप्' मिल के पाँच मजदूर उसके स्थान पर आने को तैयार रहते हैं, अतः वह विवश है कि मिल मालिक—वह खूनी पूँजीपति जो कुछ भी करे, और वह चुपचाप सहे।"

21-6-46 "बात यहीं पर समाप्त नहीं होती। यह मशीन का युग है, उन्नति का। मिल मालिक देखता है कि एक मशीन है वह चालीस आदमियों का काम अकेले कर सकती है और उसमें उसे लाभ भी है तो वह चालीस मजदूरों को अपनी मिल से निकाल कर उस मशीन को मँगा लेगा। इस प्रकार मिल मालिक पूँजीपतियों के कारण बेकारों की संख्या बढ़ रही है। इसीलिए गाँधीजी आदि खद्दर पर ज़ोर देते हैं कि उन बेकारों का निर्वाह हो वह पल सकें। माना तुम्हारे पास पैसे हैं, तुम बढ़िया कपड़ा पहन सकती हो किंतु कम से कम देश का ध्यान करके, उसकी भुखमरी और ग़रीबी का ध्यान करके इतना तो त्याग तुम्हें करना ही चाहिए। सो चलकर देखो यही देश की बहुत बड़ी सेवा होगी।" कहकर शैलेन्द्र चुप होकर सुस्थ होने लगा। इतना अधिक धारा प्रवाह से बोलने के पश्चात् वह जैसे थक-सा गया। भावों की उत्तेजना में कब बैठ गया है इसका उसे ध्यान नहीं रहा। उसने निशा की ओर देखा। एक ओर देखती हुई निशा किसी ध्यान में मग्न थी बेभान-सी। शैलेन्द्र ने अपने इतना सब बोले हुए पर दृष्टि-निक्षेप किया, वह जैसे संतोष और एक स्वाभाविक उल्लास से भर उठा। फिर उसने देखा निशा के ऊपर पड़ते अपने कथन के प्रभाव को। यह जो सामने स्कूल की उच्छृंखल, 'स्टूडेण्टा' बैठी है, एक पवित्र आकर्षक लावण्यमय औद्धत्य जो इसके अंग-अंग से फूटा पड़ रहा है, ऐसी इस उद्दंड भावनावश लड़की के हृदय में वह थोड़ी भी राष्ट्रीय-भावनाएँ, थोड़ी भी अपने देश की करुण दशा के प्रति सहानुभूति उत्पन्न कर सका है यह विचार कर एक दिव्य आनंद की तरल अनुभूति उसके स्नायुओं में भर उठा। उसकी इच्छा हुई, अपनी समस्त

साधना का अवलम्ब लेकर वह, स्नेह सिक्त हाथ उसके सिर पर रखकर कह दे, "निशा, उठो, आँखें खोलो। देखो राष्ट्र की, देश की·अवस्था कितनी कातर, कितनी करुणाजनक, कितनी निराशामयी है। उसे तुम्हारी आवश्यकता है।"

किंतु शैलेन्द्र ने कुछ नहीं किया। अपने काँपते हाथ का सहारा लेकर गिरे पड़ते हुए शरीर को येन-केन-प्रकारेण साधे हुए वह गंभीर अर्ध-शून्य, और निर्निमेष दृष्टि से निशा के मुख की ओर देखता रहा। और जब उससे नहीं बैठा गया तो धीरे से–जिससे निशा का ध्यान भंग न हो, वह लेट गया। थोड़ी देर तक यों ही मौन वातावरण, सीकरी के किसी कमरे, सम्भवतः बड़ी मस्जिद से आती हुई प्रतिध्वनि का साथ देता रहा।

काफी सोच चुकने के पश्चात् निशा ने जोर से साँस छोड़ी और विवश से स्वर में बोली, "एक कपड़े के पीछे इतनी बातें छिपी हैं, यह मैं कभी नहीं सोच सकती थी।"

22-6-46 "यही तो मैं कहता हूँ," शैलेन्द्र दुगना उत्साहित हो उठा, "देश केवल नदी, पहाड़, वन, पृथ्वी का ही नाम नहीं है, देश नाम है विशाल जन समूह का, उस समूह के इतिहास का और युग-युग से संचित उस समूह के विचार प्रवाहों के स्वरूप का, प्रतीक का, चित्र का। नदी, पहाड़ बंदी नहीं होते, क्लांत नहीं होते, वह तो सदा स्वतंत्र और अभिनव उत्साह समन्वित हैं–देश का स्वतंत्र होना है उक्त वस्तुओं के स्वतंत्र होने का नाम। जब तुम देश की स्वतंत्रता की बात सोचोगी तो चालीस करोड़ गुलामों का चित्र तुम्हारे सामने पहले आएगा। और वही देश है, उसी का उद्धार, कल्याण प्रत्येक गुलाम, मनुष्य का कर्तव्य है, और हमारी दशा कपड़े के ऊपर कितनी निर्भर है इसे मैं बता चुका हूँ।" निशा उसकी ओर देख रही थी, अपलक दृष्टि से। शैलेन्द्र को लगा जैसे उस दृष्टि में आदर और श्रद्धा का सम्मिश्रण था। थोड़ी देर साँस लेकर उसने फिर कहा "और निशा, केवल सारा कारण इतना ही नहीं है एक मनोवैज्ञानिक कारण भी है।" निशा उस मनोवैज्ञानिक कारण को सुनने को प्रस्तुत है या नहीं यह जानने के लिए शैलेन्द्र ने उसकी ओर देखा। उधर से आ रहे थे मामाजी, इंद्रनाथ। वह चुप हो गया। मामाजी का इस समय आना उसे थोड़ा अखरा।

"देखा निशा," आते ही इंद्रनाथ ने कहना प्रारंभ किया, "इतनी बड़ी हो गईं यह लोग तो भी ज़रा सा भी नहीं सोचा कि लड़का बीमार है कैसे चले जावें।" फिर उन्होंने देवा की ओर देखकर कहा, "देवा, हरेन्द्र बैठा होगा दूकान पर कपड़ा उठा लाओ, तुम जाकर।"

देवा चला गया। शैलेन्द्र आँख बंद करके सोने का प्रयत्न करने लगा। निशा ने मुस्कराकर आती हुई रेखा की ओर देखकर अँगड़ाई ली। बुनने का सामान उसने रख दिया। उपालम्भ और व्यंग से हँसती हुई रेखा चली आ रही थी, पीछे-पीछे सविता

और लीला।

"अब कैसे हो शैल?" इंद्रनाथ ने शैलेन्द्र के पास आकर पूछा।

"जी, अब तो बिल्कुल अच्छा हूँ।" शैलेन्द्र चुपचाप सोच रहा था कि अब क्या कहने को रह गया। निशा से क्या उसने काफी नहीं कह दिया है। आगे उसे क्या कहना है यह भी उसने सोच लिया।

"और जमी रहो यहीं।" रेखा ने उलाहना दिया, "इतने बढ़िया कपड़े थे सच–तुम देखती रह जातीं।"

निशा को अपने नहीं जाने का तनिक भी दुख नहीं था, उपेक्षा से उसने सिर हिला दिया। हँसकर पूछा, "तो तुम ही बता दो, कौन-कौन सा कपड़ा लाई हो?"

"देख ही जो लेना ला रहा है देवा।" रेखा बोली, "और तुम्हारे लिए भी तो ले आई हैं मामीजी, पच्चीस रुपए की नित्य व्यवहार योग्य साड़ी, शलवार सूट के लिए बहुत बढ़िया रेशम–दो ब्लाउज़ों का कपड़ा।"

"मेरे लिए?" निशा की आँखें आश्चर्य से फैल गईं और इसके पश्चात् अपने इस आश्चर्य से वह जैसे स्वयं डर गई। भीत और सशंकित दृष्टि अपने आप ही शैलेन्द्र के ऊपर जा पड़ी। फिर उसने दबे से स्वर में कहा, "मेरे पास तो काफ़ी कपड़े हैं।"

"तो ये और सही।" रेखा ने झट कहा।

शैलेन्द्र के अंदर जैसे कोई तड़प उठा। इतना सब समझाने का यह परिणाम? एक हताशा और अवसाद उसकी छाती में आलोड़ित हो उठा। और वह उसे शांत करने का प्रयत्न करता रहा, क्या दोष है, इसमें बेचारी निशा का। यह तो मामी हैं जो कपड़ों पर.....

ओफ़! कितनी भीड़ है। 'ज़नाने इंटर' में तिल रखने को भी जगह नहीं मिल सकी। भरा तो 'पुरुष इंटर' भी था पर उससे कुछ कम। इतने कम समय में और सबके सब कैसे उस डिब्बे में समा सके यह सोच-सोच कर आश्चर्य होता था। भीड़ में, डिब्बे के अंदर कुछ दूर पड़ गए थे तो शैलेन्द्र और निशा। शैलेन्द्र का बुखार प्रायः उतर चुका था। और जब गाड़ी चल दी तो गाड़ी के दूसरे सिरे से इंद्रनाथ ने उन्हें समझा दिया कि हम सब लोग सक्षेम चढ़ गए हैं, उन्हें (शैलेन्द्र और निशा) को भी घबराना नहीं चाहिए। जैसे हैं वैसे बैठे रहें। आध या पौन घण्टे की तो बात ही है।

इधर से निश्चित होकर शैलेन्द्र ने देखा बैठने का स्थान। तनिक भी नहीं। कोई सो रहा था कोई बैठा हुआ था। सोने वालों से उठने के लिए कहा गया तो उन्होंने यह कहकर कि, एक तो वह रात भर के जगे हुए हैं, दूसरे बहुत पहले से लेटे हुए हैं, उठने से बिल्कुल इनकार कर दिया। तनिक सी देर के लिए शैलेन्द्र लड़ाई

नहीं लेना चाहता था, अतः उसने पास रखे ऊँचे से संदूक की ओर देखा। केवल गाड़ी पर चढ़ने में ही उसे जितना श्रम करना पड़ा था, उससे वह हाँफने सा लगा। उसका चित्त घबराने सा लगा, उसकी उत्कट इच्छा हो रही थी कि वह लेट जाय। पैरों में से जैसे कोई खड़े होने की शक्ति खींचे ले रहा हो। कम से कम बैठ जाने की इच्छा का दमन तो वह किसी भी प्रकार नहीं कर सका। पहले संदूक से टिका फिर उसके ऊपर असंयत की भाँति बैठ गया। ऊपर का डण्डा पकड़े निशा उसके बिल्कुल पास खड़ी थी। शैलेन्द्र ने पीछे काष्ठ दीवाल से सहारा लिया और कुछ देर के लिए आँख बंद करके बैठ गया।

और आठ-दस मिनट में जब कोलाहल शांत हो गया, शैलेन्द्र सुस्थ हो चुका तो उसने आँखें खोलीं, निशा वैसे ही खड़ी थी, अचल। वह जैसे एकदम बुरी तरह लजा उठा कितना स्वार्थी है वह, स्वयं तो सुख से बैठ गया और उससे पूछा भी नहीं, एक भी बार। वह झटककर सहसा खड़ा हो गया।

''क्यों?'' विस्मित स्वर में निशा के मुख से निकला।

''तुम बैठो निशा,'' अनुरोध से उसने कहा।

''मैं? नहीं, ठीक हूँ मैं तो यों ही, आप बैठिए न।'' निशा ने उससे दुगने अनुरोध से विनम्र आग्रह किया।

''नहीं-नहीं, ये नहीं। तुम बैठो, मैं बैठ चुका काफी।''

''आप बीमार हैं भाई, बैठना आपको चाहिए आराम से।'' और निशा ने उसके दोनों कंधे पकड़कर उसे पहले स्थान पर बैठा दिया।

क्या निशा इतनी बलवान है कि उसे यों ही कंधे पकड़कर बैठा दे? और वह चुपचाप निर्लज्ज-सा बैठा रहे—बहिन के समान, अपने से छोटी निशा खड़ी रहे?

और मार्ग भर लाख प्रयत्न करने पर भी न तो वह स्वयं उस स्थान से उठ सका और न निशा को बैठा सका। श्रद्धा, समर्पण के भार से बोझिल, जैसे वह नितांत बलहीन हो, अशक्त। और आश्चर्य, उसके अंदर आत्मसम्मान जन्य आक्रोश नहीं उठा, कोई हुंकृत उच्छ्वास उसके हृदय से नहीं उठा, प्रत्युत् वह आत्म तृप्त, संतुष्ट सा बैठा रहा। कभी-कभी, अनुरोध, निशा से बैठने का अवश्य कर लेता, किंतु हर बार वह अनुरोध क्षीण होता गया, प्रतिध्वनि-सा व्यर्थ।

''हाँ, सा'ब अब बताइए, कौन-सा मनोवैज्ञानिक कारण है?'' जब सीकरी से लौटकर, उसकी प्रशंसा, व्याख्या एवं तद्विषयक वार्तालाप समाप्त हो गया तब रेखा और सविता के सामने ही निशा ने शैल से पूछा।

23-6-46 शैलेन्द्र जानता था पास में जो रेखा बैठी है, वह अवश्य उसका परिहास करेगी। वह रेखा की ओर देखकर चुप हो गया।

"हाँ, हाँ, भाई, हमें भी बताइए, काहे का मनोवैज्ञानिक कारण प्रभाव? किसके ऊपर?" अपने स्वाभाविक स्वर से रेखा बोली। उसके स्वर में ईषद्हास था।

"समझती तो हो नहीं तुम," निशा ने कहा, "हर समय का व्यंग परिहास ठीक नहीं होता है।"

रेखा को बुरा लगा। थोड़ी देर वह चुप रही। उसकी आँखें जैसे गीली हो उठीं।

"तो मैंने यही तो पूछा है," मिन-मिन करके उसने कहा।

"तो ऐसी बात तो मैंने कुछ कही नहीं है जो तुम नाराज़ होने लगीं, और तुम्हें भाई बुरा लग गया हो तो मैं क्षमा माँगती हूँ।"

"अरे भाई, लड़ने की बात क्या है?" शैलेन्द्र ने समझाने के स्वर में कहा!

"बहुत असभ्य हो तुम निशा।" सविता ने रेखा के पास आकर कहा, और वह उसे छोटे बच्चों की भाँति चुमकारकर मनाने लगी, "ओः रेखा, रानी, इतनी जल्दी नाराज मत हुआ करो।" वह रेखा को दोनों बाँहों में कसने लगी। निशा और शैलेन्द्र खिलखिलाकर हँस पड़े, पीछे रेखा भी। उसने सविता को हटा दिया।

"हाँ रे शैल, बता क्या बात कह रहा था?" सविता ने आज्ञा की भाँति कहा।

"बता तो मैं पहले भी रहा था पर ये रेखा मज़ाक बनाने लगती।" शैलेन्द्र बोला।

"आपको मालूम था?" रेखा ने खीझ भरे स्वर में पूछा।

"अच्छा बनाना मत, कोई किस्सा कहानी या मज़ेदार बात नहीं कह रहा हूँ मैं, ध्यान से सुनो तो कहूँ।" वह धीरे-धीरे गंभीर होता जा रहा था।

"अब कहिए न या भूमिका ही बाँधते रहेंगे।" रेखा ने उच्च स्वर में कहा।

"हाँ तो क्या कह रहा था मैं?" शैलेन्द्र अपने विशृंखल भावों को कुछ अन्यमनस्क-सा होकर इकट्ठा करने लगा।

"मन पर कपड़ों का प्रभाव।" उसने विद्वानों की भाँति कहना प्रारंभ किया, जैसे वह विद्यार्थियों के सामने व्याख्यान दे रहा हो, "एक तरह देखा जाए तो हमारी सभी क्रियाएँ मन की ही प्रतिक्रियाएँ हैं, उनमें से कुछ क्रियाओं का हमने अपने को इतना अभ्यस्त बना लिया है कि उनके परोक्ष, और प्रत्यक्ष पड़ते हुए प्रभावों पर या तो हम ध्यान ही नहीं देते या ध्यान देकर भी उदासीन रहते हैं। उन्हीं में हमारा एक बहुत घातक स्वभाव है कपड़े का बहुत अधिक प्रयोग। कपड़े का प्रयोग कोई बुरी बात नहीं है, प्रत्येक मनुष्य को करना चाहिए। किंतु बुरा है कपड़े की लिप्सा, उसके विषय में हमारी धारणाएँ, उनके प्रयोग करने की अशुद्ध, त्रुटिपूर्ण और छिछले दृष्टिकोण पर निर्भर, प्रणालियाँ।" शैलेन्द्र कुछ रुका, इस प्रकार व्याख्यान सा देते जैसे लज्जा और झेंप चढ़ने लगी। वह सोचने का बहाना करके चुप ही रहा।

शैलेन्द्र की बात का विषय सुनकर ही जैसे रेखा के प्रत्येक कार्य में उत्कट उपेक्षा भर उठी हो। उसके मुख पर झुँझलाहट के चिह्न नितांत स्पष्ट थे, उहुँ, क्या

हर समय यही बातें, क्या और कोई विषय ही नहीं है जैसे बात करने का। तो भी शैलेन्द्र आगे क्या कहना चाहता है इसे सुनने की उत्कण्ठा उसके अंदर थोड़ी नहीं थी।

सविता भी अपने हाथ का काम छोड़कर सुनने लगी थी, उसे चुप देखकर बोली, ''हाँ, हाँ चुप क्यों हो गए तुम?''

पहले अस्फुट, और अर्ध, फिर पूर्ण स्पष्ट स्वर से उसने कहना प्रारंभ किया– ''तुम्हारे अर्थ में जो कपड़ा बढ़िया कपड़ा होगा, उसकी बाह्य और स्पष्ट हानियाँ बता चुका, मन पर यह क्या प्रभाव डालते हैं यही मैं बताता हूँ। तुमने देखा होगा 'पैण्ट' पहने हुए होने पर झुकने के पूर्व ही उसकी 'क्रीज़' और लोहे का ध्यान आ जाता है, वैसे भी एक बड़प्पन, अहं और अपने वातावरण में उच्च होने का गर्व-सा मस्तिष्क को जकड़ लेता है, और उस अवस्था में किसी समय विशेष पर शील, सज्जनता, और सभ्यता के व्यवहार की आशा रखना दुराशा मात्र है। यहाँ मैं बात कह रहा हूँ लड़कियों की, क्योंकि लड़कियों या स्त्रियों में एक नशा कहिए, खब्त कहिए, होता है सुंदर बनने का। इसीलिए जब स्त्री दूसरी स्त्री से मिलेगी तो सबसे पहले उसका ध्यान जाएगा उसके बाह्य आवरण पर, वह देखेगी उसके गहने, कपड़े और उनमें त्रुटियाँ निकालने का प्रयत्न करेगी, परिहास उड़ाएगी। एक की नहीं सभी स्त्री जाति की यह दुर्बलता है, और कहीं वह स्वयं ही इस परिहास द्वेष की पात्री न बन बैठे इसलिए उसका स्वभाव उसे विवश किए रहता है कि वह अपनी टीम-टाम पर बहुत अधिक ध्यान रखे। दूसरा कारण है 'नारि न मोहि नारि के रूपा' और मैं तो कहूँगा कि वह केवल मोहती ही नहीं है, वरन प्रतिद्वंद्वी नारी का रूप देखकर जल उठती है द्वेष से, और इसलिए उसे आवश्यकता पड़ती है अतिरिक्त साधनों की। चूँकि आजकल समय बदल गया है, यद्यपि गहनों का पूर्ण बहिष्कार तो नहीं हुआ है तो भी उन्हें अधिक लाद लेना असभ्यता का प्रतीक माना जाता है अतः आज की स्त्री गहनों को छोड़कर जितने भी प्रचलित साधन हैं, किसी का भी प्रयोग करने से नहीं चूकती, उनमें कपड़े का स्थान सर्वप्रथम है। यदि निष्पक्ष होकर सोचा जाय तो आज की स्त्री कपड़ा इसलिए नहीं पहनती कि शरीर ढँकने के लिए आवश्यक है, कपड़ा पहनना धर्म है, वह कपड़े पर लट्टू है। अपने इस विचित्र अहंकार की संतुष्टि के लिए वह संसार की किसी भी श्रेष्ठतम प्रगतिशील स्त्री से अपने को कम नहीं देखना चाहती। इसीलिए उसे अपने वातावरण पर तीव्र गृद्ध दृष्टि रखनी पड़ती है। वह पराजित को हेय और अपने–विजयी–को श्रेष्ठ समझकर ही चुप नहीं रह जाना चाहती–एक और वस्तु है स्त्री के अंदर और कदाचित् है वह सारे स्त्री मनोविज्ञान की जड़–वह है आत्म सम्मान का लोभ। स्त्री चाहती है कि लोक उसकी प्रशंसा करे, उसे विजय पर बधाई दे, उसकी महत्ता दूसरों–जो उससे अनभिज्ञ हैं–के मस्तिष्क में भर दे। यदि इसी बात को यों कहा जाए कि स्त्री जो कुछ अपने लिए करती

है, वह सब दिखावा है, आडंबर है, और यह सब होता है इसलिए कि लोग उसकी ओर आकर्षित हों, उसका आदर करें। वह गुणों से नहीं, ज्ञान से नहीं, वह प्रशंसा चाहती है दिखावे से, प्रशंसक चाहे स्त्री हों या पुरुष। तो मैं कहता था निशा कि दिखाने के लिए केवल दूसरों के लिए कपड़े मत पहनो। मैं किसी भी स्वाभाविक प्रवृत्ति का हामी नहीं हूँ। स्वभाव और प्रवृत्तियाँ बनाने से बनती और बिगड़ने से बिगड़ती हैं—ठीक उसी प्रकार जैसे क्रोध, सौजन्य। फ़ैशन और 'ढंग' का नाम आजकल कुछ ज़ोर से सुनाई दे रहा है। 'फ़ैशन', शब्द छोड़ो, क्योंकि यह शब्द 'ढंग' का ही समानार्थक, पर्याय है, तो ढंग शब्द कुछ शिष्ट और वाद-विवाद के लिए अधिक शक्तिशाली है। किंतु यदि विचारा जाय तो यह वस्तु भी द्रुत, शीघ्र, परिवर्तनशील प्रतीत होगी, थोड़े दिन पहले, बिना 'कॉलर' और बिना बाँहों 'बनियाननुमा' ब्लाउज पहने जाते थे, और 'ढंग' माने जाते थे किंतु आज कॉलरदार और फूली बाँहों के ब्लाउजों के सामने वह बेढंगे क्यों हो गए? देखा जाए तो इस 'ढंग' के अंदर भी वही द्वेषिणी प्रवृत्ति काम कर रही है, और इसीलिए यह 'ढंग' बहुत शीघ्र परिवर्तित होता रहेगा, और रहा है। चूँकि इस प्रवृत्ति को मैं मनुष्य के वश्य समझता हूँ अतएव इन ढंगों के पीछे पागल होना केवल प्रमाद या अंधविश्वास के अतिरिक्त कुछ नहीं समझता। आज का समय नहीं है कि हम ऐसी गौण, अप्रमुख, जो स्वयं को ही नहीं समाज को भी घातक है लत के पीछे पड़े रहें। मैं कहता हूँ दूसरों को अपने इन झलमलाते आवरण से चकाचौंध करके, आकर्षित करके, प्रशंसा लूटने का प्रयत्न मत करो—यह नशा है.....।''

''अरे बाप रे!'' मुख को अंग्रेजी के 'ओ' (O) की आकृति का बनाकर, उसके सामने हाथ करके जैसे आकाश फट कर गिर रहा हो, विचित्र मुद्रा से सविता के मुख से निकला, ''तुम्हें शर्म नहीं आती शैल? अपनी बहिनों को ऐसा कहते हुए कि वे लोगों को दिखाने के लिए कपड़ा पहनती हैं?''

उफ़! शैलेन्द्र को जैसे पहाड़ पर से किसी ने धक्का दे दिया हो। ऐसा उसने कब कहा, यह उसकी समझ में नहीं आया, वह जैसे स्तब्ध हो गया, हतज्ञान। उसके मुख से एक भी शब्द नहीं निकल सका। जैसे उसका सिर किसी ने दीवाल से ज़ोर से मारा हो। उसके मस्तिष्क में जैसे तीव्र ज्वालामयी दाहक विद्युत का तीर 'सन्न' से घुस गया हो। घूँसा खाकर जैसे हृदय ने अपना स्पंदन बंद कर दिया। गला रुँध गया। रुक-रुक कर उसने करुण कातर स्वर से कहा, ''ऐसा, मैंने कहाँ कहा मामी?''

''और क्या इससे अधिक बिल्कुल साफ—खोल कर कह देना चाहते हैं?'' अगाध जल में जैसे डूबते हुए आक्रोशविषाक्त रेखा की वाणी उसके कानों को फाड़ती हुई हृदय में घुस गई। और हृत्पिण्ड को चीर कर एक श्वास उसका मुख खोलकर निकल पड़ी। वह एकदम उठ खड़ा हुआ। ''मैंने यह नहीं कहा मामी।'' दृढ़ स्वर से कहकर वह विद्युत-सा चला गया।

और कमरा जैसे वर्षों से जनशून्य हो, इस प्रकार 'साँय-साँय' करने लगा। जैसे शैलेन्द्र के अंतिम शब्द अब भी इस कोने से उस कोने तक टकराकर वहाँ प्रतिध्वनित हो रहे हों। हठात् यह क्या हो गया।

रेखा ने ज़ोर से झटका देकर सिर सीधा कर लिया, सविता को सुनाकर उसने कहा—"या तो इनसे उचित-अनुचित सब सुन लो या यह गुस्सा हो जाएँगे।"

"शांत हो कर समझो रेखा!" हृदय से उच्छ्वसित, सहानुभूतिजन्य कातर आवेग को दबाकर रुद्ध कंठ से निकले हुए यह शब्द रेखा की छाती पर मुष्टिप्रहार से लगे—निशा दूसरी ओर देख रही थी, जहाँ अभी शैलेन्द्र चला गया था।

17

24-6-46

"उन्मीलित शतदल पंकज के, अब समाप्त तम का शासन,
पाकर शुभ आशीष रविकर से, मुखरित मधुकर-मृदु-गुंजन,
राष्ट्र सूर्य यह सुभाष, कर रहा तमिस्र नाश।
भोर ज्यों कमल खिला, विवश खुला लालकिला।
भ्रमर, आज मुक्त, द्रुत, काल, चक्र का परिवर्तन!"

कमरे के किवाड़ उसने भेड़ लिए थे, और पृथ्वी पर दरी बिछाकर चर्खा चलाकर सूत कातता हुआ, कुछ झूम-झूमकर अपनी अनभ्यस्त और विचित्र वाणी से गा रहा था, एक-एक चरण को चर्खे का चक्र घुमाते हुए वह सिर हिलाकर गाने लगता। जैसे इस असह्य कोलाहल, विविध प्रतिबंधों से उन्मुक्त, भावुकता के परों में, कल्पना का अभिनव उत्साह भरकर, अपने में विलीन होकर, उसके प्राण बहुत ऊँचे विचरण कर रहे हों। जैसे किसी अज्ञात, आह्लाद के सुर और तालों पर उसकी चेतना, नर्तित होने को मचल रही हो। तीन ही वस्तुएँ इस समय उसके लिए संसार में थीं, चर्खे का चक्का, पूनी, और उसकी कविता की पंक्तियाँ। और इसीलिए वह नहीं देख सका, उसके कमरे के किवाड़ों को तनिक सा, रंध्र जैसा खोलकर कोई उसे देख भी रहा है या नहीं।

25-6-46

"ओहो, आज तो बड़ी ज़ोर से गाना हो रहा है।" किवाड़ खोलकर मुकर्जी द्वार पर ही खड़ा रहा, "मैं आ सकता हूँ?"

हठात् शैलेन्द्र का सिर उधर घूम गया, अपना गाना उसने एकदम बंद कर दिया किंतु झेंपा नहीं। वह चाह रहा था कि झेंप जाए, पर दृढ़ बना अपनी विचित्र-सी

मुख मुद्रा से वह मुकर्जी की ओर देखता रहा।

"आओ न?" अविचलित उसने कहा, हाथ का काम उसका अक्षुण्ण चल रहा था।

मुस्कराता हुआ मुकर्जी आया, उसके पीछे-पीछे जब एक और मूर्ति धीरे से घुसी, तो शैलेन्द्र सहसा लज्जित हो उठा। इसे पहचानता न हो सो बात नहीं है–सेंट जॉन्स कालेज में ही पढ़ने वाला लड़का है। सैकिंड ईयर की परीक्षा देगा इस बार तो भी वह दुर्दम लज्जा से कटा-सा जाने लगा। इस बार हाथ का काम उसने बंद कर दिया और चट उठ खड़ा हुआ। दाँतों को भींचकर कठिन बना हुआ वह अपने सिर को नहीं झुकने दे रहा था।

"अरे, आप 'रजनीश' जी भी हैं।" कठिन बनकर अभ्यागत की अभिवंदना सी करते हुए उसने कहा, "बैठो मुकर्जी, और आप भी।"

"तो तुम्हें पहले से ही मालूम है?" बैठते ही मुकर्जी ने उसके मुख की ओर देखकर पूछा।

शैलेन्द्र के अंदर उल्लास जैसे आज फूट पड़ रहा था। लज्जा से वह कुछ मंद हुआ, अब वह फिर पूर्ववत् हो गया। मुस्कराते मुख पर आश्चर्य का भाव लाकर उसने पूछा, "क्या?"

"तो तुम्हें नहीं मालूम?" वह नवागत लड़का क्या सोचेगा कि आते ही इन्होंने बातें आरंभ कर दीं यह सोचकर मुकर्जी ने उसकी ओर देखकर शीघ्रता से कहा, "पास हो तुम इस छमाही में। और आप कविवर 'रजनीश' इसीलिए आपको बधाई देने आए हैं।"

अपने पास होने की इस सूचना से शैलेन्द्र की मुखमुद्रा में कोई परिवर्तन नहीं हुआ, पर हाँ, उत्सुक जिज्ञासा की दृष्टि से उसने इन महाशय की ओर देखा। धीरे–अस्फुट-सा–उसके मुख से निकला "कविवर.....।"

'रजनीश' जी अपने नेत्रों के मापक द्वारा, कमरे की प्रत्येक वस्तु को टटोल रहे थे। अपने नाम से चौंके, " 'कॉन्ग्रैचुलेशन्स' (बधाई) मि. शैलेन्द्र" और उन्होंने अपना हाथ शैलेन्द्र की ओर बढ़ा दिया।।

"धन्यवाद।" और उसकी दृष्टि सहसा उनकी ओर उठ गई, काली नेकर, पूरी बाँहों की कमीज़, रेशमी टाई ('हैट' उतारकर उन्होंने एक ओर रख दिया था) पीछे की ओर कलापूर्ण ढंग से कढ़े हुए बाल। उसकी इच्छा हुई ठहाका मार कर ज़ोर से हँस पड़े, हँह, कविपर। और जब उनका हाथ उसकी ओर बढ़ा तो वह द्विविधा में पड़ गया, उसकी इच्छा हुई हाथ नहीं मिलाए जोड़ दे केवल। पर 'रजनीश' जी ने इसका अवसर ही नहीं दिया, कुर्सी से उठकर उसका हाथ पकड़कर धीरे से हिलाया और फिर अपने पूर्व स्थान पर जम गए।

"तुमसे कौन कहता था?" शैलेन्द्र ने मुकर्जी से पूछा।

"वो मिले थे फ़िलिप बहुत प्रसन्न हैं तुमसे उस दिन से।" मुकर्जी ने सीधे से ढंग से कह दिया।

"और तुम्हें मालूम है कुछ?" शैलेन्द्र ने मुकर्जी से पूछकर स्वयं ही उत्तर दे दिया, "कल आजाद हिंद फ़ौज के तीनों अफ़सर रिहा हो गए।"

"अरे नहीं!" सहसा आश्चर्य से मुकर्जी के मुख से निकला।

"हाँ" कविवर अपनी गंभीर वाणी में बोले, "ये 'न्यूज' (खबर) 'करैक्ट' (ठीक) है।"

"अच्छा।" आश्चर्य से उसने कहा, उसे विश्वास करना पड़ा, "यह तो बड़ा अच्छा हुआ, भाई।"

"तुम्हें प्रसन्नता है?" शैलेन्द्र ने योंही निरर्थक-सा प्रश्न पूछ डाला।

"ऐसा कौन है जिसे यह सुनकर प्रसन्नता न होगी?" मुकर्जी बोला। फिर उसने धीरे-धीरे कहना प्रारंभ किया, "नेताजी ने भी भाई, एक बिल्कुल नया मार्ग आविष्कृत किया है। मैं समझता हूँ शैल बाबू, आज देश की गुलामी का उच्छ्वास कोटि-कोटि कंठों से हुंकृत हो उठा है। समय बदल रहा है, बदल तो पहले भी रहा था, किंतु जब हम देख कर भी उदासीन थे और अब हमने थोड़ी-सी अँगड़ाई ली है, अलस-तन्द्रिल नेत्र खोले हैं, परिवर्तन पर ध्यान दिया है और समय के इतने अधिक परिवर्तन पर चमत्कृत रह गए हैं।"

शैलेन्द्र को विस्मय हुआ, मुकर्जी ने आते ही यह व्याख्यान सा देना क्या प्रारंभ किया, उसने उसके मुख की ओर देखा, वहाँ कोई नवीनता नहीं थी। शैलेन्द्र ने भी स्वाभाविक स्वर में कहा, "पर मुकर्जी बाबू एक बात है बरसात आती है आप छाते आदि ठीक करा लेते हैं, शीत आता है आप अपने गरम कपड़े तैयार करा लेते हैं, मुझे बताइए आप इस परिवर्तन के लिए कहाँ तक तैयार हैं? आज जो भविष्य के गर्भ में प्रलय का भीषण रूप दिखाई दे रहा है, उसको आप कैसे सहेंगे। क्या केवल उसे देखते रहना ही आपका कर्तव्य होगा? पर याद रखिए, आँधी, भूचाल उन्हीं वस्तुओं को नष्ट-भ्रष्ट नहीं करते जो उसके लिए तैयार होते हैं प्रत्युत वह बुरी तरह उन वस्तुओं को भी झकोर और खण्डित कर देते हैं जो उनके लिए तैयार नहीं होते। यदि आप पृथ्वी के ऊपर रहते हैं तो उसके झकोरों से बच नहीं सकते।"

मुकर्जी ने एक बार शैलेन्द्र के भावना-प्रदीप्त मुख की ओर देखा और फिर मुग्ध दृष्टि से ताकते हुए रजनीश की ओर।

"आपके विचार बहुत सुलझे हुए हैं। प्रशंसा से कविवर बोले, "मैं आपसे ए...ए 'एग्री' (सहमति) करता हूँ।"

पीछे की ओर कुछ विचित्र ढंग से हाथ करके, मुस्कराते हुए सिर खुजलाकर मुकर्जी ने कहा, "तो भाई, जो हमारे वश का है हम कर रहे हैं, और इसका प्रण करते हैं कि इस तैयारी के लिए प्राण तक देने में नहीं हिचकेंगे, क्यों भाई रजनीश?"

''ऑलराइट, बी विल नॉट् हैज़ीटेट फ्रॉम अॅवर ड्यूटी। ठीक है, अपने कर्तव्य से हम विमुख नहीं होंगे।'' रजनीश जी ने प्रतिपादन किया।

मुकर्जी का मुस्कराता हुआ मुख देखकर शैलेन्द्र भी मुस्करा पड़ा। उसने बहुत धीरे से, ओठों में ही कहा, ''यही हैं?''

उत्तर में मुकर्जी सीटी बजाकर कुछ गाने लगा।

''क्षमा कीजिए, कविवर।'' शिष्टता से शैलेन्द्र ने पूछा, ''आपको बहुत अधिक प्रेम है इंगलिश से?''

''प्रेम?'' कविवर भावुक हो उठे, ''प्रेम करना कोई बुरी बात नहीं है, प्रेम ही जीवन है। करुणा रसप्रेम का सहचर है, उसका जन्म वियोग से है।''

''मैं इंगलिश की बात पूछ रहा था।'' शैलेन्द्र जैसे घबरा-सा रहा हो, उसने शब्दों पर कुछ बल देकर कहा, ''आपने अपनी वाणी को इंगलिश का इतना अधिक अभ्यस्त बना लिया है क्या इसे आप गौरव की वस्तु समझते हैं?'' शैलेन्द्र इन कविवर को नित्य ही कॉलेज में देखता था इसलिए उनके सामने उसकी लज्जा धीरे-धीरे न्यूनतम हो गई।

अब कविवर की समझ में कुछ आया। वह कुछ सचेत हो गए। शैलेन्द्र को लगा जैसे वह थोड़े घबरा से गए हों पहले। किंतु उनके सचेत होने से शैलेन्द्र कुछ भीत-सा हो उठा। कहीं यह महाशय अपने को अपमानित न समझ जावें। यह सोचकर उसने इस विषय को न छेड़ना ही उचित समझा।

27-6-46 ''आप कविवर की विशेषता नहीं समझते शैल बाबू।'' मुकर्जी ने बताना प्रारंभ किया, ''देहरादून में कॉलेज है न 'प्रिंस ऑफ़ वेल्स', आपको उसका अनुभव है। हम जो दल खोल रहे हैं न, उसका आर्थिक व्यय आपने ही सहन करना स्वीकार किया है, वैसे भी सहायता करेंगे।''

''रजनीश' जी अपनी प्रशंसा से पुलकित हो उठे, किंतु अधिक नहीं। कुछ खेदमयी वाणी में बोले, ''आप मुझे बना रहे थे शैल बाबू, मुझे बुरा नहीं लगा, पर इसमें मेरी विवशता है। मैं जिस सोसाइटी, उँह.....संगति में रहता हूँ उसमें सभी लोग इस प्रकार बोलते हैं, और उसमें मैं वर्षों से रह रहा हूँ, वर्षों से क्या जब से जन्म लिया है। दो एक आदर्शवादियों से मेरा और भी संग पड़ा, वह अक्सर इन बातों पर ज़ोर देते हैं, तुम बोलते क्या हो, पहनते क्या हो, खाते क्या हो? मैं समझता हूँ इन बातों को इतना अधिक स्थान देना ठीक नहीं है। प्रश्न हमारे सामने यह नहीं है कि तुम कोट-पैंट पहनते हो या कुर्ता, तुम इंगलिश में बात करने के अभ्यस्त हो या संस्कृत में, तुम शाकाहारी हो या मांसाहारी, प्रश्न इस समय हमारे सामने है कि तुम एक स्वतंत्र राष्ट्र हो या गुलाम? और यदि गुलाम हो तो स्वतंत्र होने के लिए क्या करना है?'' और फिर कविवर ने विजयी सिंह की भाँति गर्दन इधर-उधर घुमाकर गर्व से देखा।

मुकर्जी अनुभव कर रहा था कि आते ही जैसी स्थिति हो गई है, यदि वह न होती तो अच्छा होता, पर अब सम्हाला कैसे जाय, इस बात के ऊपर विचार करता हुआ वह निश्चल बैठा रहकर शैलेन्द्र का उत्तर सुनने को कटिबद्ध हो गया।

शैलेन्द्र को लगा जैसे एकदम वह विकट परिस्थिति में आ गया है, रजनीश जी ऐसी चीज़ उसके सामने रख देंगे इसकी उसे आशा नहीं थी। आदमी वह किस प्रकार के हैं इस विषय में अभी वह कोई निश्चित धारणा नहीं बना सका था, इसलिए उसे भविष्य की बातचीत में सचेत और सशंकित रहने की आवश्यकता पड़ी। गंभीर स्वर में वह बोला, "मैंने आपको बनाने के लिए कोई बात कही हो, ऐसा मुझे याद नहीं है, मैंने जो कुछ भी कहा, केवल यों ही कौतूहलवश कह डाला। आपने अपनी परिस्थिति के ऊपर ध्यान देने को कहा है, परिस्थिति के ऊपर मैं ध्यान दे सकता हूँ किंतु उससे सहमत नहीं हूँ। वैसे मैं आपको उत्तर दूँगा, पर एक बात ध्यान रखिए कविवर, वाद-विवाद, उत्तर-प्रत्युत्तर ऐसी बातें हैं, जिनमें स्वभावतः प्रतियोगिता का जन्म हो जाता है, और उसमें अधिकांश सत्य से हम बहुत दूर आ गिरते हैं। प्रतिपाद्य विषय उसमें अप्रमुख—गौण—हो जाता है, और प्रतिपक्षी को निरुत्तर कर देना पहली बात। मैं तार्किक नहीं हूँ, हो सकता है तर्क में आप अपनी बात सिद्ध करके मुझे निरुत्तर कर दें, किंतु वह वस्तु सत्य का प्रतीक नहीं होगी।" अब शैलेन्द्र जैसे तर्क के लिए कटिबद्ध हो गया, उसने पूछा, "मैं मान लेता हूँ कि वह बातें जो अभी आपने बताई हैं अप्रमुख हैं, फिर आप उस मुख्य और प्रथम प्रश्न को मूर्त करने के लिए, कार्य रूप में परिणित करने के लिए कौन-सा मार्ग चुनेंगे?"

"रूस का।" रजनीशजी जैसे उत्तर देने के लिए बिल्कुल तैयार बैठे हों।

"तो आप 'कम्यूनिस्ट' हैं?" हठात् शैलेन्द्र को अपने और मुकर्जी के वार्तालाप का वह अंश याद हो आया जब उससे मुकर्जी ने यही प्रश्न पूछा था। मुकर्जी शैलेन्द्र की ओर देखते ही मुस्करा दिया।

"जब से काँग्रेस से 'कम्यूनिस्ट्स' का बहिष्कार हुआ है लोग 'कम्यूनिस्ट' होना बुरा समझने लगे हैं, किंतु मैं कोई ऐसी बात नहीं समझता।" मुस्कराते हुए रजनीश जी बोले।

"कम्यूनिस्ट होना कोई बुरा नहीं है, किंतु जो बिना परिस्थिति समझे क्रांति में विश्वास रखना कम्यूनिस्टों में लत है, मैं उसे ठीक नहीं समझता। क्रांति में विश्वास मैं भी रखता हूँ किंतु साथ ही इस बात को भी नहीं भूल सकता कि प्रत्येक क्रांतिकारी के नैतिक चरित्र में दृढ़ता पहली बात है, उसे अपने ऊपर विश्वास होना चाहिए, अन्यथा वह असफल क्रांतिकारी होगा। और मैं समझता हूँ आत्म विश्वास ही नैतिक चरित्र का अनुपेक्षणीय स्तंभ है, इसके लिए मैं गाँधी जी के सिद्धांतों का क़ायल हूँ—आत्म दृढ़ता और आत्म विश्वास जितना हम महात्मा गाँधी से सीख सकते हैं, लेनिन या मार्क्स से नहीं। आप न मानें, किंतु मेरा विश्वास है कि आज जो भारत

की अवस्था है, जैसी परिस्थितियाँ हमारे सामने हैं, उनको देखते हुए, आत्म विश्वास हमें सबसे पहले चाहिए। और इसके लिए ईश्वर में आस्था, कपड़े और भाषा पर मैं बहुत अधिक ज़ोर देना चाहता हूँ।

"एक छोटा-सा उदाहरण मैं कपड़े के विषय में देता हूँ, मान लीजिए आप बढ़िया कपड़े, सूट आदि पहने हुए कहीं जा रहे हैं, तो उसमें सबसे पहली बात आपके लिए होगी कि आप कपड़ों के ऊपर आवश्यकता से अधिक ध्यान रखें, कहीं मैले तो नहीं हो रहे, पैंट अधिक ऊँची तो नहीं है, कॉलर ठीक तो है आदि, खैर आप इस वेश में चले मार्ग में आपको एक ओर धूल-मिट्टी में सना हुआ, गंदा, बिछुड़ा हुआ कोई असहाय पड़ा मिलता है। उस समय आपके सामने दो ही वस्तुएँ उसकी सहायता करने में बाधक होंगी, एक तो वह सम्मानजनित गर्व, जो आपको अपने कपड़ों द्वारा प्राप्त है, दूसरे तुलना अपने और उसके कपड़ों की। जब हमारे सामने अंधकार ही अंधकार हो तो हम प्रकाश को आवश्यकता से अधिक महत्त्व देने लगते हैं। ऐसे समय स्वभावतः ही हमें, हमारे कपड़े की बहुमूल्यता बाधक होगी। ये, मनोवैज्ञानिक कारण हैं, इनकी हम उपेक्षा नहीं कर सकते। हो सकता है रूस में ऐसी परिस्थिति में, या भारत में ही अपने को अभ्यस्त बना लेने के कारण, आप इस असहाय को ठोकर मार कर मार्ग के एक ओर कर दें और गर्व से तने हुए, जूते खटखटाते हुए चले जाएँ, पर क्षमा कीजिए भारत में इस बात को देश-द्रोह की गिनती में ही लिया जाएगा। यह तो एक उदाहरण है पर, वैसे भी बहुमूल्य या विदेशी ढंग के कपड़े, यदि कोई पहनता है तो न तो इसमें उसकी कोई शुभ भावना है, और न नैतिक चारित्रिक दृढ़ता का द्योतक है यह। जिस भावना के वशीभूत होकर वह इन्हें पहनता है वह है अनुकरण, नकल की भावना, केवल कपड़ों के बल पर सम्मान आदर लूटने की भावना। और अनुकरण का कारण है, उन्नति के लिए अनिवार्य—उसके आत्म सम्मान का लोप।" थोड़ी साँस लेकर उसने कहा, "अब आप आइए भाषा के ऊपर। दूसरे की भाषा का मैं आदर करने के पक्ष में हूँ, जीविका आदि के लिए उसका उपयोग करने के पक्ष में हूँ, पर क्षमा कीजिए जीवन में उसे अनिवार्य स्थान दे देना मैं घातक समझता हूँ। इसके ऊपर बहुत काफ़ी कहा जा सकता है पर सर जॉन उडरफ़ के शब्दों में जो उसने 'इज़ इंडिया सिविलाइज्ड?' नामक पुस्तक में कहा है, इतना ही कह देना पर्याप्त है कि, "जो लोग अपनी भाषा का परित्याग करते हैं, अथवा ऐसा करने के लिए बाध्य किए जाते हैं, वे प्रायः अपने अस्तित्व को ही नष्ट कर देते हैं।"1 (The People who abandan or who are compelled to abandon their language for that of another lose themselves.) और इसीलिए जब भारत में शिक्षा का प्रश्न आया तो इंगलैंड के डाइरेक्टरों और

1. माधुरी दिसंबर 1938, 'राष्ट्रभाषा हिंदी' लेख।

ईस्ट इंडिया कंपनी के नौकरों में जितना वाद-विवाद हुआ, वह शायद आप भी जानते होंगे (भारत में अंग्रेज़ी राज, भाग तीसरा, पहला अध्याय) और बाद में यह इंगलिश ही चुनी गई थी, उस ऊपर के आधार पर अवलंबित!"

मुकर्जी चुप था केवल एक दर्शक की भाँति वह एक-दूसरे की ओर देख रहा था। शैलेन्द्र अपने तार्किक प्रमाणों की अकाट्यता सोच-सोच कर गर्व-सा अनुभव कर रहा था।

रजनीश जी कुछ अप्रतिभ हो उठे थे, कुछ सोचकर बोले, "यदि ऐसी ही बात है तो आप इंगलिश के 'वर्ड्स' (शब्द) क्यों 'यूज' (प्रयुक्त) करते हैं?" यद्यपि रजनीश जी सम्हल-सम्हल कर बोल रहे थे, फिर भी जिह्वा पर चढ़े हुए शब्द उन्हें विवश कर देते थे।

"इसका एक कारण है।" शैलेन्द्र ने स्वर को स्वाभाविक करके कहा, "जब एक देश के मनुष्यों का दूसरे देश के मनुष्यों से संपर्क होता है, तो भाषाएँ भी परस्पर मिलती रहती हैं जैसे सीमित और बिल्कुल पृथक् मनुष्य, धीरे-धीरे संसार से अपना अस्तित्व खो देते हैं उसी प्रकार बिना एक-दूसरे के संपर्क में आए भाषाएँ मृत हो जाती हैं। जीवित रहने के लिए हमें विचार विनिमय की आवश्यकता पड़ती है, भाषा जीवित रखने के लिए शब्द विनिमय होता ही है। मनुष्य की उन्नति के लिए दोनों अनिवार्य हैं। किंतु इसके लिए नियम हैं, निश्चित। जिस प्रकार एक मनुष्य को दूसरे के विचारों से सहमत होने पर अपना व्यक्तित्व स्थिर रखकर उन्हें लेना चाहिए, उसी प्रकार दूसरी भाषा के शब्दों को आपको अपनी भाषा की व्याकरण के अनुसार ही प्रयुक्त करना होगा। मैं केवल अनिवार्य शब्द ही प्रयोग करने के पक्ष में हूँ—सभी नहीं। और इन्हीं कारणों से कम्यूनिस्ट शब्द का बहुवचन, 'कम्यूनिस्ट्स' न करके 'कम्यूनिस्टों' करूँगा। दूसरा ध्यान रखना पड़ता है हमें प्रचलन पर। यदि इंगलिश का 'कॉलम' शब्द 'कालम' के रूप में प्रचलित है, तो उसका प्रयोग 'कालम' ही शुद्ध है। दूसरे के विचारों को ज्यों का त्यों रटकर सुना देना प्रचारक का सा काम करना है, इसमें व्यक्ति विशेष के अपने निजी विचारों का दिवालियापन निश्चित है, ऐसे ही दूसरी भाषा के शब्दों को ज्यों का त्यों प्रयोग करना भी वही गुण रखता है।"

"अरे यार, छोड़ो भी क्या लगाया तुमने!" मुकर्जी सहसा बोला, "कभी और बहस कर लेना इस बात पर!"

'रजनीश' जी गंभीर होकर किसी बात पर गौर करने लगे थे।

"क्या दिन भर घर में ही बैठे रहते हो, चलो टहल आएँ इधर कहीं। रजनीश जी कविता भी सुनाएँगे। चलो।" मुकर्जी फिर बोला, "काफ़ी देर चुप रहने के कारण भाई, हमारी तबीयत तो घबरा रही है, तुम लोगों ने तो आते ही अपनी ये विद्वत्ताएँ झाड़नी प्रारंभ कर दीं। और तुम शैलेन्द्र और दिन तो लड़कियों से अधिक शरमाते

थे, आज तो सारी लज्जा जैसे चर्खे के साथ ही छोड़ दी, क्यों? चलो उठो, कुछ ठंड-सी लगने लगी है, कुछ पहन लो और चलें। दिन छिपे के समय यहाँ बैठे-बैठे करोगे भी क्या?"

शैलेन्द्र ने कुछ नहीं कहा। मुस्कराते हुए उठकर खूँटी से 'जाकट' उतारी और पहन ली। फिर चर्खा बंद करके रखने लगा।

"क्यों, अब पतंग-वतंग उड़ानी छोड़ दी?" आश्चर्य से धूल जमी हुई पतंग के पास जाकर बोला, "दस-पंद्रह दिन हो गए, देखा नहीं तुम्हें।'

"हाँ यों ही...।" शैलेन्द्र हठात् गंभीर हो गया। उसे निशा की याद आ गई। पिछले लगभग एक सप्ताह से वह न तो रेखा से बोला है और न निशा से। उसके ये पिछले दिन कितने उदास और चिंतित कटे हैं : यह सोच-सोच एक वेदना-अवसाद, सा उसकी छाती को मथने लगा। उसे लगा जैसे उसकी साँसें, हृदय से छू-छू कर उस पर प्रहार कर रही हों। अपने को गलत समझने का क्षोभ और संताप एक साथ ही उसके अंदर आविर्भूत हुआ। उसके मुख से एक गहरी साँस-सी निकल गई। धीरे से दूसरी ओर जाकर उसने श्वास खींची।

28-6-46 तीनों चुपचाप 'हिवेट पार्क' की ओर बढ़ रहे थे—अपने-अपने में डूबे हुए और लीन से। रजनीश जी के बूटों के प्रहार से होने वाली चाप कभी-कभी शैलेन्द्र के कानों में चुभ सी जाती थी। वह इस समय अपनी मधुर कल्पनाओं में लय था। उसका जो आत्मसमर्पण निशा की ओर बढ़ता जा रहा है, और वह जो इसके इस आत्मसमर्पण को एक मृदुल अधिकार के साथ ग्रहण करती जा रही है क्या यह बात उसके लिए कम संतोषप्रद नहीं है? इस विषय में सोचते ही वह जैसे अपने में विभोर होकर अंदर ही अंदर पुलकित हो उठता था। पर एक चीज उसके हृदय के कोमल भाग में कठिन कंटक सी कसक जाती थी, और तब वह अंदर ही अंदर व्याकुल होकर मचल-सा उठता था। जैसे उसके अंदर जो उद्‌दार हैं वह एक साथ, एक विस्फोट के साथ, बाहर निकलना चाहते हों, उसकी इच्छा होती थी एकांत में अपने इस आवेश को निकालने के लिए ज़ोर-जोर से खूब हाथ-पैर इधर-उधर फेंके, खूब चिल्लाए, पर कर वह कुछ नहीं पाता था, और तभी उसकी पसलियाँ पीड़ा से दुख-सी उठती हों। उसकी स्वाभाविक इच्छा होती थी कि वह वक्ष पर हाथ रखकर इस विस्फोटोन्मुख, हृदय को शांति दे।

और जब रजनीश जी के जूतों की खट्-खट् ने उसे बार-बार सोचने में बाधा डाली, अपनी कर्ण-कटु ध्वनि से उसके विचारों को विशृंखल कर दिया तो एक खीझ, झुँझलाहट, उसके मस्तिष्क में भर उठी। वह रजनीश जी के विषय में सोचने लगा। जब लोगों को कोई और काम नहीं रहता तो 'कलमल-टलमल' कुछ शब्द रटकर

कवि बनने चल देते हैं, कोई अभिसार में मस्त है तो कोई प्रणयगान में। ये स्वयं तो फैशन और विदेशीपने में डूबे हैं, अपनी इन कविताओं से देश का क्या उद्धार कर सकेंगे? हृदय के नाम पर यह लोग कवि बनने निकलते हैं—देश, समाज, अवस्था परिस्थिति से उदासीन।

खैर, जो कुछ भी हो। 'रजनीश' जी को यदि वह चाहे तो अपने अनुकूल बना कर उनसे काफ़ी काम ले सकता है। और वह उसके पास आए हैं, तो उसे सभ्यता से बोलना तो चाहिए, माना कि उनके विचार बाह्य और छिछले आधार पर विनिर्मित हैं, तो क्या हुआ? परस्पर की बातचीत में तो बाधक नहीं हो सकते न। इतनी देर जो वह चुप रहा उसे लगा उसमें 'अहं' का भाव झलक आया है, अशिष्टता भी। "मैं समझता हूँ रजनीश जी" क्षमा के से स्वर में उसने कहा, "यह जो हमारे विचारों में सैद्धांतिक मतभेद है, उससे हमारी मित्रता, जो होने जा रही है, में कोई अंतर नहीं आएगा!"

"अंतर काहे का?" तत्क्षण रजनीश जी बोले, "और भाई, मेरे सिद्धांत ही क्या? मुकर्जी बाबू से आपके विषय में सुना, तभी से आपसे कुछ सीखने की प्रबल इच्छा है। जिस समय मैं आपको अपनी परिस्थिति समझाऊँगा, उस समय आप देखेंगे कि मैं कैसे रहता हूँ, जिमि दसननु महिं जीभ विचारी।"

शैलेन्द्र जैसे एकदम संकोच से कट पड़ा, "न न, ये बात नहीं है, बिल्कुल भी नहीं।" उसके स्वर असम्बद्ध और अस्फुट से थे, संकोच के भार से दबे पड़ रहे से।

29-6-46

"जी हाँ, यही बात है।" दृढ़ता से रजनीश जी बोले, "मैं बताऊँ आपको। एक कोठी में मेरे पापाजी, हँसी मत उड़ाइए, बचपन से ही मुझे पापाजी कहना सिखाया गया है, रहते हैं। कोठी जाकर उन्होंने ऐसे स्थान पर ली है, जहाँ चारों ओर या तो अंग्रेज 'ऑफ़ीसर्स' रहते हैं या उन्हीं के समकक्ष भारतीय। मैं तनिक स्पष्ट कह रहा हूँ कोई दूसरा अर्थ मत लगाइए मेरी बातों का, यद्यपि पापाजी इंगलैंड कभी नहीं गए तो भी अपने को किसी भी इंगलैंड 'रिटर्न्ड' से कम नहीं समझते। आप उनकी कोठी में चले जाइए, ऐसा मालूम होगा मानों किसी अंग्रेज़ की कोठी में चले आए हों। हमारे पोषण के लिए 'आया' नौकर है। यद्यपि माताजी के विचार दूसरी तरह के हैं तो भी पापाजी ने उनके मस्तिष्क में यह भर दिया है कि बच्चों को दूध पिलाना और गोद में लेना असभ्यता है। डिब्बों का दूध, जिसमें भारतीयता का कण भी नहीं होता हमें पिलाया जाता है। 'आया' हमारी ईसाई है जो प्रारंभ से ही हमें इंगलिश में 'टॉक' करना सिखाती है। कुछ बड़ा होने पर हमें उस स्कूल में भेजा जाता है जहाँ अंग्रेज़ और ईसाई बच्चे पढ़ते हैं। नौकरों या सर्वसाधारण से बोलने की हमें सख्त मनाही है। केक, टोस्ट, डिब्बों का गोश्त और मक्खन, हमारे खाने हैं, मुसलमान खानसामा हमारा खाना बनाता है।" रजनीश जी के नथुने थोड़े

फैलकर फड़क उठे। धारा प्रवाह से बोलने की उत्तेजना ने उनके हृदय की असंतुष्टि को अधिक व्यापक बना दिया था। जैसे वह ऐसे जीवन से बहुत ऊब चुके हैं।

"आश्चर्य है," शैलेन्द्र के मुख से निकला, "आपके पापाजी, इस तीव्रतम गति से बदलते हुए युग को नहीं देख रहे।"

"देख क्यों नहीं रहे?" जैसे रजनीश जी की उत्तेजना का ज्वार हृदय फाड़ कर निकल आना चाहता हो, "किंतु वर्षों से गोरों की नकल करते-करते, उन्होंने अपनी आत्मा को कुचल दिया है, वह उसकी आवाज़ नहीं सुन रहे। अपने अस्तित्व को नष्ट करके वह अपने को गोरा ही समझने लगे हैं। साहबियत उनकी नस-नस में भर चुकी है।" फिर रजनीश जी सहसा चुप हो गए। उन्हें ध्यान आया अपने पिता के विषय में वह सीमा से बाहर निकल चुके हैं। उन्होंने बहुत गहरी, ज़ोर से श्वास खींची, "शैल बाबू मैं इस 'आर्टीफ़िशल लाइफ़' (कृत्रिम-जीवन) से बहुत अधिक ऊब चुका हूँ। और ऐसे में पापाजी मुझे इंगलैण्ड भेजना चाहते हैं—पढ़ाने। मैं कभी नहीं जाऊँगा, हरगिज नहीं। पर मैं अपने पापाजी का विरोध नहीं कर सकता, बहुत डरता हूँ।" विवशता और दैन्य उनकी बातों में से जैसे फूटा पड़ रहा हो, और स्वयं अपने से ही बातें कर रहे हों।

मुकर्जी विद्वानों की भाँति सब बातें सुनता हुआ जा रहा था मानों ये बातें वह इतना अधिक जानता है कि उसकी आँखों में इनका मूल्य ही नहीं है। उसकी मुद्रा में जैसे घृणा समा गई हो।

"मेरी समझ में नहीं आता रजनीश जी," दृढ़ और निष्पक्ष विचारक की भाँति शैलेन्द्र ने कहा, "ऐसे वातावरण में रहकर भी आपके विचार ऐसे कैसे हो गए?"

1-7-46 "पापाजी चाहते थे कि आज से तीन साल पहले ही मैं 'मैट्रिक' एक्जामिनेशन में 'एप्पियर' हो जाता, पर अचानक मेरे बीमार हो जाने की वजह से ऐसा हो नहीं सका। उन दिनों हम लोग लाहौर थे। पापाजी की समझ में न जाने क्या आया, मुझे स्वयं आश्चर्य है कि उन्होंने 'रत्न' के इम्तहान में बैठने को कहा । तभी से मुझे थोड़ा तुकबंदी करने का चाव उत्पन्न हो गया।" यहाँ रजनीश जी थोड़े मुस्करा दिए, "उसके पश्चात् देश की ओर मेरा ध्यान बढ़ता ही गया, पापाजी की कड़ी निगरानी से जैसे हृदय मचल-सा पड़ता था। सहसा फट उठने को प्रस्तुत ज्वार दबाए से नहीं दबता। तभी हम लोग इलाहाबाद आ गए। यद्यपि मुझे या हमें हिन्दी आदि की पुस्तकें पढ़ने की मनाही हो चुकी थी तो भी मैंने छिपकर महात्मा गाँधी, जवाहरलाल जी की आत्मकक्षाएँ पढ़ीं। सावरकर और सरदार पृथ्वीसिंह की जीवनी पढ़ी। भारत में अंग्रेजी राज और 'भारत में सशस्त्र क्रान्तिकारी दल की' पुस्तकें पढ़ीं। मुझे खूब याद है शैल बाबू—1942 के आंदोलन में मैं केवल जुलूस देखना चाहता था। पापाजी से मैंने हठ की उन्होंने मुझे कोठरी में बन्द कर दिया था। जब मुझे मालूम हुआ कि लड़कियाँ तक उस क्रांति में वीरतापूर्वक अपना सहयोग दे चुकी

हैं, निर्भय, तो मैं तड़पकर रह गया, जैसे खून खौल उठा हो मेरा। पर विवश था। उसके पश्चात हम लोग यहाँ आगरे आ गए।'' रजनीश का उग्र उद्‌गार फूट कर निकल पड़ा हो। वह अन्यमनस्क से सब कहते चले जा रहे थे। अपनी बात समाप्त करके उन्होंने शैलेन्द्र की ओर देखा, उनकी दृष्टि में थी, बहुत थोड़ी-सी—यांचा, सहायता की।

2-7-46 ''मैं ऐसे कई मनुष्यों को जानता हूँ जो आपके ऐसे वातावरण के बहुत अधिक इच्छुक हैं।'' यद्यपि शैलेन्द्र ने यह बात हँसकर कही, तो भी उसे हठात् रेखा की इस ओर बढ़ती हुई प्रवृत्ति का ध्यान हो आया। हृदय के किसी अज्ञात भाग से जैसे गांभीर्य थोड़ा उठा हो, ''और आप कहते हैं कि मैं अब ऊब चुका हूँ।''

''एक कहावत है।'' दुर्निवार उत्तेजना, जो शैलेन्द्र की बातों से उच्छ्‌वसित हो उठी थी—को रजनीश जी सम्हाल नहीं सक रहे थे। शैलेन्द्र के परिहास से जैसे वह विस्फारित हो उठी हो, किंतु सहसा उन्हें याद हो आया कि शैलेन्द्र से उनका परिचय इतना प्रगाढ़ अभी नहीं हुआ है। उन्होंने उमड़ते हुए आवेश को, मुख बंद करके थूक निगलकर दबाया। फिर समझाने के स्वर में कहा—''अज्ञान एक अपराध है। यदि मैं भी यथार्थ से अनभिज्ञ रहता तो हो सकता है मुझे भी उसमें सुख अनुभव होता। पर बात यह है न, अज्ञान में, हम सर्प को भी रेशम की रस्सी समझकर उसके मार्दव, और कोमलता से सुखी हो सकते हैं, किंतु ज्यों ही हमें ज्ञात हो जाएगा कि यह सर्प है, और यदि उसकी भयंकरता से अनभिज्ञ न हों तो हम कभी उसे छू नहीं सकते। मैं सच कहता हूँ शैल बाबू जब घर पर जाता हूँ तो जैसे दम-सा घुटने लगता हो। नकल-नकल, और नकल, हरेक बात में नकल। हाथ भी बिना नकल के नहीं उठाया जा सकता, जैसे अपना कुछ है ही नहीं, सब माँगा हुआ। खाना, पहनना, ओढ़ना, उठना, बैठना, बोलना, सब कृत्रिम बनावटी, नकल।''

''मुझे सबसे अधिक विस्मय आपके पापाजी पर हैं।'' अन्यमनस्क स्वर में शैलेन्द्र सामने, मार्ग की ओर देखते हुए बोला।

''विस्मय और आश्चर्य की इसमें बात क्या है?'' इतनी देर पश्चात् मुकर्जी का मुँह खुला, जैसे अब उसे सुनना असह्य प्रतीत हो रहा हो। ''आज के प्रत्येक शिक्षित की यही दशा है, ऐसा ही बनने की उसकी इच्छा है। जिनके पास धन है, जिन्हें सुविधाएँ हैं, और जो समर्थ हैं, वह अपनी इच्छाओं को मूर्त कर रहे हैं। सुख-लोलुप कभी समाज, देश और आत्मा की परवाह नहीं करता।''

''अच्छा छोड़िए, विवाद को, इसमें जो भी हमारे वश की बात होगी, उसके लिए हम कभी भी संकोच नहीं करेंगे।'' मस्तिष्क में भरे हुए व्यर्थ या असामयिक विचारों को झटके से सिर हिलाकर शैलेन्द्र ने दूर कर दिया। सोचते हुए बोला, ''सुनते हैं बम्बई में आजाद हिंद स्वयं सेवक दल का निर्माण हो गया है, सदस्य संख्या बहुत

तेजी से बढ़ रही है।'' ''ये बात अबकी है?'' मुकर्जी समझ नहीं सका कि शैलेन्द्र ने यह बात क्यों कही है, ''इसे तो लगभग दो मास हो गए, पंद्रह नवंबर के आसपास की बात है।''

''हाँ, हमारा महूर्त ही नहीं आ रहा।'' चिंतित स्वर से शैलेन्द्र ने कहा।

''महूर्त क्या जी, लड़के तो छँट ही गए हैं, रहे नियम, और ध्येय।'' मुकर्जी बोला।

''क्यों रजनीश जी, आप कैसी तैयारी के पक्ष में हैं?'' शैलेन्द्र ने एकदम पूछा। अब यह लोग हिवेट पार्क के बराबर आ गए थे।

''सशस्त्र'' छूटते ही रजनीश जी बोले। कुछ रुककर उन्होंने कहा, ''एक बात है शैलबाबू, आप मुझे रजनीश-वजनीश मत कहा कीजिए, मेरा नाम है, शिवकुमार।'' पार्क के समाने तीनों खड़े हो गए।

''छोड़िए, नामवाम को, जो पहले कह दिया वही ठीक है।'' शैलेन्द्र कोई दूसरी बात सोच रहा था, ''सशस्त्र के लिए सावधान रहने की अधिक आवश्यकता है।'' उसने कहा।

''हाँ, सो तो है ही, संसार में मुखबिरों की कमी नहीं है।'' बिल्कुल शैलेन्द्र के स्वर में पार्क के सामने खड़े होकर मुकर्जी ने कहा।

3-7-46 अँधेरा अब बहुत अधिक बढ़ चुका था। पार्क के पास की हवा विशेष तीखी थी। घने पड़ते हुए कुहरे ने, दिखाई देती हुई बिजली की रोशनियों को छिपा देने का असफल प्रयत्न कर दिया था। हल्की-हल्की ओस भी पड़ने लगी थी। पथ और पार्क लगभग जनशून्य ही हो गए थे। ज्यों ही मुकर्जी ने कहा, संसार में मुखबिरों की कमी नहीं है, तो हठात् शैलेन्द्र ने चौंककर इधर-उधर देखा। समय अधिक हो चुका था।

''खैर, और कभी करेंगे यह बातें।'' शैलेन्द्र ने देखा रजनीश जी अपने दोनों हाथों को गुणा का चिह्न बनाए हुए छाती पर कसे हैं। उसे आभास हुआ जैसे वह थोड़े ठिठुर भी रहे हैं। ''ठंड काफी पड़ने लगी है, और रजनीश जी केवल एक कमीज़ ही पहने हुए हैं।'' कहीं उसकी बात का दूसरा ही अर्थ न लग जाए, इसलिए वह कुछ रुक-रुककर कह रहा था।

''हँः हँः कोई बात नहीं है।'' स्वीकार और अस्वीकार करने का उनकी बोला और इस बात में अद्भुत मिश्रण था। वह जाने के लिए तत्क्षण ही प्रस्तुत हो गए।

''अब लज्जित होने की कोई बात नहीं है।'' थोड़ा हँसकर मुकर्जी बोला

''चलिए लौट चलें।'' शैलेन्द्र ने प्रस्ताव किया और बिना किसी बात की प्रतीक्षा किए वह लौट पड़ा। साथ-साथ रजनीश जी और मुकर्जी भी।

अब यह तीनों चुपचाप चल रहे थे।

''मेरी समझ में नहीं आ रहा कि क्या कार्य प्रारंभ किया जाएगा और किस

प्रकार।'' रजनीश जी ने इस मौन वातावरण को भंग किया।

शैलेन्द्र स्वयं उत्तर देने वाला था, पर कुछ सोचकर चुप हो गया। उसने सिर हिलाकर मुकर्जी की ओर संकेत किया।

अँधेरे के कारण मुकर्जी ने शैलेन्द्र का संकेत नहीं देखा, पर उसे चुप देखकर स्वयं ही बोला, ''सबल, सशस्त्र, अनुशासित संगठन।''

''केवल?'' रजनीश ने प्रश्न किया।

''जी हाँ।''

''तो सशस्त्र स्वयं सेवक दल ही समझिए इसे।''

''हाँ, जो कुछ भी हो।''

रजनीश जी चुप हो गए। फिर वही मौन.....रजनीश जी के जूतों की खट् खट्...साँसों की अस्फुट आवाज.....और अज्ञात विचारधाराएँ।

मोड़ आ गया। शैलेन्द्र और मुकर्जी को यहाँ मुड़ना था। तीनों वहाँ रुक गए।

''अच्छा, शैल बाबू आज्ञा दीजिए, और भाई मुकर्जी तुम भी।'' रजनीश ने कहा, ''गुडनाइट।'' और उनका अभ्यस्त हाथ, 'करमर्दन' के लिए आगे बढ़ा।

''अच्छा, जयहिंद,'' दोनों ने साथ कहा, और हाथ जोड़ दिए।

''ओफ्,'' रजनीश जी के मुँह से सहसा निकल पड़ा, ''सॉरी, मिस्टर शैल।'' और कहते ही दुगनी लज्जा से वह पानी-पानी से हो गए। बिना एक क्षण भी रुके वह खट्-खट् करते अँधेरे में विलीन हो गए।

मुकर्जी और शैलेन्द्र दोनों धीरे से हँस पड़े।

''लजा गया बेचारा'' मुकर्जी ने कहा।

''स्वभाव अच्छा है।'' शैलेन्द्र ने उसके स्वभाव का निष्कर्ष निकाल दिया।

''इसे मैं जानता हूँ जबसे जब मैट्रिक में था। साथ-साथ बहुत दिनों रहे हम और ये। ये बेचारे लुढ़क गए।'' मुकर्जी ने इतनी भूमिका के पश्चात् शैलेन्द्र के कथन का प्रतिपादन किया, ''हाँ, स्वभाव अच्छा है। वैसे भीरु भी नहीं है, जब तुम इसकी घोड़े की सवारी देखोगे तो आश्चर्यचकित रह जाओगे। वैसे बॉक्सिंग, घूँसेबाजी भी अच्छी करता है।''

''अच्छा।'' शैलेन्द्र ने धीरे से कहा। वह फिर अन्यमनस्क हो रहा था।

''कह रहा था, कि दो 'रिवॉल्वर' तो मैं मँगा दे सकता हूँ।'' मुकर्जी ने सावधानी से इधर-उधर देखकर धीरे से कहा।

''रिवॉल्वर?'' विस्मित शैलेन्द्र ने उसी स्वर में दुहरा दिया।

''हाँ, दो।''

''मेरी इच्छा थी किसी कुशल षड्यंत्रकारी से यदि हमारा सहयोग हो सकता होता तो अच्छा होता।'' शैलेन्द्र ने कहा, ''उसे परिस्थितियों का ज्ञान तो भी होता।''

''कोई है तो अभी फ़रार हो गए हैं। आगरा जेल से।'' मुकर्जी ने कहा।

"तो उनसे हमें क्या, वह कौन मिले जाते हैं हमें।"

"अरे, अब जो भी होगा देखा जाएगा, ओखली में सिर दे ही दिया अब।" मुकर्जी ने प्रायः फुसफुसाते हुए कहा, "हाथगोला तो थोड़ा-थोड़ा मैं भी जानता हूँ बनाना!"

"अच्छा?" इस बार शैलेन्द्र की वाणी में अधिक आश्चर्य था।

"एक पुराना रिवॉल्वर भी कहीं से मिल ही जाएगा।"

शैलेन्द्र चुप था, यन्त्रचलित की भाँति वह पैर चलाता जा रहा था। "शैल, तुम कभी-कभी इतने चुप और अन्यमनस्क क्यों हो जाते हो?" मुकर्जी ने फिर कुछ उपालंभ भरे स्वर में कहा, "जितनी तुम्हें इसमें रुचि लेनी चाहिए उतनी ले नहीं रहे तुम!"

जैसे झटका खाकर शैलेन्द्र चौंका, और सचेत हो गया। "मैं? हाँ यही बात है।" फिर शीघ्रता से बोला, "अच्छा, अब मैं बताऊँगा कि कितनी रुचि ले सकता हूँ।"

"आखिर आपके इस अनमनेपन का कारण क्या है?"

बिना किसी हिचकिचाहट के शैलेन्द्र ने निशा और रेखा की बात संक्षेप में बता दी। फिर बोला, "आप कोई ऐसा-वैसा अनुमान मत लगा बैठिए।'

"अरे नहीं, मेरा ऐसा स्वभाव नहीं है।" हँसकर मुकर्जी ने कहा। "बहिनों की ओर से तुम इतने सचेत हो, पर हरेन्द्र की ओर नहीं देखते। उसका स्वास्थ्य गिरता ज़ा रहा है। पीला पड़ता जा रहा है वह। मैं कहता हूँ देवा के साथ दिनभर रहकर वह बिगड़ रहा है।"

"लोग न जाने क्यों मेरी बातों का अंड-बंड अर्थ लगाने लगते हैं।"

खीझ कर शैलेन्द्र ने कहा, "बहिनों की ओर से मैं सचेत नहीं हूँ–बिल्कुल नहीं; पर देश, जो आज कातर दृष्टि से इन अपने भविष्यों को ताक रहा है उसकी माँग पूरी करने में प्रयत्नशील अवश्य हूँ। मैं चाहता हूँ मेरी बहिनें इस देश की प्रचारक, मिशन न बनकर देश की सेविकाएँ बनें!" मुकर्जी चुपचाप सुन रहा था। कुछ कहने को उसके होठ थोड़े हिले, फिर उसने उन्हें कस लिया। जैसे कोई बात जो वह कहना चाहता है, किसी कारणवश नहीं कह रहा।

घर आ गया था। शैलेन्द्र ने दोनों हाथ जोड़कर कहा, "जयहिंद" "जयहिंद"।

18

"मैं तो केवल इतना ही कह रही हूँ न, जितना परिश्रम तुम्हें करना चाहिए उतना कर नहीं रहे तुम।" और बिना अधिक रुके झमककर लीला चली गईं।

जानबूझकर शैलेन्द्र ने इस बात पर अधिक ध्यान नहीं दिया। यदि वह कोई बुरा काम कर रहा हो तो कुछ बात भी है। देश को रक्त की आवश्यकता हुई है, और वह यों बैठा रहे? उसके अंदर जैसे नेताजी की वह प्रचंड हुंकार गूँज जाती हो, "तुम मुझको खून दो, मैं तुम्हें आज़ादी दूँगा।" वह आज़ाद हिंद फौज के ऊपर दृष्टि डालता, तो उसके अंदर जैसे कोई सबल बलवान, कड़ककर उठ बैठता। उसके कल्पना नेत्रों के सामने वह हाथ घूम जाते, नेताजी सैन्य संचालन कर रहे हैं, नेताजी भाषण दे रहे हैं। सारे संसार को चाहे विश्वास हो किंतु उसे कभी भी विश्वास नहीं था कि नेताजी इस संसार में नहीं हैं। और उसकी आँखों के आगे आ जाती एक युवती की तस्वीर—सुंदर, स्वाभाविक और भोली। 'कड़-कड़ड़', उसे दिखाई देता जैसे नेताजी उसके हाथ-पैरों में कसी हुई लोह शृंखला को तोड़ रहे हों। युवती के मुख पर मुस्कराहट है मोहक, नैसर्गिक और मृदुल। वह श्रद्धा से भर उठता, मुग्ध नेत्रों से ताकता हुआ सा वह उल्लास से प्रफुल्लित हो उठता। जैसे उसके अंदर कोई ज़ोर से चिल्लाकर कह उठता हो, अब तू स्वतंत्र है, राष्ट्रों के सामने, संसार के सभी स्वतंत्र देशों के सामने तू भी अब गर्व से सिर उठा सकेगा। और उसके मुख पर विजय की एक दिव्य मुस्कान व्यक्त हो जाती। फिर वह किसी शब्द से चौंकता है, चैतन्य होता है, ज्ञान प्राप्त करता है, और झुँझला उठता है। तो भी माताजी के इस कथन का उसके ऊपर कोई प्रभाव नहीं है। क्यों नहीं है उसे स्वयं आश्चर्य है। उसे वह दिन याद आ जाता है जब माताजी से तनिक सी झिड़की खाकर वह रात-दिन घुटाई करने को कटिबद्ध हो गया था।

4-7-46 लगभग साढ़े तीन बजे थे जब वह एक पुस्तक सामने खोले हुए, कुर्सी पर बैठा हुआ माताजी की इन बातों और अपने कर्तव्य के विषय में सोच रहा था। अपने कमरे के सारे दरवाजे और जंगले उसने खोल लिए थे। उसके कमरे के सामने खुली हुई छत थी, फिर कुछ नहीं था, तीन मंज़िल नीचे जो आँगन बना हुआ था, वही स्थान खुला था, कुछ वर्गाकार सा, उसी प्रकार की छत से चारों ओर घिरा हुआ। इस कोने पर शैलेन्द्र का कमरा था, और दूसरे कोने पर, मामाजी की ओर, वैसे ही सोने, वार्तालाप करने का शैलेन्द्र के कमरे के बिल्कुल बगल में था रेखा का कमरा।

शैलेन्द्र जहाँ बैठा था वहाँ से सामने वाला वह कमरा बिल्कुल स्पष्ट दिखाई देता था। एक चौड़ी-सी चारपाई पर पास ही लेटीं रेखा और निशा जोर-जोर से और

उल्लसित स्वर में बातें कर रही थीं। बलिया और उन्नीस सौ बयालीस की हैलटशाही के विरोध में आजाद हिंद फौज दिवस मनाने के लिए—कुछ मुस्लिम स्कूलों को छोड़कर सारे स्कूलों के विद्यार्थियों ने हड़ताल कर दी थी। तिरंगे झंडे की छाया में लड़के और लड़कियों का विराट जुलूस शहर में घूमा था। उसमें रेखा, निशा और शैलेन्द्र तीनों थे। जिस समय रेखा और निशा ने शैलेन्द्र को देखा था तो रेखा विचित्र प्रकार से मुस्करा उठी थी। मानों चुनौती के स्वर में कह रही हो, आप ही इस जुलूस में सम्मिलित नहीं हैं; हम भी हैं और फिर सहसा उसे ध्यान हो आया कि इन दिनों उससे उसकी लड़ाई सी हो रही है, वह गंभीर होकर दूसरी ओर देखने लगी थी। शैलेन्द्र को देखकर निशा जो मुस्कराई थी उसमें दूसरा भाव था, वह जैसे कह रही थी, यह सब आपही के कर्तृत्व का फल है, और अब मुझे जो देश का ध्यान हो उठा है उसकी महत्ता को मैं भी पहचानती हूँ। लगन से सब कुछ करने को तैयार हूँ, और मुझे इसके लिए कम गर्व भी नहीं है।

"जब हमारे क्लास की लड़कियाँ स्कूल से निकलीं तो मिस मैत्र हैं न, वह आकर विमल को फुसलाने लगीं, क्योंकि हमारे क्लास में उसी की चलती है ज़रा।" रेखा ने निशा से कहा।

"इन 'टीचर्स' का न जाने क्या खर्च होता है? देश का इन्हें इतना भी ध्यान नहीं है।" निशा बोली।

"भाई, उन्हें भी तो अपनी ड्यूटी करनी है न।" रेखा ने टीचरों की ओर से सफ़ाई दी, "और मुझे तो यों सड़कों पर चीख़ने में देश का कोई भला दिखाई नहीं देता।" सदा निश्शंक और निर्द्वन्द्व बात कहने वाली रेखा इस बार कुछ भीत-सी थी। तो भी उसने बात विद्वानों की भाँति कही थी।

"रेखा, तुम सोचकर बात किया करो, इससे कितना संगठन होता है, इसे क्या तुम नहीं देखतीं? वैसे साधारण दर्शकों पर भी इसका बहुत बड़ा, मनोवैज्ञानिक प्रभाव पड़ता है।" अत्यंत नम्र स्वर में निशा ने रेखा को समझाते हुए कहा, "माताजी को तो कहा ही क्या जाय, पर उस दिन तुमने ज़रा-सी बात में शैलेन्द्र भाई साहब को नाराज़ कर दिया। और वह कोई ऐसी बात कह भी नहीं रहे थे।"

"नहीं सा'ब" रेखा ने गाल फुलाकर कहा, "ऐसी बात वो कहते ही क्यों हैं?"

निशा डर रही थी कहीं रेखा यों न कह दे कि तुम तो उनका अंध पक्षपात करती हो। उसने धीरे से कहा, "मुझे बताओ, उन्होंने कहा ही क्या था?"

"देखा जाय तो सब कुछ कह दिया था, और कहते ही क्या?" भुनभुनाकर रेखा बोली, उसकी नाक थोड़ी फैल गई थी। जब वह बात कह रही थी उसके नासापुट थोड़े फड़के।

"यदि किसी की कोई दुर्बलता बताता है तो वह अपराध करता है, क्यों?" निशा ने पूछा।

"कहने-कहने के ढंग होते हैं जनाब," रेखा बोली। "ये निशा मुझे ही दोष देने लगी लेकर" सोच कर रेखा के अंदर क्षोभ-सा उदित होने लगा। यदि निशा इसी विषय को अधिक खींचती तो वह रो पड़ती। उसकी नासिका पर उत्तेजित होने के चिह्नों का मतलब था, वह आवेश जो उसके अंदर उमड़ रहा है उसका अन्त रुलाई है या लड़ाई।

निशा चुप हो गई। वह रेखा की अगली अवस्था भी समझ गई। थोड़ी देर मौन रहकर उसने फिर समझाने के स्वर में कहा, "तो भई, ऐसा तो नहीं होता कि घर में ज़रा-सी बात हो जाय, तो बोलना-चालना तक बंद कर दिया जाय। ऐसा होता ही रहता है। हावड़ा में जो भाई हैं हमारे वो तो मुझे इतना तंग करते हैं कि कहने की बात। तुम होओ तो रूठराठ कर न जाने क्या कर डालो। एक बार की बात है....." और निशा ने उस एक बार की बात का लंबा-चौड़ा किस्सा वर्णन कर डाला कि अपने उन चचेरे भाई से लड़ पड़ने पर किस प्रकार कठोर शब्दों की उन्होंने बौछार कर दी थी, और वह किस प्रकार शांति से मुस्कराती रही थी।

"तो मैं नाराज़ कहाँ हूँ, वही नहीं बोलते, न बोलें।"

"सोचने की बात है रेखा, वह बड़े हैं वह कहते हुए अच्छे लगेंगे? तुम छोटी हो तुम्हारा कर्तव्य है बोलना। घर में इस प्रकार ऐंठने से काम नहीं चलता!"

"तुम भी बस उन्हीं की तरह कहने लगीं।" रोष और मुस्कराहट के मय विचित्र स्वर में उसने कहा।

निशा अपनी सफलता से अनभिज्ञ नहीं रही। विजय के गर्व से बड़ों की भाँति उसने कहा, "ठीक बात है वह कही ही जाएगी।"

"उहुँ बड़ी ठीक बात!" रेखा ने विद्रूप किया, और अन्यमनस्क-सी उठकर चलने लगी।

5-7-46 निशा ने झपटकर उसका हाथ पकड़ लिया, "जाती कहाँ हो?" "काम करना है निशा, मिसेज सिन्हा ने बहुत 'होम वर्क' दे दिया है।" नम्रता से अपने मुख पर ऐसा भाव दर्शा कर कि वह बिल्कुल भी रुष्ट नहीं है, रेखा हाथ छुड़ाकर चलने लगी।

"अरे बैठो भी, क्या होमवर्क है?" निशा ने हाथ नहीं छोड़ा।

"इंगलिश है!" हाथ हिलाकर झटके से छुड़ाने का प्रयत्न करती हुई रेखा ने कहा।

"ओः हो आजकल तो बड़ी घुटाई हो रही है इंगलिश की।" निशा ने हाथ नहीं छोड़ा, जैसे ही रेखा ने झटका देकर हाथ छुड़ाना चाहा, वह उठकर बैठ गई।

"घुटाई-वुटाई क्या, इस बार तो सच, बिल्कुल नहीं पढ़ी मैं, न जाने कैसे पास होऊँगी।" रेखा ने सलज्ज मुस्कान सहित कहा।

"तो चलो भाई, हम भी देख-दाख लें कुछ। पास-वास की आशा तो हमें भी

नहीं है।'' हाथ छोड़कर निशा उठ बैठी। सामने ही शैलेन्द्र बैठा था, पुस्तक में लीन। दोनों हाथों से अपने बाल सम्हालती हुई वह उठकर धीरे-धीरे अपनी सीढ़ी की ओर बढ़ी। फिर सहसा ठिठक गई, कुछ देर सोचने के पश्चात् बोली।

''ऐ रेखा सुनो, आओगी संध्या को तुम?''

''क्यों, क्या है संध्या को तुम्हारे यहाँ?''

''रेडियो प्रोग्राम बहुत बढ़िया है।''

''आ जाऊँगी।'' और खट्-खट् करती वह नीचे उतर गई।

12-7-46 अपने कमरे में आकर पढ़ने की मेज़ पर उसने पुस्तकें और कॉपियाँ निकाल कर रख दीं। कमरे में रोशनी कम थी, उसने उठकर जंगला खोल लिया। फिर वह बैठकर पढ़ने लगी। पुस्तक में से देखकर जब वह कॉपी पर लिखने लगती तो, पुस्तक बंद हो जाती। वह ज़ोर-ज़ोर से पटक-पटककर किताब को रखती।

''उहुँ न जाने क्या हो रहा है?'' वह अपने आप भुनभुनाई। कलम का पिछला भाग चिबुक पर लगाए हुए वह निर्निमेष सामने की दीवाल पर देखने लगी। कुछ सोचती हुई बहुत देर तक वह देखती रही।

फिर सहसा झन्नाकर, ज़ोर से कुर्सी पीछे खिसकाकर वह उठ बैठी।

बहुत धीरे-धीरे निश्िंचत बनने का प्रयत्न करती हुई, वह द्वार पर आ गई, शैलेन्द्र अब भी वैसे ही पुस्तक पढ़ रहा था। उसने सिर उठाकर देखा और पुनः पढ़ने लगा। एक दूसरी ओर देखती हुई रेखा, तेजी से घर के अंदर चली गई। जैसे वह बहुत व्यस्त है। पानी पीकर वह पुनः लौट आई। अपनी शृंगार अलमारी के सामने थोड़ी देर खड़ी रह कर उसकी सभी वस्तुएँ अपने स्थान से उठा-उठाकर रखीं। जैसे वह कोई वस्तु खोज रही हो। पर वह स्वयं नहीं जानती थी कि क्या खोज रही है। अंत में वह फिर अपनी कुर्सी पर आ बैठी।

''उहुँ मन नहीं लग रहा आज तो!'' और बलपूर्वक मन लगाने का प्रयत्न करती हुई वह कॉपी में अपने को लय करने का प्रयत्न करने लगी।

13-7-46 ''रेखा 'डिक्शनरी' है तुम्हारे पास मेरी?''

रेखा ने एकदम गर्दन घुमाकर देखा, शैलेन्द्र! उसे विश्वास नहीं हुआ पर सामने शैलेन्द्र तो था ही, जैसे बहुत जल्दी में हो।

''डिक्शनरी'' और वह बड़ी तत्परता से 'डिक्शनरी' को इधर-उधर खोजने लगी। उसे मालूम था कि 'डिक्शनरी' उसकी मेज पर ही रखी हुई है। तो भी कुर्सी से उठकर उसने इधर-उधर टटोला, और फिर मेज के पास आ गई।

''अरे, डिक्शनरी ये रखी और मैं इधर-उधर फिर रही थी।'' मेज़ पर अन्य पुस्तकों में से 'डिक्शनरी' निकालकर हिचकते हुए से शैलेन्द्र की ओर बढ़ा दी।

''नाराज़ हैं भाई सा'ब आप?'' पुस्तक को अपने ही हाथ में रखकर उसने

पूछा, ''उसका सिर झुका हुआ था।''

''नहीं'' शैलेन्द्र ने पुस्तक की ओर हाथ बढ़ाते हुए कहा, ''लाओ तुम।''

''नहीं, पहले बताइए आप। हैं तो।'' रेखा ने पुस्तक अपनी ओर खींच ली।

''अब, सच भाई सा'ब, आप बहुत नाराज होने लगे हैं। ज़रा-ज़रा सी बात पर।''

''नहीं भाई,'' तंग होकर शैलेन्द्र ने कहा, ''तुम्हें देना हो तो दे दो, नहीं तो मैं जा रहा हूँ। बहुत काम है मुझे।''

''लीजिए, पुस्तक देने को मैं मना थोड़े ही कर रही हूँ; पर पूछ रही हूँ ज़रा।''

''तो कह तो दिया नहीं, हूँ, नहीं हूँ।''

''तो फिर इतने दिन से बोल क्यों नहीं रहे?''

''एक काम तो है नहीं मुझे कि उसे किया, और आ बैठा झट, तुम्हारे पास बोलने।''

''च्च् ओ हो, एक बात पूछ रहे हैं, तो ठीक जवाब नहीं दे रहे, मैं इतना भी नहीं पहचानती कि आप रुष्ट हैं या नहीं?''

''तो भाई, सच बात तो यह है कि मुझमें इतनी शक्ति नहीं है।''

''कितनी शक्ति?''

''कि अपनी अवज्ञा देखता रहूँ और फिर तुमसे बोलने की इच्छा करता फिरूँ?''

रेखा कुछ देर चुप रही—फिर धीरे से, डरते हुए से बोली, ''तो आप ऐसी बात कहते ही क्यों हैं?''

''जो बात सत्य होगी वह कही ही जाएगी।''

''बड़ी सत्य!'' रेखा ने विद्रूप किया फिर सम्हलकर विनम्र स्वर से पूछा, ''अच्छा, बिल्कुल ठीक बताइए, मुझे चिढ़ाने के लिए नहीं कह रहे थे आप?''

''चिढ़ाने को? नहीं। यदि कोई कहे कि पुरुष में पाशवी प्रवृत्तियों का प्राबल्य है, और मैं यह सुनकर उचकने लगूँ तो इसमें कहने वाले का कोई दोष न होगा!'' शैलेन्द्र मेज के सिरे पर थोड़ा बैठ गया।

''पर ये बातें तो स्वाभाविक हैं, व्यर्थ है इनमें हस्तक्षेप करना।'' रेखा, मन ही मन प्रसन्न सी मेज के दूसरे सिरे पर जम गई। पर वह आशंकित थी। ''ये तो बेकार की बातें हैं, पुरुष में पाशवी प्रवृत्तियाँ प्राकृतिक बताई गई हैं, मुझे बताओ गाँधी जी में कौन सी है?''

''आप तो हर बात में गाँधी जी को ले कूदते हैं। भई, वो तो हम लोगों से बहुत ऊपर उठ चुके।''

''नहीं, वे भी मनुष्य हैं। हम चाहें तो अपनी प्रवृत्तियों को दबा सकते हैं।''

''अच्छा ये आई निशा, इनसे बात करिए। हम तो छोटे हैं आपसे। सो हमारा मुँह तो आप बंद कर देंगे झट—ये हैं आपके बराबर।''

रेखा ने संकुचित सी आती हुई निशा की ओर संकेत करके कहा—"अच्छा तुम्हीं बताओ निशा, उस दिन ये हमें चिढ़ाने के लिए नहीं कह रहे थे?"

निशा आकर रेखा के बराबर खड़ी हो गई। परिस्थिति को थोड़ा समझकर वह मुस्करा उठी। शैलेन्द्र की ओर देखकर उसने कहा, "कौन कहता है चिढ़ाने के लिए कह रहे थे?"

14-7-46 "हाँ जी, तुम नहीं बोलोगी भाई साहब की ओर से तो काम कैसे चलेगा?"

"तो तुम चाहती हो कि एक बात न मैं स्वयं कहूँ न कहने दूँ, यह कैसे हो सकता है?" अब शैलेन्द्र संयत हो गया। निशा के लिए कुर्सी की ओर संकेत करके वह रेखा का उत्तर देने को तत्पर रहा।

निशा बैठी नहीं। कुर्सी के पीछे की ओर से दोनों हत्थों पर हाथ रखकर वह उत्सुकता से झुककर खड़ी हो गई।

"अब सोचने की बात है," निशा ऐसे देख रही थी। जैसे कोई तमाशा हो रहा हो। यह ध्यान आते ही रेखा मुस्करा पड़ी, कठिनाई से ओठों को कठोर करके वह बोली, "आपने उस दिन सारा दोष लाद तो दिया लड़कियों पर और लड़कों को बिल्कुल छोड़ दिया। जैसे वह सब निर्दोष ही हों। वैसे लेते तो आप बहुत पक्षपात से काम हैं। मैं आपको हजारों लड़के दिखा दूँ। जो लड़कियों से ज्यादा शृंगार करते हैं, किसी भी कॉलेज में चले जाइए। और आप भी कौन कम हैं। अब यों कह लीजिए, कि डर है हमारा, या हठ के कारण कुछ कर नहीं सकते।" मुस्कराती हुई रेखा ने, सिर झुकाकर सोचते हुए शैलेन्द्र की ओर देखा फिर, कभी इधर और कभी उधर ताकती हुई निशा की ओर देखा।

शैलेन्द्र चुप रहा, थोड़ी देर सोचता रहा। फिर कुछ हँसकर बोला, "बस यही उस दिन बात थी कि मैंने लड़कों के विषय में कुछ न कहकर लड़कियों के ही विषय में कह डाला, या यह कहो, पेड़ के पत्तों के विषय में कुछ न कहकर जड़ का वर्णन कर दिया, और इसी पर तुमने इतनी बड़ी बात कह दी।" शैलेन्द्र को स्वयं आभास हुआ कि उसकी वाणी बनावटी हो उठी है। रेखा के रोष का आधार जानकर उसे अपना पिछला सारा क्षोभ व्यर्थ मालूम होने लगा। रेखा को कहने का तनिक भी अवकाश दिए बिना, समझाने के स्वर में वह कहता गया, "लड़के और लड़की का भेद रेखा, मेरे मन में उठा ही नहीं था—मामी को तो...।"

"देखा निशा, जड़?" उत्तेजित रेखा ने उँगली से संकेत करके निशा का ध्यान अपनी ओर आकर्षित किया—"आपने अभी कपड़ों और कृत्रिमता के पीछे दीवानी लड़कियाँ देखी नहीं हैं, बस हमें ही..." रेखा का गला भर आने लगा—"आपके लिए तो बात जरा-सी है, जब कोई आपसे कहे तो देखिए कैसा लगता है?"

"ओफ् हो! एक बात है, उसे खींचकर न जाने क्या कर देना चाहती हो," बलात् निडर बनकर शैलेन्द्र बोला—"और ये कैसे जान लिया तुमने कि लड़कियाँ

मैंने नहीं देखीं? कदाचित् तुम्हें मालूम नहीं है। सेंट जॉन्स कालेज में सह-शिक्षा है।''

''है तो हमें क्या?'' रेखा ने मुँह मटका दिया, ''हमें तो विश्वास है नहीं कि आपने लड़कियाँ देखी होंगी, निशा के, जिससे इतने दिनों से बोल रहे हैं—सामने तो आँखें उठती नहीं हैं, तो उन्हें तो जरूर जाँच लेंगे?'' जब रेखा को लगा कि बात कुछ गम्भीरता की ओर बढ़ रही है तो उसने परिहास का पुट मिलाने का प्रयत्न किया । निशा को इस वाद-विवाद में आनंद आ रहा था।

शैलेन्द्र को बुरा लगा। एकदम उसके अंदर विचार उठा कि अपनी पूरी आँखें खोलकर निशा और रेखा की ओर बहुत देर तक निर्निमेष देखकर दिखा दे कि वह देख सकता है या नहीं। एक आध बार वैसे भले ही देख लिया हो, पर इस बार वह प्रयत्न करने पर भी नहीं देख सका। दूसरी ओर देखते हुए उसने कहा, ''तो हरेन्द्र की तरह मेरी आदत तो है नहीं घूरने की लड़कियों को।''

16-7-46 ''चाहे जैसा हो हरेन्द्र, पर उसका हृदय साफ़ है—ऐसा नहीं है।'' हठात् रेखा के मुँह से निकल पड़ा। बात कठोर है—तत्क्षण उसे अनुभव हुआ। शीघ्रता से बोली, ''लाख सह-शिक्षा हो इस बात की तो मैं शर्त बद सकती हूँ कि लड़कियों की ओर आप आँख उठाकर नहीं देख सकते।''

हरेन्द्र की बात पर शैलेन्द्र ने जानबूझकर ध्यान नहीं दिया। लड़कियों की ओर से शैलेन्द्र के विषय में रेखा ने जो निर्णय सुना दिया था, उससे इस बार शैलेन्द्र को गर्व हुआ। प्रत्येक बात में उसका विरोध करने वाली रेखा को भी इस विषय में उस पर विश्वास है। निशा के ऊपर इस बात ने कैसा प्रभाव डाला होगा, इसकी शैलेन्द्र कल्पना करने लगा। थोड़ी देर सोचकर नम्र स्वर में उसने कहा, ''कॉलेज के लड़कों को मैं देखता हूँ। और लड़की और लड़कों दोनों की इस शृंगारप्रियता पर सोचा भी बहुत है, पहले कह भी चुका हूँ, उस दिन मैंने केवल मूल के बारे में ही कहा था।''

17-7-46 ''हुँ बड़ा मूल!'' रेखा ने विद्रूप किया, फिर गरदन हिलाकर बोली। ''देखिए यही बात मत कहिए आप।''

''क्यों नहीं कहूँ?'' शैलेन्द्र ने पहले निशा की ओर देखा। फिर रेखा की ओर मुँह करके निशा को संबोधित करता हुआ वह बोला, ''तुम्हीं बताओ निशा, स्त्री पुरुष की मूल नहीं है? वह जननी है, वह रक्षिका है, सहगामिनी है—और स्वामिनी है। पुरुष में इतनी शक्ति नहीं कि वह कहीं भी स्त्री के सम्मुख खड़ा रहे—तत्क्षण आत्मसमर्पण कर देगा वह। पुरुष की क्षणिक आवेगमयी उत्तेजनाओं से स्त्री की स्थिर और शीतल भावनाएँ अधिक शक्तिशाली हैं!''

''सो तो है ही, उसे क्या आप रोक सकते हैं?'' रेखा ने नहीं समझा कि शैलेन्द्र उसे किधर धकेल रहा है। उसके सामने सदा स्त्री जाति की बुराई करता रहने वाला शैलेन्द्र आज उसकी प्रशंसा कर रहा है यही उसके लिए पर्याप्त था। उसने एकदम

उमँगकर कहा, "आखिर स्त्रियों की महत्ता के आगे झुके ही न? अब यों चिढ़ने या खिसियाने से क्या होता है?"

"सुनो तो" शैलेन्द्र सोच रहा था, अगली बात कह देना उचित होगा या नहीं। वह चुप रहा। अब उसने निश्चय कर लिया कि चाहे जो कुछ भी हो उसे अपनी बात कह ही देनी चाहिए। वह बोला, "इसे कोई अस्वीकार नहीं कर सकता कि स्त्री मात्र ही पुरुष की जीवनदायिनी है—बनाने वाली है। सब ओर से, शरीर से और विचारों से वह सब तरह से पुरुषों को बनाती है। और इसीलिए स्त्री आदि शक्ति है। पर आज के इस युग में हुआ क्या स्त्री अपनी शक्ति को भूल गई, अपने को उसने विस्मृत कर दिया। वह चली अपने अधिकार खोकर पुरुष के बराबर बनने, खैर, यह विषय दूसरा है। मैं इस पर बात नहीं कर रहा इस समय। तो स्त्री अपने को भूल गई।" शैलेन्द्र अपने शब्दों की शक्ति को समझ-समझकर और दृढ़ स्वर में कहने लगा, "उसने अपने जीवन की सार्थकता समझी काहे में?—होड़ में—प्रतियोगिता में। मैं पहले कह चुका हूँ पुरुष स्त्री का अनुगामी है—शाश्वत—सदा से। स्त्री जैसा चाहेगी पुरुष को बना देगी। स्त्री अपने को भूलने के साथ-साथ यह भी भूल गई कि पुरुष के ऊपर उसका कितना अधिकार प्रकृति-दत्त—स्वाभाविक ही है। योरुप की इस चकाचौंध में, जिसने भौतिकता को—संसार को—इतना ऊँचा स्थान दिया है, स्त्री पुरुष पर भौतिक अधिकार प्राप्त करने चली। वस्तुतः उसे निर्भर भी रहना पड़ा भौतिक साधनों पर जिनमें उसने शृंगार को ही सर्वोत्तम स्थान दिया। वह कृत्रिमता की दास हो गई। इस भौतिकता के युग में सभी ओर से भौतिकता की ही उन्नति हुई—रुपये का मूल्य बढ़ गया। स्त्री को अपने कृत्रिम साधनों के लिए आवश्यकता हुई रुपये की। उसने आवश्यक समझा कि अपनी कृत्रिमता पर पुरुष को मुग्ध रखकर, रुपये की अपनी आवश्यकता की उससे पूर्ति कराती रहे—और वह कर भी वस्तुतः यही रही है। अब तुम देख सकती हो कितनी गिर गई है वह!" शैलेन्द्र जानता था कितनी कठोर बात कह आया है वह। यद्यदि आज वह रेखा से तनिक भी हिचकिचाने या न डरने का प्रयत्न करके आया था, तो भी अब—इतना कह चुकने के पश्चात्—उसे अनुभव हुआ अपनी बात की तीव्रता को कम करने का, "एक बात और है इस आशंका में कि जब पुरुष उसकी आवश्यकता पूर्ति में असमर्थ रहे तो स्त्री को लगा, कि तलाक जैसा एक कानूनी-बिल भी उसके पास होना चाहिए। किंतु यह वस्तु योरुप की है—प्रसन्नता की बात है कि कुछ स्त्री महानुभावाओं की कृपा से तलाक भारत में—हिंदू धर्म में भी वैधानिक मान लिया गया है।" शैलेन्द्र रेखा, फिर निशा की ओर देखकर मुस्कराया, "हाँ, तो यहाँ की स्त्री में योरुप की यह भावनाएँ नहीं आई हों सो बात नहीं है, किंतु यहाँ के पुरातन संस्कार इतने दृढ़ हैं कि उसकी दाल गलने नहीं देते। अब कुछ महिलाएँ—'ज्ञान' के प्रकाश या 'फ्रीथिंकिंग'—स्वतंत्र मनन—के नाम पर इन संस्कारों के बंधनों को काटकर 'उन्नति' के पथ पर दौड़ने लगी हैं।"

अब शैलेन्द्र ने निशा से कहा, "यह है आधुनिक स्त्री की स्थिति, तुम सोचो इसमें झूठ क्या है, जिसके ज़रा-सी झलक उस दिन देने से मामी और रेखा ने न जाने क्या कह डाला।" इतने दिन चुप रहने के कारण कितने सारे उद्‌गार उसके अंदर भर गए, कि वह एकदम कहता ही चला गया, यह सोच-सोच कर शैलेन्द्र मुस्कराने लगा। रेखा ने उसकी मुद्रा में चुनौती देखी, निशा ने ज्ञान की महत्ता! शैलेन्द्र ने देखा निशा की आँखों में स्वीकारोक्ति थी, श्रद्धा थी, पर आज शैलेन्द्र ने उसकी आँखों में एक बात और देखी–बहुत थोड़ी-सी–जो उसने पहले कभी नहीं देखी थी।

रेखा की नाक फिर लाल होकर फड़कने की तैयारी करने लगी। उसका मुख लाल हो गया। आज वह भाई साहब के तर्कों का उत्तर नहीं दे सक रही है, तो वह आज निरंकुश हो उठे हैं, अपनी इस असमर्थता पर उसे रह-रहकर क्रोध चढ़ आने लगा। उसके नथुने थोड़े फैल गए, माथे की एक नस भी उभर आई। कुछ कह दूँगी तो फिर नाराज़ हो जाएँगे झट्। हुंः हो जाएँ, रानी रूठेगी तो सुहाग ले लेगी, भाग थोड़े ही ले लेगी। इतना आवेश उठने पर भी रेखा कोई कठोर बात नहीं कह सक रही थी। चारों ओर से घुटकर उसकी इच्छा हो रही थी खूब-खूब ज़ोर-ज़ोर से रो उठे। शैलेन्द्र की बात कदाचित् वह नहीं समझी थी। उसके मस्तिष्क में बहुत पहले से जमा था कि शैलेन्द्र भाई साहब कोई अच्छी बात कहेंगे ही नहीं उससे। निशा के ऊपर उसे क्रोध आ रहा था–स्त्री जाति का उसे इतना भी ध्यान नहीं है।

"पुरुष स्त्री के पीछे इतना पागल बनता ही क्यों है?" विषाक्त स्वर में उसने कहा, "क्योंकि स्त्री ने उसे ऐसा बना दिया है–हर अवस्था में स्त्री पुरुष की निर्माण-कर्त्री है!" रेखा के स्वर की विषाक्तता अनुभव करके कठोर कंठ से उसने कहा।

"जी नहीं, स्त्री कभी नहीं चाहती पुरुष उसकी ओर देखे भी!" दृढ़ता से रेखा ने कहा।

"जी हाँ, स्त्री स्वयं चाहती है।" शैलेन्द्र के स्वर में दुगनी दृढ़ता थी।

अब निशा से चुप न रहा गया। बहुत कोमल–शैलेन्द्र को बुरा न लगे ऐसे–स्वर में उसने कहा, "ये बात आपकी गलत है भाई साहिब, कभी कोई स्त्री नहीं चाहेगी कि पुरुष उसकी ओर देखे भी–कम से कम भारतीय!"

"नहीं निशा, स्त्री चाहती है। उसका अस्तित्व होते हुए भी वैयक्तिक रूप से स्त्री की यह चाह इतनी गूढ़ है कि जाँच करने में कठिनाई होगी, बात कुछ तीखी भी हो जाएगी। इस भाँति स्त्री की यह चाहना एक सामूहिक रूप में अधिक प्रस्फुटित हो जाएगी। उस समूह में जो स्त्रियाँ इस चाहना से युक्त हैं, उनकी तो गणना होगी ही साथ ही वह स्त्रियाँ भी अछूती नहीं रहेंगी, जो ऐसी चाह नहीं रखतीं।" शैलेन्द्र नम्र दृढ़ता से निशा की ओर मुख कर के कहने लगा, "अच्छा निशा, कल्पना करो एक बहुत सुंदर खिलौना तुम्हारे पास से कोई मनुष्य ले जा रहा है। तुम उसकी प्रशंसा

सुन चुकी हो, तुम्हें यह भान हो चुका है कि खिलौना जा रहा है, बोलो, सिर उठाकर उसे देख लेने की इच्छा को रोक सकोगी तुम? पुरुष के हृदय में स्त्री के प्रति स्वाभाविक आकर्षण होता है—कोई नष्ट नहीं कर सकता उसे—और स्त्री कृत्रिम साधनों से अपने आकर्षण को द्विगुणित करके—सजी-सजाई—जब पुरुष के सामने से निकलने लगती है तो यह असम्भव हो जाता है कि पुरुष उसकी ओर न देखे। और मूलतः यही पुरुषों की चरित्रहीनता का कारण है, कई बार केवल स्त्री को देख ही लेने के पश्चात् उसके अंदर वासनाएँ उद्दीप्त हो उठती हैं। और फिर पुरुष पशु हो जाता है—कर्म-अकर्म सब करता है।" अपनी सब बातों का निष्कर्ष सा निकालता हुआ शैलेन्द्र कहने लगा, "हो सकता है स्त्री ने कभी स्वप्न में भी न सोचा हो कि देश और समाज की—उसकी इस शृंगारप्रियता के कारण कितनी हानि हो रही है, पर यह निश्चित है कि आज जो समाज में हमें अश्लीलता दिखाई दे रही है—छोटे-छोटे लड़के—अनजान—तक जो अपनी वासना-प्रज्वलित आँखों से युवती, स्त्री को पी जाना चाहते हैं उसका कारण है स्त्री समाज—स्त्री पुरुष की निर्माणकर्त्री है। और आधुनिक स्त्री अधिक, जिसे अपनी बुद्धि का भी गर्व है। हो सकता है स्त्री अपने और अपने स्वजन के लिए ही शृंगार करती है, तो भी उसे देखना ही चाहिए—ग़ौर से कि समाज पर उसका कैसा प्रभाव पड़ेगा। तुम लोग पुरुष को, समाज को, विकृत और चरित्रहीन कह देना चाहती हो—कहती ही हो—किंतु उसका कारण देखने का प्रयत्न तुम नहीं करतीं। याद रखो—यदि तुम त्याग नहीं कर सकतीं तो मत कहो पुरुषों का व्यवहार तुम्हारे प्रति अश्लील या कठोर है। स्त्री में आकर्षण है, और आकर्षण अपनी बना लेने की इच्छा की पहली सीढ़ी है। इस इच्छा के उत्पन्न होते ही पुरुष पागल हो जाता है—पशु बन जाता है, और असफल होने पर गिर पड़ता है, चरित्रहीन हो जाता है। कम से कम देश की वर्तमान अवस्था को देखकर तुम्हें इस पर सोचना ही होगा।"

19-7-46 भीतर घुसकर शैलेन्द्र ने साँस ली—"मैं तुमसे कह रहा हूँ, इसका अर्थ वह नहीं है जो तुम सोच रही हो, मेरे कहने का तात्पर्य है, कि एक वर्ग है कुछ विशिष्ट स्त्रियों का, उनका उद्देश्य यही है, वह वर्ग अपने को बहुत उन्नत समझता है, और तुम भी सभ्य बनने की धुन में उस वर्ग के पीछे घिसट रही हो, खिंच रही हो—यह भूल कर कि वह वर्ग किधर जा रहा है।" मैं कहता हूँ, "जो तुम्हारे स्कूल की टीचरें कर रही हैं, कुछ लड़कियाँ कर रही हैं सभी ठीक नहीं है।"

"मेरी समझ में नहीं आता कि यह नहीं ठीक, वह नहीं ठीक, तो ठीक आख़िर क्या है—आप तो यह चाहते हैं कि फिर से 'पाषाण युग' आ जाए, यह हो कैसे सकता है। भाई, समय बदल रहा है!" उत्तेजित स्वर में अपने पूरे पन्ने को खोल कर रेखा शैलेन्द्र को समझाने लगी।

21-7-46 "अपने मन से मत जोड़ो कि मैं 'पाषाण युग' ला देना चाहता हूँ या 'आदम युग'। मैं कोई युग नहीं लाना चाहता। मैं केवल यह कह रहा

हूँ कि—अपने को केवल स्कूल तक—या कहीं तक—सीमित कर देना पाप है, चारों ओर की परिस्थितियाँ देखो, और निष्पक्ष होकर सोचो, तभी कोई धारणा बनाओ।" शैलेन्द्र ने सोचते हुए कहा, "जो कुछ नया है, जो योरुप से आया है सभी ठीक नहीं है, और जो कुछ पुराना है, अनुभव युक्त है सभी बुरा, उपेक्षणीय नहीं है।" बस शैलेन्द्र ने अपने स्वर को बहुत अधिक कोमल बना लिया, "रेखा, केवल थोड़ी देर के लिए, दो मिनट के लिए ही सोच लो कि देश तुम्हारा है, तुम देश की हो। उसका हित-अहित सब तुम्हारा भी हित-अहित है, और उस समय तुम्हारा हृदय जो उत्तर दे वही करना।"

रेखा चौंकी। शैलेन्द्र का स्वर अप्रत्याशित रूप से कोमल था। इससे पहले बोलने के प्रवाह, भावों की उत्तेजना में उसका स्वर जो किंचित तीव्र हो उठा था, इससे रेखा के अंदर भी विरोधी भाव उमड़ने लगे थे। वह एकदम पिघल-सी उठी। शैलेन्द्र जो आरोप उसके ऊपर लगा रहा है जैसे उसने सहसा सब स्वीकार कर लिए, "तो क्या करूँ भाई साहब, मैं विवश हो जाती हूँ—इन वस्तुओं का आकर्षण बड़ा प्रबल है।"

"यही पाश्चात्य-सभ्यता की विशेषता है।" शैलेन्द्र ने ज़ोर से एक गहरी साँस खींची। उसे अपनी विजय का पता न लगा हो सो बात नहीं है। उत्तेजना और घृणा का वातावरण जो सहसा बदल-सा गया था। उसी ने जैसे शैलेन्द्र को विजय की अनुभूति से वंचित कर दिया। अपने स्वर में मर्मस्पर्शिनी अभिव्यंजना भर कर उसने कहा, "रेखा, तुम समझती हो मैं इन वस्तुओं की ओर आकर्षित नहीं हूँ, या मेरे अंदर सुख भोग की लालसा नहीं है। नहीं। मैं इनकी ओर आकर्षित हूँ और उतना ही जितनी तुम। पर एक बात है। एक टीस, एक निराशा मिश्रित उच्छ्वास—हम गुलाम हैं—जैसे सारा उत्साह सारा चाव विनष्ट कर देता है। और उस समय वितृष्णा से मेरा हृदय भर उठता है। मैं खूब जानता हूँ आज की लड़की और लड़के की सबसे प्रमुख और बलवती इच्छा है—एक सुंदर-सा बँगला, खूब नौकर-चाकर, रौब-आतंक, मोटर, बिजली, रेडियो, अंग्रेजी खाना, पहनना, रहन-सहन बस। मेरे कॉलिज के सभी लड़के और लड़कियाँ केवल इसी आकांक्षा को पाले हुए हैं। और अंशतः मैं भी इससे अछूता नहीं हूँ। पर एक चीज़ है, वही किसी भी बात को मेरे अंदर पनपने नहीं देती। मैं मानता तुम भी इन्हीं परिस्थितियों में रहती हो और तुम्हारे अंदर भी यही अभिलाषाएँ हैं, पर सोचो सब काम समय से होता है। आज के अस्सी प्रतिशत मनुष्य एक काम को कर रहे हैं, उसके पीछे पागल हैं, इसलिए तो कोई काम ठीक, उचित नहीं मान लिया जा सकता। उसे अपनी बुद्धि से देखो, योग्य विद्वानों की बुद्धि से देखो, भेड़िया धसान अंधविश्वास से मत देखो। यही किसी वस्तु के सत्यासत्य के निरूपण की सबसे सरल विधि है। रही परिस्थितियों की बात, परिस्थितियों का स्वयं कोई अस्तित्व नहीं है, समय की शृंखला, कड़ियों का नाम परिस्थिति है। परिस्थितियाँ भँवर हैं। इनमें पड़कर बेदाग़ निकल आने वाले को ही हम महान कहेंगे—तैराक कहेंगे!"

निशा इतनी देर से जो कुर्सी के सहारे विचित्र प्रकार से खड़ी थी, इसे देख-देखकर शैलेन्द्र के अंदर न जाने कैसे भाव उठने लगे थे। अंत में उसने कहा, ''निशा, ऐसे क्यों खड़ी हो, बैठ क्यों नहीं जातीं?''

शैलेन्द्र ने बात इस प्रकार कही थी, कि निशा विरोध न कर सकी, पीछे से हटकर कुर्सी पर बैठ गई।

यदि अपने पहले ही स्वर में शैलेन्द्र यह बात कहता तो रेखा कोई कड़ा प्रत्युत्तर देती, पर जिन शब्दों में शैलेन्द्र ने यह बात कही थी, उससे रेखा व्यवहार पर सोचने को विवश हो गई। वह सोचती रही। सिर झुकाए, पैर लटकाए, हाथ का सहारा लिए वह सोच रही थी। उसकी आँखों से सहसा दो-तीन बूँद उसके ऊपर गिर पड़ीं। वह रो नहीं रही थी। यह आवेश था जो पिघलकर बह रहा था। उसने साड़ी के सिरे से आँसू पोंछ लिए।

''अच्छा, अब मैं प्रयत्न करूँगी।'' दृढ़ स्वर में उसने कहा, धीरे से पुस्तक शैलेन्द्र के सामने की ओर सरकाकर बिना किसी ओर देखे वह कमरे से बाहर चली गई।

अब शैलेन्द्र को संतोष था। अपनी कोमल वाणी से रेखा के हृदय के कौन से भाग पर वह प्रहार कर सका है, इसका आभास उसने पा लिया था। उसे पूर्ण आशा थी कि उसका आज का प्रहार विफल नहीं जाएगा। थोड़ी देर चुपचाप बैठा वह अपने व्यवहार और बात में, औचित्य और अनौचित्य का अंश खोजता रहा, फिर उसने संतोष की साँस ली और धीरे से सिर उठाया। निशा चुपचाप बैठी उसी की ओर देख रही थी, एकदम दूसरी ओर देखने लगी।

''सूत कातना छोड़ दिया तुमने निशा?'' शैलेन्द्र अब निशा की ओर आकृष्ट हुआ।

''नहीं तो।'' निशा ने मुस्कराते हुए उसकी ओर सिर घुमाया।

''देखा नहीं, तुम्हें कई दिन से।''

''देखेंगे कैसे?'' किंचित् हँसते हुए उसने कहा, ''नाराज़ ही हो लीजिए, या सूत कातते ही देख लीजिए। एक काम हो सकता है।''

शैलेन्द्र उसकी मुस्कराहट से प्रभावित सा होकर उसके मुख की ओर देख रहा था। बात कहते समय निशा हँस रही थी, पतले और लाल होंठ खुले और प्रकाश की उज्ज्वल रेखा सी दन्त पंक्ति चमक उठी। शैलेन्द्र स्वयं झेंप गया—दूसरी ओर देखने लगा। तभी उसके अंदर प्रश्न उठा, ''सुंदरता क्या है? उसकी ओर हम क्यों आकर्षित होते हैं?''

एक प्रश्न निरुपमा ने सहसा उसके अंदर उठा दिया था, ''लड़के लड़कियों की ओर क्यों घूरते हैं?'' यद्यपि यह प्रश्न उसके अंदर इतना प्रबल नहीं था, जितना उस समय था जब उठा था, तो भी पूर्णतः लुप्त नहीं हुआ था। आज रेखा से बात

करने में सहसा उसने उस प्रश्न का उत्तर निकाल लिया। और अब यह दूसरा प्रश्न उसके मस्तिष्क में उदित हो आया। जिसका हल वह नहीं सोच पा रहा था। दूसरी ओर देखते हुए उसने अन्यमनस्क होकर उत्तर दिया, ''नहीं, नाराज़ तो मैं नहीं था।''

वह सोच रहा था, स्त्री की ओर हम क्यों आकर्षित होते हैं? स्त्री में ऐसी कौन-सी विशेष बात है? उसने तीक्ष्ण दृष्टि से निशा की ओर देखा—इसमें ऐसी क्या बात है? कुछ नहीं। वही दो आँखें, एक नाक, सभी में होती हैं। फिर किसी व्यक्ति विशेष की ओर हम अधिक क्यों झुक आते हैं?

इन प्रश्नों का कोई समुचित उत्तर वह नहीं सोच सका। वह खिन्न हो उठा। यह प्रश्न उसे क्यों तंग किए हुए हैं? उसे उस दिन की बात याद आ गई, उसे निरुपमा की याद आ गई।

23-7-46 शैलेन्द्र चुप था, अभी बात कर रहा था—निशा ने उसकी ओर देखा। वह कुछ सोचता हुआ उँगली से धीरे-धीरे पुस्तक पर प्रहार कर रहा था। कोई विशेष भाव उसके अंदर नहीं था तो भी उसे निशा के साथ अकेले में बैठना अच्छा लग रहा था, किंतु यह मौन उसे भी अखरने लगा। सहसा उसे लगा कि यदि वह थोड़ी देर ही नहीं बोलेगा तो निशा उठकर चली जाएगी। बहुत शीघ्र बात करने का विषय खोजकर उसने कहा—''क्यों निशा निरुपमा नहीं दिखाई दे रही।''

''निरुपमा?'' निशा ने कहा, ''लखनऊ चली गई थी वह।''

''लखनऊ?'' विस्मय से उसने पूछा, ''किसके साथ? अभी नहीं आई?''

''बाबूजी के साथ गई थी, घंटा भर पहले आ गई।''

''भेजना उसे।'' उत्सुकता से उसने कहा।

''अच्छा।'' सिर हिलाकर उसने स्वीकार किया।

फिर वही मौन। तत्क्षण दूसरी ओर देखते हुए शैलेन्द्र ने कहा, ''खद्दर की साड़ी पहने आज तुम बहुत अच्छी लग रही थीं निशा।''

''हाय। आपने कहाँ देखा?'' पुलकते शरीर में तरंगित निशा, संकोच से मुँह छुपाए दुहरी हो जाने लगी।

उसकी हँसी में योग देने की इच्छा करने पर भी शैलेन्द्र हँस नहीं सका। केवल तीक्ष्ण और विवेचनात्मक दृष्टि से उसे देखता रहा। उसने गम्भीर स्वर में कहा, ''जुलूस में।''

निशा को शैलेन्द्र से ऐसे उत्तर की आशा नहीं थी। उसने शैलेन्द्र की ओर देखा। वह एकटक उसी की ओर देख रहा था, वह एकदम दूसरी ओर देखने लगी। बोली, ''क्या है भाई साहब, आप हमेशा सोचते रहते हैं कुछ न कुछ। हर समय सोचना ठीक थोड़े ही है। कभी-कभी ऐसा समय भी होता है, जब विनोद की आवश्यकता पड़ती है।'' निशा दूसरी ओर देख रही थी किंतु, उसे लग रहा था कि शैलेन्द्र अब भी उसी की ओर देख रहा है, उसे यह असह्य-सा लगने लगा, वह घबरा उठी, ''क्या

सोच रहे हैं?''

"मैं?'' शैलेन्द्र ने दूसरी ओर मुँह करके ज़ोर से साँस ली, "मैं सोच रहा हूँ स्वतंत्र देशों में लोग कैसे रहते होंगे?''

"जैसे हम रहते हैं।'' कहने को निशा ने कह दिया किंतु उसे आश्चर्य हुआ। इस समय शैलेन्द्र यह बात सोच रहा होगा, इसकी उसे आशा नहीं थी, उसने कहा, "आप भी अजब आदमी हैं, यह भी कोई यह बात सोचने का समय है?'' और थोड़ी देर तक निशा अपलक शैलेन्द्र की आँखों में देखती रही।

"अच्छा निशा,'' शैलेन्द्र ने बिना उस ओर अधिक ध्यान दिए कहा, "तुम आज जुलूस में थीं, और कहीं लाठी चार्ज हो जाता तो?''

"हो जाता, तो हो जाता।'' उपेक्षा से मुस्कराकर उसने कहा, "जो औरों का होता वह हमारा होता।''

"तुम निशा, खद्दर क्यों नहीं पहनतीं पूरी तरह।''

"अब पहना करूँगी भाई, पिछले जो कपड़े बन चुके हैं, उन्हें फेंका तो नहीं जा सकता।''

"अच्छा, एक काम करो निशा, तुम यहाँ स्कूल में कुछ लड़कियों का संगठन कर सकती हो?''

"कर तो सकती हूँ, पर क्यों?'' उसकी ओर आकृष्ट होकर निशा ने कहा।

"योंही काम है।'' शैलेन्द्र ने कहा, "हम लोग कुछ लड़के हैं जो, लड़कों का एक संगठित दला बनाना चाह रहे हैं, तुम लड़कियों का बनाओ।''

"अच्छा।'' सहर्ष निशा ने स्वीकार किया।

"तुम्हारे यहाँ रेडियो में क्या आ रहा है निशा?'' कुछ देर ठहरकर उसने पूछा।

"आज प्रोग्राम बड़ा अच्छा है सच, चलिए भाई साहब।'' निशा कुर्सी से उठ खड़ी हुई, शैलेन्द्र का हाथ पकड़कर साग्रह अनुरोध करती हुई खींचने लगी।

"अच्छा चलो।'' उसके कन्धे पर हाथ रखकर शैलेन्द्र चलने लगा।

"चलो, रेखा को भी ले चलें।'' उसने कहा।

पुलक विह्वल सी निशा, रेखा के कमरे की ओर चलने लगी।

"सुभाष जयंती के दिन हमें लगभग पचास स्वयं सेविकाओं की आवश्यकता है।''

"हाँ, हाँ।'' निशा ने प्रसन्नता से पूछा, "कब है सुभाष जयंती?''

"तेईस जनवरी।'' शैलेन्द्र ने उत्तर दिया।

दिन उस समय पूर्ण रीति से छिप चुका था।

19

25-7-46 "अब ऐसा मत करना कभी—अच्छा।" शैलेन्द्र ने निरुपमा से कहा, "देखो उस दिन 'सीकरी' गए तो तुम बोली तक नहीं। अच्छा बताओ, मैंने तुम्हारा क्या किया था?"

शैलेन्द्र उस समय कोठरी जैसे छोटे कमरे में बैठा था, जिसमें दो द्वार, एक मेज, चार कुर्सियों के अतिरिक्त कुछ नहीं था। मेज़ पर ताज़ा 'हिंदुस्तान' पड़ा था, जिसे एक कुर्सी पर बैठी हुई निशा उलट रही थी। पास ही शैलेन्द्र बैठा प्रेम से उसकी पीठ पर हाथ रखकर कह रहा था। यह कमरा कार्यालय के भवन में ही था।

"बोलो" निरुपमा चुपचाप विज्ञापनों के चित्र देख रही थी, शैलेन्द्र ने दुहराया, 'देखो, इतने दिनों में मेरा मन भी नहीं लगा।" शैलेन्द्र अपने मन में विस्मित था—इस छोटी-सी लड़की में अभी से वही रहस्यमयता है जो अठारह वर्ष की में होती है, क्या लड़कियाँ सभी रहस्यमयी होती हैं?"

"आपने तो कुछ नहीं कहा," निरुपमा ने सिर उठाने का तनिक भी प्रयत्न नहीं किया, माताजी मना करती थीं।

शैलेन्द्र को भासित हुआ उसका स्वर अवरुद्ध कंठ से निकल रहा है, सहानुभूति से उसने कहा, "अच्छा मैं मामी से कह दूँगा। निशा तो अब तुम्हें तंग नहीं करती?"

"न्न" शैलेन्द्र की सहानुभूति से उसका गला और भी आर्द्र हो उठा।

समाजवादी पार्टी के नेता बंबई में इकट्ठे होने जा रहे थे। श्री जयप्रकाश नारायण, अरुणा आसफ अली, श्री अच्युत वर्धन, और डाक्टर लोहिया के चित्रों को निरुपमा ध्यान से देख रही थी, और मानो धीरे-धीरे बढ़ती जा रही थी।

26-7-46 कुर्सी पर बैठकर सामने वाली मेज पर आराम से पैर फैलाकर शैलेन्द्र बैठा हुआ था। वह कुछ सोच रहा था।

"ये कौन हैं भाई साहब, ये अरुणा आसफ अली?" चित्र के ऊपर उँगली रखकर कौतूहल से निरुपमा ने पूछा।

"ये..." और शैलेन्द्र वैसे ही बैठा हुआ, सोचने की मुद्रा में उसे बताने लगा कि अरुणा आसफ अली कौन हैं। उसका सोचने का क्रम निर्विघ्न चल रहा था, जैसे 'रेकार्ड' बोलता चला जा रहा हो, निरुपमा के मुख की ओर अपलक देखता हुआ उसे बता रहा था। किंतु निरुपमा की ओर ऐसी बात नहीं थी, जैसे सारी चेतना, सारी ज्ञानेंद्रियों को संगठित करके वह शैलेन्द्र की बात सुन रही थी।

तभी मुकर्जी और रजनीश जी ने कमरे में प्रवेश किया।

"जयहिंद शैल, तुम यहाँ जमे हो, और हम तुम्हारे घर हो आए।" निस्संकोच कुर्सी पर बैठते हुए मुकर्जी ने कहा।

"मैं यहाँ तुम्हें देख रहा था।" शैलेन्द्र ने मेज़ से पैर उठा लिये, वह सम्हल कर बैठ गया। निरुपमा संकुचित-सी हो उठी। सिकुड़कर वह कुर्सी पर बैठी रही, पूरा अखबार खोलकर उसने अपने सामने कर लिया। एक प्रकार से उसके पीछे छिप सी गई।

"बस आज से हमें अपना कार्यक्रम प्रारंभ ही कर देना चाहिए।"

अप्रत्याशित उत्तेजना से शैलेन्द्र तन गया।

मुकर्जी कुछ नहीं बोला। धोती के पटली किए हुए एक सिरे को उसने गोद में रख लिया, कुर्ते की जेब से कागज़ निकाल-निकालकर देखने लगा।

रजनीश जी उस अख़बार को ध्यान से पढ़ रहे थे, जिससे निरुपमा आड़ का काम ले रही थी। वह एकदम बोल उठे, "दिल्ली, कलकत्ता में असंतोष की लहरें फैल रही हैं।"

"जी हाँ" कंठ को दृढ़ करके शैलेन्द्र ने इस प्रकार कहा जैसे इन लहरों में उसका भी कोई हाथ हो—"वह समय शीघ्र ही आ रहा है जब सारे भारतवर्ष में असंतोष की लहरें फट उठेंगी। आज तक भारत केवल जर्मनी और जापान की लड़ाई का नाम ही सुनता था, अब उसी लड़ाई का वह क्षेत्र होने जा रहा है।"

मुकर्जी, रजनीश और निरुपमा तीनों को आश्चर्य हुआ। शैलेन्द्र के स्वर में इतनी दृढ़ता उन्होंने कभी नहीं देखी थी। मुकर्जी जो कागज़ ढूँढ़ रहा था वह मिल चुका था, उसे मुट्ठी में लिए हुए उसने कहा, "खैर, इस बात को तो मैं अभी नहीं मानूँगा, और यह हो भी सकता है।"

"हो नहीं सकता, होगा। श्री जयप्रकाश नारायण के शब्दों में मैं कहूँगा कि भारत के लिए क्रांति अनिवार्य है, और वह क्रांति अंतिम होगी, मुकर्जी बाबू, शैल ठीक कह रहे हैं।" रजनीश जी बोले। उनके शब्दों में नम्र दृढ़ता थी।

"शैल को मैं ग़लत नहीं बता रहा, मैं केवल यह कह रहा हूँ, कि हमारी लड़ाई का रूप दूसरा होगा।"

शैलेन्द्र की उत्तेजना जैसे एकदम शिथिल हो गई। इस बार उसके स्वर में पहले वाला कोई भाव नहीं था, अत्यंत शांत स्वर में उसने कहा, "लड़ाई का रूप कैसा होगा, इस विषय पर, अभी अधिक सोचने की आवश्यकता नहीं है। इतना हमें निश्चय रखना चाहिए कि क्रांति होगी, और फिर होगी। उसकी रूपरेखा, हमें बना लेनी है, उसके लिए तैयार हमें अभी हो लेना है, जिससे बयालीस की भाँति कहना न पड़े कि हमारे पास समय नहीं था हम तैयारी न कर सके। बयालीस का समय कितना सुंदर था, सुभाष बाबू की फौजें सहायता के लिए उधर खड़ी थीं, यहाँ भी क्रांति का सूत्रपात हो चुका था, अंग्रेज सरकार अपनी चरम निर्बलता पर पहुँच चुकी थी—यदि वह क्रांति ज़रा भी बढ़ सकी होती, उसके लिए कोई निश्चित योजना होती...।"

28-7-46 "सन् बयालीस के लिए पछताने से कोई लाभ नहीं है शैल बाबू।" रजनीश जी बोले, "जो हो चुका, हो चुका। बयालीस को भूल जाइए।"

"बयालीस?" शैलेन्द्र अब अपनी स्वाभाविक अवस्था पर आ गया था।

"क्षमा कीजिएं रजनीश जी, बयालीस ऐसी वस्तु नहीं है जिसे हम भूल सकें। सत्तावन के पश्चात् अंग्रेजों के क्रूर पंजे से छूटने का वही तो हमारा दूसरा प्रयत्न था, और मैं उसे सत्तावन से अधिक स्थान देता हूँ—सत्तावन में उस क्रांति के साथ जनता नहीं थी, केवल कुछ सेनाएँ थीं—महारानी लक्ष्मीबाई को छोड़कर मुझे तो कोई ऐसा उन सेनाओं में दिखाई नहीं देता, जिसका ध्येय अंग्रेजो को बाहर निकालना रहा हो। वह केवल धार्मिक विक्षोभ जनित क्रांति थी, किंतु बयालीस में हमने प्रयत्न किया था कि हम स्वतंत्र हों। इस क्रांति में हम केवल सीमित ही नहीं थे, हमारा उद्योग अंतर्राष्ट्रीय था। तो मैं कहता था वह क्रांति भूलने की वस्तु नहीं है।"

"नहीं मैं यह नहीं कहता, इस प्रकार से भूलने को नहीं कह रहा मैं।"

"जी हाँ मैं समझ गया, किस प्रकार भूलने को आप कह रहे हैं।" शैलेन्द्र बोला, "उस प्रकार से उस महान क्रांति को याद करना कायरता है। मैं मानता हूँ, पर हमें उस क्रांति को फिर-फिर याद करके, सुदृढ़ कान्तिकारी बनना है, पिछली भूलें सुधारनी हैं।"

मुकर्जी का ध्यान इधर नहीं था, वह कुछ और सोच रहा था। जैसे ही शैलेन्द्र रुका, उसने कहा, "क्रांति-वांति की बातें बहुत हो चुकीं शैलेंद्र, उसमें किसी को भी संदेह नहीं है कि क्रांति होगी और उसका परिणाम था तो पूर्ण, स्वतंत्रता होगी, या फिर भारत एक अनिश्चित काल के लिए, स्वतंत्रता शब्द को भूल जाएगा। तो तुम्हें यदि बातें करनी हैं तो भावी कार्यक्रम के विषय में सोचो, यों समय नष्ट करने से क्या लाभ, क्या बजा है, चार-साढ़े चार बजे इस सूची के पचीस लड़के आ जाएँगे, उनके सामने तुम्हें बोलना है, अपने ध्येय आदि के विषय में।"

"मुझे?" विस्मय चकित स्वर में शैलेन्द्र के मुख से निकला, फिर अनुरोध के नम्र स्वर में कहा, "मैं नहीं बोल सकूँगा मुकर्जी, देखो तुम मेरी आदत जानते हो।"

"इसमें हानि ही क्या है?" नम्र स्वर में मुकर्जी ने कहा, उसे सहसा ध्यान हो आया बीच में वह शैलेन्द्र के प्रति अनुचित रूप से कठोर हो गया था, "देखो, यदि तुम नहीं बोलोगे तो फिर काम कैसे चलेगा, और तुम बोलोगे नहीं, तो बोलना कैसे सीखोगे।"

1-8-46 शैलेन्द्र हृदय से चाहता था कि वह बोले, बोलना सीखे, पर उसका वह विचित्र स्वभाव! वह ज़ोर से अपने ऊपर झुंझला उठा। वह चुप रहा। मुकर्जी ने एक क्षण शैलेन्द्र की ओर देखा, फिर मेज के पास कुर्सी खींचकर फाउंटेन पेन निकालकर कुछ लिखने लगा। "क्यों शैल," रजनीश जी ने पूछा, "हम लोग, या सारा भारत आज स्वतंत्रता के लिए व्यग्र है, किंतु फिर उस स्वतंत्रता को स्थायी

कैसे बनाया जा सकेगा, इसके विषय में कोई सोचता ही नहीं?"

"क्या मतलब?" शैलेन्द्र बोलने के लिए अपने हृदय को दृढ़ कर रहा था, उसने नहीं सुना।

"मान लीजिए हम स्वतंत्र—एक दो वर्ष में हो जाएँ तो आज जो करोड़ों कुरीतियाँ, हममें, हमारे समाज में, हमारे धर्म में भरी पड़ी हैं, क्या वे बाधक न होंगी? सांप्रदायिकता क्या अपने पूरे जोर पर न आ जाएगी?"

"क्षमा कीजिए। रजनीश जी, राजनीति मैं इतनी अधिक नहीं जानता।"

शैलेन्द्र बोला, "तो भी इस विषय पर मैंने सोचा है—कभी-कभी। वास्तव में हममें इतनी धार्मिक और सामाजिक कुरीतियाँ भर गई हैं, हमारा इतना पतन हो चुका है कि राज्य के साधारण नियम हमें सम्हाल नहीं सकते। नया राज्य हमें अपने अनुकूल बनाने का प्रयत्न करेगा, और हम कितने आलसी अकर्मण्य हो चुके हैं, यह किसी से नहीं छिपा।"

"हाँ तो इसी के उपचार के विषय में तो मैं पूछ रहा हूँ।"

"इसके विषय में अभी मैंने कुछ नहीं सोचा, और जो सोचा है वह न तो अधिक संतोषप्रद है और न विचारपूर्ण—एक प्रकार से उपहासास्पद-सा है।"

"तो बताइए तो सही।" रजनीश जी के शब्दों में अनुरोध था।

"मैंने सोचा है कि भारत जैसे विशाल देश के लिए एक योग्य 'डिक्टेटर' होना चाहिए—योग्य हो, राजनीतिज्ञ हो पर साथ ही क्रूर भी हो। नियमों का कठोरता से पालन कराने का अभ्यस्त हो, ज़रा सी भी ढील होने पर जो कठोर से कठोर दंड दे सके। पर साथ ही उदार भी होना आवश्यक है।"

"बिल्कुल यही बात मेरे मस्तिष्क में आई है।" उल्लसित स्वर में रजनीश जी बोले। "यथार्थ ही बिना ऐसी कोई बात हुए हम सुधर नहीं सकते।"

"और इसके लिए मैंने दो आदमियों को चुना है।"

"जी हाँ, वह तो सभी को मालूम है जयप्रकाश नारायण या नेताजी।"

"हाँ" शैलेन्द्र ने कहा।

"एक बात मेरी समझ में नहीं आई शैल बाबू।" रजनीश जी ने फिर पूछा।

"क्या?" उत्कंठा से शैलेन्द्र ने कहा।

"मुकर्जी ने बताया कि आप षड्यंत्रकारियों की नीति पर विश्वास नहीं रखते, किंतु आप अब जो कुछ करने जा रहे हैं, क्या उसमें उसी स्थिति का अवलंबन नहीं है?"

"है, मैं मानता हूँ—पर एक बात बता दूँ मैं क्यों नहीं विश्वास रखता उनकी नीति पर—षड्यंत्रकारी कभी संगठित क्रांति नहीं कर सकते, संगठित से तात्पर्य वह क्रांति जो देशव्यापी हो, क्योंकि उनमें मुख़बिर बहुत अधिक होते हैं—हो आते हैं। दूसरा कारण है जनता की सहानुभूति और सक्रिय सहयोग। जनता उनसे सहानुभूति रखती है, पर सहानुभूति कुछ छिपी, दबी सी है, स्पष्ट शब्दों में यह कहूँगा जनता

उन लोगों से डरती है। और किसी देश की स्वतंत्रता के लिए, जनता में क्रांति होना अनिवार्य है, केवल कुछ व्यक्ति कभी भी किसी देश को—और यदि भारत जैसा विशाल हुआ तो और भी कठिन है स्वतंत्र नहीं कर सकते। तो किसी भी ऐसे कार्य में, जनता की सहानुभूति सबसे बड़ी चीज़ है, और वह सहानुभूति इतनी प्रगाढ़ होनी चाहिए कि जनता सक्रिय सहयोग से हिचकिचाए नहीं। कांग्रेस में यह सभी गुण है। जनता कांग्रेस से बहुत अधिक प्रभावित है, और कांग्रेस भी जनता के बहुत अधिक समीप है, किंतु कांग्रेस अपने को भूलती जा रही है, अपने उद्देश्य को छोड़कर वह चुनाव जीतने को ही अपना उद्देश्य बना रही है। असेंबलियों और कौंसिलों में अधिकाधिक सीटें प्राप्त करना ही जैसे उसका ध्येय है। और इसीलिए बाहर से वह जितना ही जनता के समीप है उतना ही अंदर से दूर होती जा रही है।'' अब शैलेन्द्र अपने यथार्थ विषय पर आया, ''जनता की सहानुभूति के लिए हमने इस संस्था से संपर्क स्थापित किया है। पहले मेरे विचार कुछ षड्यंत्रकारियों की ओर अधिक आकृष्ट थे, पर अब उतने नहीं। इस संस्था के और हमारे उद्देश्यों में अधिक अंतर नहीं है। केवल इतना ही अंतर है कि हमारे साथी, अधिक अनुशासित होंगे, अधिक कर्त्तव्यपरायण होंगे, अधिक सचेष्ट और अधिक सचेत होंगे। और हमारा सबसे बड़ा प्रयत्न यह होगा कि वे सैनिक शिक्षा में बहुत अधिक निपुण हों। एक प्रकार से यों कह लीजिए कि हमारा उद्देश्य ऐसे सुयोग्य सेनापति बनाना है, जो संघ के अन्य युवकों का संचालन कर सकें।'' शैलेन्द्र ने साँस लेकर कहा, ''मेरे कहने का यह तात्पर्य नहीं कि मैं षड्यंत्रकारियों से बहुत अधिक दूर हूँ, नहीं—मैं षड्यंत्रकारियों की वीरता को श्रद्धा की दृष्टि से देखता हूँ, आदर करता हूँ, और स्वयं चाहता हूँ कि यदि मैं भी ऐसा ही वीर—जान हथेली पर रखकर चलने वाला—हो सका होता। मैं तो यहाँ तक चाहता हूँ कि कोई षड्यंत्रकारी हमारा नेता हो जाए। यदि आप किसी को जानते हों तो बताइए, मैं उनसे अनुरोध करूँगा।''

''मैं क्या बताऊँ!'' रजनीश जी विवशता से हँस पड़े, पर जैसे हँस न सके हों इस प्रकार खिसियाकर रह गए।

''सैनिक शिक्षा भारत में अनिवार्य होनी चाहिए।'' इतनी देर से मुकर्जी बैठा हुआ निरुपमा से लेकर अख़बार पढ़ रहा था। निरुपमा का संकोच अब कम हो गया था। उठते हुए उसने कहा, ''यहीं बैठे क्या कर रहे हो आओ, संस्था के अध्यक्ष कृष्ण कुमार से ही बात करें।''

''मंत्री और अध्यक्ष में मैं तो अधिक भेद नहीं देखता!'' और शैलेन्द्र हँस कर कुर्सी से उठ खड़ा हुआ। उसका संकेत मुकर्जी की ओर था।

सभी लड़के बड़ी-सी दरी पर बैठे थे। एक ओर एक मेज़ और कुर्सी रखी हुई थी।

उस पर कोई नहीं बैठा था। शैलेन्द्र के लगातार मना करने पर भी मुकर्जी और रजनीश ने, सर्वसम्मति अपने पक्ष में करके, उसे अध्यक्ष तो चुन लिया, पर बहुत हठ करके भी वह उसे उस कुर्सी पर नहीं बैठा सके। सिर नीचा किए वह मेज़ के पास ही बैठ गया। इतने लड़कों के सम्मुख उसे बोलना है यह सोच-सोचकर उसका हृदय बैठा जा रहा था। उसकी आँखों में से धड़कते हुए हृदय को स्पष्ट देखा जा सकता था।

जब वह बोलने के लिए खड़ा हुआ, तो उसे लगा जैसे उसके पैरों में शक्ति नहीं है, वह काँप रहे थे, धीरे-धीरे उसके हाथों में होती हुई कँपकँपी सारे शरीर में फैल गई। उसके मस्तिष्क में जैसे हवाई जहाज़ भन्ना रहा हो। सारे शरीर से पसीना निकलने लगा था। जिह्वा लड़खड़ा रही थी। जो कुछ धड़कते हृदय से बोलने के लिए उसने सोचा था जैसे सब भूल गया हो। फिर भी वह बोलता रहा। कांग्रेस की नीति स्पष्ट की। कई गौण उद्देश्यों में से अपना मुख्य उद्देश्य छाँटा, और फिर अंत में कहा–

"क्षमा कीजिए, बात कुछ कठोर है, कदाचित् आपमें से बहुतों की भावनाओं को उससे धक्का पहुँचे, पर ठीक है, हम गाँधी जी और नेहरू जी की उपेक्षा नहीं कर सकते, वह विभूतियाँ अनुपेक्षणीय हैं किंतु हमारा सक्रिय कार्यक्रम, रचनात्मक कार्यक्रम नेताजी के ऊपर अधिक आश्रित है। और आज़ाद हिन्द फौज की ही भाँति हम अपना संचालन चाहेंगे।"

"एक बात आप लोग याद रखिए, अब वह युग गया, जब हम बालों में बढ़िया तेल डाले हुए, उन्हें सजा-सँवार कर काढ़े हुए, फ़ैशन के पीछे पागल घूमा करते थे। हो सकता है आप में से बहुत से इन वस्तुओं के लिए जान देते हों किंतु यह निर्विवाद सत्य है, आज युग उस वस्तु को छोड़ रहा है। फ़ैशनपरस्ती चरित्रहीनता का सबसे बड़ा प्रमाण है। यदि आप आज भी फ़ैशन पर आसक्त हैं तो समझ लीजिए कि युग से पीछे हैं, और हमें युग के पीछे घिसटने वाले नहीं, नवयुग सृजनकारी नवयुवक चाहिए। लड़कियों की फ़ैशनपरस्ती के विषय में मैं नहीं कहूँगा, क्योंकि वह इस वस्तु को समझ नहीं सकतीं, प्रयत्न ही नहीं करेंगी समझने का, क्योंकि वह अपने जीवन की सार्थकता शृंगार में समझती हैं। देश और समाज, कदाचित् आज की लड़की को दोनों में से एक की भी चिंता नहीं है, उन्हें बढ़िया शृंगार की सामग्री चाहिए, नए कट के फ़ैशनेबुल कपड़े चाहिए, और उनकी ओर से देश स्वतंत्र रहे या परतंत्र। तो मैं कह यह रहा था, कि आप लोगों को लड़कियों का अनुसरण और अनुकरण नहीं करना है। आप लोग–हम लोग स्वयं भाग्य के विधाता हैं, फिर हमें इन बँधी हुई लकीरों के पीछे दौड़ना शोभा नहीं देता।"

और लड़खड़ाता-सा शैलेन्द्र उस स्थान से हटकर निरुपमा के पास ज़ोर से बैठ गया। आज वह प्रसन्न था, जितना असमर्थ वह इस विषय में अपने को सोचता था उतना वह नहीं। उसे विश्वास था कि बहुत शीघ्र ही वह काफी अच्छा बोल लेगा।

नियमित रूप से आने का नियम बनाकर मुकर्जी ने अपना उस दिन का कार्य प्रारंभ किया। उसने, शैलेन्द्र ने, और रजनीश ने सर्वप्रथम सूची पत्र पर रक्त से हस्ताक्षर किए, और उनके पश्चात् सभी सदस्यों ने। निरुपमा देख रही थी, विस्मय विस्फारित नेत्रों से—कोई उफ तक नहीं कर रहा। फिर प्रतिज्ञा पत्र पढ़ा गया। उस दिन का कार्यक्रम समाप्त हुआ। आजाद हिंद फौज का राष्ट्रीय गान गाने के पश्चात् सभी युवक इधर-उधर टोलियों में बँट गए।

3-8-46 रजनीश को कोई काम था, वह जा चुके थे। जब शैलेन्द्र घर की ओर लौट रहा था तो उसके साथ मुकर्जी और निरुपमा थे।

"मैंने कहा था न, मुझसे बोलना आता नहीं है, और तुम हठ पड़ गए!"

शैलेन्द्र मुकर्जी के मुख से अपने बोलने के विषय में कुछ सुनना चाहता था। उसके नेत्रों से लज्जित उत्कंठा झाँक रही थी।

"पहली ही बार तुम यार, काफी अच्छा बोल लिए।" बिना कोई विशेष भाव दर्शाए मुकर्जी बोला—"पर तुम बोलते बहुत तेज हो जैसे किताब पढ़ रहे होओ!"

"अरे भाई, पहली ही बार तो है—अभ्यास कर रहा हूँ।" शैलेन्द्र उल्लसित स्वर में बोला।

फिर थोड़ी देर तक दोनों चुप रहे। निरुपमा बहुत देर से चुप थी। कदाचित् अब कोई बात कहना चाह रही थी। उसने शैलेन्द्र का हाथ पकड़ लिया।

"एक बात मेरी समझ में नहीं आ रही शैल," मुकर्जी बोला, "तुम लड़कियों के पीछे इस बुरी तरह क्यों पड़ गए हो?"

"पीछे नहीं पड़ा, केवल एक बात कहता था मैं तो।"

"नहीं तो भी; बहुधा मैंने तुम्हें देखा है।" निर्निमेष दृष्टि से शैलेन्द्र के मुख की ओर देखकर उसने कहा, "तुम लड़कियों से चाहते क्या हो आख़िर?"

"लड़कियों से क्या चाहूँगा मैं?" हठात् शैलेन्द्र ने मुकर्जी के मुख की ओर देखा—वह परिहास तो नहीं कर रहा। पर मुकर्जी के मुख पर गांभीर्य था—परिहास का कोई चिह्न नहीं था वहाँ। वह स्वयं भी गंभीर होकर, आगे की बात का विचार पूर्ण उत्तर देने के लिए प्रस्तुत हो गया।

"यदि तुम नहीं चाहते तो तुम्हारा जो लड़कियों के प्रति विद्रोह है वह बिल्कुल व्यर्थ है।" फिर उसने समझाकर कहा, "बात ऐसी कहनी चाहिए जो किसी आधार पर अवलंबित हो जिसमें कोई उद्देश्य हो।"

शैलेन्द्र झुँझला उठा। मुकर्जी जब उससे पहले पहल मिला था तो उसे ऐसा लगा कि मुकर्जी उसके—अपने—व्यक्तित्व के आगे झुक गया हो, और तब उसे स्वयं अपन पर गर्व हुआ था। अब कई दिन से उसे मुकर्जी के व्यक्तित्व के सामने स्वयं लघुता का आभास हो रहा था। उसने एक बार फिर तीक्ष्ण दृष्टि से मुकर्जी की ओर देखा, फिर स्वर को सयंत करके बोला—"तो सुनो मैं लड़कियों से क्या चाहता

हूँ–जितना ध्यान वे विलास और शृंगार की ओर देती हैं, उतना देश की ओर क्यों नहीं देतीं? क्या वे शृंगार की अपेक्षा देश के महत्त्व को इतना भी नहीं समझतीं?''

''विलास और शृंगार से क्या मतलब?'' मुकर्जी जैसे बहुत गहरे में से बोल रहा था–उसका स्वर वैसा ही गंभीर था।

''मैं उनकी नित्य नूतन और बढ़ती हुई माँगों की ओर संकेत कर रहा हूँ–वह जो भाषा, पहनावे, रहन-सहन और बोलचाल में योरुपियन 'मिस' बन जाना चाहती हैं, उनके इस अनुकरण से मेरा मतलब था।'' शैलेन्द्र के मस्तिष्क में रेखा और निशा चक्कर लगा गईं। अपने क्लास की और भी कितनी ही लड़कियों का उसे ध्यान आ गया। सड़कों, ताँगों और साइकिलों पर, सुगंधि से लक़दक़ अस्त-व्यस्त कपड़ों से, बिजलियाँ गिराती, दौड़ती हुई, आधुनिकता और युग साम्पर्क्य का दम भरने वाली सैकड़ों लड़कियों का उसे स्मरण हो आया।

''तो तुम स्त्री को उसी पहली अवस्था में ले आना चाहते हो क्यों? जब वह एक निर्जीव बोरी सी, डेढ़ हाथ लंबा घूँघट निकाले, एक कोने में पड़ी रहती थी–या केवल घर के कामों में पिसा करती थी।''

''जी नहीं'' शैलेन्द्र के स्वर में अस्पष्ट उत्तेजना थी, ''कम से कम इतना संकुचित दृष्टिकोण मेरा नहीं है। न मैं स्त्री स्वतंत्रता का विरोधी हूँ, पर हाँ देश के हित के लिए कुछ बातें छोड़ देने की सलाह उन्हें दूँगा। मैं चाहता हूँ कि वह स्वतंत्रता का देश हित के लिए सदुपयोग करें न कि इस चरित्रहीनता फैलाने में।''

''और यह हो नहीं सकता।'' दृढ़ उत्तेजना से उसने कहा, ''तुम रूस, जापान, इंगलैंड, और पुराने भारत को लिए फिरते हो जो अपने चारों ओर बम बाँधकर देश के लिए, जहाजों की चिमनियों में कूद पड़ती हैं, या पुरुषों के साथ जो संगीनें चला सकती हैं, या पुरुषों के अभाव में जो शासन व्यवस्था की तस्वीर रख सकती हैं या, जो देश हित के लिए–धनुषों की प्रत्यंचा के लिए, अपने शृंगार या बालों को कटा देती थीं। मैं कहता हूँ भारत में एक भी स्त्री ऐसी नहीं है। भारतीय स्त्रियाँ इंगलैंड को भर सकती हैं, उसका हित कर सकती हैं, पर भारत चाहे वह कितना भी पतित हो गया–वह उसके विषय में नहीं सोच रहीं–दो-एकों को छोड़ दो और यदि इच्छा हो तो...''

''तुम्हारी इस बात को मैं नहीं मानता मुकर्जी'' शैलेन्द्र ने कहा, ''युग बदल रहा है। इसे मत भूलो, हमारे प्रत्येक स्वाधीनता संग्राम में स्त्रियों का हाथ रहा है। मैं मानता हूँ 99 प्रतिशत स्त्रियाँ जिनके प्रति मेरे अंदर विद्रोह है–गौण और अहित कर बातों को अपना ध्येय बनाए हुए हैं, किंतु मुझे बताओ क्या तुम 57 की क्रांति से महारानी लक्ष्मीबाई का नाम निकाल सकते हो? 42 से अरुणा आसफ अली को हटा सकते हो? आजाद हिंद फौज से डॉक्टर लक्ष्मी को पृथक् कर सकते हो? अहिंसात्मक युद्ध के इतिहास से सरोजनी नायडू को छोड़ दोगे?''

''ये कुछ गिने चुने नाम हैं, जिन्हें हमने प्रत्येक ऐसे अवसर के लिए रख छोड़ा

है। पर मुझे बताओ डेढ़ सौ वर्ष के इतिहास में चालीस करोड़ की जनसंख्या में यह चार नाम कण भी तो नहीं है।'' मुकर्जी अब बहुत अधिक उत्तेजित हो उठा था, एक हाथ की हथेली पर दूसरे हाथ से मुट्ठी मारते हुए उसने कहा, ''बात मैं कहना नहीं चाहता था, पर जब प्रसंग आ गया है तो उसे छोड़ा भी नहीं जा सकता। मैं अपनी शिक्षित, पढ़ी-लिखी जिन्दगी की देख कर माथे पर पाँच बल डाल लेने वाली–बहिनों के विषय में कह रहा हूँ। मैं उनके विषय में कह रहा हूँ जो 'मिस' शब्द अर्थ उसी प्रकार नहीं जानतीं जैसे विद्यार्थी या 'स्टूडेंड' का, और 'मिस' नाम की पूँछ लगाए फिरती हैं। जिनको अशिक्षितों से घृणा है, जो केवल मुख से कहना जानती हैं। देश में रहते हुए भी अपने को किसी इंगलिश लेडी से कम नहीं समझतीं। जो केवल खिचड़ी बोलकर, कुछ गद्दार पुस्तकों को रटकर शिक्षित बन गई हैं, जिन्हें अपने देश से कोई सहानुभूति नहीं, जिन्होंने अपनी आत्मा को कुचल रखा है, भारतीयता को पुरानी और रूढ़ कहकर छोड़ दिया है, मैं उन्हीं के विषय में कह रहा हूँ उन्हीं के...। आपको उनके रूप दिखाऊँ?...''

''इन सब बातों को मैं अच्छी तरह जानता हूँ मुकर्जी।'' शैलेन्द्र को मुकर्जी की इस उत्तेजना पर आश्चर्य था पर यह आश्चर्य का समय नहीं था। उसने मुकर्जी की बात काटी।

''जब अब मैं कह ही रहा हूँ तो मुझे कह लेने दो।'' मुकर्जी ने शैलेन्द्र को हाथ से रोककर धारा प्रवाह से कहना प्रारंभ किया–''उन्हें बढ़िया कपड़े चाहिए–देखिए, कुछ संयत होकर सुनिए, क्योंकि यह सत्य केवल कठोर ही नहीं, हृदय में सीधा घुसकर मस्तिष्क को 'सन्न' कर देने वाला तीव्र भी है। हाँ, तो क्या कह रहा था मैं, उन्हें बढ़िया कपड़े चाहिए, पहनने के लिए नहीं, शरीर ढकने के लिए नहीं, उन्हें कपड़े पहनने हैं इसलिए नहीं, उन्हें चाहिए 'फ़ैशन' के लिए, 'मॉडर्न' फ़ैशन के सुंदर और महीन, विदेशी और बहुमूल्य–जैसे उनकी 'सोसाइटी' में किसी और के पास नहीं निकलें। उन्हें रंग चाहिए, भड़कते और चमकीले, गहरे और आकर्षक। यों उनसे कुछ मत कहिए, 'फ़ैशन' और 'ढंग' के नाम पर चाहे जो करवा लीजिए। शरीर के किसी भी भाग को किसी तरह करवा दीजिए, ढकवा लीजिए, खुलवा लीजिए। और बताऊँ? वह पुरानी सभ्यता की हँसी उड़ावेंगी, मजाक़ बनावेंगी, पुरानी पोशाकों की आलोचना करेंगी, पुरानी स्त्रियों के आभूषण प्रेम की कटु शब्दों में, अपने कंठ की सारी शक्ति लगाकर बुराई करेंगी, और उनसे अधिक अंधविश्वास से टूट पड़ेंगी कपड़ों पर। आप कहीं भी इनकी तुलना कर लीजिए गँवारों के आभूषण-प्रेम से इनका वस्त्र प्रेम कई सहस्र गुना बढ़ा है। आज की स्कूल में पढ़ने वाली–लड़की के पास पच्चीस-तीस साड़ियाँ, इतने ही ब्लाउज़ आदि होना बहुत साधारण-सी बात है–नगण्य। वह गँवार स्त्रियों के बनाव-शृंगार पर कटूक्तियाँ कसेंगी, पर–नए ढंग से–उनसे चौगुना बनाव-शृंगार करेंगी वह! वह गँवार स्त्रियों के अंधविश्वास की खिल्ली उड़ावेंगी,

बहुदेवता पूजन पर हँसेंगी, और अपने अगणित गौर महाप्रभुओं को तन-मन-धन से पूजेंगी। उनके वाक्यों को वेद वाक्य समझेंगी और उनके ढंग को ईश्वरीय आज्ञा।

"और बताऊँ?...मैं चाहे जितना बताऊँ, चाहे जितना कहूँ, अपने हृदय के भाव भली प्रकार न व्यक्त कर सकूँगा। मेरे हृदय में इन शिक्षित कहलाने वाली—फ़ैशन पर मरने वाली लड़कियों के प्रति कितनी घृणा है, वह क्या कहने की वस्तु है? आप मुझे गलत समझ रहे हैं, सोचिए जो कुछ मैंने कहा वह गलत है? प्रलाप है? ईर्ष्यामय है?"

शैलेन्द्र ने अभी तक मुकर्जी को इतना उत्तेजित नहीं देखा था। उसे अनुभव हुआ कि दोनों ओर की उत्तेजना के बढ़ने से परिस्थिति बहुत अधिक गंभीर हो उठी है। यद्यपि उसके अंदर भी आत्माभिमान प्रबल रूप से उद्दीप्त हो उठा, तथापि बलात् शांत होकर उसने कहा, "मुकर्जी, ये सब बातें मैं खूब अच्छी तरह से समझता हूँ। आधुनिक लड़की के प्रति जितनी घृणा तुम्हें है उतनी ही घृणा उतना ही विद्रोह मेरे अंदर भी है, इतना विश्वास रखो। यह सब है पर हमें उनके प्रति उदार शिष्ट होना चाहिए—उन्हें उनकी अवस्था का भान कराने का प्रयत्न करना चाहिए।"

"तो करते रहो प्रयत्न!" मुकर्जी ने विद्रूप किया। उसकी उत्तेजना कम नहीं हुई—"मैं कहता हूँ इस प्रयत्न में तुम अपना सारा जीवन बिता दोगे और यह प्रयत्न पूरा न होगा!"

"जी नहीं।" शैलेन्द्र को मुकर्जी की उत्तेजना बुरी लग रही थी, "कुछ समय पश्चात् तुम स्वयं ही देख लोगे।" उसके स्वर में गर्व था।

"भ्रम में मत रहो शैल!" उसी उच्च स्वर में उसने कहा—उच्चता के कारण स्वर में अस्वाभाविकता आ गई थी, "तुम क्या, कोई भी आज मुझे सारे आगरे में ऐसी लड़की नहीं दिखा सकता, जो झंडा हाथ में लेकर आगे चल सके, नेतृत्व कर सके। यह मेरा दावा है।"

"मुकर्जी, यह बात ग़लत है।" एक बार शैलेन्द्र फिर नम्र बन गया।

"ग़लत है?" मुकर्जी की उत्तरोत्तर बढ़ती हुई उत्तेजना अब सीमा पार करने लगी, "दिखा सकते हो तुम मुझे ऐसी लड़की? नाम ही बताओ?"

निरुपमा असीम विस्मय से आँखें फाड़े देख रही थी—क्या मुकर्जी ने आज शराब पी है। कौन से आवेश से मुकर्जी जैसा शिष्ट लड़का आज इतना अधिक उत्तेजित हो उठा है? उसकी समझ में नहीं आ रहा था। कभी-कभी शैलेन्द्र और मुकर्जी दोनों उत्तेजित हो उठते थे। पहले का पारस्परिक व्यवहार याद आते ही उसे विश्वास नहीं होता था यह कोई यथार्थ घटना हो रही है। उसे लगता या तो यह सब स्वप्न है या कोई नाटक। साँस रोके किसी अज्ञात आशंका से त्रस्त सी वह देख रही थी—सुन रही थी।

शैलेन्द्र को लगा मुकर्जी उसे चुनौती दे रहा है। वह एकदम दृढ़ हो उठा। क्रुद्ध और हिंस्रक दानव सा जैसे उसके अंदर कोई उठ खड़ा हुआ। कड़क कर उसने

कहा, "मेरी बहिनें! स्त्रियों में इतनी सब बातें मैं स्वीकार करता हूँ पर यह भी मत भूलो कि उनमें भी कुछ देशसेवक होती हैं—कुछों को देश का ध्यान होता है!"

"जी हाँ, होती हैं।" मुकर्जी ने मुख को बहुत विकृत करके विद्रूप किया, "यही मैं भी कहने वाला था—आपके भी तो बहिनें हैं!"

शैलेन्द्र तड़प उठा। बात उसके हृदय को चीरती हुई पार निकल गई थी। "मैं तुम्हें दिखा दूँगा कि मेरी बहिनें सब से आगे रहती हैं या नहीं। ऐसा समय आने पर तुम स्वयं ही देख लोगे!"

शैलेन्द्र ने अपने कंठ की समस्त शक्ति से यह बात कही पर कहते ही जैसे सारी उत्तेजना शिथिल पड़ गई। आगे एक शब्द भी बोलने की उसमें शक्ति नहीं रह गई।

मुकर्जी का जैसे एकदम नशा उतर गया। वह चुप हो गया। ऐसा लगता था जैसे वह जो चुप हो गया है सो कभी नहीं बोलेगा—आजन्म किसी से! उसके मुख पर गहन विषाद के भाव थे, दुख था, पश्चात्ताप था। वह पछता रहा था, बात के इतना बढ़ा लेने पर। वह झुँझला रहा था, अपनी इस उत्तेजना पर और अपनी इस अवश हो जाने की प्रवृत्ति पर। उसे दुख था शैलेन्द्र जैसे मित्र को दुख पहुँचाने पर। उसका विषाद गहनतर होता चला जा रहा था। वह चुप था।

शैलेन्द्र चुप था। जैसे अत्यधिक कोलाहल में कुछ सुना नहीं जा सकता, इसी प्रकार वह कुछ नहीं सोच रहा था। उसके अंदर झुँझलाहट नहीं थी। उसका अंतर और बाह्य जैसे सुप्त था।

जब मुकर्जी अपने घर की ओर जाने लगा, तो कंठ की सारी शक्ति लगाकर भी धीरे से कह सका, "जयहिंद!" उसके हाथ केवल थोड़े से हिलकर रह गए।

शैलेन्द्र ने सुना। इच्छा करते हुए भी वह उसका उत्तर नहीं दे सका। कंठ से स्वर ही नहीं निकला। उसके हाथ उठ ही नहीं सके!

20

5-8-46

चपल पगों से सजी-सजाई रेखा, शैलेन्द्र के कमरे में आ गई। अपनी मेज़ के पास ही शैलेन्द्र, दरी बिछाकर बैठा हुआ बड़े मनोयोग से अटेरन पर लिपटे तार गिन रहा था। पास ही खुला हुआ संदूकनुमा चर्खा रखा था। रेखा आते ही चर्खे के पास बैठ गई, एक क्षण उसने देखा शैलेन्द्र क्या कर रहा है, फिर

धीरे-धीरे चर्खे का पहिया घुमाने लगी।

"नहीं" तार गिनता हुआ शैलेन्द्र भूल रहा था—"मानो रेखा।"

"कुछ नहीं कर रही मैं" और उसने चर्खे के पहिए को पहले से तेज घुमाना प्रारंभ कर दिया।

"ये क्या बच्चों का सा ऊधम करने आ गईं तुम। लो मैं भूल गया सब गिना गिनाया!" और तार-वार गिनना छोड़कर, झल्लाए हुए उसने ज़ोर से रेखा का हाथ पकड़ लिया, "कुछ काम नहीं है तो यहाँ आ गईं तंग करने!"

"उहुँ, उहुँ चलाने दीजिए।" बालकों की सी हठ करते हुए उसने ठिनक कर कहा। वह दूसरे हाथ की सहायता से शैलेन्द्र से अपना हाथ छुड़ाने लगी, "आपको क्या मतलब सा'ब, आप अपना काम कीजिए, हम आपसे कह क्या रहे हैं?"

"मैं पूछता हूँ रेखा, इतनी बड़ी—अब बुढ़िया होने आईं—हो गईं तुम, कुछ शिष्टता सीखी है या नहीं।"

"न्न" झटके से सिर हिलाकर उसने कहा, और द्विगुणित बल से हाथ छुड़ाने लगी।

शैलेन्द्र का हाथ निर्जीव की भाँति शिथिल हो गया। उसने अपना हाथ हटा लिया। रेखा कहीं जाने के लिए तैयार होकर आई थी। शैलेन्द्र ने उसकी ओर देखा। उसे निशा का वह रूप याद हो आया, जब पहले-पहल उसने निशा को देखा था, उसके अंदर विद्रोहजन्य घृणा के भाव उठ खड़े हुए थे। वह सब जों का त्यों उसकी आँखों के आगे घूम गया। कॉलेज की और भी कई लड़कियाँ—जिन्हें अपने स्वभाव के अनजाने में वह देख सका था—उसे याद हो आईं। उसने एक बार पुनः रेखा की ओर देखा—एक भी वस्तु स्वदेशी नहीं थी उसके पास। वह निशा के प्रति क्षुब्ध हो उठा।

अब वह अपने ऊपर झुँझला उठा। क्यों उसका स्वभाव इतना संकीर्ण है। वह स्वतः अपने स्वभाव और भावनाओं का विश्लेषण करने लगा। वह आखिर इन रेखा और निशा से चाहता क्या है? केवल कपड़ों ही के प्रति उसे इतनी चिढ़ क्यों है? इसी प्रकार थोड़ी देर तक शैलेन्द्र अपने आप ही व्यर्थ और निरर्थक प्रश्न करता रहा, फिर कुछ शांत बनकर उसने स्वयं उत्तर दिया, "वह चाहता है कि इन्हें भी—लड़कियों को—उसी की भाँति देश का ध्यान हो। तभी उसे उस दिन मुकर्जी से होने वाली बहस याद हो आई। न जाने कहाँ से एक गहन उदासी उठकर उसके हृदय में व्याप्त हो गई।

अपने ऊपर उसे पुनः क्रोध हो आया। क्यों वह इतने शीघ्र भावनाओं के वश हो जाता है। वह बलात् संयत होने लगा।

निर्बोध वातुलता से रेखा अभी तक चर्खा बड़ी तेजी से घुमा रही थी। फिर वह शैलेन्द्र के बिल्कुल निकट खिसक आई, चर्खे को अपनी ओर खींचते हुए उसने

कहा, "अच्छा लाइए, हम कातें!" और चर्खा अपने सामने खींचकर वह उसके खाने खोल-खोलकर रुई खोजने लगी।

"तुम क्या करोगी रेखा, कातकर!" शैलेन्द्र ने उदास और अंशतः भर्राये स्वर में कहा, फिर उसकी दृष्टि एक बार रेखा के बहुमूल्य कपड़ों की ओर गई, और तब अपने मोटे खद्दर के वस्त्रों की ओर।

"क्यों?" भौंहें चढ़ाकर उसने शैलेन्द्र की ओर देखा। वह शैलेन्द्र के लगभग सभी भाव समझ रही थी। भुनभुनाकर उसने कहा, "यही मत कहा कीजिए। आप!"

शैलेन्द्र चुप हो गया। इस विषय पर वह फिर नहीं बोला। वह रेखा की ओर से ध्यान हटाकर पुनः तार गिनने लगा। बीस-पच्चीस तार गिन कर ही वह हाथ में तार लिए हुए रेखा की ओर निर्निमेष देखने लगा।

रेखा सूत कातना जानती थी। कातते-कातते एकाध बार उसने शैलेन्द्र की ओर देखा, वह उसी की ओर देख रहा था। थोड़ी देर वह कठिनता से बैठी रही, फिर मचलकर बोली–"देख क्या रहे हैं?"

"देख रहा हूँ, तुम आज कितनी सुंदर लग रही हो।" उसी प्रकार अपनी खिसियाई-सी विचित्र मुस्कराहट, मुख पर लिए, वह रेखा की ओर देखता रहा।

"हिशू, क्या बकते हैं, मैं फिर चली जाऊँगी," चर्खा चलाना रोककर उसने कहा, "निशा तैयार होकर आती होगी, इसलिए यहाँ आ बैठी हूँ। आज एक नई डिज़ाइन, बुनाई की सीखने मिस 'मेरी कॉल' के यहाँ जाना है!"

"चली जाओ," निर्द्वंद्व शैलेन्द्र ने कहा, वह पूर्ववतः देख रहा था।

"सच भाई साहब, ये बात मुझे बिल्कुल भी अच्छी नहीं लग रही। आप कह तो हरेन्द्र को देते हैं पर स्वयं भी कम नहीं हैं। बस सीख रहे हैं सभी बातें, थोड़े दिनों में बाजारू लड़कों की तरह हो जाएँगे।"

"तो मैं क्या करूँ" उसके स्वर में धृष्टता थी, "तुम मुझे अच्छी लग रही हो इसलिए देख रहा हूँ।" शैलेन्द्र अपनी एक बार कही हुई बात याद दिलाना चाहता था।

"तो साहब हमें मत देखिए, और भी बहुत-सी लड़कियाँ हैं दुनिया में!" रेखा ने दूर से आती हुई निशा को देख लिया।

"जैसे तुम बहिन हो, वैसे ही दुनिया की सभी लड़कियाँ मेरी बहिन हैं!"

"जी हाँ, बहिन हैं।" और वह जोर से उठकर निशा को लिए हुए एक ओर चल दी, "चलो जी निशा, इनका तो मस्तिष्क फिरने लगा!"

शैलेन्द्र खुलकर मुस्करा उठा। जैसे कोई अच्छा काम कर चुका हो। निशा को देखकर संतोष की एक मुस्कराहट उसके मुख पर छा गई। उसने देखा एक एंग्लो-इंडियन के यहाँ जाते समय भी निशा ने बिल्कुल साधारण खद्दर के कपड़े पहन रखे थे। वह बिल्कुल सादा थी!

8-8-46 आज 23 जनवरी थी। सुभाष जयंती। कदाचित् आगरे की प्रत्येक वस्तु से एक आह्लादकारी भाव उठ रहा था। जिनके सारे घर वाले सरकारी नौकर थे, या जिन्होंने कभी तिरंगे झंडे नहीं देखे, उन्होंने भी आज एक तिरंगा झंडा और नेताजी का चित्र लटका लिया था। प्रातःकाल से ही जुलूस, प्रभात फेरियाँ और झंडा अभिवादन हो रहे थे। आगरा मुखरित था—नेताजी की जय-जयकार से। जड़ और चेतन से उल्लास जैसे फूटा पड़ रहा हो। आज गुलामों की छाती में गर्व भर उठा था—इतना कि उनकी पसलियाँ उसे सम्हाल नहीं पा रही थीं। आज बच्चे-बच्चे के हृदय से हुंकार उठ रही थी।

विगत चुनाव में विद्यार्थियों को अंबेडकर पन्थियों और लीगियों के कारण अपना अहिंसा सिद्धांत छोड़ने को विवश होना पड़ा था, उसके कारण, स्कूल और कॉलेजों का अधिकारी वर्ग बहुत अधिक असंतुष्ट हो उठा था। कई विद्यार्थियों के बहिष्कार तक बात आ गई थी, तो भी इस बार विद्यार्थियों ने पहले से अधिक, सुसंगठित-संयत और निर्भीक हड़ताल कर दी थी।

तो आज सुभाष जयंती थी। शैलेन्द्र बहुत व्यस्त साइकिल पर इधर से उधर घूम रहा था। पिछले दो एक दिन से उसे तनिक भी अवकाश नहीं था।

यद्यपि उस दिन के तर्क में शैलेन्द्र और मुकर्जी के बीच में बहुत अधिक अंतर आ पड़ा था तो भी दोनों बोलते थे। केवल काम की ही बातें।

जिस दिन इनमें मतभेद हुआ था, उसके दूसरे ही दिन, कॉलेज में मुकर्जी ने शैलेन्द्र से कहा, "शैल, हम अपने सदस्यों की संख्या केवल पच्चीस ही रखेंगे!"

"क्यों?" उसने नम्र स्वर से पूछा।

"ताकि हम उन्हें विधिपूर्वक अनुशासित कर सकें। पहली ही बार इतने लड़के कम नहीं हैं।"

"अच्छा।" शैलेन्द्र ने बहुत सतर्क होकर कहा, "कहीं कोई अन्य भाव उसके अनजाने न झलक आवे।

और इसी तरह से अब तक काम चल रहा था। रजनीश जानते थे किंतु चुप थे।

आज के दिन मुकर्जी भी कम दौड़धूप नहीं कर रहा था।

शैलेन्द्र, मुकर्जी और रजनीश, तीनों ने अपने पच्चीस लड़कों को सशस्त्र किया था। संस्था के जितने लड़के थे लाठी तो सबके पास थी ही। प्रातःकाल से ही तीनों अपने प्रबंधों में लगे थे। प्रभातफेरियों आदि से लौट-लौटकर लड़के अब इकट्ठे हो रहे थे। बहुत दिनों के पश्चात् शैलेन्द्र ने अपने खद्दर की खाकी 'बुश्शर्ट' और नेकर निकाली थी—मुकर्जी और रजनीश भी इसी वेष में थे। इनके पच्चीसों लड़कों की भी यही पोशाक थी। नाम था, 'आज़ाद ब्रिगेड।'

अपनी इस 'आज़ाद ब्रिगेड' की परेड आदि देखकर जब मुकर्जी, शैल और

रजनीश, संस्था की ओर से इन्हें प्रदान की हुई कोठरी में आकर बैठे, तो उस समय साढ़े दस बज रहे थे।

तीनों के बैठते ही रजनीश उठ खड़े हुए, और इस प्रकार जैसे किसी बड़ी सभा में मंच पर बोल रहे हों बोले, "भाइयो, मैं आपसे प्रार्थना करूँगा कि आज के इस पवित्र पर्व पर आप दोनों अपने मन की उदासियों को दूर कर दें!" और उन्होंने शैलेन्द्र और मुकर्जी दोनों के हाथ लेकर परस्पर एक-दूसरे के हाथ में पकड़ा दिए।

दोनों ने एक-दूसरे की ओर देखा, और मुस्कराकर हँस पड़े। शैलेन्द्र झेंप गया। हँसते हुए मुकर्जी रजनीश से बोला, "क्या इस बात को हम नहीं समझते? तुम भी यार, क्या...।"

शैलेन्द्र की झेंप अब अधिक स्थायी नहीं रहती थी। तत्क्षण वह सम्हल गया—उसने बात पूरी की, "नाटक-सा करते हो!"

और इन पंद्रह-बीस दिन से जो एक प्रकार का मनोमालिन्य, उपेक्षा-सी दोनों के अंदर भर उठी थी, एक क्षण में तिरोहित-सी हो गई।

शैलेन्द्र ने अपनी जेब से तीन केले—जिन्हें वह अभी लाया था निकालकर मेज पर रख दिए, "लो मुकर्जी!" उसने कहा। यद्यपि तीनों उसे ही दे देने की उसकी इच्छा नहीं थी, फिर भी उसने मुकर्जी की ओर तीनों केले बढ़ा दिए।

"हाँ यार लाओ, सुबह से हमने नाश्ता भी नहीं किया।" और रजनीश ने एक केला उठा लिया। एक हाथ से केला छीलकर खाते हुए, दूसरे हाथ से जेब से मुट्ठी बाँधकर निकालते हुए उन्होंने कहा, "लीजिए आप भी खाइए!"

"क्या?" मुकर्जी भी केला खा रहा था, "टॉफी! तुम्हारे पास वही विलायती चीज़ें रहेंगी—लो ये खाओ!" उसने जेब से मुट्ठी भरकर मेवे निकालकर मेज़ पर रख दिए।

तीनों प्रसन्नता से खा रहे थे।

"एक काम है मुकर्जी," शैलेन्द्र ने कहा, "तुम अध्यक्ष के पास जाओ।"

"क्यों?"

"पूरी बात तो सुनो—आगरे की इस संस्था की सब शाखाएँ मिलाकर जितने लड़के हैं, उनके ऊपर हम अपने लड़के रखना चाहते हैं!"

"सो तो होगा ही," मुकर्जी बोला, "मैं पहले ही उनकी आज्ञा ले चुका हूँ।"

"तो चलो, बैठने से क्या लाभ, लड़कों को उनका कार्य समझा दें!" उत्तर की बिना राह देखे, शैलेन्द्र उठ खड़ा हुआ।

"चलिए।" मुकर्जी भी उठ खड़ा हुआ। रजनीश की टॉफियाँ अभी तक मेज पर पड़ी थीं उनकी ओर देखकर वह बोला, "इन्हें तो रख लीजिए आप!"

रजनीश बिना कुछ बोले उठ खड़े हुए, एक बार उपेक्षा से सिर हिलाकर कहा,

''शैलेन्द्र की भाँति तुम मुझे झेंपा नहीं सकते मुकर्जी!''

फिर तीनों बाहर आ गए।

जिस समय अंधाधुंध साइकिल दौड़ाता हुआ शैलेन्द्र घर पहुँचा ढाई के लगभग बज रहे थे। जाड़ों में भी उसके माथे पर पसीना था, वह हाँफ रहा था। भूख के कारण पेट में चूहे से कूद रहे थे।

उसके कमरे में पहले से रेखा और निशा जमी हुई थीं। आज दोनों प्रसन्न थीं, और अपने स्कूल के किसी विषय पर खूब हँस-हँस कर बातें कर रही थीं। शैलेन्द्र ने उधर देखा भी नहीं। वह शिथिल-सा कुर्सी पर पड़ गया। आँखें उसने बंद कर लीं।

निशा उसके पास आ गई, कुर्सी का सहारा लेकर, वह उसके ऊपर झुक-सी गई।

''वाह, भाई साहब दो एक दिन ही जरा काम किया तो आप तो इस प्रकार आकर पड़ गए, जैसे न जाने कितना काम करके आए हो!''

मृदुल कंठ से निशा ने कहा।

शैलेन्द्र मुस्करा उठा। उसकी मुस्कराहट के पीछे गर्व छिपा था। निशा को वह यही तो बनाना चाहता है। उसे लगा, बहुत दिनों पहले जो 'सुनीता' उसने पढ़ी थी, उसके हरप्रसन्न की वह बात साकार हो उठी है जो उसने सुनीता के प्रति कही थी। विजय का मोद शत-शत ध्वनियों से उसके अंदर झंकृत हो उठा।

''बिल्कुल सामने सूरज था निशा!'' उसका स्वर स्नेहासिक्त था। फिर वह सम्हल कर बैठ गया। इन दो-तीन क्षणों में ही जैसे वह दो-तीन घंटे सुस्ता चुका हो। शिथिलता का उसमें लेश भी नहीं था, उसने रेखा से कहा, ''रेखा, दयाल से कह दो, यहीं खाना ले आए!''

''ओ हो, अब क्या कहना है, अब तो सारी बातों में अंग्रेजों की नकल होने लगी। खाने-पीने में, पहनने-रहने में। दोस्त भी सब अंग्रेज ही हैं!'' विद्रूप करती हुई निशा बाहर चलने लगी।

''ऐ निशा, ठहरो,'' शैलेन्द्र ने पुकारा।

''ठहरिए, आ रही हूँ।'' रेखा ने कहा। वह समझ गई थी, कि शैलेन्द्र एकाध घंटा बिना व्याख्यान झाड़े उसे छोड़ने का नहीं, ''ठहरिए, दयाल से कह दूँ।''

9-8-46 दयाल से कहकर वह लौटी, ''जी, कहिए क्या है?''

''कौन-सा मेरा अंग्रेज दोस्त है, बताना ज़रा!''

''वही।'' उपेक्षा से रेखा ने कहा, ''वही रजनीश वजनीश कौन है, उसकी बहिन मृदुला हमारे यहाँ पढ़ती है!''

''जनाब वो अंग्रेज नहीं है, वह अंग्रेजों और अंग्रेजी सभ्यता से ऊबा हुआ लड़का है।'' शैलेन्द्र बोला, ''वह लड़का होनहार है, नेहरू जी भी तो इसी प्रकार अंग्रेजी सभ्यता से ऊब उठे थे।''

"उहुँ" सिर को ऊपर झटका देकर सविद्रूप उसने कहा, "आपसे तनिक सी भी बातें कीं और आपने व्याख्यान झाड़े।"

"तो बात को सोच-समझकर कहो!" प्यार से शैलेन्द्र ने कहा।

"आप सच भाई साहब, बहुत जल्दी दूसरे की बात काटकर झेंपा देते हैं। आपको ऐसा नहीं करना चाहिए।"

इतनी देर हो गई, दयाल नहीं आया, यह सोचकर रेखा फिर उसे बुलाने बाहर गई। शैलेन्द्र मुस्करा रहा था, रेखा की उस बात पर कि वह झेंपा देता है। रेखा चाहती है कि स्वयं झेंप जाया करूँ।

"अच्छा निशा, तुम तैयार हो आज के लिए।" उसने निशा से पूछा।

उसकी कुर्सी से टिककर खड़ी हुई निशा अन्यमनस्क-सी कुछ सोच रही थी।

"काहे के लिए," वह थोड़ी-सी चौंकी, "अच्छा वो!"

"हाँ, आज तुम जाओगी जुलूस में?" शैलेन्द्र ने पूछा।

"क्यों नहीं?" दृढ़ता से निशा ने उत्तर दिया, "पर माताजी से पूछ लूँ।" फिर कुछ धीरे से मुख पर कृत्रिम गंभीरता लाकर कहा।

"क्या माताजी-वाताजी से पूछना!" शैलेन्द्र ने भावुकता की उत्तेजना से कहा, "अब भी तुम्हें माताजी से पूछने की आवश्यकता रह गई?"

"भाई आप स्वतंत्र हैं, लड़के हैं, हमारे लिए तो यह बात नहीं है न!" निशा के मुख से गंभीर श्वास निकल पड़ी, "अभी उसी दिन जब हम लोगों ने स्कूलों में हड़ताल करके जुलूस निकाला था तो माताजी नाराज़ हुई थीं—अब आवारा होती जा रही हो, लड़कों के साथ घूमने में शरम नहीं आती—मैंने बहुत समझाने का प्रयत्न किया कि ऐसे अवसरों पर बदतमीज से बदतमीज लड़का, अपनी बदतमीजी भूल कर सज्जन बन जाता है—पर वह सुनें तब न!"

शैलेन्द्र को अनुभव हुआ निशा का स्वर भर्रा रहा था, उसने गंभीर बनकर कहा, "तुम स्वयं चाहती हो कि बंधनों में ही बँधे रहें, यदि कोई इस विषय में मुझसे सलाह ले तो पता है क्या कहूँगा?"

"क्या?" उत्सुकता से वह शैलेन्द्र की आँखों में देखती रही।

"मैं कहूँगा—अरे यह बंधन तोड़ दे तड़ाक से! तुम और बातों में विद्रोह करती हो—पुरानी सभ्यता के ऊपर व्यंग कसती हो, पर जहाँ विद्रोह की आवश्यकता है वहाँ चुप हो जाती हो। मैं कहता हूँ, तुम्हें अब निकल पड़ना है, देश को आज तुम्हारी आवश्यकता है, तुम्हारी माताजी के कोई संबंधी पुलिस में हैं तो इसका मतलब यह नहीं है कि तुम भी अपनी आत्मा कुचल डालो। मालूम है, इसी अगस्त आंदोलन में इलाहाबाद के एक उत्तरदायित्वपूर्ण सरकारी अफ़सर की लड़की वीरतापूर्वक गोलियों के सामने डटी रही, उसी स्थान पर शहीद हो गई—और वह मुसलमान थी। कनकलता नाम की हिंदू लड़की कितनी वीरतापूर्वक मरी, तुम कदाचित् दाँतों तले उँगली दबाने

लगो। स्त्री, माँ है, बहिन है, कोमलता की सजीव मूर्ति, मृदुलता की प्रतिमा, दया की आभार–रत्नाकर, और पवित्रता की मूर्ति–किंतु जब यही स्त्री आवेश से भर उठती है, ओज से कड़क उठती है तो, और चंडिका बन जाती है, तो संसार की कोई शक्ति कोई अस्त्र उसे नहीं रोक सकता। कोई भयंकर, लोमहर्षक दृश्य उसे नहीं डरा सकता, उसके हृदय पर प्रभाव नहीं डाल सकता–उस समय उसका हृदय वज्र का बन जाता है, जिस पर एक लकीर तक नहीं खिंचती!" शैलेन्द्र ने उत्साह से कहा। उसने देख लिया रेखा आकर चुपचाप–मुख पर उपेक्षा के भाव लाए हुए–ध्यान से उसकी बातें सुन रही थी। शैलेन्द्र को आभास हुआ जैसे निशा कुछ कहना चाहती है, बिना उसे कहने का अवसर दिए उसने कहा, "तो मैं कहता हूँ–इस सभ्यता, तमीजी, बदतमीजी में पड़कर अपने को भूलो मत–समय देखो, अपनी इस शक्ति को पहचानो, और इसका सदुपयोग करो। याद रखो, तुम ही कोई नया काम करने नहीं जा रहीं, देश के लिए, रूस, जापान, इंगलैंड जर्मनी सभी देशों की लड़कियों ने अपने को होम दिया है, जर्मनी की सभ्य घराने की लड़की थी, जब वह स्वेच्छा से गुप्तचर विभाग में नौकर होकर भेद लेने इंगलैंड गई, तो मालूम है वहाँ वह कैसे रहती थी? वहाँ वह वेश्या बनी। खैर, वहाँ की बात छोड़ो। वह उनका अपना देश है, अपनी सरकार है, अपना राज्य है, पर भारत में ऐसा नहीं है। जब अपनी सरकार हो जाएगी तो, हम भी वैसे ही हो जाएँगे। पर अपनी सरकार के लिए बलिदान की आवश्यकता है, तुम समझती हो भारतीय स्त्रियों में बलिदान की भावना नहीं है, नहीं जिन दिनों षड्यंत्रकारियों का युग था, बंगाल की सैकड़ों स्त्रियाँ षड्यंत्रों में सम्मिलित थीं। उन्होंने जैसे-जैसे देश के लिए अद्भुत साहसपूर्ण कार्य किए हैं उन्हें हम सोच भी नहीं सकते। तो आज का समय डरने का नहीं है, तमाशे देखने का नहीं है, और अपने को सजाने का नहीं है, आज का युग है, करने का, निर्भीक होने का, बंधनों को तोड़ देने का और आज़ाद होने का, या मर जाने का।..."

"खाना तो खाइए, पीछे हो सकता है यह व्याख्यान तो!" रेखा ने सहसा कहा।

शैलेन्द्र चुप हो गया। उसे बुरा नहीं लगा। जो वह कहना चाहता था कह चुका था। रेखा से उसने ऐसी बातें कहनी बंद कर दी थीं। निशा उसकी बात सुनकर सोच में पड़ गई है, यह देखकर वह संतुष्ट था। उसे विश्वास था, जहाँ वह निशा के हृदय को इतना परिवर्तन कर सका है वहाँ, उसे मनोनुकूल बना लेना अब कठिन नहीं है। यह बात उसके मस्तिष्क में जड़ पकड़ गई थी कि निशा के अंदर वह काफी विद्रोहात्मक भाव भर चुका है उसे निर्भीक बना चुका है, अब वह समय दूर नहीं है जब वह देखेगा–निशा, विद्युत की प्रचंड दीप्त-सी निशा, तिरंगा झंडा उठाए हुए, खाड़-खड्डों ऊँची-नीची भूमि पर दौड़ रही है–भयंकर आँधी चल रही है, अग्नि की भीषण लपटें, अंगारे वायु के उद्दंड झोंकों में इधर-उधर उड़ रहे हैं। काले-काले बादल, मोटी-मोटी बूँदें गिराते हुए पृथ्वी को चूर-चूर किए डाल रहे हैं, नदियों और समुद्र

की लहरें, आकाश चूमने को व्याकुल सी, एक-दूसरे से होड़ सी बदती हुई इधर-उधर दौड़ रही हैं, भागी-भागी फिर रही हैं, और उन भीषण क्षणों में निशा दामिनी सी दमकती हुई—नेत्रों को चमत्कृत करती हुई—दौड़ी चली जा रही है, पर्वत के शिखर की ओर। और उसके पीछे मंत्रमुग्ध-सा, यंत्रचलित-सा, हैप्रोटाइज्ड-सा युवक समूह दौड़ रहा है आवेश में बेभान। ठोकर खाकर मार्ग में युवक गिर रहे हैं—किंतु उनका नेता बढ़ रहा है, वह उठते हैं और दौड़ते हैं।

इस दृश्य के कल्पना पटल पर आते ही शैलेन्द्र की छाती गर्व से जैसे दुगनी फूल उठती। वह आदर और श्रद्धा भरे नेत्रों से निशा की ओर देखता।

दयाल खाना रख गया था। धीरे-धीरे आराम से खाता हुआ शैलेन्द्र अपने-अपने अंतःनेत्रों से यही दृश्य देख रहा था—उत्साह और ओज से भर कर उसने कहा, "निशा, तुम्हें जुलूस में चलना होगा!"

निशा कुछ नहीं बोली, कदाचित् धीरे-से—बहुत धीरे-से उसने सिर हिलाया।

"और रेखा तुम?" शैलेन्द्र ने खाते हुए रेखा से पूछा।

"कहाँ?" रेखा ने पूछा।

"आज नेताजी की वर्षगाँठ है, जुलूस में।"

"अरे भई," कुछ विचित्र प्रकार से हँसते हुए उसने कहा—वह जान गई जो कारण वह बताएगी, उसके बताते ही दूसरा व्याख्यान प्रारंभ हो जाएगा।

"आज तो मिसेज, कुमुद वाजपेयी के यहाँ 'डांस' (नृत्य) सीखने जाना है!"

"अच्छा" शैलेन्द्र ने केवल इतना ही कहा। वह चुपचाप खाना खाता रहा।

"क्यों निशा—" शैलेन्द्र ने बहुत देर पश्चात् पूछा—"तुमने सोच तो लिया था कि कदाचित् न जा सको। पर यह जो लड़कियाँ तुमने स्कूल में तैयार कीं उनका नेतृत्व कौन करता?"

"एक दूसरी लड़की है।" निशा ने कहा।

"नहीं जी। जब दूसरी लड़की जा सकती है, तो तुम भी जा सकती हो!"

"अच्छा तो" निशा को जैसे कोई बात याद आ गई, उसकी सारी गंभीरता लुप्त हो गई। उसने पुलककर रेखा से कहा, "रेखा मालूम है तुम्हें, कल हमारे भाई साहब आ रहे हैं।"

"कहाँ से?" रेखा ने पूछा।

"हावड़ा से—मैंने एक बार पहले भी कहा था, वह कविता लिखते हैं, पर उर्दू की।"

"उर्दू पढ़ते हैं वे?" रेखा ने पूछा।

"हाँ उन्होंने उर्दू ही ली है, थर्ड इयर में है!"

"तो आजकल क्या है, छुट्टी हैं वहाँ?" रेखा ने पूछा।

"तेईस से अट्ठाईस तक 5 दिन वहाँ के लड़कों ने हड़ताल करने का निश्चय

किया है!"

"अच्छा!" रेखा ने कहा।

वार्तालाप समाप्त हो गया। शैलेन्द्र किसी विचार में लीन चुपचाप खाना खा रहा था।

लगभग डेढ़ मील लंबा बहुत विशाल जुलूस निकल रहा था। आगरे की संकीर्ण सड़कें, भीड़ से ठसाठस भर चुकी थीं। सबसे आगे कुछ आज़ाद हिंद फौज के अफ़सर थे, उनके पश्चात् दो-दो लाइनों में बँधे हुए, युवक। नवयुवक संघ के सभी तीस-तीस लड़कों का आज़ाद ब्रिगेड वाले एक-एक युवक से संचालन हो रहा था। अपनी विशेष वर्दी में यह लोग दोनों लाइनों के बीच में होते थे। सबसे अगली टुकड़ी का कमांडर था मुकर्जी, दूसरी का कुछ झेंपा संकुचित दृढ़ता से कठिन बना हुआ शैलेन्द्र फिर रजनीश और अन्य युवक।

इसके पश्चात् थीं स्वयं सेविकाओं की दो टोलियाँ, एक का नेतृत्व कर रही थी निशा, और दूसरी का एक केसरिया रंग की खद्दर की साड़ी पहने हुए दूसरी लड़की–निशा की भी यही पोशाक थी। लड़के और लड़की सबके सिर पर खद्दर की गाँधी टोपियाँ थीं। प्रत्येक कमांडर के हाथ में एक तिरंगा झंडा, और सीटी थी। उनके कंधों पर उनकी टुकड़ियों के नाम थे।

इनके बाद एक बड़ी सी कार में था नेताजी का विशाल फोटू फूल और मालाओं से लदा, तिरंगे झंडों से ढँका-सा और अगणित धूपबत्तियों और अगरबत्तियों से सुवासित। इस कार के पीछे फिर एक बहुत बड़ी भीड़ स्कूल और कालिजों की लड़कियों की थी। फिर थोड़ा पीछे हटकर स्कूल आदि के लड़कों का समूह और तब जनता। सारा जुलूस स्वयंसेवकों की एक लाइन से घिरा था। कितना भव्य था वह दृश्य। कभी-कभी युवकों और बालाओं की टोलियों पर ऊपर से फूल आ पड़ते थे, और वह लोग विस्मित आह्लादित से ऊपर देखने लगते। कोयला झोंकने जैसे आठ-दस हथियार लिए बीस-पच्चीस खाक़सार भी जुलूस में थे।

जैसे सारा नगर अपने सहस्र-सहस्र हृदय के उद्‌गारों को शत-शत वाणियों में अंतरिक्ष को गुँजा देने लगा। जैसे सारे आकाश का वायुमण्डल अपनी एक-एक वायुलहर में मानो सुभाषचंद्रजी की–जय हो, आजाद हिंद फौज–जिंदाबाद, महात्मा गाँधी की–जय हो। हमारा कौमी नारा–जय हिंद,–चलो–दिल्ली के उद्‌घोष लिए हुए, घुमड़-घुमड़ कर भँवर से बनाने लगा। हृदय में निहित आनंद विहँस उठा था मुखरित होकर।

लगभग आधे नगर में जुलूस पूर्णतया घूम चुका था, तभी सहसा, विशाल जुलूस के पीछे वाले भाग में कुछ हलचल हुई, बढ़ी और पीछे के आदमी इधर-उधर भागने

लगे। सारी भीड़ में जैसे एक लहर-सी इधर से उधर सन्नाती हुई चली गई। लड़कियाँ भीत आशंकित सी हो उठीं। त्रस्त दृष्टि से वह इधर-उधर देखने लगीं। आदमी भागने लगे थे, जुलूस उसी स्थान पर रुक गया था। लड़कियाँ इधर-उधर के मकानों की ओर जाने लगी थीं।

आगे वाले चकित थे। पीछे क्या हो रहा है, वह अपनी आँखों में उत्कट जिज्ञासा और विस्मय भरे देख रहे थे। तभी एक स्वयंसेवक ने आकर मुकर्जी से कहा, "पीछे कुछ हरी वर्दी पहने हुए मनुष्य जनता के ऊपर लाठियों से प्रहार करते हुए भीड़ को भंग करने की चेष्टा कर रहे हैं।" मुकर्जी तत्क्षण शैलेन्द्र के पास आया, "शैलेन्द्र मैं पीछे जा रहा हूँ!" उसने कहा।

10-8-46 शैलेन्द्र उस समय अपने को बिल्कुल भूला हुआ था। उसे नहीं मालूम था, पीछे क्या हो रहा है। वह प्रसन्नता में बेभान था और जब उसे निशा से मालूम हुआ कि रेखा डांस-वांस का वैसे ही बहाना कर रही थी, वह इसी जुलूस में, दूसरी लड़की के नेतृत्व वाली स्वयंसेविकाओं में है, तो उसकी प्रसन्नता क्षण-क्षण पर दुगनी होने लगी। मार्ग के सहस्रों मकानों पर जो तिरंगे झण्डे फहरा रहे थे, पचास-पचास कदम पर जो विशाल द्वार, शामियाने, नेताजी के चित्र, बल्ब, बंदनवार, फूल आदि लगे थे जैसे सब किसी अज्ञात उल्लास से प्रेरित होकर मुस्करा रहे हों।

शैलेन्द्र की प्रबल इच्छा थी कि वह मुकर्जी को दिखा सके, देखो, इस जुलूस में मेरी दोनों बहनें हैं। जब उसने देखा मुकर्जी उसकी ओर आ रहा है तो उसकी छाती स्वतः तन गई, गर्दन फूल सी गई और सिर उठ गया। उसके प्रत्येक अंग संचालन में चुनौती थी, ललकार थी। और उसकी यह ललकार आँखों में बहुत अधिक मूर्त हो उठी थी। उसे अनुभव हुआ उसकी आँखों के आगे मुकर्जी की आँखें ठहर नहीं सकीं, उसने (मुकर्जी ने) एकदम दृष्टि जैसे दूसरी ओर फेर ली हो। मुकर्जी जैसे उसकी इस ललकार का सामना नहीं कर पा रहा हो। गर्व से उसका हृदय जैसे फूलकर फेफड़ों में फँस जाने लगा।

मुकर्जी पास आ गया, बोला, "शैल मैं उधर जा रहा हूँ, कुछ गड़बड़ कर दी है किसी ने। देव कुमार को, उसके दल के साथ तुम उधर लड़कियों की ओर भेज दो, वे आशंकित सी हो उठी हैं।"

"कौन लड़कियाँ? स्वयंसेविकाएँ?" शैलेन्द्र ने पूछा, फिर कहा, "नहीं, इतनी तनिक सी बात पर वे आशंकित नहीं हो सकतीं, वे दृढ़ हैं।"

शीघ्रता से उसने कहा, "अच्छा तुम भेज दो, देव कुमार को!" और मुकर्जी ने सीटी बजाई, उसकी टोली, भीड़ के एक बगल से होकर एक लाइन बनाकर शीघ्रता से पीछे की ओर चल दी। अभी पीछे पूरी तरह पहुँचा भी न था कि मुकर्जी को ज्ञात हुआ कि आगे की ओर भी कुछ गड़बड़ हो गई है, किंतु उधर से वह निश्चिंत

था—उधर शैलेन्द्र है। जब वह स्वयंसेविकाओं और अन्य लड़कियों के पास से निकल रहा था तो उसे अनुभव हुआ कि लड़कियाँ बुरी तरह डर गई हैं।

"ओफ्फ!" निशा ने घर आकर जोर से साँस खींची। अभी वह रेखा के ही कमरे में थी। अपने घर नहीं गई थी। अपनी छाती को वह दोनों हाथों से दबाए हुए थी। उसका मुख हतप्रभ था।

"बस!" रेखा ने कहा, "तुम तो ज़रा से में ही डर गईं, मुँह फक्क़ पड़ गया। और क्या करोगी, भाई साहब तो समझते हैं, कि यदि आगरे भर में कोई देशभक्त है तो वह तुम हो।" रेखा के मुख पर निशा की भाँति कोई भाव नहीं था। वह परिहास से हँस रही थी।

निशा वहीं बिछे हुए पलंग पर लेट गई। उसने अपने दोनों हाथ अब भी उसी प्रकार छाती पर रख लिए थे जैसे लेटते में स्वाभाविक रीति से रखे गए हों, उसके हाथों को अनुभव हो रहा था कि उसका वक्ष बार-बार गिर और उठ रहा हो। उसने कहा, "डरी कहाँ हूँ, थकने से जरा हाँफने लगी, तो आपने समझ लिया डर गई—वाह, भई, रेखा।"

"जनाब, तुम्हारा मुँह ही साफ कह रहा है। थकने का हाँफना और होता है और डरने का और!" रेखा धीरे-धीरे धोती उतार रही थी। धोती की पटली करते हुए उसने कहा, "क्या मैं इतना भी नहीं देखती?"

"उहुँ तुम्हारे देखने की क्या है।" निशा ने एकदम विषय परिवर्तन कर दिया, "और ये दंगा मचाने वाले थे कौन?"

"लीगी थे, और कौन होते?" रेखा ने उत्तर दिया।

"ये लोग बड़े ईर्ष्यालु होते हैं।" निशा ने अपना निर्णय दिया।

"अच्छा अब चलें रेखा!" निशा उठकर बैठ गई।

तभी मुस्कराता हुआ शैलेन्द्र आ गया, "आ गईं तुम लोग!"

"पूरे जुलूस के साथ रही थीं जनाब ये मत समझिए।" रेखा ने गर्व से कहा।

"कौन?" शैलेन्द्र निशा के पास पलंग पर ही बैठ गया।

"मैं और कौन! और ये आपकी निशा तो घबरा गईं।"

"न घबराई।" निशा शीघ्रता से बोली, "देखो रेखा तुम झूठ मत बोलो।"

"अच्छा निशा।" उसने निशा की पीठ पर हाथ रखकर कहा, "नहीं रेखा मुझे तुम्हारी बात पर विश्वास नहीं है।"

"सो तो मैं पहले ही जानती थी।" और रेखा अपने कपड़े टाँकने लगी।

"वो तो कहो गड़बड़ हुई नहीं, या सँभल गई, हमारा जुलूस सकुशल निकल गया, नहीं तो तुम क्या करतीं?"

"जैसा उस समय सूझता।" निशा ने कहा, "पर भाई साहब उस समय क्या हुआ था हमें ठीक से मालूम ही नहीं है!"

"किस समय?" शैलेन्द्र ने उसके मुख की ओर देखते हुए कहा। उसकी आँखों में पवित्र मुग्धता थी।

"जब, जुलूस ठहर गया था, पीछे कुछ गड़बड़ हो गई थी, मुकजी-वुकर्जी पीछे गए थे।"

"उहुँ कुछ नहीं, यों ही कुछ लीगी गुण्डे थे—शराब पीकर दंगा मचाने चले, मुकर्जी के पहुँचते ही भाग गए। मुकर्जी के जाते ही मैं आगे हो गया था, कुछ मेरी ओर भी आए थे, पर कर ही क्या सकते थे।"

"अच्छा हुआ निरुपमा को नहीं ले गए।" निशा ने कहा। निशा की छाती में जैसे कोई चीज धड़क उठी।

"और निशा, तुमने वो देखे थे पुलिस वाले।" रेखा ने कहा, "क्या जगह-जगह बंदूकें लिए हुए बैठे थे।"

"हाँ, वो तो बैठे ही रहते हैं।" निशा के स्थान पर शैलेन्द्र ने कहा।

निशा चुप रही, उसे लगा जैसे एक सिहरन-सी उसके सारे शरीर में अज्ञात स्थान से उठकर व्याप्त हो गई हो।

"अच्छा, चलो निशा, खाना-वाना खाओ, कपड़े उतारो!"

और निशा और शैलेन्द्र साथ ही उठ खड़े हुए। दोनों कमरे के बाहर की ओर चल दिए। शैलेन्द्र का हाथ अब भी उसकी पीठ पर था।

दोनों कमरे से बाहर आ गए। एकांत था। शैलेन्द्र ने निशा को बहुत अधिक निकट खींचकर, इस प्रकार जैसे वह जो बात कहने जा रहा है, बहुत गोपनीय है। निशा के अतिरिक्त वह किसी और को नहीं सुनाना चाहता—कहा, "निशा मुझे तुम पर गर्व है!"

निशा ने सुना और धीरे से शैलेन्द्र का हाथ अपनी पीठ पर से हटा दिया। शैलेन्द्र चुपचाप अपने कमरे की ओर बढ़ा।

निशा अपने कमरे में आकर ही रुकी। बीच में उसने इधर-उधर, किसी ओर नहीं देखा। कमरे को उसने चारों ओर से बंद कर लिया, और फिर खद्दर के सारे कपड़े इस प्रकार उतारने लगी जैसे कोई बला उतार रही हो। बिजली जल रही थी, उसने जाकर पंखा चला दिया, रेडियो का पेंच घुमाकर उसे भी खोल दिया और फिर 'सोफा' पर बैठकर जोर से इस प्रकार हाँफने लगी जैसे बड़ी दूर से भागकर आई हो। उसे अपना वक्ष स्पष्ट धड़कता हुआ दिखाई दे रहा था। एक सिहरन बार-बार उसके शरीर में फैल जाती थी। उसे ध्यान भी नहीं था, कैसी अवस्था में है—वह अपने कमरे के किवाड़ नहीं खोल सकती थी।

तभी किसी ने द्वार पर धक्का दिया।

21

12-8-46 निशा चौंकी। बहुत शीघ्रता से उठकर कपड़े पहने। तब तक द्वार एक बार और खटक चुका था। फिर वह उसी सोफा पर बैठ गई। स्वर में भरसक नवीनता लाकर वहीं से उसने पूछा, "कौन है?" उत्तर में फिर किसी ने द्वार पर धक्का दिया। वह उठी। द्वार के पास आई। उसके अंग संचालन की प्रत्येक क्रिया में आलस्य था, जैसे वह इस धक्का देने वाले को दिखाना चाहती हो कि सो रही थी। उसका विचार था रेखा होगी या शैलेन्द्र। निरुपमा इतनी निःशंक होकर द्वार नहीं खटका सकती, और माताजी बिना आवाज दिए, इस प्रकार धक्का नहीं दिए जा सकतीं।

"आओ रेखा," उसने द्वार की चटखनी खोलते हुए कहा।

"जी हाँ, रेखा।" पीछे मुस्कराती हुई माताजी खड़ी थीं, और उनके आगे? निशा चौंककर उचक-सी पड़ी। उसके मुख से निकला—"अरे आप भाई साहब, आप तो कल आने वाले थे।"

"जी हाँ, कल आने वाले थे!" निशा के ये भाई तहमद और कमीज पहने हुए थे। एक गरम जाकेट पहनकर ऊपर से एक ऊनी शाल डाले हुए थे। उन्होंने निशा के शब्दों को दुहराकर कहा—"आप इधर-उधर टहलिए, आपको क्या मतलब कौन आ रहा है, कौन जा रहा है?" और वे निहायत बेतफल्लुफ़ी से जाकर सोफ़े पर बैठ गये। पीछे से सविता और निशा भी। रेडियो अब भी बज रहा था, कदाचित् दिल्ली से कोई ड्रामा आ रहा था। पर उधर की ओर किसी का भी ध्यान नहीं था।

"तो हमें क्या मालूम था कि आप आज ही टपकेंगे।" निशा ने बलात् मुख पर मुस्कराहट लाकर कहा। उसकी इच्छा इस समय परिहासात्मक तनिक भी नहीं थी। गंभीर स्वर में उसने पूछा—"बताइए न।"

"क्या बताएँ? अब, तू तो जिद करने लगी, वहाँ आज करते भी क्या?" उन्होंने कहा—"क्या हल्ला मचा रखा है ये, बात भी नहीं सुनाई देती।" और उन्होंने उठकर रेडियो बंद कर दिया।

"सुनते हैं, अब तू कांग्रेसी हो गई है।" उन्होंने पूछा—"क्यों?"

"न हुई कांग्रेसी।" निशा की दृष्टि स्वतः खूँटी पर टँके अपने कपड़ों की ओर चली गई।"

"यही ताईजी कह रही थीं।" उन्होंने सविता की ओर संकेत किया।

निशा ने अपने उन भाई साहब की ओर देखते हुए, मुँह को बिगाड़कर ऐसी मुद्रा बना दी जैसे कह रही हो—"उहुँ, इनकी क्या है, ये तो कहती ही रहती हैं।"

"सो क्या झूठ कह रही थी?" तपाक् से सविता बोलीं—"तुम स्वयं पूछ लो सुधीर।"

"अच्छा निशा।" सुधीर ने फिर निशा की ओर देखा।

"पढ़ना-लिखना सब ख़तम, फेल होंगे या पास इसकी कोई चिन्ता ही नहीं" 'वो' (निशा के बाबूजी) कुछ कहते नहीं—इसी से आज़ाद हो गई हैं। लड़कियों को बहकाना और इधर-उधर घूमना।" सविता उच्च स्वर में एक ही साँस में कह गईं, जैसे रटा हुआ कोई पाठ सुना रही हों।

"अब ये जुलूस में भी तो जाने लगी हैं। जहाँ लड़कियों का काम नहीं! पूछो इससे जुलूस से आई है या नहीं।"

"और कहीं लाठी चार्ज हो जाता, गोली चल जाती तो?" सुधीर ने कहा—"इन जुलूस-वुलूस मीटिंग सभाओं में जाना बिल्कुल व्यर्थ है, ऐसी जगहों पर ही तो यह लाठी-वाठी चलती है। हाँ तो क्या करतीं?"

"करते क्या, जो और लोग करते वो हम भी कर लेते।" कह तो दिया निशा ने पर जैसे उसकी जिह्वा लड़खड़ाना चाह रही हो। जगह-जगह बन्दूक और लाठी लिए, तैयार बैठे सिपाहियों के जत्थों का दृश्य जैसे उसकी आँखों में नाच उठा। उसका हृदय नीचे धसका सा जाने लगा। विद्युत की भाँति एक रोमांच उसके शरीर से होता हुआ लुप्त हो गया।

"और जो गोली-लाठी लग जाती तो?" दोनों नथुने फुलाकर सविता ने कहा—"इन शैल-वैल में से कोई नहीं जाता।"

"कौन शैल?" सुधीर ने पूछा। उसकी आँखों में कौतूहल था। जिस समय वह सविता की ओर देख रहा था, उसकी दोनों भ्रुतें मिली हुई थीं।

"वही शैलेन्द्र जी" सविता ने धीमे स्वर में कहकर शैलेन्द्र के मकान की ओर हाथ उठा दिया—"बड़े कांग्रेसी बने फिरते हैं, पढ़ना-लिखना ख़ाक नहीं। मैंने बीस बार कहा, उसकी क्या है वो लड़का है, पढ़े-पढ़े या न पढ़े, पर तुम्हें तो ऐसी बात नहीं है।"

निशा को अब क्रोध आने लगा था। उसे झुँझलाहट आ रही थी—"माताजी ने आते ही ये लगाया।"

"फूफाजी का लड़का शैल?" सुधीर ने विस्मय से कहा—"अच्छा! वह कांग्रेसी है? मैंने पाँच-छः साल पहले देखा था, छोटा-सा था तब तो। तो यहीं आ गए हैं अब वे?"

"हाँ!" एक साथ ही मुख और आँखों से न जाने कितने भाव दर्शा कर उन्होंने कहा।

"तो अब तो वो बड़ा हो गया होगा!" सुधीर ने सविता की ओर देखा, और फिर अस्पष्ट तीक्ष्णता से निशा की ओर।

"हुँः हो गया है बड़ा, न पढ़ने में ध्यान न लिखने में। पुलिस ऐसी है वैसी है, अंग्रेज ऐसे हैं वैसे हैं। कुछ काम है नहीं, इस निशा को बहकाता रहता है।"

"ये बातें ताई जी—हम अंग्रेजों को अभी निकाल देंगे, यों करेंगे, वों करेंगे—बिल्कुल बेकार की हैं। ये कुछ नहीं कर सकते। बोलो जितने जर्मनी जैसे हथियार बन्द आक़िल मुल्क को हरा दिया, उसके सामने तुम बेचारे चीज़ ही क्या हो? न तुम्हारे पास फौज न हवाई जहाज़। एक बम भी गिरा दिया तो शहर का शहर उड़ जाए!"

16-8-46 "अब तुम्हीं समझाओ इसे, मेरी कोई बात तो ये सुनती ही नहीं।"

"उहुँ क्या लगाया आपने भी आते ही।" निशा की झुँझलाहट उफन पड़ी।

"हाँ तुम्हें तो लगा लगेगा ही।" सविता एक तीक्ष्ण दृष्टि डालकर चली गई।

"लगाना नहीं निशा" सुधीर बोला—"बात ऐसी कहनी चाहिए जो कुछ तथ्यपूर्ण हो, किसी आधार पर अवलम्बित हो!" उसकी भाषा उर्दू और इंगलिश के मिश्रित शब्दों से विकृत थी।

"आपने तो भाई, खाना खा लिया होगा। मुझे तो—सच्ची बात है—भूख लग रही है।" निशा उठ खड़ी हुई।

"अच्छा जा, तू सदा भूखी ही मरती रही" और सुधीर ने अपने पैर इधर-उधर फैला दिये। सिगरेट जलाकर वह धीरे-धीरे पीने लगा।

शैलेन्द्र लजा रहा था, अपने इस नवीन 'भाई' को देखकर। जितना वह शरमा रहा था उससे थोड़ा अधिक बनने का भी प्रयत्न कर रहा था। वह देखना चाहता था कि इन साहब के मस्तिष्क का झुकाव किधर है।

दोनों थोड़ी देर तक चुपचाप बैठे रहे। सुधीर सिर घुमा-घुमा कर उसके कमरे का सारा सामान जाँच लेना चाहता था और शैलेन्द्र तीक्ष्ण दृष्टि से देख रहा था कि उसकी किस वस्तु को यह महाशय कितनी देर तक देखते हैं। निशा पास बैठकर दोनों की ओर कौतूहल से देख रही थी।

हठात् शैलेन्द्र की दृष्टि निशा की ओर गई, और वह कुछ गम्भीर सा होने लगा। निशा इस समय विशुद्ध विलायती वस्त्रों में थी। कत्थई रंग की साड़ी, हल्का-गुलाबी और बढ़िया सिला हुआ ब्लाउज़, और दो वेणियाँ। शैलेन्द्र ने सुधीर की ओर दृष्टि घुमाई।

"तो आप तो सेंट जॉन्स में पढ़ते होंगे न?" तभी सुधीर ने पूछा।

"जी हाँ।" शैलेन्द्र ने संक्षिप्त उत्तर दिया।

"हिन्दी लेकर।"

"जी हाँ" शैलेन्द्र के अंदर न जाने कैसी एक विरक्ति सी उठ खड़ी हुई थी।

"कितने लड़के हैं हिन्दी लिए हुए आपके क्लास में?"

"लगभग सभी" बलात् शिष्टता से उसने कहा। उसकी विरक्ति अब और बढ़ गई–कैसा बच्चों का सा प्रश्न करने बैठा है यह सुधीर? न जाने क्यों धीरे-धीरे उसकी भाखा बैठती आ रही थी कि सविता के और सुधीर के स्वभाव में अधिक अन्तर नहीं है।

"सभी?" सुधीर ने विस्मय से प्रश्न किया।

निशा उठकर अंदर चली गई, रेखा के पास। सुधीर के बहुत हठ पर वह उसे शैलेन्द्र से मिलाने लाई थी। परिचय वह करा चुकी थी एक-दूसरे का।

"लगभग सभी!" शैलेन्द्र ने इस बार स्वर में ज़ोर दिया। फिर बोला–"हिंदी राष्ट्र-भाषा होने जा रही है न!"

"हाँ, पचास साल से होने जा रही है, और चलती ही रहेगी अभी!" उपेक्षा से सुधीर ने मुँह बनाकर कहा।

शैलेन्द्र चौंका, उसकी विरक्ति अब अंदर ही अंदर खीझ और झुँझलाहट का रूप लेने लगी थी। वह इतनी स्पष्ट बात का ऐसा उत्तर सुनने को तैयार नहीं था, तो भी संयत स्वर में बोला–"अब निर्णय का समय आ गया है।"

"तुम समझते हो उर्दू वाले इसे चुपचाप सह लेंगे?" सुधीर ने पूछा।

"सहें या न सहें।" शैलेन्द्र अपने स्वाभाविक स्वर में बोला–"उर्दू जैसी भाषा कभी राष्ट्रभाषा होने योग्य नहीं है।"

"हिंदी में आपकी, रखा ही क्या है?" सुधीर ने अप्रतिभ होकर कहा।

"बहुत काफ़ी है यदि आप देखें।"

"देख ही रहे हैं, न अदालत में काम आ सकती है, न किसी और नौकरी में–फिर इसमें समय क्यों व्यर्थ खोया जाय!"

"हाँ, गुलामी, नौकरी का ज़रिया हिंदी में नहीं है।" शैलेन्द्र ने तत्क्षण उत्तर दिया, पर अपने उत्तर की कटुता का भान आते ही वह जैसे स्वयं ही मर्माहत होने लगा। पहली ही बार मिलने पर क्या किसी से इस प्रकार कहना चाहिए? क्या सोचेगा यह। उसने निश्चय कर लिया कि आगे बहुत संयत होकर उत्तर देगा।

17-8-46 "गुलामी?" तीव्र स्वर से सुधीर ने दुहराया–"आप लोग अधिकतर नौकरियों के पीछे पड़े रहते हैं, मुझे बताइए, ये करोड़ों आदमी हैं नौकरी न करें तो इनका काम कैसे चले? आपने नौकर रखा है, क्या वह गुलाम नहीं है?"

"मैं ऐसे गुलाम की बात नहीं कहता?"

"तो कैसे की कह रहे हैं? शैलेन्द्र तुममें यह एक बहुत बड़ा दोष है तुम एक बात पर स्थिर नहीं रहते!"

शैलेन्द्र अपने अंदर एकदम झुँझला पड़ा। यह सुधीर अधिक तेजी से बोल सकता है, बोलने में हाथ-पैर भी इधर-उधर फेंक सकता है तो इसका यह तो मतलब नहीं कि

वह उसे अपमानित करे। शैलेन्द्र को विस्मय भी था सुधीर के इस प्रथम व्यवहार पर। कुशल क्षेम, परिचय आदि कुछ नहीं, और आते ही यह वाद-विवाद। जैसे यह महाशय घर से ही उसे अपमानित और निरुत्तर करने का ठेका लेकर आए हों, किंतु उसका स्वभाव तो ऐसा नहीं है वह पहले ही पहले कैसे उनसे खुंलकर तर्क करने लगे।

"मैंने अभी तक अस्थिरता की कोई बात नहीं की, आप पूरी बात सुन लीजिए।" शैलेन्द्र ने कहा—"मैं कहता हूँ मानसिक गुलाम की बात। मेरा नौकर है, यदि मुझसे उसकी कोई अनबन हो जाए, तो दूसरा काम कर लेगा, पर मुझे बताइए, एक थानेदार, नौंकरी से क्षुब्ध होने पर भी क्या नौकरी छोड़ सकता है? और छोड़कर दूसरा क्या काम कर सकेगा, आप बता सकते हैं?" तभी नौकर से चाय का 'ट्रे' उठवाए हुए निशा आ गई। दयाल 'ट्रे' को मेज़ पर रखकर चला गया। मेज के पास कुर्सी खींचकर निशा चाय बनाने लगी।

"इन बातों में क्या रखा है म्यां! बुद्धि से काम करो।"

शैलेन्द्र को क्रोध चढ़ रहा था। बार-बार बुद्धि की दुहाई ये क्यों दे रहा है—आखिर चाहता क्या है? उसे स्पष्ट लग रहा था। सुधीर के साथ यह जो समय वह व्यतीत कर रहा है वह बुरी तरह व्यर्थ खो रहा है। कोई उत्तर न देकर वह चुपचाप चम्मच से चीनी घोलती हुई निशा के हाथों की ओर देखने लगा। तभी उसने अनुभव किया कि सुधीर भी उसकी ओर देख रहा है। उसने कनखियों से देखा, एक क्षण के लिए वह स्तम्भित रह गया। सुधीर जिस दृष्टि से उसे देख रहा था उसमें तीव्रता थी, कटुता थी और थीं ईर्ष्या की स्पष्ट लपटें! शैलेन्द्र ने उधर से दृष्टि हटाई नहीं, उसे अपने अंदर आनन्द अनुभव हो रहा था, सुधीर की इस दशा के कारण।

"चाय तुम्हीं से बनानी आती है क्या घर-भर में?" शैलेन्द्र ने मुस्कराकर निशा से प्रश्न किया, और सुधीर की ओर देखा। उसे मालूम था कि प्रश्न बिल्कुल अर्थ शून्य है, तो भी निशा से कुछ बात कह डालने की इच्छा को वह रोक नहीं सका। वह सुधीर के चिढ़ने से आनन्द लेना चाहता था।

"क्यों?" निशा के हाथ रुक गए, उसने सिर उठाकर शैलेन्द्र की ओर देखते हुए पूछा।

"अधिकांश तुम्हें ही बनाते हुए मैंने देखा है।" शैलेन्द्र ने फिर ईर्ष्या विकृत होते हुए सुधीर के मुख की ओर देखा।

"उहुं, बना देती हूँ मैं यों ही!" उपेक्षा से कहकर निशा बनाने लगी।

सुधीर ने बड़ी जोर से साँस ली, और फिर उठने का उपक्रम करते हुए बोला—"अच्छा तो शैल, चलें, फिर मिलेंगे।"

"अरे, बैठिये।" शैलेन्द्र इस समय वास्तव में चौंका।

"वाह! भाई सा'ब और यह चाय।" निशा ने कहा—"ये तो मैं आप ही के लिए लाई हूँ—अभी बैठ जाइए!"

सुधीर बैठ गया, चाय के प्याले के लिए हाथ बढ़ाते हुए बोला—"तुम्हीं पी लेतीं निशा, और कोई पी लेता। मेरी इच्छा नहीं है बिल्कुल।"

"अरे लीजिए भी।" और निशा ने आग्रह से सुधीर के हाथ में प्याला दे दिया।

"क्यों नाराज़ हो गए आप?" प्याला लेते हुए शैलेन्द्र ने कहा।

"कौन मैं? जी नहीं।" सुधीर ने कहा और वह चुपचाप चाय पीने लगा।

"तुम भी लो पियो, निशा।" शैलेन्द्र ने फिर सुधीर को चिढ़ाने की इच्छा से कहा।

"आप पीइए, मैं तो पी ही लूँगी बाद में!"

"पी लो न!" सुधीर ने रूखे स्वर में कहा।

निशा एक प्याला लेकर पीने लगी। अब शैलेन्द्र भी एकदम गंभीर हो गया। उसकी सुधीर को तंग करने की इच्छा अब लुप्त हो गई।

चाय पीकर सुधीर उठ खड़ा हुआ, केवल शैलेन्द्र से नमस्ते करके चलते हुए उसने निशा से पूछा—"चलती हो निशा!"

सुधीर के उठने पर शैलेन्द्र भी खड़ा हो गया। उसने धीरे से निशा से कहा—"निशा मुझे काम है तुमसे कुछ—कार्यक्रम बताना है अगला।"

"अब पीछे बताइए ज़रा। और भाई साहब ज़रा दयाल को बुलाकर यह 'ट्रे' अंदर भिजवा दीजिए।" और शैलेन्द्र की तनिक भी चिन्ता किए बिना वह सुधीर की ओर वहीं से दौड़ पड़ी।

शैलेन्द्र चुपचाप गंभीर और सुस्त-सा शिथिल होकर कुर्सी पर बैठ गया—वह देख रहा है निशा में परिवर्तन हो रहा है।

"यही हैं निशा के भाई?" तभी रेखा ने आकर पूछा।

"हूँ।" शैलेन्द्र ने बिना मुँह खोले ही उत्तर दिया।

"कैसे हैं?" रेखा उनके विषय में अधिक जानना चाहती थी।

"अब मैं क्या बताऊँ—जो आदमी सुभाष जयंती की हड़ताल पर छुट्टी का आनंद मानने यहाँ आया है उसके लिए क्या बताऊँ? जैसा हो सकता है सभी जानते हैं—रेखा, मेरी इच्छा हो रही है इस समय, मुझसे बात मत करो।"

"और कोई नवीन समाचार बताइए शैलबाबू। आप तो चुप हैं आजकल!" सुधीर ने पूछा।

"समाचार क्या बताऊँ" शैलेन्द्र ने अपने मस्तिष्क को चिंतामय वातावरण से निकालते हुए कहा—"यही आगरे में सात दिन को दफ़ा 144 जारी है।"

"दफ़ा 144" सुधीर ने दुहराया—"अच्छा सुभाष जयंती के मौके पर हुए दंगे के कारण!"

"दंगा-वंगा कुछ नहीं था जी," शैलेन्द्र सुधीर का पिछला व्यवहार सब भूल

गया, पुलककर बोला—"यों ही तिल का ताड़ बना लिया!"

"एक बात बताऊँ शैल" विद्वानों की भाँति हाथ से संकेत करके सुधीर ने कहा, "तुम ऐसे स्थानों पर लड़कियों को मत ले जाया करो।"

"क्यों?" शैलेन्द्र की विरक्ति फिर उमड़ पड़ी।

"लड़कियों की ऐसे स्थानों पर आवश्यकता ही क्या है?" सुधीर ने कहा। शैलेन्द्र को फिर क्रोध आ रहा था। उसकी इच्छा हो रही थी कि उठकर भाग जाए। गर्दन तानकर आत्मविश्वास युक्त दृढ़ स्वर से उसने कहा, "इसमें लड़के और लड़की का कोई प्रश्न ही नहीं उठता। स्वाधीनता संग्राम है—सबको भाग लेना चाहिये।"

"तुम्हें शैलेन्द्र, समझकर बात करनी चाहिए!"

"काफी समझकर कर रहा हूँ।" अब शैलेन्द्र अपने को रोक नहीं सका।

"ये केवल भावुकता की बातें हैं!" 'उर्दू-ए-मुअल्ला' में बोलते हुए उन्होंने कहा।

शैलेन्द्र रुक गया। उसे लगा जैसे ये महाशय उससे बिल्कुल लड़ने की तैयारी करके आए हैं। उसके अंदर घृणा भर उठी। वह चुप हो गया। इनकी इच्छा हो भले ही लड़ने की, वह लड़ना नहीं चाहता। वह चुपचाप पास रखी पुस्तक के पृष्ठ पलटने लगा। अच्छा-खासा वह पुस्तक पढ़ रहा था, और न जाने कहाँ से आकर दिमाग़ चाटने लगे ये। शैलेन्द्र को अपने ऊपर झुँझलाहट आ रही थी—क्यों नहीं वह स्पष्ट कह देता कि महाशय, मुझे ज़रा काम है! कैसे हैं यह लोग जिन्हें दूसरे के समय का तनिक भी ध्यान नहीं है। और कुछ काम की बातें हों तो कुछ है भी, ये बिल्कुल व्यर्थ की बातें!—वह चुप रहा।

"बात कुछ सोचकर कहनी चाहिए शैलेन्द्र!" काफ़ी देर शैलेन्द्र के उत्तर की प्रतीक्षा करके, और भी अधिक समझाने के लिए सुधीर बोला।

"अपने-अपने विचार हैं।" शैलेन्द्र ने दूसरी ओर देखते हुए अन्यमनस्क भाव से कहा।

सविता लीला के पास आई थीं। यहाँ भी आ गईं।

"आज तो बड़ी ज़ोर से बहस हो रही है सुधीर!" उन्होंने शैलेन्द्र के कमरे में आकर एक कुर्सी पर बैठते हुए कहा।

"बहस क्या, समझा रहा हूँ ताई जी इन्हें!" बहुत अधिक विद्वानों की भाँति शैलेन्द्र की ओर संकेत किया।

शैलेन्द्र अभी तक पृष्ठ पलट रहा था। उसने अनुभव किया कि सुधीर मामी के सामने अपने को बहुत अधिक विद्वान और बड़ा सिद्ध करने की चेष्टा कर रहा है। शैलेन्द्र ने मन-ही-मन पर जैसे चीख़ कर कहा—"तुम क्या समझा सकते हो म्यां!" उसकी इच्छा हुई सुधीर से पूछ ले कि वह आख़िर उसे क्या समझा सकता है, क्या समझा रहा है।

"क्या समझा रहे हो, सुधीर?" सविता ने जैसे उसी का प्रश्न पूछा।

"समझा रहा हूँ कि तुम स्वयं अपना समय ख़राब कर रहे हो सो तो कर ही रहे हो पर लड़कियों को ऐसा करने के लिए क्यों बहका रहे हो?" दोनों हाथ नचा कर सुधीर बोला।

"मैं किसी को बहकाने नहीं जाता—जो ठीक बात है उसे कह देता हूँ।" शैलेन्द्र अपने प्रतिक्षण बढ़ते हुए क्रोध को बलात् पी जाने लगा। सविता के आ जाने से या शिष्टता से वह जो इन महाशय का आदर कर रहा है, या चुप है तो इसका मतलब़ तो यह नहीं कि यह उससे अनुचित लाभ उठाएँ।

"मिस्टर मैं तो तुम्हें भी कहूँगा—" सुधीर ने शैलेन्द्र की बात न सुनते हुए कहा, "क्यों इन बातों में बेकार समय नष्ट कर रहे हो—इम्तहान सर पर आ गया है—कुछ उसकी भी तैयारी कर लो!"

"इम्तहान सिर पर आ रहा है यह तो मुझे भी दिखाई दे रहा है।" शैलेन्द्र की उत्तेजना उफनी पड़ रही थी—"इसके विषय में मैं अपना सब कुछ बहुत अच्छी तरह सोच सकता हूँ।"

"लेकिन ये तो गांधी जी, नेहरू जी कोई नहीं कहता कि तुम पढ़ना-लिखना छोड़ दो!" एक बार सविता को ओर देखकर सुधीर इस प्रकार कटिबद्ध होकर बैठ गया कि जैसे अब समझाकर ही छोड़ेगा।

शैलेन्द्र उत्तेजना में अब जैसे बेभान हो गया। पुस्तक उसने बन्द कर दी—"गांधी जी और नेहरू जी क्या कहते हैं इसे आप क्या समझ सकते हैं?"

"न समझ सकता होऊँ—पर इतना मैं आपसे कहूँगा कि यों जुलूस-वुलूस में घूमना अच्छे लड़कों का काम नहीं है। इनमें तो अधिकतर चरित्रहीन ही होते हैं, और गों भीड़ में घूमने और चीखने से फायदा क्या?"

"यदि आप मनोविज्ञान पढ़े होते तो मैं बता देता इससे क्या लाभ है?"

"जो है सो ठीक है—" सविता बोली—"पर लड़कियों को तो पढ़ने दो—उनके इम्तहान पास आ रहे हैं!"

"उनको मैंने कभी पढ़ने को नहीं रोका, पर हाँ एक चीज़ बताई है जो पढ़ने से कम ज़रूरी नहीं है!" शैलेन्द्र को भास रहा था जैसे कोई षड्यन्त्र उसके लिए तैयार हो रहा है।

"यों सिर्फ पुलिस को गालियाँ देने से न तो पुलिस ही नष्ट हुई जाती है, न आपको स्वतंत्रता मिली जाती है!" सुधीर ने कहा।

"आपने 'भारत में अंग्रेजी राज' पुस्तक पढ़ी है?" शैलेन्द्र ने एकदम उत्तेजना से पूछा।

"नहीं..."

"सन् सत्तावन या बयालीस का कोई इतिहास पढ़ा है?" शैलेन्द्र ने पुनः प्रश्न किया।

"नहीं।" सुधीर ने सोचा कदाचित् शैलेन्द्र सोच रहा है उसने कोई इतिहास नहीं पढ़ा—शीघ्रता से वह बोला—"मैंने प्रोफ़ेसर स्मिथ की...हिस्ट्री पढ़ी है।"

"छोड़िए उस हिस्ट्री को!" शैलेन्द्र ने उसे रोक दिया—"जब आपकी बातों का कोई आधार ही नहीं, इस विषय पर आपका कोई अध्ययन ही नहीं, तो मैं आपकी कोई बात नहीं मान सकता!"

"आपके मानने न मानने से क्या होता है।" सुधीर ने जब देखा कि शैलेन्द्र ने उसे निरुत्तर प्रायः कर दिया है तो दोनों हाथ हिलाकर उसने कहा।

"आप न मानें, पर मैं बता देना चाहता हूँ कि आपकी बात निराधार है, आपको नहीं मालूम कि अपने शासन की स्थिरता के लिए हमारे शासकों ने कौन-कौन सी तरकीबें की हैं, जिन्हें उखाड़ना हमारा पहला कर्तव्य है। आप देखिए, अब इतिहास कहाँ से कहाँ खिसक आया है—पहले पुलिस भले ही लाटसाहब समझी जाती हो पर अब उन्हें कोई ऐसा नहीं समझता।" शैलेन्द्र भूल गया कि सुधीर उससे दो एक वर्ष बड़ा है। उसे लगा जैसे रजनीश के सामने वह भाषण दे रहा हो।

"अच्छा, चलोगे नहीं सुधीर, तुम कह रहे थे एक दोस्त के यहाँ मिलने जाना है"—सविता ने उठते हुए कहा।

"हाँ!" चौंककर सुधीर उठ खड़ा हुआ—"एक दोस्त से मिलने मुझे जाना है, मिस्टर शैलेन्द्र, इस विषय पर हमारी तुम्हारी फिर बात होगी!"

शैलेन्द्र की इच्छा हुई कह दे—"क्षमा कीजिए आप कभी न करें तो अच्छा हो!" पर वह चुप रहा। सुधीर के साथ ही उठ खड़ा हुआ। सुधीर और सविता उसके कमरे से चले गए।

शैलेन्द्र ने वहाँ तक सुना, सुधीर कह रहा था—"झक्की-सा मालूम पड़ता है मुझे तो कुछ!"

सुनकर भी उपेक्षा से टाल दिया। ऐसी बात सुनने की उसको इच्छा नहीं हो रही थी। हृदय के किसी भाग से एक दुर्निवार औदास्य उठ-उठकर उसके अंदर भरने लगा। एक गहन-गंभीरता प्रगाढ़ और काले धुएँ की भाँति उसके मस्तिष्क में भर उठी। कल निशा को उसने केवल एक बार देखा था। आज दिन छिप रहा है—अभी तक वह एक बार भी निशा को नहीं देख सका। निशा सुधीर की ओर अधिक आकृष्ट है—निशा के अंदर परिवर्तन हो रहा है—इसे वह समझ रहा है थोड़ा-थोड़ा किंतु वह परिवर्तन है क्या—कैसा?

22

"कहाँ गए थे इतनी देर तक? तुम सच हरेन्द्र, अब बहुत टहलने लगे हो?"

"कौन—मैं?" हरेन्द्र ने पूछा, और वह रेखा के समीप ही पलंग पर बैठ गया।

"हाँ, तुम। मुझे तुमसे डर थोड़े ही लगता है!"

"मैं टहलता-वहलता नहीं हूँ—अब आप झूठ-झूठ जोड़ने लगीं!"

"अच्छा कहाँ गए थे?"

"अंग्रेजी रेस्टुरैण्ट!"

"क्या होता है उस रेस्टुरैण्ट में?"

"उसमें सच, जीजी बड़ा मज़ा आता है।" पुलक कर हरेन्द्र ने कहना प्रारंभ किया—"मेरा एक दोस्त है—मैजिस्ट्रेट का लड़का है। हम और वो, दोनों गए थे वहाँ। ये जो छोटे-छोटे होटिल्स होते हैं न, इनमें क्या धरा है—गँवारों की तरह सब काम होता है, पर वहाँ बड़ी शानदार तरह से, सब काम कायदे से होता है। हमारे बैठते ही एक लड़का प्लेट में लिस्ट लिए हुए आ गया। दो एक चीजों पर उसने निशान लगा दिए—फिर बस ठाठ से टोस्ट-आमलेट, चाय उड़ाई।"

"तो तुम दोनों वहाँ अकेले ही थे?" रेखा कल्पना नेत्रों से उस स्थान को देखने का प्रयत्न कर रही थी—"तो ये कहो, वो जगह होटल ही थी।"

20-8-46

"हाँ, कह लीजिए यों!" हरेन्द्र सोचने लगा कि रैस्टोरां और होटल में कितना अन्तर होता है—फिर एकदम बोला—"अच्छा ख़ैर, छोड़िए इस झगड़े को तो क्या कह रही थीं आप, हम वहाँ अकेले थोड़े ही थे, हमारे चारों तरफ़ इसी तरह लोग बैठे थे—अंग्रेज भी थे—आदमी और औरतें सभी वहाँ आती हैं—और सच जीजी, बड़ी-बड़ी बदतमीजियाँ करते हैं वहाँ।"

"क्या?" अनमनी-सी रेखा ने पूछा।

"अंग्रेज लड़कियाँ और आदमी, वो लोग आपस में—क्या बताऊँ जीजी बड़ी खराब बात है!" और हरेन्द्र हँसने लगा।

"तो वो मैजिस्ट्रेट का लड़का भी तुम्हारी ही तरह बदतमीज है?" रेखा ने विषय परिवर्तन करके पूछा।

"बदतमीज? हुँहः बदतमीज!" सिर हिलाकर हरेन्द्र बोला—"तो इन्हें भी आप बदतमीज कहेंगी?"

"किन्हें—?"

"ये निशा जीजी के....सुधीर भाई साहब। ये भी तो शाम को जाएँगे उसी जगह।"

"तुम्हें क्या मालूम?" रेखा ने पूछा—"तुमसे बोलने लगे?"

"हाँ! परसों से ही बोलने लगे ये तो। जब परसों आप जुलूस में गई थीं तो मुझसे काफ़ी देर बातें कीं। अब उन्हीं के पास से तो आ रहा हूँ। शाम को जाने को कह दिया है—बता रहे थे—अंग्रेजों का नाच भी जानते हैं!"

"वैसे स्वभाव कैसा है?" रेखा के स्वर में उपेक्षा थी।

"स्वभाव बड़ा अच्छा है सच जीजी, ऐसा ही स्वभाव तो मुझे पसन्द है।"

"कैसा, शैल भाई साहब जैसा?"

"उहुँ शैल भाई साहब का ऐसा ही स्वभाव होता तो फिर रोना ही क्या था!" लड़कियों की भाँति हरेन्द्र बोला।

रेखा मुस्करा पड़ी। फिर सहसा गंभीर होकर बोली, "अच्छा क्यों हरेन्द्र जी हमने सुना है तुम जुआ खेलते हो?"

"जुआ?" मुख पर विस्मय लाकर हरेन्द्र ने पूछा। फिर हँसने का प्रयास करके बोला—"इससे बड़ा और कोई शब्द आपको नहीं मिला!"

"जो मैं पूछ रही हूँ उसका जवाब दो!" रेखा कठोर हो गई।

"हाँ तो आप भी तो गज़ब करती हैं जीजी, आपको मालूम है जुआ किसे कहते हैं?" हरेन्द्र ने रेखा के रोष की ओर ध्यान न देकर कहा।

"हाँ, किसे कहते हैं—तुम्हीं बताओ?" रेखा का क्रोध कम नहीं हुआ।

"अब आप गुस्सा होने लगीं—जुआ कहते हैं उसे—जिसमें हज़ारों इधर-उधर हो जाएँ—हम लोग तो ज़रा मन बहलाने के लिए बैठ जाते हैं!"

"ऐसे ही हजारों इधर-उधर करने वाला भी सीख जाओगे!"

"ये तो सब कहने की बातें हैं, बचपन में ठंड लग जाने पर बच्चों को ब्राण्डी-ब्राण्डी क्यों पिलाई जाती है?—क्या बड़े होकर वो शराब पीना नहीं सीख जाएँगे। स्कूलों में भागना क्यों सिखाया जाता है?—क्या बड़े होकर वे चोरी करके भागना नहीं सीख जाएँगे?"

"तुम बहुत बातें बनाना सीख गए हो हरेन्द्र?" रेखा हँस पड़ी।

"बातें क्या?—ठीक कह रहा हूँ!"

रेखा पलंग पर लेटी हुई कुछ देर तक आँख बन्द करके पड़ी रही फिर सहसा बोली—"अच्छा क्यों, हरेन्द्र शहर में तो 144 लगी है न?"

"लगी है तो क्या है—सिनेमा और होटल थोड़े ही बन्द रहेंगे!" हरेन्द्र रेखा का प्रश्न समझकर बोला।

"तो तुम लोग वहाँ क्या करोगे?" हाथ की उँगलियों से आँखें बंद किये हुए ही रेखा ने पूछा।

"नाश्ता करेंगे।" हरेन्द्र बोला—"और जैसा भी कुछ हो!"

"अच्छा हरेन्द्र, आमलेट में तो अंडा पड़ता है!"

"हाँ! सो फिर?" उसका प्रश्न न समझकर हरेन्द्र ने पूछा।

"और तुम उसे खाओगे?"

"अरे जीजी" रेखा के कंधे पर हाथ मारकर उसने कहा—"आजकल कोई नहीं देखता इन बातों को। सब खाते हैं। अब आप भी शैलेन्द्र भाई साहब जैसी बातें करने लगीं!"

"हिश! कैसे खा जाओगे—नाक सा पीला-पीला!" घृणा से जीभ आदि निकाल कर विचित्र मुद्रा से रेखा ने हरेन्द्र को धक्का देते हुए कहा।

"अच्छा, अब मैं सुधीर भाई साहब के पास हो आऊँ ज़रा। कल वो आप सब लोगों को सिनेमा ले चलने को कह रहे हैं!" कहकर हरेन्द्र अपनी पैंट को ऊपर चढ़ाता हुआ चला गया।

"ये तो नौकरशाही की ज्यादती है!"

"बिल्कुल, सरासर ज्यादती है!" मुकर्जी बोला।

"किंतु ऐसी ज्यादतियों को चुपचाप सह लेने का समय अब गया।"

शैलेन्द्र ने कहा—"हाँ, देखिए तो सही, न दंगा हुआ तेईस को न कुछ यों ही तिल का ताड़ बना लिया!"

"उहुँ छोड़ो इस झगड़े को। इसकी चिंता करें तो हम कुछ कर ही नहीं सकेंगे!"

"तो कल के लिए तुमने क्या सोचा?" शैलेन्द्र ने पूछा।

"सोचा क्या? कल स्वतंत्रता दिवस है। कल हमारी वर्षों से चली आ रही प्रतिज्ञा की पुनरावृत्ति होगी। हम दुगने उत्साह से सरकार से लोहा लेने को कटिबद्ध होंगे!"

"तो जुलूस निकलेगा?"

"हाँ सो तो होगा ही!" मुकर्जी ने दृढ़ता से कहा।

"तो कल प्रातःकाल वहीं संघ के भवन में मिलेंगे। तभी उसके विषय में सोचा जाएगा!"

"हाँ!" मुकर्जी ने कहा, फिर वह सहसा उठ खड़ा हुआ "अच्छा, अब चलें शैल, कुछ काम है घर।"

"कॉलेज खुला था, आज?" शैलेन्द्र ने पूछा।

"खुला होगा, हम तो गए नहीं हैं, परसों ही देखेंगे जाकर!" और दोनों हाथ जोड़कर 'जयहिंद' करता हुआ मुकर्जी कमरे से बाहर निकल गया।

शैलेन्द्र चुपचाप उसी स्थान पर बैठा रहा—कुछ सोचता हुआ। —उसे लगा कि कल जो कुछ होने जा रहा है उसके लिए उसके मन में अधिक उत्साह नहीं है? क्यों? इन तीन दिन से वह सुस्त क्यों है?

निशा उसके मन में आ-आकर बार-बार क्यों टकरा जाती है। वह देख रहा है निशा सुधीर से अधिक प्रभावित है—और सुधीर? उसके विषय में क्या कहे?

वह अनुभव कर रहा है निशा में परिवर्तन हो रहा है, इसका भी वह अनुमान लगा रहा है कि वह परिवर्तन किधर हो सकता है, फिर वह क्या करे?

शैलेन्द्र कल्पना कर रहा है—सुधीर का प्रभाव निशा को उसके विचारों से दूर हटा रहा है—विचारों से दूर हटाने का अर्थ है उससे दूर हटाना! तो वह क्या करे?—क्या वह कुछ नहीं कर सकता?

निशा के यहाँ जाना उसने बंद कर दिया। मामी के यहाँ अब वह नहीं जाता काफ़ी समय हो गया है। वह उसी समय से नहीं गया है जब से सविता ने उसके ऊपर झूठा आरोप लगाया था। माना वह नहीं जाता। निशा तो यहाँ आती है। वह तो उसके न आने का कारण समझती है। फिर वह क्यों नहीं आई?

वह मन ही मन सुधीर को कोसने लगा—ये पुच्छल तारे सा कहाँ से टूट पड़ा। बुद्धि की दुहाई देने वाला देशद्रोही?

विचारों के सहसा इस आवेग से शैलेन्द्र घबरा उठा। वह उठ खड़ा हुआ। पुस्तक, चर्खा, लिखना—किसी में भी उसका मन नहीं लग रहा था। कभी-कभी अपने ऊपर वह क्षुब्ध हो उठता—इतना महत्त्वपूर्ण दिन आ रहा है कल, और वह यों मरा सा चित्त लिए इधर-उधर घूम रहा है।

धीरे-धीरे टहलता हुआ वह रेखा के कमरे की ओर आया। रेखा लेटी हुई कुछ पढ़ रही थी—उठ खड़ी हुई। मुख पर स्वागत की सी मुस्कराहट लाकर कहा—"आइए भाई साहब!"

"अब आ रहा हूँ तो रुक तो जाऊँगा ही नहीं!" और बलात् मुस्कराने का प्रयत्न करता हुआ वह पलंग पर बैठते ही लेट गया।

रेखा कुर्सी पर बैठ गई। बोली—"कहिए, कैसे आज भूल पड़े!"

"हाँ, तुम्हारे कमरे में बहुत काफ़ी दिनों में आया हूँ रेखा!" बिना कोई अस्वाभाविक क्रिया किए हुए शैलेन्द्र ने कहा। फिर उसने कमरे के चारों ओर देखा। इतने दिनों जो उसने नहीं देखा है, इस बीच में रेखा के कमरे में क्या परिवर्तन हो गया है।

"ओहो, ये तस्वीरें, फिर तुमने लगा लीं नेताजी, नेहरूजी आदि की!" ऊपर लगी हुई तस्वीरें देखते ही वह बोल उठा।

"उहुँ, क्या है अब आप फिर मज़ाक बनाने लगे!" यद्यपि शैलेन्द्र के मुख पर ऐसा कोई भाव नहीं था तो भी रेखा ने हँसकर कहा।

"निशा नहीं दिखाई दे रही रेखा!" दूसरी ओर देखते हुए शैलेन्द्र ने पूछा।

रेखा ने शैलेन्द्र के मुख की ओर स्थिर दृष्टि से देखा—"भाई आए हैं न उसके, उन्हीं की ख़ातिरदारी में लगी होगी!"

इसके पश्चात शैलेन्द्र क्या बात करे?—वह चुपचाप लेटा हुआ सोचने लगा।

"अच्छा क्यों रेखा!" उसने नम्र और बड़े प्यार भरे स्वर में पूछा—"तुम्हें अपने देश का ज़रा भी ध्यान नहीं है?" शैलेन्द्र करवट बदलकर रेखा की ओर देखने लगा—"तुम ज़रा भी नहीं सोचतीं कि हम गुलाम हैं—और गुलामी संसार का सबसे बड़ा अभिशाप है!"

रेखा ने शैलेन्द्र की ओर देखा। वहाँ न तो व्यंग था न कटुता। एक व्यथामयी सी करुणा व्याप्त थी उसके मुख पर—मर्मभेदनी गंभीरता उसके मुख पर छाई थी। जैसे शैलेन्द्र के मुख की साकार वेदना उसके हृदय के कोमल भाग में घुसती चली गई, और उस व्यथा से आकुल सी होकर उसने आँखें बंद कर लीं।

"तुम पश्चिम की ओर दौड़ती हो रेखा, पर एक क्षण के लिए सोचो पश्चिम ने हमारी क्या दशा कर दी है।" शैलेन्द्र अपने उसी स्वर से छत की ओर निर्निमेष देखे हुए कहता जा रहा था—"रेखा, तुम सभ्य बनना चाहती हो। पर मैं कहूँगा रेखा, तुम असभ्य ही भली हो, यदि तुम्हारे अंदर देश की थोड़ी भी सहानुभूति है। जिनकी ओर देखकर तुम सभ्य बनने को झपटी हो, उन्हें मैं जानता हूँ, मेरे क्लास में कई लड़कियाँ हैं जो तुम्हारी दृष्टि से काफ़ी सभ्य और संस्कृत हैं—शील और सौजन्य जिन्हें छू नहीं गया, उछृंखलता और औद्धत् जिनका प्रधान गुण है। समाज को ठुकराती हुई, उसके प्रत्येक अच्छे और बुरे नियमों की अवलेलना करती हुई वे चलती हैं, देश का उन्हें ध्यान ही नहीं। अपनी परस्पर गोष्ठियों और पार्टियों से फुर्सत मिले तो ध्यान जाए भी। यों तर्क के लिए हम कह सकते हैं कि ज़रा सोफ़े पर बैठने, मेज़ कुर्सी पर बैठकर खाना खाने, चाय पीने से क्या होता है? पर वस्तुतः ऐसा नहीं है। ये चीज़ें जितना बुरा प्रभाव हृदय पर अज्ञात रूप से छोड़ जाती हैं, वह दिखाई देने की चीज़ नहीं हैं।"

रेखा के अंदर जैसे कुछ उमड़कर मुँह की ओर आने लगा।

"कैसी हो गई हो रेखा तुम!" शैलेन्द्र ने सोच्छ्वास कहा और वह चुप हो गया। रेखा की बंद पलकों से आँसू टपकने लगे थे।

21-8-46 शैलेन्द्र उठा धीरे-धीरे टहलता हुआ कमरे से बाहर आ गया।

दिन छिप रहा था। मकान में जगह-जगह सूर्य की लाल-लाल किरणें दिखाई दे रही थीं। कुछ ठंड पड़ने लगी थी। एक जाकट पहनकर वह कुर्सी पर बैठ गया—निरुद्देश्य-सा वह चुपचाप बैठा था। तभी आती दिखाई दी उसे निरुपमा।

"देखो निरू, अब फिर तुम हमसे नाराज़ रहने लगीं!" शैलेन्द्र बलात् प्रसन्न बनने की चेष्टा करने लगा।

"न नाराज़!" निरुपमा मुस्कराकर इठलाती हुई उसके पास आ गई।

"तो इतने दिनों से आईं क्यों नहीं थीं?" शैलेन्द्र ने उसकी वेणी पर हाथ फेरते हुए कहा।

"यों ही, फुरसत ही नहीं मिली!" सिर झुकाए निरुपमा अपनी वेणी में गुँथे लाल फीते की सिकुड़नें मिटाने लगी।

"और तुम्हारे सुधीर भाई साहब क्या कर रहे हैं?" यों ही शैलेन्द्र ने पूछ लिया, पर उत्तर सुनने के लिए जैसे सतर्क हो गया।

"छत पर बैठे शतरंज खेल रहे हैं!" सहज भाव से निरुपमा ने कहा। वह शैलेन्द्र की आरामकुर्सी के हत्थों पर चढ़ गई थी।

"शतरंज?" आश्चर्य से शैलेन्द्र ने पूछा–"किसके साथ?"

"निशा जीजी!"

"निशा, जानती है?" विस्मय से शैलेन्द्र ने पूछा।

"हाँ, वो तो खूब जानती हैं।"

"हमें तो नहीं बताया किसी दिन!" कहने को शैलेन्द्र कह गया। पर जैसे उसके अंदर कोई वस्तु जल-सी उठी। यों तो मामी को निशा की पढ़ाई की बहुत चिंता है–अब पढ़ाई में नुकसान नहीं हो रहा? निरुपमा बात करने को उत्सुक सी बैठी थी पर उसकी इच्छा नहीं हो रही थी।

"क्या सोचा करते हैं अब आप दिन भर?" निरुपमा ने मचलकर पूछा।

"कुछ नहीं निरू!" शैलेन्द्र के हृदय से एक गंभीर श्वास निकलने को हुई।

"बताइए न!" वह हठ करने लगी।

"मन नहीं लग रहा निरू, बात करने की इच्छा नहीं हो रही!" शून्य नेत्रों से आकाश की ओर देखते हुए उसने कहा।

"नहीं!" हठ से निरुपमा और भी अधिक मचल पड़ी। उसने शैलेन्द्र के शिथिल हाथों को ज़ोर से पकड़कर हिलाया–"बताइए क्या सोच रहें हैं?"

"सोच रहा हूँ–तुम मुझे इतनी अच्छी क्यों लगती हो?" मुस्कराने का प्रयत्न करने पर भी शैलेन्द्र मुस्करा नहीं सका।

"हिश!" निरुपमा कुछ कहने ही जा रही थी कि देवा उसे बुलाने आ गया। बेमन और झुँझलाई सी वह देवा के साथ चली गई।

अब शैलेन्द्र क्या करे? काफ़ी देर बैठा वह सोचता रहा। बाजारों में यों व्यर्थ ही टहलने का उसका स्वभाव नहीं। वह छत पर आ गया। पश्चिम में सूर्य छिप चुका था, केवल कुछ लालिमा उधर शेष थी।

शैलेन्द्र उधर की ओर देखने लगा–थोड़ी देर देखता रहा। फिर न जाने किस अज्ञात प्रेरणा से उसने मामी की छत की ओर देखा। दो चारपाइयों के बीच में मेज पर शतरंज अब भी लगी हुई थी किंतु कोई था नहीं। एक और छत की मुँडेर के सहारे खड़ी हुई निशा एकटक पश्चिम की ओर देख रही थी। शैलेन्द्र ने थोड़ी देर देखा, पर निशा वैसे ही निश्चल खड़ी थी–बेभान सी। वह धीरे-धीरे उधर की ओर बढ़ा–निशा वैसे ही खड़ी थी। वह उसके पास आ गया।

"क्या देख रही हो निशा, जाड़े में इतनी ग़ौर से?" वह निशा के बिल्कुल समीप आकर उसी प्रकार खड़ा हो गया।

"कुछ नहीं।" निशा ने बिना चौंके बिना हिले-डुले कहा—"देखिए, आकाश कितना सुंदर लग रहा है!"

शैलेन्द्र चुपचाप आकाश की ओर देखता रहा। अपनी छत से निशा को देख कर उसके अंदर जो प्रश्नों और भावों की बाढ़ सी आ गई थी वह जैसे सब तिरोहित हो गई। उसे लगा कि उसका हृदय बिल्कुल शून्य है। उसे अनुभव हो रहा था कि इन दो दिनों में निशा उससे काफ़ी दूर हो चुकी। और उसके और निशा के बीच का अंतर क्षण प्रतिक्षण बढ़ रहा है—तो वह क्या करे?...

एकदम जैसे उसके अंदर कोई नवीन भाव उठा, मानों उसने इस कठिन समस्या का हल निकाल लिया। किंतु इस भाव से व्याप्त हो जाने वाली पुलक के पूर्व ही जैसे वह सिहर उठा। उसका हृदय नीचे धसकने लगा। अँधेरा प्रतिक्षण बढ़ रहा था, पर दोनों यों ही खड़े थे। शैलेन्द्र का हृदय आशंका से प्रतिक्षण अधिक-अधिक धड़क रहा था—अभी निशा चली जाएगी, वह जो कहना चाहता है नहीं कह सकेगा! दो-तीन बार उसने कहने का साहस किया—पर जैसे उसका हृदय दुगने वेग से धड़क उठता था—वह एक शब्द भी मुँह से नहीं निकाल पा रहा था।

"ओस पड़ने लगी!" निशा ने धीरे से कहा और शैलेन्द्र की ओर देखकर वह चलने लगी।

"रुको निशा!" शैलेन्द्र ने निशा का हाथ पकड़ लिया—पर जैसे उसके सारे शरीर से पसीना निकलने लगा। उसे अपना काँपता हुआ हाथ अब भी दिखाई दे रहा था, अपने हृदय की धड़कन उसे स्पष्ट सुनाई दे रही थी। निशा का हाथ अब भी उसके हाथ में था। वह उन शब्दों को याद करने का प्रयत्न कर रहा था जिन्हें निशा से कहना चाहता था। पर जैसे उसके कंठ में स्वर नहीं था।

निशा थोड़ी देर खड़ी चुपचाप प्रतीक्षा करती रही। शैलेन्द्र के हाथ से अपना हाथ अब भी नहीं छुड़ाया था। उसे लग रहा था जैसे उसका हाथ भीगा जा रहा हो। शैलेन्द्र का काँपता हुआ हाथ उसे अनुभव हो रहा था। धीरे से उसने कहा—"जी।"

"निशा।" शैलेन्द्र ने कहा उसे लग रहा था कि उसे बोलने में अपनी सारी शक्ति लगा देनी पड़ रही है तब भी स्वर ऐसा आ रहा है जैसे कि गहरे और बंद कुएँ में से बोल रहा हो। उसे आभास हो रहा था कि वह अभी गिर पड़ेगा। सारी पृथ्वी उसे हिलती हुई लग रही थी।

"जी कहिए!" निशा ने एक बार अपने घर की ओर देखा।

"मुझे तुमसे कुछ कहना है निशा!" रुक-रुक कर बड़ी कठिनाई से शैलेन्द्र ने कहा। उसके सारे शरीर से पसीना निकलने लगा था।

"जी, कहिए!"

"मैं तुमसे दो चीजें चाहता हूँ!" शैलेन्द्र ने कहा, फिर कंठ को परिष्कृत करके बोला—"केवल दो।"

उत्सुकता से निशा ने शैलेन्द्र की ओर देखा—"क्या?" उसे आश्चर्य था।

शैलेन्द्र थोड़ी देर चुप रहा—जैसे सोच रहा था कहूँ या न कहूँ। फिर उसने साहस से कहा, "चौंकना मत, उन चीजों को माँगने के पहले मैं चाहता हूँ कि मेरी वो बातें केवल हम ही तक सीमित रहें!" बात करने में शैलेन्द्र को पहले जैसी कठिनाई नहीं लग रही थी।

"अच्छा।" निशा ने स्वीकार किया, फिर उत्सुक जिज्ञासा से उसने पूछा, "हाँ, बताइए तो सही!"

शैलेन्द्र के हृदय का स्पन्दन फिर तीव्र हुआ, पर उसने साहस करके निशा के पकड़े हुए हाथ की उँगली पकड़ ली।

"पहली बात तो यह है—" शैलेन्द्र ने काँपते हुए हाथों से निशा की उँगली पकड़कर मुँडेर पर टेढ़े-मेढ़े ढंग से लिखा—चुंबन। और फिर सहसा वह ठिठक उठा—उसका हृदय ज़ोर से धड़का।

निशा एक क्षण को स्तब्ध सी रही। फिर उसका शिथिल सा हाथ जैसे कठोर पड़ गया। पर न तो उसने हाथ खींचा, और न कोई अस्वाभाविक क्रिया ही की।

शैलेन्द्र थोड़ी देर तक चुपचाप आने वाले क्षणों के लिए तैयार सा खड़ा रहा, पर जब निशा ने कुछ नहीं कहा, तो धीरे से बोला—"मैं पहली चीज़ तो यह चाहता हूँ!"

शैलेन्द्र को लगा निशा का हाथ फिर शिथिल हो गया। वह भूल गया किससे क्या बात कर रहा है।—तो यह आत्मसमर्पण है? शैलेन्द्र के अंदर भाव उठा।

"और आपको विश्वास है?" निशा ने एकदम शैलेन्द्र के हाथ से अपना हाथ खींच लिया।

"क्या" शैलेन्द्र ने अपराधी की भाँति सिर झुकाए हुए पूछा।

"कि मैं आपकी यह माँगी हुई वस्तु चुपचाप दे दूँगी?" निशा के अंदर जो दुर्दम्य रुलाई-सी उमड़ रही थी, उसे जैसे स्वरों के आवेश में व्यक्त करने लगी। एक साँस में उसने कहा—"भाई साहब मुझे आपसे ऐसी आशा नहीं थी, मैं समझ नहीं पा रही हूँ कि आपको ऐसा साहस क्यों हुआ? मैंने सदा आपको बड़े भाई की तरह माना है। बताइए, मैंने ऐसा कौन-सा आपके साथ व्यवहार किया है, जिससे आपको ऐसी वस्तु माँगने का प्रोत्साहन मिला। बताइए, आप एक छोटी बहिन से...!" और निशा की हिचकियाँ कंठ में आ-आकर फँस जाने लगीं।

"ठहरो, पहले पूरी बात सुन लो।" शैलेन्द्र इस बार दृढ़ था, उसका हृदय नहीं धड़क रहा था—"तब मैं तुम्हें सब बता दूँगा!"

निशा ने कोई उत्तर नहीं दिया। कुंचित भ्रुओं के नीचे पूर्ण खुली आँखों से, कुछ सोचती हुई एक ओर देखने लगी।

"दूसरी चीज़ है एक प्रण" शैलेन्द्र ने कहा, "या तो तुम पहली वस्तु दो, या एक प्रण करो!"

"मैं प्रण करूँगी!" एकदम निशा बोली। पर प्रण का विषय सुनने को वह बुरी तरह उत्सुक हो उठी—कहीं प्रण का विषय भी ऐसा ही हो तो! "और वह प्रण यह है" साँस लेकर शैलेन्द्र ने कहा—"कि तुम कभी अपने देश को नहीं भूलोगी, उसकी पतित, गुलाम दशा का सदा तुम्हें ध्यान रहेगा!"

निशा ने बहुत ज़ोर से संतोष की साँस ली। कुछ क्षण वह मंत्र-मुग्ध सी शैलेन्द्र की ओर देखती रही। पल भर पहले उठने वाले हिंसात्मक और द्रोहात्मक भाव श्रद्धा में परिवर्तित होने लगे। संयत स्वर से धीरे-धीरे उसने प्रतिज्ञा दुहराई।

शैलेन्द्र जैसे पुलक उठा। निशा के कंधे पर हाथ रखकर उल्लसित स्वर में बोला—"निशा, मुझे तुमसे ऐसा ही विश्वास था। मुझे दृढ़ निश्चय था कि तुम पहली वस्तु को कभी स्वीकार ही नहीं कर सकतीं। अकेले केवल उस प्रण को कदाचित् तुम स्वीकार न करतीं, इसीलिए मैंने दो वस्तु रखीं। मैं जानता था, इनमें से एक चीज़ तुम लोगी ही, और वह कौन-सी होगी यह भी मैं जानता था। हाँ, एक बात थी, जिस पर मैंने नहीं सोचा था, यदि तुम दोनों बातों को अस्वीकार कर देतीं तो? मुझे नहीं मालूम मैं क्या करता। पर ख़ैर, वह बात आई ही नहीं। अब तुम अपने प्रण को भुलाना नहीं— ।"

निशा चुप होकर कुछ सोच रही थी। प्रसन्नता से विह्वल सा शैलेन्द्र कहता जा रहा था—"अच्छा, निशा, कल हम—स्वतंत्रता दिवस को—झंडा हाथ में लेकर स्वतंत्र होने की प्रतिज्ञा को दुहराएँगे। झंडा अभिवादन होगा—तैयार रहना, तुम्हें झंडा पकड़ कर खड़ा रहना होगा, चारों ओर खड़े होकर हम झंडे का पूजन करेंगे—और साथ ही एक वर प्रदायिनी, पूज्य, पवित्र शक्ति का भी! निशा मुझे इतनी प्रसन्नता कभी नहीं हुई! अच्छा, अब तुम जाओ सुधीर भाई अकेले होंगे!"

निशा गई नहीं, वह खड़ी रही, जैसे कुछ कहना चाहती है। शैलेन्द्र ने देखा, वह एकदम बोला—"अब कुछ नहीं है निशा, इन दो बातों में मैंने पहली जो बात लगा दी थी, उसके लिए क्षमा चाहता हूँ।" और उसने निशा का कंधा पकड़कर—बहुत धीरे से—घर की ओर धक्का दे दिया।

निशा तब भी कुछ ठिठकी, फिर धीरे-धीरे कुछ सोचने की गंभीर मुद्रा में वह चली गई।

आँखों में असीम प्रसन्नता, मुग्धता भरे शैलेन्द्र उसकी ओर देखता रहा। उसकी सारी उदासी, सारा एकाकीपन, सारी गंभीरता जैसे अतुल उत्साह में परिणित होने लगा।

23

"आज तो बड़े प्रसन्न हो!" मुकर्जी ने शैलेन्द्र को देखते ही कहा।

"आज स्वतंत्रता दिवस है, हमारी शक्ति की परीक्षा है सभी को प्रसन्न होना चाहिए!" तत्क्षण शैलेन्द्र ने उत्तर दिया।

"और कल—ये सब बातें कल कहाँ थीं?"

"छोड़ो कल की बात!" शैलेन्द्र बोला, "कल मेरी तबीयत ठीक नहीं थी, इसी से मन नहीं लग रहा था।"

"कहिए, रजनीश जी, आप क्यों चुप बैठे हैं आज!" मुकर्जी ने पास बैठे उदास रजनीश की ओर देखा।

"उन्हें मत छेड़ो यार उनकी तबीयत इस समय स्वस्थ नहीं है। चित्त इस समय कल्पना लोक में दौड़ लगा रहा है!" शैलेन्द्र ने कहा।

"तो फिर पीछे लिख लेना ये कविता और काव्य, लड़के जमा हो चुके हैं—उन्हें सब कार्यक्रम समझा दिया जाए!"

"वाह, भाव हर समय थोड़े ही रहते हैं कि आपने जब चाहा, लिखना प्रारंभ कर दिया।" शैलेन्द्र रजनीश की ओर से बोल रहा था।

"तुम लोग चलो यार मैं अभी आता हूँ!" रजनीश ने कहा वह इस समय भावों में व्यस्त थे।

"अच्छा चलो, लिख लेने दो भई इन्हें!" शैलेन्द्र मुकर्जी के साथ कोठरी के बाहर आ गया।

पास ही हरी घास वाले मैदान में, कुछ लड़के नेकर और कमीज़ पहनकर, दो-दो तीन-तीन की टोलियों में बैठे और लेटे थे। बाल सूर्य की कोमल किरणें चारों ओर बिखरी हुई थीं। शैलेन्द्र और मुकर्जी, वहीं लेटकर धीरे-धीरे बातें करने लगे। शैलेन्द्र प्रसन्न था। वह बात-बात में अनावश्यक भी हँस पड़ता था। लड़के धीरे-धीरे बढ़ रहे थे। थोड़ी देर पश्चात रजनीश भी आ गए, फिर इनका कार्यक्रम प्रारंभ हो गया।

सबसे पहले कवीन्द्र रवीन्द्र की विश्वविख्यात भारत वंदना का गायन हुआ। फिर शैलेन्द्र ने उस दिन का महत्त्व समझाते हुए कहा—"साथियो, आज इतिहास बहुत आगे निकल चुका है—समय द्रुतगति से परिवर्तित हो रहा है, यों तो परिवर्तन होता ही रहता है, किंतु उस परिवर्तन की गति वर्तमान तीन-चार वर्षों में जितनी अधिक तीव्र हो उठी है, उतनी पिछले पच्चीस-तीस वर्षों में नहीं थी। हम जब बयालीस की आज से तुलना करते हैं, तो लगता है—जैसे बयालीस और छयालीस में दस-पंद्रह वर्षों का अंतर हो। तो मैं कह रहा था कि आज का समय वह नहीं रह गया कि

हमारी प्रगति को पुलिस या सरकार के केवल कुछ गुर्गे रोक सकें। याद रखिए, जनता की प्रगति यौवन पर आती हुई बाढ़ है जो, बाधाओं को केवल उपेक्षा की ही दृष्टि से नहीं देखती, बल्कि उन्हें चूर-चूर कर देना, बलपूर्वक हटा देना जानती है! आज हमारा वही स्वाधीनता दिवस है जिसका महत्त्व मैं ऊपर कह चुका हूँ। तो आज हमें जिस बात की प्रतिज्ञा करनी है, उसका परीक्षण भी साथ ही साथ होगा। संध्या के समय झंडाभिवादन, प्रतिज्ञा पठन के पश्चात् हमारा जुलूस पुलिस की अनावश्यक धारा को तोड़ता हुआ निकलेगा। यह हमारी दृढ़ता की परीक्षा होगी, आप सभी लोगों को इसमें भाग लेना चाहिए!" और फिर शैलेन्द्र उस स्थान से हट गया। अब वह झेंपता और लजाता नहीं है। उसके पश्चात् ही मुकर्जी ने कहा—"साथियो, आपको यह जानकर अतीव प्रसन्नता होगी कि झंडा पूजन श्री शैलेन्द्र की बहिन कुमारी निशा रानी करेंगी। जुलूस का नेतृत्व भी आप ही के हाथ में होगा, आपका परिचय देने की अधिक आवश्यकता नहीं है। कुमारी निशा रानी ने अपने स्कूल की कुछ लड़कियों को इकट्ठा करके, एक स्वयंसेविका दल का निर्माण किया है, नाम है 'कनकलता दल' इस स्वयंसेविका दल का नेतृत्व श्री सुभाष जयंती के अवसर पर वह स्वयं कर रही थीं। आपको देश से सक्रिय सहानुभूति है। इस प्रकार भारतीय स्वाधीनता संग्राम में एक और व पूर्ण बात होने जा रही है। इस बार हमारी विजय निश्चित है, स्वयं शक्ति हमारी ओर होगी, विजय हमारी ओर होगी।"

शैलेन्द्र की छाती में इतना गर्व भर उठा कि साँस लेना कठिन प्रतीत हो रहा था, वह कृत्रिम लज्जा से अपनी गर्दन झुकाना चाहता था, पर वह जैसे तनी जा रही थी।

"अच्छा!" धीरे से रजनीश ने कहा।

शैलेन्द्र मुस्करा पड़ा उसने मुकर्जी की ओर देखा। उसे मुकर्जी का मुख आवश्यकता से अधिक गंभीर लगा। शैलेन्द्र को बुरा लगा, ऐसे समय मुकर्जी को प्रसन्न होना चाहिए था!

मुकर्जी यंत्र-चलित-प्रतिमा की भाँति काम कर रहा था।

कार्यक्रम प्रारंभ होने में दो घंटे की देर थी। शैलेन्द्र साइकिल दौड़ाता हुआ संघ की ओर चला जा रहा था—उल्लास से उसका मुख चमक रहा था।

रजनीश उस कोठरी के बाहर खड़े थे, उनके मुख पर बड़ी गंभीर उदासी थी। प्रयत्न करने पर भी वे नहीं मुस्करा सक रहे थे। शैलेन्द्र पास आया, साइकिल एक ओर खड़ी कर दी, रजनीश के कंधे पर हाथ रखकर मुस्कराते हुए बोला "क्यों, अब भी कोई भाव उठ रहा है क्या?"

"नहीं!" रजनीश जैसे कुछ कहने में हिचक रहे थे।

"तो, यार ये ऐसी सूरत मुझे अच्छी नहीं लगती। आज तुम्हें अपने बड़े से बड़े नुकसान पर भी हँसते रहना चाहिए—आज तो प्राणों की आहुति में भी न हिचकिचाने वाला दिन है।"

"हाँ है तो ऐसा ही" रजनीश के ऊपर कोई प्रभाव नहीं पड़ा, दूसरी ओर देखते हुए और भी उदास स्वर में, उन्होंने कहा, "शैलेन्द्र तुम्हारा 'रैस्टीकेशन' (बहिष्कार) हो गया!"

'रैस्टीकेशन?" शैलेन्द्र के मुख से निकला, वह स्तब्ध रह गया—जैसे हाथ-पैर चलाना सब भूल गया हो। उसकी समझ में नहीं आया क्या करे, उसका मस्तिष्क एकदम शून्य हो गया।

"और अधिक विस्तृत मुकर्जी को मालूम है, हाँ इतना मुझे निश्चय है!" रजनीश सहानुभूति सिक्त वाणी में बोले।

शैलेन्द्र की चेतना धीरे-धीरे लौट रही थी। उसने धीरे से रजनीश के कंधे से हाथ हटा लिया। वह अंदर चलने लगा।

"तुम इतना अधिक खुलकर राजनीतिक आंदोलनों में भाग मत लिया करो, मुझे डर है, कहीं मुकर्जी का भी न हो जावे!" रजनीश ने कहा, "कौन? कैसे?" शैलेन्द्र सहसा रुक गया। दृढ़ता से उसने कहा, "अब मैं राजनीतिक आंदोलनों में भाग लेने को और भी स्वतंत्र हो गया हूँ। रजनीश, आज मुझे आशंका थी कि कोई गड़बड़ अवश्य होगी, और वह ठीक हुई। अभी कौन जाने गड़बड़ समाप्त भी हुई है या नहीं, मैंने भी प्रण कर लिया है कि चाहे आज पहाड़ टूट पड़े, आज का कार्यक्रम मैं दृढ़तापूर्वक, पत्थर बनकर करूँगा!" और वह मुकर्जी की ओर बढ़ा। मुकर्जी उस छोटी-सी मेज के पास बैठा कुछ लिख रहा था, उसने सिर झुकाया—आवश्यकता से अधिक गंभीर था उसका मुख! उस पर सहानुभूति के भाव व्यक्त करके वह शैलेन्द्र की ओर देखने लगा।

22-8-46 "कितनी देर है कार्यक्रम प्रारंभ होने में?" आते ही शैलेन्द्र ने पूछा। पहले की भाँति वह हँस नहीं रहा था, तो भी उसकी मुख मुद्रा स्वाभाविक थी।

"शैल," मुकर्जी ने गंभीर साँस लेकर कहा, "हम तुम्हारे लिए हड़ताल कर देंगे—सारा क्लास कर देगा, आवश्यकता होगी तो भूख हड़ताल भी—प्रिंसिपल की हत्या भी!"

"छोड़ो मुकर्जी इसे," शैलेन्द्र उपेक्षा से बोला, "मुझे बताओ, कार्यक्रम प्रारंभ होने में कितनी देर है?"

मुख पर आश्चर्य लाकर मुकर्जी कुछ कहने ही जा रहा था कि शैलेन्द्र ने उसे रोककर कहा, "मुझे सब मालूम है मुकर्जी, इस विषय पर, जो कुछ होगा, हम कल करेंगे—आज तो आज का कार्यक्रम प्रारंभ होना चाहिए!" उसके स्वर में दृढ़ता थी।

इसके पश्चात् वह जितनी देर तक वहाँ बैठकर कार्यक्रम पर बात करते रहे, उनमें से किसी ने इस विषय पर कोई बात नहीं की।

बाहर भीड़ जमा हो रही थी, जुलूस और झंडाभिवादन का समय निकट आ गया है यह सोचकर एक लड़की—पतली-दुबली सी, जिसे सबने सुभाष जयंती के अवसर पर देखा था, ऐसे समय जुलूस का नेतृत्व करने जा रही है जबकि संघर्ष निश्चित है। यह एक साहस प्रदायनी, पर आश्चर्यजनक बात थी, श्री अरुणा आसफ़अली का ध्यान लोगों के मस्तिष्क में अनायास ही आ रहा था, वस्तुतः जहाँ दस प्रतिशत भी लोगों के जमा होने की आशा नहीं थी वहाँ चालीस और पचास प्रतिशत लोग जमा हो रहे थे। सभी निशा को देखने के लिए उत्सुक थे। समय केवल एक घंटा रह गया था।

"हमारा कार्य बिल्कुल ठीक समय से प्रारंभ हो जाएगा!" मुकर्जी ने बाहर आकर अपने कुछ स्वयंसेवकों से कहा—"लोग भ्रम में हैं कि अंग्रेजी समय है या हिंदोस्तानी।"

जिस समय शैलेन्द्र निशा को लेने के लिए साइकिल पर दौड़ा जा रहा था, वह रैस्टीकेशन की बात भूल चुका था। आत्मोल्लास से उसका मुख पुनः दीप्त होने लगा था। निशा को ले जाने के लिए मार्ग में ही उसने एक ताँगा कर लिया। ताँगे वाले को पीछे आने का आदेश देकर वह घर की ओर उड़ा जा रहा था। उसका मस्तिष्क उसके वश में नहीं रह गया था। जिस समय निशा झंडा पकड़कर झंडे का गीत गाएगी, लोग उसे माला पहनाएँगे—कितने गर्व के होंगे वे क्षण। और जिस समय निशा हाथ में झंडा लिए हुए निर्भीक आगे बढ़ रही होगी...ओह, आगे शैलेन्द्र सोच नहीं पा रहा था। रैस्टीकेशन, उहुँ ऐसे रैस्टीकेशनों की चिंता की जाए तो तह क्या कर सकेगा? उसका जन्म तो देश के लिए हुआ है, वह देश का एक तुच्छ सेवक है, उसके लिए सिपाही देना ही उसका कर्तव्य है...और इसके लिए कभी वह पीछे नहीं रहेगा चाहे स्कूल से बहिष्कार हो या घर से। और उसी समय सैकड़ों ऐसे मनुष्यों के नाम याद आने लगे, जिन्होंने असहयोग आंदोलन में स्कूल छोड़ दिए थे—नौकरियाँ छोड़ दी थीं।

वह घर पहुँचा। लीला के पास से निरुपमा जा रही थी, शैलेन्द्र ने उसे बुलाया।

"निरू, निशा क्या कर रही है?" शीघ्रता से शैलेन्द्र ने पूछा।

"कौन—निशा जीजी?" निरुपमा ने कहा, "वह तो सिनेमा जाने को तैयार हो रही हैं!"

"सिनेमा?" विस्मय से शैलेन्द्र ने पूछा, "किसके साथ जा रही है, सिनेमा? कौन-कौन जा रहा है सिनेमा?"

"सुधीर भाई साहब, रेखा जीजी, निशा जीजी, माताजी, हरेन्द्र भैया, मैं और देवा, सभी हैं।" निरुपमा बोली, "रतन देखने जा रहे हैं, बड़ा बढ़िया खेल है भाई सा'ब, आप भी चलिए!"

शैलेन्द्र एकदम गंभीर हो गया। निरुपमा से बोला, ''निशा को भेज दो निरू, जल्दी, बहुत ज़रूरी काम है।''

''क्या?'' जाते-जाते निरुपमा ने पूछा।

''निशा को ही बताने का है, बहुत जल्दी का काम है, अभी भेज दो—खड़े-खड़े!'' शैलेन्द्र ने स्वर को अत्यधिक नम्र बनाकर कहा।

''अच्छा, अभी भेजती हूँ!'' और निरुपमा भागती हुई चली गई।

पाँच, आठ, दस, पंद्रह मिनट! शैलेन्द्र का धैर्य सीमा को उल्लंघित करने लगा—उसकी व्याकुलता प्रतिक्षण बढ़ने लगी—कहीं वह लोग सिनेमा तो नहीं चली गईं! अठारह मिनट! शैलेन्द्र मामी के घर की ओर चला। बाहर बरामदे में सुधीर, रेखा, हरेन्द्र, मामी, सविता—सब बिल्कुल तैयार थीं, देवा ताँगे लेने गया था, उसी की प्रतीक्षा थी। निशा अपने कमरे में। शैलेन्द्र का हृदय धड़कने लगा।

''आहो, मिस्टर शैल, आइए आप ही की राह देख रहे थे!'' सुधीर बोला, ''चलिए, हम लोग बिल्कुल तैयार हैं!''

पर शैलेन्द्र ने उधर ध्यान भी नहीं दिया, और समय होता तो कहा नहीं जा सकता, उसके अंदर कितने द्रोहात्मक, तीव्र भाव उठ खड़े होते। पहले धीरे-धीरे, डरता हुआ सा आ रहा था, अब एकदम निशा के कमरे में चला गया। हरेन्द्र ने सुधीर की ओर देखकर विद्रूप किया। सुधीर ने सविता की ओर देखा!

शैलेन्द्र ठक् से रह गया—झलमलाते, रेशमी-रंगीन, शलवार और कुर्ते में सजी-सजाई निशा बड़े-से शीशे के सामने कुर्सी पर बैठी हुई अपनी काली, लंबी चिकनी, चमकदार अलकों की एक-एक लट लेकर बहुत सम्हल-सम्हल कर, बहुत ही कलापूर्ण ढंग से अपनी वेणी में गूँथ रही थी, सुगंधि से जैसे वह स्थान 'बस' रहा हो। दुपट्टा अभी उसने नहीं पहना था, असावधानी से वह गले में पड़ा था। सुनहरी, सैंडिल पैरों में जगमगा रहे थे।

इन तीन-चार महीनों में शैलेन्द्र निशा को खद्दर के वस्त्रों में देखने का अभ्यस्त हो गया था—वैसे भी निशा का ऐसा रूप उसने कभी नहीं देखा था। कमरे में प्रवेश करते ही वह चौंका, चमत्कृत रह गया।

निशा भी चौंकी—वह गंभीर थी। वह कुर्सी से उठ खड़ी हुई, एक पैर कुर्सी के ऊपर रखकर वह लटें गूँथती रही, ''जी निरुपमा ने मुझसे कहा था, मैं आने वाली थी!''

''निशा!'' शैलेन्द्र ने कठिनाई से कहा, ''कल की बात तुम्हें याद नहीं है?''

''क्या'' निशा ने लटें गूँथना रोक कर पूछा, वह समझ गई, तब भी मुख पर कृत्रिम उत्सुकता लाकर उसने शैलेन्द्र की ओर देखा!

''हम लोग तुम्हारी प्रतीक्षा में हैं, केवल आध घंटा रह गया है!'' शैलेन्द्र विचलित होकर शीघ्रता से बोला।

"वहाँ चलने के लिए?–अब?"

"हाँ, मैंने कल तुमसे कह दिया था न!" वह उद्विग्न होने लगा।

"अब?" निशा ने, फिर उसी प्रकार आश्चर्य की मुद्रा से पूछा फिर धीरे से बोली, "अब तो आप देख रहे हैं।" निशा ने बाहर की ओर जहाँ सुधीर आदि बैठे थे संकेत किया।

"हाँ देख रहा हूँ, केवल आध घंटा रह गया है निशा, जल्दी से इन कपड़ों को उतारकर खद्दर के पहिन लो। बाहर ताँगा खड़ा है!" शैलेन्द्र जल्दी-जल्दी बोल रहा था।

"अब कैसे जा सकती हूँ भाई साहब?" दुखित स्वर में निशा बोल रही थी, जैसे वह विवश है–"वे सब लोग बाहर हैं, सिनेमा जाने की तैयारी हो चुकी है।"

"तो क्या हुआ निशा!" शैलेन्द्र बहुत अधिक विचलित हो उठा–"अब भी इन लोगों की चिंता है तुम्हें, ये तुम्हारा कुछ नहीं कर सकते, तुम्हारे अंदर साहस होना चाहिए, प्रबल इच्छा शक्ति होनी चाहिए, ये विघ्न स्वयं...।"

"अब नहीं जा सकती भाई साहब–इस समय।" निशा के मुख पर बहुत अधिक दीनता थी, उसकी आँखों में आँसू थे।

तभी बाहर से सुधीर का स्वर सुनाई दिया–"निशा चलो, ताँगा आ गया!"

"तो नहीं निशा?" शैलेन्द्र की प्रतिक्षण बढ़ती हुई उद्विग्नता व्यथा की कालिमा बनकर उसके मुख को विकृत करने लगी। वह घबराने-सा लगा।

"अब कैसे जा सकती हूँ भाई साहब?" विवशता और दैन्य मिलकर निशा के मुख पर एक कातर भाव की सृष्टि कर रहे थे, उसने रूमाल से आँखें पोंछीं।

शैलेन्द्र स्तब्ध रह गया। थोड़ी देर वह 'सकते' सी अवस्था में खड़ा रहा। फिर अंतर में दुर्दम्य वेग से उठती हुई अपनी दुर्निवार रुलाई को रोकता हुआ, दाँतों को भींच कर कसके ओठों को बंद किए हुए वह अपने घर की ओर दौड़ पड़ा।

"अरे, अरे, मिस्टर शैल, सुनो भाई!" इस प्रकार भागता देखकर सुधीर ने उसे पुकारा।

वह सीधा अपने कमरे में जाकर रुका। कमरे के किवाड़ उसने ज़ोर से बंद कर लिए!

"शैलेन्द्र नहीं आया यार, पैंतीस मिनट ही रह गए!" मुकर्जी ने रजनीश से कहा, वह व्याकुल हो रहा था, रह-रहकर सड़क की ओर देखता।

थोड़ी देर रुककर उसने कहा, "पच्चीस मिनट रह गए, उसे आ जाना चाहिए था!" कोई भी साइकिल या ताँगा सड़क पर आने से वह स्थिर दृष्टि से उसे देखने लगता। पर पास आने पर जैसे सहमकर रह जाता। "बीस मिनट!" घड़ी देखकर

उसने कहा, वह रजनीश से बोला, "चलो यार रजनीश, उसके घर देख आएँ, केवल बीस मिनट रह गए हैं, भीड़ काफ़ी बढ़ चुकी है, कोई प्रबंध नहीं हुआ है!"

"चलो!" रजनीश ने कहा।

अन्य लड़कों को शीघ्रतापूर्वक कुछ समझाकर मुकर्जी, साइकिल पर रजनीश के साथ शैलेन्द्र के घर की ओर दौड़ पड़ा।

मार्ग में दो ताँगे जा रहे थे। अगले में कुछ लड़कियाँ थीं, मुकर्जी ने उधर नहीं देखा, पिछले में सुधीर, हरेन्द्र आदि बैठे थे।

"अरे हरेन्द्र तो ये जा रहा इससे पूछो।" मुकर्जी अपनी साइकिल ताँगे के बराबर ले आया–"शैल कहाँ हैं हरेन्द्र?" उसने पूछा।

"घर!" हरेन्द्र ने कहा, वह सुधीर को मुकर्जी के विषय में बताने लगा।

मुकर्जी ने फिर साइकिल तेज़ कर दी। दोनों मार्ग भर चुप रहे।

विद्युत की, आँखों को चकाचौंध करने वाली, पर क्षणिक चमक की भाँति शैलेन्द्र की आँखों के आगे वह घटना घूम गई जब वह सबसे पहले मामी के पास आया था, चारपाई पर बैठा हुआ वह पतंगें देख रहा था, तभी एक लाल सी पतंग के पास एक बया से बड़ा पक्षी आया, चोंच से पतंग को पकड़कर वह ऊपर उठा, पतंगबाज के संकेत से पतंग ऊपर उठ रही थी, पर पक्षी भ्रम में था, जैसे वह स्वयं उठाए लिए जा रहा हो, सहसा झटका लगा पतंग एक क्षण को उसी स्थान पर ठहरकर विद्युत गति से नीचे आकर और पतंगों में मिल गई। शैलेन्द्र ने देखा था, वह पक्षी थोड़ी देर रुका और फिर नीचे गिरने लगा। वह शिथिल था, पंख नहीं चला रहा था, वह गिर रहा था, उस दृश्य को चर्माक्षों से देखकर वह अट्टहास कर हँस उठा था, आज अन्तर्नेत्रों पर उसकी परछाईं पड़ते ही उसका रोदन शत-शत धाराओं में फूटकर बाहर निकलने के लिए मचलने लगा!

"शैल! शैल!!" मुकर्जी ने शैलेन्द्र के बंद किवाड़ों पर ज़ोर से धक्का दिया–"शैलेन्द्र खोलो!"

थोड़ी देर तक कोई उत्तर नहीं। मुकर्जी ने फिर धक्का दिया।

"कौन है? भाग जाओ!" फटे हुए गले से अंदर से शैलेन्द्र चीखा।

"किवाड़ तो खोलो भाई, हम हैं!"

"कौन हो तुम? भाग जाओ, मैं किवाड़ नहीं खोलूँगा!"

"अरे हम हैं, मुकर्जी–मुकुल मुकर्जी और रजनीश!" अथाह आश्चर्य से आँखें और मुँह फाड़कर मुकर्जी ने रजनीश की ओर देखा।

"हाँ, हाँ, कोई हो, मैं नहीं खोलूँगा, नहीं खोलूँगा, नहीं खोलूँगा!"

मुकर्जी ने फिर कई बार धक्का दिया, आवाज़, पर कोई उत्तर नहीं आया। किवाड़ों की संधि से उसने देखा—कुछ नहीं, अँधेरा था।

मुकर्जी के मुख पर जैसे किसी ने कालिमा पोत दी हो। उसका हृदय पसीज-पसीज कर मुख की ओर आने लगा। लौटते हुए उसने रजनीश से कहा, "चलो, रजनीश, शैलेन्द्र की आशा छोड़ दो, उसके विषय में कल ही मालूम हो सकेगा, समय हो चुका है, हम दोनों ही सही!"

मुकर्जी साइकिल चलाता हुआ हाँफ रहा था, जैसे कई मील से पैदल दौड़ता चला आ रहा हो, उसे आगे का मार्ग नहीं दिखाई दे रहा था।

"रजनीश, मुझे इसी बात की आशंका थी!" मुकर्जी ज़ोर-ज़ोर से कहने लगा—"मैं शैलेन्द्र की अवस्था समझता था, उसने स्वयं अपने मुख से बताई थी, प्रतिक्षण मैं डरता रहता था। रजनीश, शैलेन्द्र, जैसा युवक, मैं कहता हूँ तुम एक लाख में नहीं खोज सकोगे। मैं उसे गुरु की तरह मानता हूँ...।"

"मुकर्जी, चुप रहो थोड़ी देर!" रुँधे हुए कंठ से रजनीश ने अनुरोध किया। वह समझने की चेष्टा कर रहा था।

"चुप नहीं रहा जाता रजनीश—" मुकर्जी केवल सामने की ओर देख रहा था—"एक बात मैं तुम्हें बताऊँ, बहुत दिनों से मैं यही बात कहना चाहता था, एक देश भक्त को, उस मनुष्य को, जिसने देश सेवा का प्रण ले लिया है, सदा कठोर रहना चाहिए, कुटुंब के प्रति, संसार के प्रति और अपने प्रति। भावना की लहरियों पर तरंगित होने वाला मनुष्य कभी इस कार्य में सफल नहीं हो सकता! दूसरी बात, ऐसे मनुष्य को प्रण कर लेना चाहिए कि वह नारी नाम के जीव की ओर बिलकुल नहीं देखेगा—चाहे वह माँ हो, बहन हो, भाभी हो, प्रेयसी हो, पत्नी हो—चाहे कोई भी हो—बात तुम्हें पुराने युग की मालूम होगी पर है सच—स्त्री सदा पैर की बेड़ी है, प्रगति की बाधा है। और आज की पढ़ी-लिखी, बुद्धि-गर्विता नारी अधिक, इंगलैंड और रूस की नारी भले ही अपने देश, समाज के लिए बलि—कुर्बान—हो जाए, पर केवल नक़ल पर ही जीवित रहने वाली, शृंगार के ऊपर मरने वाली, विलास के पीछे पागल, आज की भारतीय नारी, कभी देश का तनिक भी ख़्याल नहीं कर सकती—पुराना युग या दो एकों को छोड़ दो। यह बात नहीं वह क्रांति नहीं कर सकती, अपनी बाधाओं को नहीं हटा सकती, नहीं वह हटा देगी, निर्भय होकर, किंतु ऐसी क्रांति करेगी वह उसी स्थान पर, जहाँ उसे शृंगार और विलास के अधिक होने की आशा हो!"

"क्या कह रहे हो मुकर्जी!" रजनीश उकताने लगे!

"बिल्कुल ठीक कह रहा हूँ रजनीश!" आवेश से मुकर्जी के हाथ काँपने लगे, हैण्डिल इधर-उधर लड़खड़ाने लगा। रजनीश अपनी साइकिल से उतर पड़ा, उसे

सम्हालने के लिए, वह गिर पड़ने ही वाला था!

"मुकर्जी भाई साहब, मुकर्जी भाई साहब, रुकिए!" तभी रजनीश ने देखा, मुकर्जी को आवाज़ देती हुई कोई लड़की शैलेन्द्र के घर की ओर से दौड़ी चली आ रही थी—यह निरुपमा थी!

दूसरे दिन आगरे की जनता ने अख़बारों में दो लोमहर्षक समाचार पढ़े।

पहला इस प्रकार था—

"जुलूस पर लाठी चार्ज।

आगरा—26 जनवरी, स्वाधीनता दिवस पर निकलने वाले स्वयंसेवकों तथा जनता के विशाल जुलूस पर पुलिस ने धारा 144 लगी होने के कारण लाठी चार्ज किया। जुलूस का नेतृत्व तेरह वर्ष की बालिका, कुमारी निरुपमा रानी कर रही थी। लाठी की चोट से सख्त घायल होने के कारण वह स्थानीय अस्पताल में पड़ी है। श्रीयुत मुकुल मुकर्जी—जुलूस के उत्साही और नवयुवक कार्यकर्ता गिरफ्तार कर लिए गए।"

दूसरे की अविकल प्रतिलिपि यों होगी—

"रैस्टीकेशन।

आगरा—26 जनवरी, स्थानीय सेंट जॉन्स कॉलेज के विद्यार्थी श्रीयुत शैलेन्द्र कुमार का प्रत्यक्ष रूप से राजनीतिक आंदोलनों में सोत्साह भाग लेने के कारण रैस्टीकेशन हो गया—फलस्वरूप हताश होकर आपने आत्महत्या कर ली! विद्यार्थी वर्ग में इससे बड़ी सनसनी है, वह हड़ताल, बहिष्कार, धरना, प्रत्येक उचित और अनुचित कार्यवाही करने के लिए दृढ़ प्रतिज्ञ है!"

सफाई

कॉपी साइज़ की एक डायरी है—और उस पर हाथ से लिखा गया है एक उपन्यास। शुरू करने की तारीख़ है 7-3-46 बुधवार, रात्रि 9-30 के आसपास। लगभग हर बार लिखे जाने की तारीख़ें हाशियों पर पड़ी हैं। 306 पन्ने। समाप्त किया गया है : 26-8-46 मध्याह्न 12 बजे। अध्याय नंबर देकर बांटे गए हैं। लिखाई तब अपना स्थायी रूप लेने लगी है—लेखक हैं राजेन्द्र यादव। उपन्यास का कोई शीर्षक नहीं है। झांसी में इसे शुरू किया गया था। बीच में आगरा आ गए। कुछ दिनों पिताजी के पास सुरीर (मथुरा ज़िले का एक क़स्बा) भी रहे और फिर आगरा...तब उम्र क्या रही होगी? 29 से भी हिसाब लगाएं तो 17-18। इससे पहले के भी दो उपन्यास। दसियों सालों से सोचता हूं इन सबको को नष्ट कर दूं, मगर हर बार उलटने-पलटने पर मोह हो आता है और वापस रख दिए जाते हैं—एक उम्र और समय का दस्तावेज़ हैं, इन्हें सुरक्षित ही रहना चाहिए। सिर्फ़ अपने लिए। किसी दूसरे के होते तो बिना सोचे-समझे रिजैक्ट कर दिए गए होते। इन्हें अपनी 'अभ्यास-पुस्तिका' या रिहर्सल भी कहना मुझे ग़लत नहीं लगता।

यह उपन्यास बेहद-बेहद कच्चा, अनगढ़ और लगभग अपठनीय है। किशोर-भड़ास : सबसे ज़्यादा क्षोभ होता है भाषा पर। छायावादी, तत्सम शब्दों से भरी नक़ली भाषा जहां "हृदय औदास्य से परिपूर्ण" हो जाता है और अपनी 'महती दुर्बलता' के कारण शैलेंद्र 'लज्जा से गड़' जाता है। पढ़ते हुए कोफ़्त होती है और सबकुछ फाड़कर फेंक देने को मन करता है। फिर सवाल यह भी उठता है कि इस सबको संभाल-संभालकर रखने से क्या फ़ायदा? ये अधकचरे अनगढ़ उपन्यास, डायरियां, पत्र...क्या यह सब इसलिए नष्ट नहीं कर देने चाहिए कि इनमें बचपन की अपनी ही नंगी तस्वीरें हैं? किसको इतनी फ़ुरसत और धैर्य होगा कि मैग्नीफ़ाईंग ग्लास लगाकर श्रीमान राजेंद्र यादव के मानसिक-विकास का अध्ययन करे? बहरहाल, तय नहीं कर पा रहा कि इनका क्या करूं? इस उपन्यास के अलावा सन् 45 में लिखा गया दूसरा उपन्यास भी है, डायरियां हैं। सब मिलाकर ढाई हज़ार पन्ने तो होंगे ही। पढ़ते हुए डरता हूं कि वे सब इससे भी ज़्यादा ख़राब होंगे। शायद 42-43 में दस-बारह खंडों में

एक तिलिस्मी उपन्यास भी लिखा था। नाम था 'देवगिरि'। उसकी पांडुलिपियों को भूपेंद्र (छोटे भाई) का एक दोस्त वसंत ले गया और फिर वह कहीं खो गया होगा...चलो, अच्छा हुआ। पाप कटा। 'देवगिरि' दक्षिण में यादवों का सबसे बड़ा साम्राज्य था। उसके गौरवशाली इतिहास को उस उपन्यास में आधार बनाया गया था। यह अपनी 'जड़ें' तलाश करने और आज के पतन के तर्क खोजने की भाजपाई उलटबांसी है। आज भी कोई 'यादव' महाभारत और कृष्ण की विराटमूर्ति से आगे नहीं देख पाता। ''जो महाभारत में नहीं है; वह भारत में नहीं है।'' कृष्ण सोलह कलाओं के पूर्णावतार है और गीता भारतीय संस्कृति के दर्शन की एकमात्र पुस्तक है। भारत ने पांच हज़ार सालों में कृष्ण से अधिक जटिल, संश्लिष्ट और चुनौती भरा विलक्षण चरित्र पैदा नहीं किया। इतनी सारी महानताओं के बाद आज के पतित यादवों पर कोई उंगली उठाता है तो यह उसकी अपनी ही नीचता-ग्रंथि का प्रदर्शन है। शायद यही बचकाने तर्क तब के दिशा-दर्शक रहे होंगे। हमने एक-से एक शूरवीर, पराक्रमी, दुश्मनों के दांत खट्टे कर जलने वाले हिंदू राजा-रानियों को इतिहास के मुर्दाघर से से खोज-खोजकर उन्हें रंग-पोतकर मैदान में ला-खड़ा किया। उस समय हर गिरी हुई जाति इसी भावना से अपने-अपने अतीत-नायक गढ़ रही थी और महान ऋषियों या अवतारों से अपने को जोड़कर राष्ट्रीय स्वाभिमान का निर्माण (मैनुफैक्चरिंग) कर रही थी। बौनी मूर्ति पर अगर सामने से रोशनी डालो तो पीछे के पर्दे पर दस फीट के आदमी की परछांइयां दिखाई देने लगती हैं। हमारा अतीत ऐसा ही 'विराट' था।

आज उस पंद्रह-सोलह वर्षीय किशोर से मैं साठ वर्ष दूर आ गया हूं और शायद अब उसे पहचानता भी नहीं हूं। कौन थे ये युवा? कैसे थे उनके भावनात्मक द्वंद्व, सपने, और हतोशाएं? वे स्वतंत्रता मिलते समय 'आधी रात' के बच्चे नहीं थे। उनकी सारी दुनिया गुलाम भारत के मुक्ति-संघर्ष के अंतिम चरणों में बनी-बिगड़ी थी। दूसरा महायुद्ध अंतिम स्थिति में था—अंग्रेज़ों को पराजित करने वाला हिटलर भारतीय नौजवानों का हीरो था। सुभाषचंद्र बोस के पलायन की रोमांचक कहानी रोंगटे खड़े कर देती थी। बयालीस का विद्रोह भगतसिंह के दिनों की याद दिला रहा था। देश के लिए कुछ करने के वलवले चैन नहीं लेने देते थे। खुद इस किशोर के भीतर एक तिलस्म था, जहां परस्पर-विरोधी यंत्र-तंत्र भरे 'आश्चर्य' थे। याद करना मुश्किल है कि उस समय अतीत और वर्तमान के कितने नायक हमें मोहाच्छन्न कर रहे थे। इस पर वल्लभ सिद्धार्थ की बाद में अद्भुत कहानी पढ़ी थी : 'महापुरुषों की वापसी'। आज क्या सचमुच यह उपन्यास उस तिलस्म की कोई चाबी दे सकता है?

फूहड़, अनगढ़ अपठनीय भाषा और शिल्प में लिखे गए इस उपन्यास में मुझे उस मानसिक दुनिया को समझने का एक नक़्शा दिखाई देता है। तत्कालीन युवा-मन के समाजशास्त्रीय अध्ययन की एक कुंजी के रूप में इसे क्यों नहीं देखा जाना चाहिए?

उस समय स्वतंत्रता मिलने में दो-ढाई वर्ष की देर थी और वातावरण में आज़ाद हिंद फ़ौज की गूंज थी। कप्टेन शाहनवाज़, ढिल्लों और लक्ष्मीसहगल पर लाल-क़िले में मुक़दमे चल रहे थे। बंबई में नाविक-विद्रोह हो रहा था। सन बयालीस की क्रांति हो चुकी थी—जयप्रकाश नारायण, लोहिया और अच्युत पटवर्धन, अरुणा आसफ़अली फ़रार थे। जेल तोड़कर भागने की उनकी कहानी रोंगटे खड़े कर देती थी। युवक कुछ भी करने को बेचैन थे—मगर न तैयारी थी न बाहर निकलने के अवसर। उसी समय के एक छोटे से परिवार की यह कहानी कुछ इस तरह है :

शैलेंद्र झांसी या किसी दूसरे शहर से आगरा आया है। आगरा बड़ा शहर है और उसे लेकर उसकी कल्पनाएं रोमांचक और बेचैनी भरी हैं। पिता का तबादला आगरा हो गया है और वहां रहने वाले मामा की मदद से उसे किराए पर मकान लेना है। उपन्यास यहीं मामा के घर से शुरू होता है। ज़ाहिर है मामा का यह मकान राजामंडी का हमारा पुराना घर ही रहा होगा। सारा लोकेल ही राजामंडी और आस-पास का है। शैलेंद्र निहायत झेंपू, शर्मीला और चुप्पा है, उसके मुंह से आवाज़ नहीं निकलती और वह किसी से आंखें मिलाकर बात नहीं कर पाता। हमेशा सिर झुकाए रहता है, हकलाता है। छोटे शहर से बड़े शहर में आने का हीनताबोध उसके ऊपर प्रबल रूप से हावी है। मामी, उनकी दो बेटियां निशा और निरुपमा के सामने तो उसकी ज़बान ही नहीं खुलती। मामा बीच-बीच में सिर्फ़ आते-जाते हैं। सारे उपन्यास में न मामा की कोई भूमिका है, न पिता की—वे सिर्फ़ वहां हैं। पहले आग्रह होता है कि वे सब साथ ही रहें। फिर पड़ौस का दूसरा मकान 30 रुपए महीने के किराए पर तय हो जाता है। लगता है दोनों मकान एक ही हैं और उनकी छतें मिली हुई हैं। कहानी इन्हीं दो घरों के अंदर घटित होती है। शैंलद्र की अपनी सगी बहने रेखा और ममेरी बहन निशा हमउम्र हैं। निरुपमा की उम्र 12-13 वर्ष है। निशा रेखा 16-17 की होंगी। किसी भी पात्र के चेहरे-मोहरे की कोई रूपरेखा नहीं है, सिर्फ़ नाम हैं। वे कपड़े क्या और कैसे पहनते हैं इसके कुछ विवरण ज़रूर हैं। दूसरा महायुद्ध अपने अंतिम चरण में है, इसका संकेत एकाध जगह ही आया है। कहानी सिर्फ़ उत्तरी-भारत के शहरी मध्यवर्ग तक सीमित है। शायद कुछ अंतरराष्ट्रीय संदर्भ होते तो उपन्यास इतना इकहरा न होता।

वस्तुतः पूरा उपन्यास एक बहस है—उस समय का युवक जिन बौद्धिक और भावनात्मक तूफ़ानों से गुज़र रहा था उसे लेकर ही धुआंधार भाषण-बाज़ियों से पन्ने-दर-पन्ने भरे पड़े हैं। शैलेंद्र की ये सारी बहसें दोनों बहनों के साथ होती हैं, बाद में मुखर्जी नाम का एक दोस्त भी शैलेंद्र के साथ जुड़ जाता है। हिंदू मध्यवर्गीय परिवार के भीतर लगातार चलती ये बहसें बहुत ही सामान्य और बचकानी है : हो सकता है आज भी ये 'राष्ट्रीय स्वयं सेवक संघ' के बच्चों के बीच चल रही हों। शैलेंद्र भी आदर्शवादी हिंदू युवक है और पश्चिमी सभ्यता से बेहद चिढ़ता है : पुराने

विचार, संस्कार, अंधविश्वास, पूजापाठ, सब कुछ उसे 'भारतीय' लगते हैं : वह खद्दर पहनता है और धोती-कुर्ते में रहता है : उलटे पल्ले की साड़ी या मिलों के कपड़े पहननेवाली निशा और रेखा उसे 'पश्चिमी सभ्यता' के पीछे पागल लगती हैं : शृंगार-पटार का तो सवाल ही नहीं है। शैलेंद्र दोनों को अपनी लाइन पर लाना चाहता है। खुद शायद इंटर का इम्तिहान दे रहा है। पिता और मामा सरकारी नौकरियों में हैं। रहन-सहन चाल-चलन को भारतीय अर्थात् हिंदू संस्कारों में ढालने की बहसें और भावनात्मक संघर्ष घर के अंदर ही घटित होते हैं। राष्ट्रीय स्तर पर बहसें बाहर मुखर्जी के साथ। परिवहन के साधन या तो तांगे हैं या साइकिलें। ज़ाहिर है रिक्शा तब तक नहीं आया है। दोनों दोस्तों के भीतर गुलामी से छूटने और कुछ करने के वलवले हैं। मुखर्जी, शैलेंद्र को जिस संगठन के दफ़्तर में ले जाता है उसका नाम नहीं दिया गया है, मगर वह राष्ट्रीय स्वयंसेवक संघ है—जहां लाठियां, भाला, तलवार चलानी सिखाई जाती हैं—शायद कुछ बम-वम बनाने की बातें भी होती हैं : तब भगतसिंह इत्यादि के आदर्शों से प्रेरित इस तरह की अंडर-ग्रांउड गतिविधियों को 'षड्यंत्र' का नाम दिया जाता था। इन षड्यंत्रकारियों के गुणगान जगह-जगह भरे पड़े हैं। वस्तुतः वहां ऐसे नायकों की भीड़ है जिनके जीवन-दर्शन अंतर्विरोधों में उलझे हैं। वहां भगतसिंह हैं तो वीर सावरकर भी। शिवाजी हैं तो बहादुरशाह ज़फ़र और रानी लक्ष्मीबाई भी, गांधी और नेहरू हैं तो हिटलर-मुसोलिनी भी। सबसे ज़्यादा आंदोलित करते हैं भगतसिंह—मगर तब तक उनका वामपंथी लेखन सामने नहीं आ पाया है, इसलिए पता नहीं है कि वह कितने घनघोर कम्यूनिस्ट हैं। बरसों-बरस उनका बलिदान, फांसी के फंदे का वरण ही हर युवक को उन्माद से भर देता था। शैलेंद्र क्रांति करने की बात करता है। लगता है जैसे विराट-मूर्तियों के ढेर उसके भीतर भरे पड़े हैं।

शैलेंद्र का दर्शन भी हिंदी, हिंदू, हिंदुस्तान है। ये लोग अपना एक अलग दल बनाते हैं जो आज़ाद हिंद फ़ौज के मुक़दमों के समाप्त होने या नेताजी सुभाषचंद्र बोस के जन्मदिन पर जुलूस निकालने की तैयारी में है। पुलिस के डर के साथ यह आशंका भी है कि लीगी मुसलमान हमला करेंगे। यहां बाहरी दुश्मन अंग्रेज़, पश्चिमी-सभ्यता और अंग्रेज़ी शासन है जिसे क्रिश्चियेनिटी से घाल-मेल कर दिया गया है। भीतरी दुश्मन मुसलमान हैं। कहीं बाहरी दरवाज़े पर कम्यूनिज़्म भी दस्तकें दे रहा है। घर के अंदर अपनी बहसों, रूठने-मनाने के नाटकों के साथ शैलेंद्र निशा, रेखा और निरुपमा को स्वयं-सेविकाएं बनाना चाहता है। रेखा खुला विद्रोह करके असहयोग कर देती है, निशा धीरे-धीरे 'विदेशी सभ्यता' से निकलकर शैलेंद्र के सपनों के हिसाब से क्रांतिकारिणी बनने लगती है। निरुपमा चुप है, मगर शैलेंद्र के गहरे प्रभाव में हैं। इन्हीं सबको लेकर भावनात्मक तनाव और रूठने-मनाने के नाटक भी चलते रहते हैं। शैलेंद्र और अन्य युवकों की कल्पनाओं में राष्ट्रीय झंडा लेकर जुलूस के आगे-आगे

अनजाने क्षितिज की ओर चलने वाली ऐसी सन्निपात-ग्रस्त उत्तेजनाभरी युवती है जिसे न गोलियों की परवाह है, न लाठियों की। भारतमाता की यह छवि शायद तब हर युवक को भावुक उत्तेजना से भर देती थी। वह दीवारों, पुस्तकों और युवा मनों के सपनों में टंगी थी। शैलेंद्र *सुनीता* जैसे उपन्यास पढ़कर इस तस्वीर को अपने ढंग से जीना चाहता है। जुलूसवाले दिन गड़बड़ी की आशंका से परिवार के लोग निशा को घर से बाहर नहीं निकलने देते। निशा को ही इस जुलूस का नेतृत्व करना है। अधीर होकर शैलेंद्र घर भागता है और पाता है कि निशा किसी हालत में निकलने नहीं दी जाएगी। इस 'विश्वासघात' के धक्के को वह बर्दाशत नहीं कर पाता और हताश होकर अपने को कमरे में बंद कर लेता है। उधर जुलूस का नेतृत्व करती है निरुपमा। अगले दिन इस समाचार के साथ अख़बारों में शैलेंद्र की आत्महत्या की ख़बर भी छपती है। उसके सपनों की रानी निशा सामाजिक मजबूरियों के सामने इस तरह घुटने टेककर हार जाए? उसका यह 'क्रूर समाज' परिवार के आठ-दस लोगों से बना है। बाद के पचास पृष्ठों में उपन्यास इतना नाटकीय हो गया है कि हिंदी फ़िल्में भी शरमा जाएं। यहां एक बहस को नए सिरे से उठाया जा सकता है कि क्या परिवार सामाजिक-परिवर्तनों का विरोधी होता है? अक्सर परिवार यथास्थितिवादी होते हैं और हर नया विचार वहां मानसिकता से लेकर जीवन प्रणाली तक में बदलाव का प्रारंभ बनकर तो आता है, मगर इसे बहुत आसानी से स्वीकार नहीं किया जाता। यह कहानी भी व्यक्ति की आकांक्षाओं और परिवार के द्वंद्व की कहानी है जो *सारा आकाश* में अधिक दमनकारी हो गया है।

जब घटनाओं के पीछे की वास्तविकता और संदर्भ भुला दिए जाते हैं तो वहां प्रतीक और रूपक उभरने लगते हैं, यानी उनकी मनमानी व्याख्याएं करना आसान हो जाता है। मैं सोचता हूं कि उपन्यास काफ़ी प्रतीकात्मक है। शैलेंद्र की जो भी मानसिक बनावट और वैचारिक अपरिपक्वता है उसे देखते हुए आत्महत्या ही उसकी परिणति हो सकती थी। शैलेंद्र कच्ची और किशोर भावुकता का निर्भ्रान्त प्रामाणिक दस्तावेज़ है—यही युवक आगे चलकर *सारा आकाश* में इस 'पारिवारिक भारतीयता' की दमघोंटू रूढ़ियों से बाहर निकलने के लिए छटपटाता है—हालांकि *प्रेत बोलते हैं* में वह भी आत्महत्या ही करता है। मगर *सारा आकाश* में उसे दुराहे पर ला-खड़ा किया गया है।

उपन्यास में शैलेंद्र का छोटा भाई हरेंद्र हैं जो 'बिगड़ा हुआ' है और शैलेंद्र को पागल/सनकी मानता है, वह लुच्चे लड़कों के साथ 'रेस्टुरेंट' में आमलेट खाने या छोटा-मोटा जुआ खेलने में अपना विद्रोह दिखाता है। बाप की जेब से रुपए निकाल लेता है। ज़ाहिर है उसे बिगाड़ने वालों में मुसलमान लड़के भी हैं। अंग्रेज़ी कपड़ों और भाषा के दीवाने कवि रजनीश हैं जो बाद में शैलेंद्र और मुखर्जी के प्रभाव में राष्ट्रीय हो गए हैं। शायद उन दिनों बंगालियों को ही क्रांतिकारी माना जाता था।

बंगाली उपन्यासों की विलक्षण नायिकाएं सचमुच हमें 'मेढ़ा' बनाए हुए थीं।

चूंकि उन्नीसवीं शताब्दी के अंत और बीसवीं के प्रारंभ में हिंदू-पुनर्जागरण की धारा ही सबसे प्रमुख थी, इसलिए उसकी प्रेतछायाएं ही तत्कालीन युवा मनों पर छाई थीं। कच्ची, प्रारंभिक और परंपरागत इकहरी हिंदू रूढ़िवादिता को ही भारतीय संस्कृति समझने, प्रचारित करने वाले युवाओं की बनावट का दूसरा सबसे महत्त्वपूर्ण पक्ष है उस उम्र में उभरती सैक्सुएलिटी या काम-भावना। सच पूछा जाए तो यह शैलेंद्र और निशा के बीच पनपती और विकसित होती प्रेम-कहानी ही है जिसे दोनों न कोई नाम देते हैं न अपने सामने स्वीकार कर पाते हैं। निशा ममेरी बहन है और शैलेंद्र को 'भाई साहब' कहती है। सारी कमज़ोरियों और कच्चेपन के बावजूद मुझे यह किशोर होते युवक की प्लेटोनिक, या 'काफ़ लव' की बेहद प्रामाणिक कहानी भी लगती है। कहानी के अंत की ओर अंधेरी छत के एकांत में शैलेंद्र निशा से एक 'चुंबन' की मांग भी करता है और निशा झिड़क देती है कि ''भाई साहब, आपके मस्तिष्क में यह कुत्सित बात आई कैसे'' इस पर वह उससे दूसरी प्रतिज्ञा लेता है कि वह 'देश' को कभी भी नहीं भूलेगी। इस सबके साथ शैलेंद्र के मन में 'वासना' का आकर्षण बना रहता है जो स्पर्श की झिझकती कोशिशों में अपने को व्यक्त करता है। बहन जैसी लड़कियों को लेकर जो शारीरिक खिंचाव भयानक अपराध-बोध पैदा करता है–उसे 'राष्ट्रीय भावनाओं' से स्थानापन्न कर दिया गया है। भावना और वासना का यह ऐसा द्वंद्व है जो मध्यवर्गीय युवक को आधी सदी तक मथता रहा था–पीछे थीं पाप-पुण्य का विवेचन करने वाली *चित्रलेखा* जैसी पुस्तकें–जहां अतीत में जाकर 'पाप' का पक्ष लिया गया है, वर्तमान में तो वे *देवदास* और वैसे ही आत्महंता चरित्रों के पतन की कहानियां ही हैं। अपने झेंपू-युग में शैलेंद्र का एकमात्र नशा है, पतंग उड़ाना। आधे से ज़्यादा कहानी इसी पतंगबाज़ी से भरी पड़ी है। चाहे कुछ हो जाए, रोज़ शाम को उसे छत पर पतंग उड़ानी ही है, साथ में कभी निशा होती है, कभी निरुपमा। निशा के प्रति शैलेंद्र के इस लगाव से रेखा लगभग ईर्ष्या के चलते छिटकी रहती है। खुलकर कुछ नहीं कहती। मुझे लगता है आसमान में उड़ती हुई रंग-बिरंगी पतंगे शैलेंद्र के सपनों की उड़ान की प्रतीक हैं। वह लड़कियों के साथ होने का एक मासूम बहाना भी है जो आगे जाकर अपने संबंधों का आकार ग्रहण कर रहा है। अंत की ओर जब शैलेंद्र ज़्यादा ठोस बहसों और गतिविधियों में शामिल होने लगता है तो यह पतंगबाज़ी कम हो गई है। वैसे भी ऐसा कोई जिक्र नहीं है कि वह पतंगबाज़ी की बारीकियों के बारे में ज़्यादा कुछ जानता है। उपन्यास के प्रारंभ में दो पतंगों की आसमानी (हवाई) सहयात्रा निशा और शैलेंद्र के बीच भावनात्मक संबंधों की भावी कहानी की रूपरेखा का संकेत है जहां छोटी पतंग काफ़ी दूर साथ-साथ उड़ने के बाद बिछुड़ जाती है। यह पतंगबाज़ी ही शैलेंद्र और मुखर्जी को निकट लाती है। मानो दोनों एक ही सपने के सहभागी रहे हों।

उद्‌बुद्ध होते हार्मोनों के दबाव में अनकहे वर्जित प्यार और अनसमझी राष्ट्रीयता की यह भावुक-रोमानी कहानी मुझे अपनी मूल रूप-रेखा में तब के युवा-मन का कटा-फटा ब्लू-प्रिंट लगती है। शायद मन के भीतर कहीं यही बात रही होगी कि मैं इसे हर बार उठाकर नष्ट करने को स्थगित कर देता हूं। हालांकि जैसा मैंने कहा, भाषा और वर्णन या निहायत फ़ालतू बातों को लेकर गढ़ी गई कहानी इतनी लद्धड़, उबाऊ और सचमुच बचकानी है कि हर पन्ना पढ़ते हुए शर्म से डूब मरने की इच्छा होती है। यहां तत्सम शब्दों से भरी बनावटी भाषा भी कथ्य के नक़ली-झूठे और अधकचरे विचारों का एक हिस्सा ही लगती है। सभी कुछ तो दिमाग़ी है। अंडा फोड़कर बाहर निकलता हुआ चूज़ा शायद इतना ही घिनौना, गिलगिला और वीभत्स लगता होगा...आज विश्वास नहीं होता कि मैंने कैसे डूबकर तन्मयता से लिखा होगा—मानो कोई बम बना रहा हूं।

चार-पांच साल बाद (48-49) मैंने ठीक इसी बहन-प्रेम पर अंचल के उपन्यास *महिमा* और *चढ़ती धूप* पढ़े, गुरु-गंभीर रोमानी भाषा-शैली में लिखा गया *शेखर* पढ़ा और बाक़ायदा शारीरिकता के वर्णनों से भरा बदनाम उपन्यास द्वारकाप्रसाद का *घेरे के बाहर* पढ़ा। मांसल भाषा में *गुनाहों का देवता* पढ़ा। सभी में 'भाइयों' के प्रेम और आदर्शों में साथ न दे पाने वाली बहनों की कहानियां हैं। युवक का साथ न दे सकने वाली या बीच में ही साथ छोड़ देनेवाली यह किशोरी ही आगे जाकर नई कहानियों की आधार-भूमि बनती है। यह सन् 40-50 के बीच की ऐसी सचाई है जिसे हम शायद याद भी नहीं करना चाहते। अब ये बहुत दूर की स्मृतियां हो गई हैं। 'नई कहानी' से पहले के कथा-साहित्य को पढ़ते हुए जो एक बात बार-बार ध्यान आकर्षित करती है वह है युवक का स्त्री के प्रति अदम्य आकर्षण, मगर साथ-साथ स्त्री-देह को नकारने की सावधानी और उसे अस्वीकार न कर सकने की विवशता। यह युवक समझ नहीं पाता कि स्त्री नाम की चीज़ वस्तुतः है क्या, जिसे छोड़ना असंभव है और स्वीकार करना पाप। उन दिनों 'स्त्री एक जटिल पहेली' की समस्या हर युवक को परेशान कर रही थी—पीछे था गांधी का 'ब्रह्मचर्य ही जीवन है' का सिद्धांत, आर्य-समाजी या विक्टोरियन नैतिकता के अंकुश और पाप-बोध में अपने से प्रतिशोध लेने वाला सान्निपातक क्रांतिकारी—जो लगभग आत्महत्या के भाव से देश के लिए 'बलिदान' हो जाता था—या 'एक फूल की चाह' वाला मासूम देशभक्त—खंडित, विभक्त और भीतरी द्वंद्वों के तनाव में सांस लेता 'वीर बालक'। 'सुनीता' का हरिप्रसन्न संपूर्ण अनावृत 'स्त्री' को दूर से देखता है, *दादा कामरेड* में हरीश एक क़दम आगे बढ़ता है, शेखर में बहन-भाई के रिश्ते का बौद्धिक विरेचन है।

वस्तुतः इस युवक की मानसिक बनावट के लिए उस समय के दो और उपन्यासों पर बात करना ज़रूरी है : एक है धर्मवीर भारती का *गुनाहों का देवता* और दूसरा मेरा अपना *सारा आकाश*। कुछ समय पहले मैंने भगतसिंह और देवदास पर 'दो

शहीदों की कहानी' नाम से एक लेख लिखा था। भगतसिंह अपने समय की राजनीति, वैचारिक-मंथन, सपनों आदर्शों के बलिदानी हीरो' हैं—वे देश के लिए महानतम त्याग यानी आत्मबलिदान के प्रतीक हैं, उधर देवदास राजनीति या तत्कालीन बौद्धिक विमर्शों से एकदम अछूता नायक है जो अपने और पारो में डूबा शराब और प्यार के लिए जीवन दे-देने वालों की शहादत का 'आदर्श' प्रस्तुत कर रहा है। इस दूरी के बावजूद भगतसिंह और देवदास में अद्भुत समानता है : दोनों ही अपने 'आदर्शों' के लिए मृत्यु का वरण करते हैं—दोनों ही रोमानी हैं। कामू ने ऐसे नायकों को 'रोमैंटिक रिबैल' या 'रोमानी-विद्रोही' कहा है। दोनों का महानतम मूल्य आत्मबलिदान है—वे तटस्थ होकर प्रायः उन मूल्यों की पड़ताल नहीं करते जिनके लिए शीहद हो रहे होते हैं—प्रायः ये मूल्य उन्हें 'बाहर' से दे दिए जाते हैं और उनके अपने अस्तित्व के पर्याय बन जाते हैं। वे उन महान आदर्शों के क़ैदी बन जाते हैं जिनके बनाने या उन्हें चुनने में इनका अपना कोई हाथ नहीं होता। देवदास की यही अचेतन लाचारी पाठक के मन में अथाह करुणा और सहानुभूति भर देती है—हम उसके तिलतिल मरने पर रोते हैं। शायद यह बात देवदास के मुकाबले भगतसिंह के लिए उतनी सच नहीं है। भगत सिंह अपनी कम उम्र के बावजूद बौद्धिक रूप से बेहद जागरूक हैं, वे मार्क्सवादी सिद्धांतों और बोल्शेविक क्रांति के गहन अध्येता हैं—वे जातिवाद, सांप्रदायिकता और धार्मिक अंधविश्वासों पर खुलकर चोट करते हैं। काश, फांसी पर चढ़ने की बजाय उन्होंने इन आदर्शों के लिए लड़ने का चुनाव किया होता—जैसा यशपाल के नायकों ने बाद में किया।

इन रोमानी विद्रोहियों को *गुनाहों का देवता* और *सारा आकाश* में ज़्यादा मूर्तरूप में देखा जा सकता है। यहां यह स्पष्ट कर देना ज़रूरी है कि अगर आदमी की ज़िंदगी में यह रोमान्स—यानी स्वच्छन्द कल्पनाशीलता न हो तो वह न तो कोई आविष्कार करे, न किसी अलग संसार का सपना पाले...यह कल्पनाशीलता हमें वंर्तमान की जड़ यथास्थिति से मुक्त करती है और व्यक्ति को इतिहास से जोड़ती है। वह अपनी नियति का गुलाम नहीं, उसका निर्माता बनने की दिशा में उत्प्रेरित होना है। हां, रोमानी विद्रोही अपने असंतोष और अस्वीकार को तो जानता है, मगर विकल्प प्रायः उसके सामने नहीं होता। विकल्प न चंदर के सामने है, न समर के—चन्दर सुधा के प्लैटोनिक प्यार में शहीद हो रहा है तो समर को परिवार नाम की संस्था शहीद कर रही है। यह सामंतवादी सभ्यता में व्यक्ति के उदय की बलिदानी कहानियां हैं। *गुनाहों के देवता* में उस रूप में न समाज है, न राजनीति...हां, ओढ़ी हुई बहन को लेकर अदृश्य नैतिक वर्जनाएं हैं और यही 'ज़ालिम ज़माना' बनकर उसे खंड-खंड में तोड़ रही है—वह निरंतर असहाय डूबते चंदर की आंसू-निचोड़ कहानी है, जिसे पम्मी की शारीरिकता और भी अधिक 'अपराध' बना देती है—उसे लगता है मानो वह सुधा के पवित्र प्यार को गंदला और वीभत्स बना रहा है—ज़ाहिर है इस

'अपराध-बोध' को सुधा की शहादत ही स्थायित्व और गरिमा देती है।

उधर *सारा आकाश* में समाज भी है और राजनीति भी। सड़कों पर आंदोलनों के रूप में नहीं, संस्कृति, धर्म, मर्यादाओं की घरेलू बहसों के रूप में वे सारे राजनैतिक सवाल हैं जो उस समय के युवक की चिंता के केंद्र में हैं। समर अपने संबंधों और संदर्भों के सामने जितना ही कमजोर और भीतर ही भीतर घुटता है उतना ही अधिक कल्पनाशील होता जाता है। वह अपने आत्मसंघर्षों में हिंदू आदर्शों की जड़ता को पहचानता ज़रूर है, मगर लाचार है—परिवार, परंपरा, परिवेश सभी उसके निजी सपनों को एक-एक कर कुचल रहे हैं। परिवार भावनात्मक और भौतिक सुरक्षा और निर्भरता तो देता है, मगर बदले में व्यक्ति की सारी स्वतंत्रता छीन लेता है। कालांतर में पंख काटकर सिर्फ़ एक पारिवारिक इकाई बना छोड़ता है जिसमें न कोई इनीशिएटिव (कुछ करने की पहल) रह जाता है न जोखिम उठाने का साहस। यह छटपटाहट चंदर और समर दोनों को उन स्त्रियों के प्रति अधिक क्रूर और अत्याचारी बनाती हैं, जिन्हें वे प्यार करते हैं। समर उस अर्थ में प्रभा को प्यार नहीं करता, वह पहले उसे अपने विकास में बाधक मानता है और फिर जैसे-जैसे इस सत्य को पहचानने लगता है कि खुद उसके साथ ही प्रभा भी तो उसी व्यवस्था की शिकार है। इस सचाई की पीड़ा दोनों को आपस में नए संबंध का अनुसंधान करने में सहायक होती है। ये सारे रोमानी विद्रोही अपनी नियति' से लड़ने या उसके सामने लाचार होने की पराजय का वरण करते हैं। दोनों की यह 'नियति' समाज, परंपरा और धार्मिक विश्वासों की वे सामंती मान्यताएं हैं जो आदर्श और संस्कृति के रूप में हमें गढ़ती और कुचलती हैं। यहां स्त्री उसका सबसे बड़ा शिकार होती है, क्योंकि न वह अपने मन का कर सकती है, न मन का कह सकती है। सिर्फ़ अपने को कुचलती है। यह मजबूरी सुधा की अभिव्यक्तियों और प्रभा की चुप्पियों में सबसे अधिक चीख-चीख कर मुखर है। इस समर्पणवाद को जैनेंद्र ने 'त्यागपत्र' की मृणाल के रूप में ताप-भ्रष्ट देवी बनाकर स्थापित कर दिया है।

विचारधारा कोई भी हो, हमारी स्वतंत्रता की हर लड़ाई इसीलिए 'असफल' हुई कि वह 'परिवार' नाम के दुर्ग के बाहर ही लड़ी गई—बदलाव भीतर बहुत कम हुए। राष्ट्रीयता के नाम पर जो राजनैतिक लड़ाइयां, सामाजिक (पढ़ें, पारिवारिक) समस्याओं से नहीं जूझतीं वे या तो असफल हो जाती हैं, या सफल होने पर तानाशाही और भ्रष्टाचार की मशीनें बन जाती हैं, क्योंकि तब राष्ट्र के लिए लड़ने वालों को पुरस्कार दिए जाते हैं—पदों, पैसों और प्रशस्तियों के.

जब भीतरी और बाहरी दमन असहनीय हो उठता है तो परिवार का युवक जिस तरह भागकर बाहर निकल जाता है, वैसा स्त्री नहीं कर पाती। वह उसका स्थायी यातना-गृह है जहां से छुटकारा हत्या, आत्महत्या या संपूर्ण के माध्यम से ही हो जाता है। पारिवारिक से लेकर राष्ट्रीय गरिमा और गौरव के संरक्षण का सारा

बोझ स्त्री के कंधों पर ही डाल दिया जाता है। अपनी सुरक्षा की भावना से प्रेरित स्त्री सारे मर्दाने मूल्यों को आत्मसात करते हुए परिवार की मर्यादा और भी कठोरता से पालन करने लगती है जिसका सर्वेसर्वा पुरुष है। संपत्ति, उत्तराधिकार, वंश, परिवार सभी तो पुरुष की 'गढ़ंत' हैं। शायद इसीलिए ऐंमिल्स ने लिखा है कि परिवार में पुरुष बोर्जुआ होता है और स्त्री प्रोलेतेरिएट...इस उपन्यास में भी प्रभा, अधिकारहीन कर्तव्यों और प्रत्याशाओं को ढोते जाने के लिए विवश है...वह एक ऐसा पुर्ज़ा है जिसे ठोक-पीटकर परिवार नाम की मशीन में फ़िट किया जाना है। अगर फ़िट नहीं होगी तो कबाड़ की तरह फेंक दी जाएगी।

इन सारी कथाओं की ट्रैजेडियां अपने वास्तविक यथार्थ से टकराने और टूटकर बिखरते जाने की कहानियां हैं। ये नायक यथार्थ से लड़ते नहीं सिर्फ किसी चमत्कार से उसके बदल जाने की राह देखते हैं। बदलाव की यह आकांक्षा सामाजिक या राजनैतिक क्रांति के आदर्श के रूप में होती है।

यह प्यार, देश, स्वतंत्रता, क्रांति, मानवता, राष्ट्र, धर्म के अमूर्त आदर्शों के लिए प्राणों की बाज़ी लगा देने वाले युवाओं का समय है, मगर जब इनकी टकराहट ठोस सचाइयों से होती है तो ये हताशा और मोहभंग के शिकार होने लगते हैं। वस्तुतः ये हर कहीं प्लैटोनिक और अशरीरी हैं : प्यार में देह, देश में जाति, स्वतंत्रता में सहयोग, राष्ट्र और मानवता में इतिहास और भूगोल; क्रांति में हिंसा, धर्म में भय और घृणा, संस्कृति में आत्ममुग्धता—ये कुछ ऐसी वास्तविकताएं हैं जो इस युवा को पहली मुठभेड़ में ही तोड़-मरोड़ देती हैं।

क्रांति सिर्फ़ बौद्धिक पहाड़ा नहीं है, वहां स्त्री का रोमान और शरीर भी उतना ही ज़रूरी है। मगर उसे स्वीकार करने की न भीतर हिम्मत है, न बाहर अनुमति। आज भी क्रांति से जुड़े युवाओं के बीच सैक्स की बातें भयानक 'ग़द्दारी' लगती हैं। मगर सचाई यह है कि राजनैतिक और नैतिक वर्जनाओं के ख़िलाफ़ विद्रोह दोनों एक ही साथ घटित होते हैं। शायद *घेरे के बाहर* पहला उपन्यास है जहां देह के माध्यम से आसक्ति और संवाद हैं—वहां भी संभोग नहीं है—बहन को लेकर अपराध-बोध वहां भी है। कहां से आ गई थी ये बहनें? युवक-युवती आपस में मिलें इसकी न अनुमति थी न स्थिति—कोई न कोई बहाना तो प्रकृति को भी खोजना ही था और वह राष्ट्रीय आंदोलन था—समानांतर धार्मिक आयोजनों या मंदिरों की तरह, वहां अपरिचित युवक 'भाई-बहन' ही थे। राखी बांधकर इस रिश्ते को पक्का करने के प्रहसनों पर भी बीसियों कथा-रचनाएं उन दिनों बहुत लोकप्रिय थीं। भीतर की वासना यानी इस पाप भावना के लिए राखी सबसे बड़ा सुरक्षा-कवच थी—यानी राखी तब ऐसा ताबीज़ था जिससे 'काम' नाम के प्रेत को भगाया जाता था। यह किसी बाहरी दुश्मन से बहन की रक्षा से अधिक अपने भीतरी दुश्मन को नाथने वाली नकेल थी। दशकों लगे यह बताने में कि यह लड़की मेरी बहन नहीं, दोस्त

है। मेरी कहानी 'एक कटी हुई कहानी' की नायिका झुंझलाकर कहती है, "मेरा मन करता है कि सबको बता दूं कि मैं आपके दोस्त की बहन नहीं, आपकी दोस्त हूं।" यही वह समय था जब कम्यूनिस्ट पार्टियों में सैक्स और क्रांति की बहसें चला करती थी। लेनिन और क्लारा ज़ैटकिन के तर्क उद्धृत किये जाते थे कि क्या सैक्स सिर्फ़ एक ग्लास पानी है जिसे पीकर आप क्रांति के मोर्चों पर निकल पड़ें?

अपने बौद्धिक और भावनात्मक तनावों में यह युवा किस तरह स्त्री को अपने परीक्षण और प्रयोग का लक्ष्य बनाता है (गांधी भी तो ऐसे ही सत्य के प्रयोग करते हैं) यह दिलचस्प मगर इकतरफ़ा खेल है। वस्तुतः वहां स्त्री का कोई ठोस और साकार रूप है ही नहीं। वह सिर्फ़ एक भावना या सपना है—अमूर्त और वायवीय। लगभग निष्क्रिय अपरिचय से उपजी यह दूरी स्त्री को लेकर तरह-तरह की रोमानी कल्पनाओं की स्रोत है—उपन्यास के शुरू में जिस तरह शैलेंद्र, आगरे जैसे बड़े शहर की कल्पनाएं करता है, ठीक उसी तरह स्त्री को लेकर उसकी उत्सुकताएं भी रोमानी हैं। दोनों ही उसके लिए अपरिचित 'शहद' हैं। चूंकि तब स्त्रियां इतनी मुखर नहीं थीं, इसलिए स्थिति का दूसरा पक्ष सामने नहीं आता। कहीं आया भी होगा तो पुरुष लेखक ने खुद ही अपनी तरफ़ से उसे लिखा है। हां, स्त्री की अपनी भाषा में वह आना शुरू होता है चंद्रकिरण सोनरैक्सा, कृष्णा सोबती, मन्नू भंडारी और उषा प्रियंवदा के साथ। बहुत डरते-डरते और सिर्फ़ भावना के स्तर पर। दिलचस्प यह भी है कि *चित्रलेखा* वाले वासना और भावना के द्वंद्व में युवक न अपने शरीर होने को स्वीकार करता है, न स्त्री के शरीर को। *सुनीता* में हरिप्रसन्न सुनीता के अनावृत शरीर को इस तरह देखता है जैसे कभी अलाउद्दीन ख़िलजी ने पद्मनी को शीशे में देखा होगा। इस मामले में मुझे *घेरे के बाहर* के बाद *गुनाहों का देवता* सबसे प्रामाणिक उपन्यास लगता है। हां, *देवदास* की तरह वहां भी राजनीति नहीं है।

हवाई पतंगबाज़ी का यह छायायुद्ध उन दिनों हमें किन जादुई सपनों में बनाए रखता था, आज इसे जानकर आश्चर्य ही होता है। न भाषा अपनी थी, न विचार, न भावनाएं और न सपने। सबकुछ हमें भारतीय संस्कृति के सूत्रों, यानी बंगाली उपन्यासों या प्रसाद के नाटकों से 'दे दिया गया' था और हम अपने 'वास्तविक' होने को स्थगित करके उस ऊपर से मिले उधार के जीवन की समस्याएं-हल करने में लगे थे। बाद में बासु चटर्जी ने एक प्यारी-सी फ़िल्म बनाई, *छोटी-सी बात*। सारी कहानी इस संकोच और द्वंद्व का विस्तार है जहां नायक लड़की से खुलकर यह नहीं कह पाता कि 'आई लव यू'। देखा जाए तो ऐसी लगभग सारी कहानियां 'अस्वीकार' और निषेध की कहानियां हैं। सारे नायक 'पाप-बोध' से भरे हैं। उसी का परिणाम हुआ कि स्वतंत्रता के बाद जब वास्तविक दुनिया अपनी सारी क्रूर सचाइयों के साथ आई तो हमारे सपनों की किरचें बिखरने लगीं। हम अचानक ही रोमानी स्वर्ग से फेंक दिए गए ऐसे आदम-हव्वा थे जो निष्ठुर जंगलों में नंगे खड़े एक दूसरे को विस्मय

और अविश्वास से देख रहे थे। यह दूसरा कौन है? अब कोई ऊपरी हाथ, ईश्वर या पैगंम्बर हमारी मदद के लिए नहीं था और हमें अपने संबंध खुद ही खोजने और नए सिरे से बनाने थे—क्योंकि ईश्वर को नीत्शे ने पहले ही मार डाला है। शायद यही नई कहानी की पृष्ठभूमि थी।

बहुत फूहड़ धरातल पर कहूं तो मेरे उपन्यास के नायक शैलेंद्र की उम्र 17-18 साल है (मेरी ही उम्र) मगर कहीं भी संकेत नहीं है कि उसे स्वप्न-दोष होता है, वह हस्तमैथुन करता है, या समलैंगिक आकर्षण महसूस करता है—उसके मन में स्त्री-रहस्य को जानने का 'वोयूरिज्म' (ताकझांक की वृत्ति) भी नहीं है, जबकि मैं याद कर पाता हूं कि मेरे मन में यह सब था—मैं स्त्री को अनजाने ही उसके अपने शरीर के साथ देखना चाहता था, कभी बाथरूम में झांककर तो कभी अश्लील चित्रों में। उस समय न जाने कितने 'कोकशास्त्र' और स्त्री को वश में करने के 'कौतुक रत्न भंडागार' मैंने पढ़े। मुझे याद है वशीकरण मंत्र जानने के लिए हम लोग कितने व्याकुल थे—और कुछ नहीं तो कोई ऐसी सिध्दि ही मिल जाती कि हम अदृश्य होकर स्त्री को निरावरण-अवस्थाओं में देख पाते। यह सब 'कुचालें' थीं तो ब्रह्मचर्य का आतंक भी था और यही हमेशा हमें एक अपराधबोध में तोड़ता रहता था कि क्यों हम इतने पतित और भ्रष्ट हैं या इतने सदाचारी और ब्रह्मचारी नहीं है। एक धिक्कार था जो हमें रात-दिन कचोटता और कुतरता था। यह युवा सचमुच ही बहुत संश्लिष्ट और खंडित है। अशरीरी आत्माओं के छाया-युद्ध ही तो हमें विरासत में मिले थे।

इस सबके बाद भी अगर पाठकों को लगता है कि इस फूहड़, अधकचरे, अपठनीय उपन्यास को नष्ट कर दिया जाना चाहिए तो मुझे सचमुच कोई आपत्ति नहीं होगी। हां, एक बात ज़रूर ध्यान में रखनी होगी कि इसका साहित्यिक महत्त्व हो न हो, मगर समाजशास्त्रियों के लिए यह महत्त्वपूर्ण कच्चा मसाला ज़रूर है।

उपन्यास का कोई नाम नहीं दिया गया है। हो सकता है कोई नाम देकर बाद में वह पन्ना फाड़ दिया गया हो। इसलिए 'एक था शैलेन्द्र' शीर्षक इसी समय की उपज है।

दिल्ली : 28-8-2005

('हंस' फरवरी 2005 के संपादकीय का संशोधित रूप)

□□□